中国历史文化名人传

气节文章
蒋士铨传

陶 江 著

作家出版社

中国历史文化名人传

组委会名单

主任：李　冰
委员：何建明　葛笑政

编委会名单

主任：何建明
委员：郑欣淼　李炳银　何西来　张　陵　张水舟　黄宾堂

文史组专家成员（按姓氏笔划为序）

王春瑜　王家新　王曾瑜　孙　郁　刘彦君　李　浩　何西来
郑欣淼　陶文鹏　党圣元　袁行霈　郭启宏　黄留珠　董乃斌

文学组专家成员（按姓氏笔划为序）

王必胜　白　烨　田珍颖　刘　茵　张　陵　张水舟　李炳银
贺绍俊　黄宾堂　程步涛

出版说明

中华民族五千年文明史中，涌现了一大批杰出的文化巨匠，他们如璀璨的群星，闪耀着思想和智慧的光芒。系统和本正地记录他们的人生轨迹与文化成就，无疑是一件十分有必要的事。为此，中国作家协会于 2012 年初作出决定，用五年左右时间，集中文学界和文化界的精兵强将，创作出版《中国历史文化名人传》大型丛书。这是一项重大的国家文化出版工程，它对形象化地诠释和反映中华民族文化的基本精神，继承发扬传统文化的精髓，对公民的历史文化普及和建设社会主义文化强国都具有重要而深远的意义。

这项原创的纪实体文学工程，预计出版 120 部左右。编委会与各方专家反复会商，遴选出在中国文化发展史上产生过重大影响的 120 余位历史文化名人。在作者选择上，我们采取专家推荐、主动约请及社会选拔的方式，选择有文史功底、有创作实绩并有较大社会影响，能胜任繁重的实地采访、文献查阅及长篇创作任务，擅长传记文学创作的作家。创作的总体要求是，必须在尊重史实基础上进行文学艺术创作，力求生动传神，追求本质的真实，塑造出饱满的人物形象，具有引人入胜的故事性和可读性；反对戏说、颠覆和凭空捏造，严禁抄袭；作家对传主要有客观的价值判断和对人物精神概括与提升的独到心得，要有新颖的艺术表现形式；新传水平应当高于已有同一人物的传记作品。

为了保证丛书的高品质，我们聘请了学有专长、卓有成就的史学和文学专家，对书稿的文史真伪、价值取向、人物刻画和文学表现等方面总体把关，并建立了严格的论证机制，从传主的选择、作者的认定、写作大纲论证、书稿专项审定直至编辑、出版等，层层论证把关，力图使丛书经得起时间的检验，从而达到传承中华文明和弘扬杰出文化人物精神之目的。丛书的封面设计，以中国历史长河为概念，取层层历史文化积淀与源远流长的宏大意象，采用各个历史时期最具代表性的文化符号与雅致温润的色条进行表达，意蕴深厚，庄重大气。内文的版式设计也尽可能做到精致、别具美感。

　　中华民族文化博大精深，这百位文化名人就是杰出代表。他们的灿烂人生就是中华文明历史的缩影；他们的思想智慧、精神气脉深深融入我们民族的血液中，成为代代相袭的中华魂魄。在实现"中国梦"的历史进程中，必定成为我们再出发的精神动力。

　　感谢关心、支持我们工作的中央有关部门和各级领导及专家们，更要感谢作者们呕心沥血的创作。由于该丛书工程浩大，人数众多，时间绵延较长，疏漏在所难免，期待各界有识之士提出宝贵的建设性意见，我们会努力做得更好。

《中国历史文化名人传》丛书编委会

2013 年 11 月

蒋士铨

目录

001　　引　子

007　　第一章 / 先行者的背影

007　　　　一、金台雷鸣

008　　　　二、鸣机夜课

014　　第二章 / 穷途的游走

014　　　　三、壮游豫晋

020　　　　四、甫冠而归

051　　第三章 / 一飞鸣岐阳

051　　　　五、凤凰亦孤

090　　　　六、会试之殇

117　　　　七、总纂南昌

121　　　　八、一片青石

127　　　　九、西江祝嘏

144　　　　十、草秀空山

155　　　　十一、空谷留香

165　　　　十二、倾巢北上

175　　　　十三、江右名士

182　　　　十四、典裘具殓

187　　　　十五、心头兄弟

190　　　　十六、忠义雅致

194　　　　十七、江南纵情

201　　第四章 / 道行的驱使

201　　　　十八、红梅雪楼

206　　　十九、江船泛宅

212　　　二十、一灯红雨

217　　　二十一、截山论道

237　　　二十二、烟墨幽香

249　　　二十三、桂林霜雪

253　　　二十四、安定掌教

259　　　二十五、四弦悟秋

265　　　二十六、临川遗梦

272　　　二十七、蒋彭两卿

282　　第五章 / 藏园的风景

282　　　二十八、藏园之隐

286　　　二十九、德比乡粹

295　　　三十、风痹之累

316　　　三十一、梦剪丹青

317　　　三十二、青树雁冬

324　　　三十三、日与飘风

335　　　三十四、西江谪仙

347　　附录一 / 蒋士铨年表

363　　附录二 / 参考书目

引子

　　蒋士铨一生留下了丰富的文学遗产，诗词文曲，无一不工。今存诗歌五言、七言、古体、近体、乐府诗共四千九百余首，词二百零八首（附南北曲十二首），古文二百四十九篇，戏曲剧本十六部。蒋先生的于文之道，纵观横视都是个多面手，可谓全才。他是清中叶一位享有盛誉的戏曲家、文学家，与袁枚、赵翼并称乾隆诗坛"三大家"。他以杰出诗人兼戏曲家之名载入中国文学史册。

　　二〇一四年十二月和二〇一五年六月，我曾两次前往蒋士铨的故乡铅山县考察采风，寻找先生的足迹。随后又先后前往蒋士铨母亲的居所——蒋士铨小时候生活过的余干县瑞洪镇考察采风；前往蒋士铨曾经生活过的鄱阳县考察采风。在掌握了较多的第一手资料后，开始了《气节文章——蒋士铨传》的写作。

　　蒋士铨一生著作等身，成就非凡。

　　他的戏曲成就得到历史的肯定。自清以来不少戏剧评论家都对蒋士铨戏曲的独特风格有过很好的描述，对他的至尊地位有过充分肯定。蒋士铨被誉为"乾隆曲家第一""雅部之殿军"，成就卓越。他的戏曲中有着浓厚的"江右"情结，"在戏曲创作上追步明代戏剧家汤显祖"，且又不因循守旧，而是独辟蹊径，以忠义节烈为作品的主题，有着显明的教化作用。蒋士铨不少剧本总是在开头和结尾以梦和仙境为引子，渲染剧本主旨。这种写作方法得到其后剧作家的仿效，成为一种新的戏剧创作方法。他的剧本创作与众不同的还有一点：剧本中的人物命运和矛盾冲突都以生活的原生态形式呈现，打破以前剧本创作大团圆结局的写作路子。在他所创作的剧本中，主要人物都以悲剧了结。这成为正剧和悲剧创作的主要写作模式。蒋士铨在戏曲创作上选题独特，文词别致，重情弘义，重史扬忠，表现了他厚重的人格力量和正义观。

他的诗歌成就卓著。语词清丽，俊采飞扬，格调高昂，心智远大，铿然有声，气壮山河。蒋士铨的诗歌与戏曲齐名，时与袁枚、赵翼并称为"乾隆三大家"，清乾隆帝赞誉蒋士铨与彭元瑞为"江右两名士"。同朝诗人王昶说他"博通淹雅，自古文辞及填词度曲，无所不工，而最擅长者莫如诗。当其摇笔掷简，意绪触发，如雷奋地，如风决土，如熊咆虎哮，鲸吞鳌掷，山负海涵，莫可穷诘。故论诗于当代，以君为首；而论君之诗，以五七言古诗为极则"。道光时期黄钊也评价他的诗："当乾隆间，随园效法香山，为广大教主；云松则别竖精进幢，间为六贼之戏，以扰禅定；而藏园叟如维摩面壁，不见不闻。近数十年来，标正宗者乃共推清容居士。"他所创作的诗歌，内容宽泛，词语独特，用典纵横历史空间，文字使用空阔，如果没有扎实的史学功底和文字功底，很难有如此的文词之妙。真可谓前无古人，后无追者。

他的词作洪亮铿锵，激越明快，跌宕起伏，表达哀怨幽深的情绪，又抒发激烈豪放的气势。他写亲情的词作，多给人情意绵绵之感。题咏山水词写得灵动而富有情趣，耐人寻味。他的词意境深邃，独创的锻词炼字之功，表现了文词的恢宏情韵和唯美色彩，在词的创作中独特的思路和创作方法，成为我国词作的一个里程碑。《铜弦词》是其代表作。清冯震祥把蒋士铨与王昶、吴锡麟、屠倬、孙原湘、郭麐六家词辑为《国朝六家词钞》；蒋氏词与乐钧、勒方锜、文廷式又被称为"江西四大家"，入选《清名家词》（陈乃乾辑），由此不难看到蒋士铨在清代词坛上的地位。

他的古文创作质朴无华，清晰流畅，情义文字，挥洒自如。

拙于仕宦、教授于乡的经历，率真、忠雅的性格，穷典朝衫的困窘生活，出口成章、著作等身的文学成就——一个矛盾的集合体体现在蒋士铨身上。他在天地间留下了属于自己的坎坷的戏剧人生，其演绎过程既让人叹为观止又让人感叹天道酬勤。命运所赋予的文华总是显露出苦涩和不堪。重新浏览他对生命的思考，他对生活的评判，他对家国田园的挚爱，他对理想抱负的希冀，我们所感受到的是他的忠义气节和雅致气质，也让我们在南国的夜空中看到了一线光亮正朝着一个遥远的星际驰骋。一个生命在人世的呐喊中随着岁月的脚步消失了，可留给我们的是一份厚重的文学"教科书"，读懂他，也许能给予我们很多很多……

写好蒋士铨的传记，我感觉把握人物特性是关键，其戏曲成就及诗文的透析是依据，故事传说为参考。重点表现蒋先生的人格、蒋先生的信念、蒋先生的气节、蒋先生的忠雅。以散文的叙事方式，按照人物命运走向、脉络，结合戏曲及诗文成就以及生动有趣的文雅故事，着重推介蒋先生的戏曲成就、诗文成果和高深渊博的学问根基，将一个优雅、大方、直率、无邪的蒋先生形象展现在文字中。

在主线不失真、重大事件有出处、情节有印证的前提下，安排章节时，力求细节推论合理，描述得当。尤其是在撰写过程中，对前人的研究成果分门别类，斟酌确定，孰重孰轻有分寸。尽量避免失真、失色，偏离人物的人生轨迹，实事求是地处理情节与细节的关系，为人物添彩、生色。同时尊重传主的性格特征，尊重传主的家风生态，尊重传主的学问成果，从而表达出我对蒋士铨先生的敬重和仰慕。

蒋士铨刚介正直、凛然无私的人格特征和他独树一帜的诗风、曲风，让我似乎感受到了他那特殊的文人气息，这种感觉让我触摸到蒋氏家族血液流动的脉搏，坚定了我的写作信心和勇气，在脑海中形成思路，夯实了写作方案。

先生的诗文戏曲永远是一份经典。我为先生撰写传记，冥冥中，心灵也受到洗礼。

读蒋士铨先生的诗文，是为我的文章补气，补文气、补才气、补文味。以前，也陆陆续续读过蒋先生的诗文，从没有产生过如此的感受。人的先天因素决定了自己生命的素质，而后天的学习积累却是天道酬勤给予的回报。蒋先生的诗文成就深深地吸引了我，让我在一种心旌摇荡中忐忑不安。才华、智力的浅薄，只有在悟的境地中才能得到升华，才能够懂得天外之天的广袤，才知井底之蛙的无所适从。生命也许给了每个人一小块施展的天地空间，这个空间的大小，或把人推向庸庸碌碌，或把人推向进取拓展，两种不同的生存观，预示了一个人的命运走向。所谓的命理学、相生学，其实从另一个侧面在激励着人走出穷途，去为命运做一份搏击。蒋先生的命运，说起来并不令人乐观，祖上留给他的上升空间是那样有限。从一个木柜中新生的一代，在命运乖蹇的窘境中，他没有迷失、没有自暴自弃，选择的是"世事洞明皆学问，人情练达即文章"。他赢得了机遇，获得了宛若鲲鹏翱翔的自由。在文字的海洋中，搭建起恍如魔方般的戏文、诗文。道法之功，蔚成自然，信口拈来，出口成章，文字在他的胸中升华成浩籍，载入史册。无怪乎人们称他为"东方的莎士比亚"，无怪乎人们称他为"江右名士"。妙悟、神韵，用怎样的文字形容蒋先生的文学成就都不为过。

更值得称道的是他的道德文章，他的气节文章，他在应对现实生活时所表现的坚韧与不懈。尽管他对时弊的针砭是那样隐晦、那样无奈，但是，他所体现的人格力量却让人击节叹赏。

铅山的土地滋养诗文，成就了多少才人。辛弃疾豪放的诗情撼天动地，掷地有声。吕祖谦相邀朱熹、陆九龄、陆九渊，在鹅湖论诗铸文，成就了"四贤会"。诗与文的融合在铅山闪烁出一片风云际会的星光。根脉传承也多了几分文脉传承。山水间"隔河二宰相，百里三状元，一门九进士"的地域风光足以让铅山引以为傲。这里所提到的"二宰相"指南宋陈康伯和明代费宏，"三状元"指北宋刘辉、元朝李谨斯、明朝费宏，"九进士"指北宋赵士礽及其家族子孙八人。诗文幻化成土地的灵光，祖宗牌位于是多了些赞语评说。

铅山在农耕文化时期虽然有过"七山半水分半田，一分道路和庄园""抬头只看山，低头不见路"的说法，可一旦工业革命透出萌芽时，山中的矿石使这个地方变成我国内地早期民族资本工业基地之一。地下种金子的故事在这里似乎不是神话，也不是传说，它是铅山的精华，是铅山对生活在这片土地上的人们的竭诚奉献。热闹的永平镇变成了挖掘宝藏人的栖身之处，也促发了这片大山中的热闹和繁华。而以货易物、以水载财的河口镇，又以它的水上便利成为货物的集散地。盛极一时的"八省码头"桂冠，让河口镇成为远近闻名的江西四大古镇之一。地下有黄金、山中有宝藏，地上的宝藏是什么？在哪里？就在生兹养兹的人们的心里。蒋士铨先生作为铅山人的典范，捧出金子般的心，献出了从他心间荡漾而出的珠玑文字。他用自己独特的诗文成就，在中国文学史上获得了应有的地位。

仁者乐山，智者乐水。铅山有蒋先生这样宽厚仁慈、灵智奇慧的一代诗文大家，也算得上一份光荣。文字能够体现一个人的才智，可一个人的举止却能体现一个人的德行，蒋士铨先生的文字功课做得足足的，他的人生功课也做得完美，算得上个绝代人物。在朋友遭难之时，解囊相助，以致自己穷困潦倒。这样的仁义之举，在蒋先生的一生中何止一次、两次！他用心灵编织文字，又用仁慈善待天下。用崇高来形容蒋士铨的举止，并不为过。他的人品、德行、素养，当然还有知识、智慧、才华，今天看来，那些与他同行者，难望其项背。

"船窗署斋，一灯侍侧，凡修己待人之道，诗古文词所以及于古，孳孳诲迪，未尝少倦。"这种为文的境界，有几位后学能与之看齐？我们不妨也把蒋士铨看作凡人，可他在为凡人的同时，也给自己打造了不平凡。平生只在文中往，不求显宦侍君王。蒋士铨以无望的心态作着有望的文章，怀才不遇的心境有过、抱怨不识的心态有过、不求显达的志向有过、甘囚文字的意向有过，凡人凡心，自有公道。

戏曲创作与诗文唱和是他一生的最大嗜好，沉湎于诗情画意氛围而享受生活，蒋士铨的豁达又体现了他人生的另一面。伟大的智者总是把自己的追求镌刻进自己的文字，让人去琢磨，让人去领悟。他老到的文字在文学的天地里如金石铿锵。他用文字为自己的命运抗争，用文字为忠诚家国而孜孜以求。人所呈现的个性张扬每每在面对痛苦和焦虑之际，表现得格外冷峻和不屑一顾。这就是蒋士铨，离开了这一点，也许便不称其为蒋士铨了。

畅读蒋先生创作的戏曲与诗文，就像是在读一本生命大书，他的每一个章节都是那样感动人心，映照着一位伟人所特有的文字天赋。歌唱能够用特有的韵律和动听的声音吸引人的注意力，而文字的功用却是以无声的澎湃去感召人。蒋先生的感召就是一种引领，饱学的做派体现的是谦逊和做人的大气磅礴。

　　老天眷顾，铅山的山水养育了一位风流倜傥的诗文大家，也让传承的文字成了宗法牌位，享受着后来者的香火，生生不息。

第一章 先行者的背影

一、金台雷鸣

蒋士铨的父亲蒋坚四十六岁与余干瑞洪镇处士钟志顺的三女儿、十八岁的钟令嘉成婚时，蒋家已在南昌小金台拥有房产。房子虽不十分宽敞，却也足可栖身。

清雍正三年（1725）农历十月二十八日寅时，蒋士铨降临人世时，也得了天助，享受了奇人异才入世的上佳待遇。其时正是日夜交替之时，鸡鸣三遍后，东方一抹红霞淡起，洁白如絮的云彩陡然生色，紫微星发亮，天象呈异。上天眷顾，就在钟令嘉痛恸不已之时，老天连降三声雷震，鸣之脆而声之威，不仅接生婆感到震惊不已，就连守候在堂屋中的众位家人亲友也觉惊讶。这雷声非同小可，雷声中，内屋一声孩子的啼哭让众人欣喜若狂。众人都说，这孩子临世不同凡响，预示日后必成大器，有大作为。

父亲蒋坚得意地给儿子取名士铨，并取小名为雷震，这名字倾注了蒋坚的良苦用心。士铨之意是让蒋士铨记住祖父的钱姓[①]，雷震之意则期望儿子日后文韬武略，笔挟惊雷，才高八斗，成为佼佼者。

蒋士铨后来记叙："先一夕，夜将子，天大雨，及寅，雷轰然震者三，而不孝生矣。且日皎皎出，府君乃名不孝曰雷啼。"蒋士铨不忘这一点，似乎有某种的炫耀。但是，从另一个角度看，也揭示了蒋士铨奋斗努力的心志。子时生而龙腾，寅时生而虎出，天象的奇特让人从小就对蒋士铨十分看重，蒋士铨的异质天然，预示着一个家族的时来运转。

蒋坚与钟令嘉婚后，由于蒋坚"任侠好客，乐施与，散数千金，囊箧萧然"，所以蒋家的生活甚是贫苦。蒋士铨记道："明年乙巳，府君贫益甚。五月，两伯父主令析爨，吾父母居旁舍，家四壁立。"钟令嘉二十岁生下蒋士铨后，家境并不好，生活陷入困顿。雍正四年（1726），蒋士铨两岁，蒋坚的好友、山西泽州牧佟国珑其时解职归乡。这年因家中下人卷款潜逃回江南，佟公的儿子追至南昌，未果。于是便相邀蒋坚去粤东游历。钟令嘉、蒋士铨母子只好寄食娘家。钟家人对他们母子不但没有歧视，反而非常照顾。蒋士铨在《清容居士行年录》中曾说："诸舅视母，若未嫁时。"在他一岁的时候，"时家贫甚，小除之日，室如悬磬，母搜芨篋，得青蚨七文，遣奴子市鲁酒半升、盐豉一区，抱儿煨榾柮以守岁"。过年的时候尚且如此，可见其时蒋家生活苦寒到了何等地步。蒋士铨四岁时发病，"外兄克辅日走数十里外求医药，得不死"。五岁时瑞洪大饥，"滋生公家人暨吾母皆啮糠粃，哽不能下。滋生公日以二钱购一镒米，以二钱易市脯一片，饲士铨，历二载如一日"。

二、鸣机夜课

蒋士铨的母亲知书达理，贤惠善良，教子有方，可日子过得纠结，

---

① 蒋士铨祖姓钱，战乱时成为孤儿的祖父被蒋姓人家收养，始随养父姓。

生活艰苦清贫。生活的拮据并没有动摇钟令嘉对儿子的期望，在应对生活窘困的同时，她几乎把全部心血都倾注于儿子的成长和教育上。

蒋士铨三岁，钟令嘉便教他识字。她把竹枝削成篾丝，折断，弯曲成各种字的笔画形状，排成字，抱士铨坐在膝上，一字一字地教，每日以十字为限，背熟方可歇息。第二天复习时，让士铨自己用竹枝拼字，认准了，便拆散重来，一直到识字无误便罢。蒋士铨的伯舅钟致光也常教蒋士铨识字，引导孩子成长。一年后，钟令嘉开始教儿子熟读"四书"，每日四五行，她用通俗生动的语言将当日所学内容翻译义理含意，为孩子解文释词，以利于记忆。蒋士铨五岁时瑞洪大饥，滋生公（即钟志顺，号滋生）为了外孙的营养，每日额外用四文钱，购米一合，购肉一脯，为蒋士铨滋补，自此两载，从不间断。

在这期间，蒋士铨的族兄蒋简臣租了滋生公的沿街店房开药铺，亲戚间也因之热络了许多。清江杨方来（锡绂）先生自京归省，舟经瑞洪，前来拜访。听钟家诸子谈到蒋士铨悟性高，人小有才华，杨先生便将蒋士铨所学之书，让蒋士铨背诵，没想到蒋士铨一气背下。于是杨先生解下腰间所佩之玉以赠，以资奖赏。好像是老天的刻意安排，二十五年后，蒋士铨竟然成为杨先生门下的中书舍人，不过这是后话。

秋虫唧唧的深夜，皓月当空，光亮从窗外投进屋里，与那盏不甚明亮的清油灯一道，映衬出钟令嘉那张慈祥的脸。钟令嘉摇晃着织机，不时地检查麻线是否有断头，织出来的布是否疏密得当。但是，钟令嘉的心还是用在儿子身上。她一边摇着织机，一边耳提面命，口授功课。母子俩咿咿呀呀，读书声伴着窗外风扫香樟树沙沙的声响，当然还有织机那有节奏的嘎嘎声，为瑞洪这安静的夜平添了一层浓浓的暖意。

夜晚纺织，钟令嘉便将课本放在自己的膝上，令士铨坐在膝下，口授句读，她的手仍不停地摇晃。孩子困倦了，让他睡一会儿，唤醒再读，往往到鸡鸣方止。日子就这样在母子俩的相依相偎中打发。

雍正五年（1727），蒋士铨三岁，这年三月，蒋坚又一次远行。

山西泽州牧佟国珑，因高平县县令侵吞县库藏金二万两，受到后任的追究。佟国珑原已告老还乡，泽州新上任的知州以此事牵累佟国珑，将佟国珑从老家逮回泽州，关进监狱。高平县属泽州下辖，高平县令犯事，却株连泽州牧，坐定佟国珑兑赔所失。佟国珑的儿子眼看父亲年老体衰，遭受牢狱之灾，却束手无策。思来想去，只有水陆兼程，赶到南昌，请蒋坚出马解围。

蒋坚慷慨激昂，又不无忧虑道：佟公年事已高，怎受得如此羁屈，这不是存心冤死他么。古人说，士为知己者死。我蒋坚今年虽已五十出头，怎能坐而视之。于是便将蒋士铨母子寄养于岳父钟滋生家。当即随了佟国珑的儿子火速上路，重新北去。

雍正六年（1728），四岁的蒋士铨体弱多病，身体十分羸弱，而且时常发作癫痫病。这给钟令嘉的心中蒙上了一层阴影。为了照顾儿子的病，她且夕不离，昼夜不断，尽心竭力陪护士铨。往往是，一旦将儿子服侍好，身体恢复健康时，钟令嘉又病倒了。就是自己卧床不起，钟令嘉也不忘把儿子叫到跟前，让儿子端着书本在她的床前诵读。儿子的琅琅读书声是给母亲的最大安慰，也是治疗母亲疾病的最好良药。尽管丈夫长期在外游历，家庭收入仅靠纺纱织布维持，她还是默默无语，独自支撑着这个摇摇欲坠的家。每当蒋士铨心生倦意，懒惰不前时，她就会避开儿子，悄悄地于暗处抹泪。懂事的蒋士铨见状便会趴在母亲的肩头，用那双瘦弱的小手，轻轻地替母亲擦拭眼泪，年幼的儿子并不知道母亲为何如此伤心，这时的钟令嘉便会抱着蒋士铨，语重心长地教导说：儿呀，你的父亲晚年得子，生下了你，不容易啊！你是蒋家的根苗，也是蒋家的希望，现在你的父亲游幕在外为师爷，终年奔波劳碌，祸福难料。如果你不珍惜年华，不思进取，放弃学业，怎对得起你父亲？蒋士铨听母亲如是说，深知自己有愧双亲，便暗暗铆足劲，以自己读书的勤勉努力报效父亲、母亲之爱。

钟令嘉教育儿子从不懈怠。冬夜，外面山风呼啸，屋内寒气逼人，她坐在床上，用棉被盖住下半身，让儿子靠在胸前，母子俩人依偎着读书，咿唔之声，在瑞洪镇寒冷的冬夜显得那样的凄寂。

蒋士铨癫痫病发作时，每次都不省人事，惊厥抽搐如死去一般。钟令嘉抱着儿子昼夜绕屋行走，极尽呵护。后来，病情愈发严重，非常危险。这时候，幸有蒋士铨的表兄钟克辅疾走数十里外前往求医问药，因此，蒋士铨方得大难不死。但只要认为儿子的病稍有好转，钟令嘉便严加管教，从不放松。

同辈姐妹问她何苦要这样，令嘉说："他是独生子，如不很好教育必将不肖。那样，我便没有指望了。"

钟令嘉对儿子蒋士铨从无宽谅，课子甚严。到了蒋士铨七岁时，癫痫病仍不见转机，时常发生，钟令嘉对儿子的要求却一直没放松过。蒋士铨稍长后，钟令嘉便教他读《礼记》《毛诗》，抄录唐宋人的诗句，教他吟咏。

雍正十年（1732），蒋士铨八岁，这年的岁末，风雪夜归人，蒋坚回来了。

天寒地冻，冷风刺骨，看着自己的儿子蒋士铨仅穿一件短夹衫，全身哆嗦，蒋坚的眼窝潮湿了。他带着一份负疚，将儿子抱在怀中，用那宽广的胸间体温呵护儿子，蒋士铨也用那张冰冷的脸贴着父亲的脸。钟令嘉看着丈夫和儿子亲密无间，想着这几年昼纺夜织的辛劳，想着自己母亲李老孺人谢世，不由得放声大哭……

蒋坚安慰妻子，拍着钟令嘉的背，用他的坚强和刚毅感染妻子，不知不觉中自己也泪流满面。

第二天一早，蒋坚即牵着士铨，来到岳父钟滋生房中请安。

钟滋生仍然沉浸在妻子过世的痛苦中，原本苍老的他，经此家道变故，鸿雁成孤，零落无助，伴侣遗失，内心怆然，想过往夫妻恩爱的日子，虽未能穷尽天下欢乐，却也心心相印，相依相伴。女婿突然归来，让他觉得找到了情感宣泄的缺口。蒋坚安慰岳父，并给他添置了新的生活用具。随后去岳母的坟头凭吊祭祀一番，长跪不起。他痛心疾首，极尽孝道。在瑞洪待了十余天后，蒋坚带了钟令嘉、儿子蒋士铨及奴仆阿洪一道回到南昌老家。

蒋士铨后来在《祭外祖滋生公暨妣李孺人文》中提到这段生活。

> 呜呼！生我父母，育我翁姬；我已丈夫，翁姬何处？
> ……
> 我生甫晬，父车北驰。母年二十，饘粥罔依。泛宅依翁，馀水之湄。诸舅视母，如未嫁时。翁姬鞠我，含孙之饴……得父来书，令儿诵之。翁心则欢，姬疾遽危。

回到南昌后不久，天有不测风云，厄运又至，蒋坚和蒋士铨父子相继病倒，手足局促，十指僵肿，几周不能食，仅以米汤灌之。钟令嘉遍延城中名医，为丈夫和儿子治疗，悉心照料，寝食无安，昼夜不眠，不离左右。终于，钟令嘉的精诚感动上天，蒋坚父子的病症得以痊愈。

蒋坚到此时，方才真正体验到贤妻良母的温暖。他常常带着负疚之情，搂着妻子，老泪纵横。钟令嘉在蒋坚游历期间，对父母极尽孝道，对儿子照顾周全。这期间，蒋家的奴仆阿洪也尽了自己的一份力。这阿洪，从不讲求吃用，从不计较薪酬多寡，平日有口饭吃就行。配合钟令嘉，跑内跑外，蒋家全亏了他的周旋，才有今日。

眼看着阿洪一天天长大成人，已经到了谈婚论嫁的年龄。蒋坚与钟令嘉商量，在自己与儿子的病好后，为阿洪物色对象，添置婚房一应衣被，就像自己的儿子结婚一般，做个红火，也让外人眼中看得过去。

钟令嘉说，这也叫冲喜，把家中的秽气冲个一干二净。

雍正十二年（1734），这年六月，妹妹润姑出生。蒋家又迎来了添丁加口的欢乐。

早年蒋坚与友人杯觥中结识了山西太原孝廉高尚礼。高尚礼来到江西后，一直等着朝廷的恩诰，生活十分拮据。蒋坚全家从瑞洪来南昌时，得悉高尚礼的窘境，以蒋坚的人品和德行，他怎能坐视不顾。他亲自登门拜访，解囊相助，助高尚礼苦渡难关。后来高尚礼时来运转，受任南昌县令。这时，当地百姓有去南昌县衙打官司的，都来找蒋坚。蒋坚帮着高尚礼判案，决断分明，头头是道。蒋坚名声在外，不少人带了案底来找蒋坚，有的甚至以重金欲买通蒋坚。蒋坚急了，感叹道："汉时人杨关西虽不饱学能任，却有弟子盈门，这都是悟了文道。要不是我替县令决断公务，处理机要，高尚礼能有今日的声名么？能有这么多的人来跑我的门子么？"钟令嘉似乎有几分不屑："你也别王婆卖瓜，自卖自夸，还是小心谨慎为好。不过话说回来，你的公正善谋，倒是令我佩服。""不对，应当是我佩服你。"蒋坚说，"你镂竹为丝，诘屈作字，教儿褓褓中，用心良苦啊！说到这一点，我既敬重你，也有我的不同看法。我们的儿子，现在都快十岁了，虽识字三千，而仅仅于书斋止步，没见过世面，长此以往恐怕难成大器，一生庸庸碌碌，最终只是个平平常常的读书人而已。我的意思就是想带儿子远游燕赵间，让其摆舟洞庭湖，跋涉黄河，行走太行山，远望齐、梁、雁门之壮观，一览众山水，随后再赴山东，登泰山以穷千里目。这样，儿子笔下的文章，才不会有书生气、书卷味，才会高人一筹，得天独厚，享天地之精华，行人间之正道。我想归想，就是不知夫人你能不能舍得让儿子同我一道出行。"

钟令嘉叹道："老爷你可能对我了解得还不够透彻，我不是那种讲究儿女情长、卿卿我我之人，也决不是眼睛盯着脚尖的鼠目寸光的女人。儿子出生后，我就期望他能勤奋耕读，成全自己，做个有用之人。既然你愿意用这样的方法引导咱们的儿子，这可是好事啊！不过，我倒有个更完美的主意。你为何不将家人全带上，让我也饱览天下名山之秀，山川之壮？"

蒋坚听后，很爽快地答应了钟令嘉的请求。

第二章

穷途的游走

三、壮游豫晋

读万卷书，行万里路，外面的世界很精彩。蒋坚与钟令嘉教育子女的方法，是两种截然不同观念的碰撞。蒋坚不主张自己的儿子整天埋在书斋，死记硬背，成为书生气十足的呆子。家族传统观念的印记，以及自己对读书的独特的见解，使蒋坚对儿子有着与众不同的要求。蒋坚教育儿子，要放开眼界，扩展胸襟，纳山川之气，吸江湖之意，这样写出来的文章，便不同流俗。

雍正十三年（1735）八月三日，蒋坚携妻挈子，合家北上。蒋士铨被父亲缚于胸前，父子同乘一匹马，遍游燕、赵、秦、齐、梁、吴、楚等地，目睹崤函、泰岱之壮，历览太行、王屋之胜，胸臆拓展，此时此刻方知世界之大，宇宙之广。蒋士铨明体达用、利物济人的入世观自此渐成。

蒋士铨在《先考府君行状》一文中记述父亲与母亲相商时论："汝镂竹为丝，诘屈作字，教儿襁褓中，志良苦矣！儿今且十岁，虽识三千字，而读书膝下，不免为常儿。吾欲持其游燕、赵间，令其浮洞庭，涉黄河，置身太行，一望齐、梁、雁门之壮。然后负之趋崤、函而登泰岱，他日为文章，或可无书生态。"

"会当凌绝顶，一览众山小。"如此游历，无论人情世故，江山图画，尽收于蒋士铨心腹。

蒋士铨的达观着实因了父亲的意愿，而在往后的岁月中得以发挥得淋漓尽致。

雍正十三年（1735），蒋坚全家，一路迤逦，行走千余里，辗转来到山西泽州凤台（现山西省晋城市）。

山西泽州凤台，在清代是个颇引人注目的地方。晋城西南三十余里处，耸立着一座高高的晋普山。山间松涛绿云，冷泉沁骨，沟壑积雪，盛暑不消，乃晋城四大名景"松林积雪"所在。

晋普山下谷间，依山就势，造就了一座宏伟雄峻的建筑——秋木山庄。山庄层楼叠院，雕梁画栋，龙亭凤阁，相映生辉，廊庑迂绕，檐牙高喙。

蒋士铨随父辗转，来到山庄。眼见一座城堡耸立于前，高大森严，年少的他一脸惊讶，大有山外有山、天外有天之感。

蒋士铨一行乘坐的马轿在山庄北门外停驻。跨过吊桥，进入接官厅。主人王镗（筠斋）早差人在此等候。于马房安顿好车马后，大家顺着仆人的引导，徒步入城，映现在蒋士铨面前的是雄伟壮观的牌楼亭阁。蒋士铨后来自叙：雍正十三年，乙卯五月，府君乃戒行李，以室行。八月三日，入泽州，馆王氏。王氏为凤台巨族，富而好礼，楼接百栋，书连十楹。

一位商贾巨子，将家族经营得如此红火，非一般道门可为，内中奥秘，真让蒋士铨肃然起敬。

王氏家族自明末时，王自振靠经营盐运起家。王自振的儿子王璇又名王泰来（1636—1706），承继父亲家业，接掌盐业生意后，利用自己的智慧和才干，将单一的盐业生意向茶业等行当拓展，生意规模扩张至豫、鲁、闽等多个省份，王家逐渐成为晋商魁首、泽州望族。其时泽州府所在地的著名商业街黄花街上的商号，有百分之七十以上归王家所掌控。

王璇有二子，他去世后，长子王钧为少司农，官居京师；泽州家业皆由次子王铠公料理。凤台王氏，是乡中巨族，其家盈实富足，修建楼堂之余，甚喜藏书。蒋坚与王璇是世交，得到王氏一门的敬重。听说朋友来临，王铠自是喜出望外，当即摆酒接风，与蒋坚兄弟相称。

蒋坚被王氏迎入，两人相叙别后情谊。王氏再三挽留父子二人留宿馆内，以便蒋士铨书文自娱。

长途跋涉的疲惫和落寞，也让蒋坚难却盛情。他充满感激，热切道："既然王兄如此慰留，小弟恭敬不如从命了。"

随后蒋坚一家即被安顿在秋木山庄花洞边的别墅中。由于花洞离王氏读书堂和藏书楼不远，鸟语花香，静谧安然，便于蒋士铨课读，蒋坚自是求之不得。蒋士铨似乎对这样的安排不以为然，他倒对接风宴席上那些歌伎舞女的表演，看得如痴如醉。

年少的蒋士铨，面对眼前的奢华与热闹，醉眼蒙眬，如幽梦一般，进入了一个崭新的天地，歌舞升平，生命如歌，他似乎有些手足无措，没有想到人世间还有此等富足安逸的生活。安顿好自己的行李，躺在别墅宽厚的床上，他想了许多许多——自故乡一路行来，沿途山川隽秀、辽阔壮丽，给他幼小的心灵以极大的震撼。许多见所未见、闻所未闻的新鲜事、新奇景占据了他的心胸。尤其是王家奢侈豪华的生活，掀起了他心底的轩然大波。穷取学问固然是人的活法之一，而追求生活的新意何尝不是一种选择。蒋士铨如鱼得水，一头扎进王氏藏书楼，在书的海洋中遨游，如饥似渴地吮吸这特殊的养料。行万里路后，再沉浸于书海，真可谓耳目一新。在蒋士铨的眼中，世界小了，天地宽了，他要从这凤凰台起飞，遨游于天宇间。

王家大小人等待蒋氏一门似如上亲。每日盛情款待，周到备至，蒋坚感激不已。钟令嘉渐渐接受了蒋坚为何能够那么多年遗弃妻小，在山高水远的泽州栖身的原因所在。她对儿子说："我们蒋氏，不求王氏家族的富贵显耀，只期望你能像王家兄弟一样自立门户，成家立业，承续蒋家一脉烟火，绵延不绝。"蒋士铨对母亲的教诲似懂非懂。他贪婪地欣赏着王氏楼馆的每处繁华角落。尤其是那些穿着花哨、缕金戴银的丫鬟、小姐，异性靓丽的身影时常在他面前晃过，他不知所措，觉得好像世上的美色都归于王氏家族。在这片天地里，王家在享受富贵荣华的同时，也穷尽了天下美色。

少年蒋士铨的脑袋在膨胀，脑门昏沉沉神思恍惚，他还是想到了书，想到了王氏楼堂中那难以计数的各种书籍。他开始泛身书海，搜寻那些奇艳绮丽的仿佛有魔法的书册，沉溺其间，如饥似渴忘乎所以地吞吸。

他似乎在书中找到新大陆，那些淫词艳语几乎都在他的摘抄范围内。蒋坚每天忙着为王家张罗各种外事，俨如半个管家。钟令嘉也在女主人的陪同下，每天穿行于后院，见识高墙大院的神秘和豪华。蒋士铨似入无人之境，呼吸着异常新鲜的空气，饥不择食地在一摞摞的书中择其所需。书中自有颜如玉，这话现在经过他的验证一点不假。少年的激情、少年的冲动在书页的翻飞中骚动。

乾隆四年（1739），蒋士铨读完"九经"便受业于王允升先生。他开始自己学着写诗。读完唐诗三百首后，对其中李商隐的诗尤为酷爱。他好像找到了知音，步着李商隐诗的韵律，陆陆续续写就了不少属于他少年心态的诗，抒发内心炽烈的少年情怀。他开始尝试着在诗中漫步，在诗中燃烧，在诗中发泄内心的积郁，在诗中寻找自己少年的乐趣。将少年的迷茫，少年的憧憬，泼洒在纸页，似入无人之境，信马由缰，挥霍着内心的灼热。没有循规蹈矩的行走，只按照自己认定的取向，走向灯火阑珊处。

与蒋士铨一道受业王允升先生的同砚者为王锴先生女兄之子朱五郎，也就是朱开基。朱开基长得牛高马大，气冲声粗，本不是个谙熟四书五经的料。后来，朱开基于乾隆十九年（1754）中甲戌科武进士。俗话说：行要好伴，住要好邻。这朱开基并不是那种纨绔子弟，他与蒋士铨志趣相投，在藏书中寻找属于他俩少年时的开心与欢乐。

有时候，趁大人不在时，朱开基还会领着蒋士铨去后山游玩。

山林、溪水、鸟雀、野兔、野鸡，甚至还有豺狼，另类的喧哗热闹深深地吸引了蒋士铨。他模仿着朱开基，爬上树去掏鸟窝。可是，书生般的笨拙将他重重地摔在地上，浑身泥巴疙瘩不说，就连手上、脸上也被树杈划出了一道道伤痕。钟令嘉既伤心又痛心。她给儿子洗净泥污，寻些膏药为他贴敷创口。她怀着深深的自责，穷于应对求一己之欢，寻一己之乐，而冷落了自己的儿子。她开始留意儿子的行踪，有意无意地翻看他篓中的诗稿。

这不看犹可，一看竟至身心震颤，她万万没有料到儿子内心所隐含的骚动。不堪卒读的诗句几乎染红了这个女人的脸。她悄无声息地将诗稿放回儿子的抽屉，心怦怦直跳，惶惑不安，甚至不知如何是好。

至晚，蒋坚回房歇息时，钟令嘉悄悄将其在儿子房中的发现告诉了丈夫。蒋坚不听犹可，一听火冒三丈，决意要去训斥儿子。钟令嘉苦劝苦求，怎么也不让丈夫出门，她劝慰说："孩子已经开始长大，光靠训斥于事无补，不如退而求之，用别的方式开导他、顺应他。"

蒋坚无可奈何道："那你说用什么办法方能促其警醒？"

钟令嘉叹口气道："唉，只怪我，放松了对他的管教。你也别发火，儿子的脾气我十分了解，只能以温火慢煨的方式促其改变。这事我来做，相信我能有些办法。"

蒋坚听妻子如是说，不禁泪如泉涌，感激道："这么些年，真难为你了。你随我之后，不但没有享受到快乐，而且跟着吃苦。太对不住你了。"

钟令嘉听后，也不禁泪如扯线而下。

王允升与蒋坚的交谊甚厚，他有意让蒋士铨通读杜甫、李白、苏东坡等人的诗文，认为熟能生巧，读书破万卷，下笔如有神。蒋士铨自幼养成狂放不羁、傲岸刚介的性情，却对王先生分外尊重。在王先生的严格教育下，蒋士铨学问大有长进。王允升认为蒋士铨有读书的天分。他对诗文倒背如流，有时甚至为了诗文的理解与王允升发生争论。这种争论多半让蒋坚听着不入耳。

"您说杜诗如一泻东逝水，长流不懈。我不这么看。"蒋士铨与王允升评点杜甫诗文时，两人就产生激烈碰撞，"我认为杜甫的诗圆滑，老成，新鲜感不够。"蒋士铨固执己见。王允升沉吟片刻，又反问他对李白诗的看法，他仍是那样激情迸发："李诗华丽，虚浮，厚实不够。"王允升后来告诉蒋坚："你的儿子，腹中有才心气高，气节高存有情怀，如能好生调教，将是可用之才。"

王允升先生也常在钟令嘉面前夸赞蒋士铨"是可雕之材"。

钟令嘉便将自己所怀苦衷和心思与王允升先生倾诉，请王允升先生点拨教化蒋士铨摒除杂念，用心儒学。

如此一招，还真管用，男服先生女服婆，先生的板子下面出圣贤。王允升常启发蒋士铨，览一人之书，不如览群儒之书。鼓励蒋士铨遍览唐宋名家诸书，以饱肚腹。

乾隆五年（1740），蒋士铨的舅父蘧芦公自江西入晋，前来泽州探视，钟令嘉欣喜若狂，她觉得兄弟于诗文有些研究，于是与蒋坚商议，干脆将蘧芦公留下，请他教习外甥吟咏。

蒋士铨在舅父的指教下，开始穷读李白、杜甫、韩愈、苏轼各家诗集，渐渐地似有所悟，他甚至对诗的理解和对各位大师的诗文有了自己的判定。他十分崇拜杜甫和韩愈的诗，而认为李白的诗"追欢宴游，流连神仙诸升，辄厌其空且复云"，李商隐的诗则多有猥狎之嫌。

可惜的是，好景不长，乾隆六年（1741）蘧芦公因自求功名，南返回乡应试，而终止了教习士铨。

这年七月，蒋士铨心肺功能出现异常，每天咳嗽不已，而且病情愈发严重。到了八月，蒋士铨喘咳得已经无法躺卧床上安睡。一场大病降临，蒋士铨开始思考他所经历的生活，他所选择的人生应对态度，开始领悟到那些艳词秽语对人身的侵害，对人心志的摧残。

这天晚上，蒋士铨不得已独自兀坐于绳床，只见窗外一轮皎洁的月亮穿户而入，泻满蒋士铨的全身，让人产生披金铄银的感觉。纯洁的月光引发了蒋士铨的万般遐思。他开始暗自发誓，断不为儿女情长所误，断不为蝇营狗苟贪欲邪念而不达志。

乾隆七年（1742），王镗入仕前往都城，补户部员外郎，蒋坚陪同王镗进京，助其料理一应事务，直到乾隆十年（1745）蒋坚方从京城回到泽州。三载远游，已让蒋坚心生倦意，钟令嘉也思乡心切。

让王允升和蒋坚始料未及的是，正当蒋坚准备打道回府，重回江西故乡的前夜，蒋士铨在自己的房中燃起一盆旺火，将字纸篓中所存放的淫靡绮丽之书数十册，并所著的艳诗四百余首无题诗全都付之一炬，同时"向天泥首悔过，誓绝妄念。诘朝，购《朱子语录》观之，立日程自课，至仲冬而神气复强如初"。蒋士铨的自省其身终于奏效，他再也不一味狼吞虎咽，囫囵吞枣，而是有系统、有选择地读一些能有教化功用之书。

蒋士铨对自己以往的狂妄和放浪形骸终于有了痛彻心扉的醒悟。他将自己的诗文焚烧，正是对过去的反思，也是对自己未来的期望。他要摒弃自己的无为情调，涤除心间的尘埃，去开辟新的自我。

蒋坚也为儿子的正身行为叫好，这年九月，一家人就在这样志存高远的心绪中，离开山西泽州，踏上了回归故乡的路途，一路南行。

四、甫冠而归

乾隆十年九月下旬，秋意已自北而南悄然抹黄山树草色，举家南归的蒋家也伴随着雁声离开了他们赖以新生的山西凤台。尤其是蒋士铨，像是在西天取了真经回来，幡然醒悟。"高天鹳鹤穷秋出，大泽龙蛇白日藏。""飘然襟袖挟刚风，七国山河俯瞰中。"太行山高处的风光迎合了蒋士铨的心绪，将宽广的气度展现在他的面前。"山头霸气腾金虎，天半河流挂玉龙。"诗意迸发的涟漪几乎让他难以自制，那种刚跨进青春期门槛的艳情意淫被太行雄风吹刮得烟消云散。他暗自在心间立下远大的志向和抱负，他要笔走龙蛇，用自己的文字在九州大地赢得一席之地。"惊人事业英雄梦，过眼文章造化功。"面对中原大好河山，他深深呼吸着每一口凉风，赏心悦目的享受让他对自己的前途充满憧憬，也寄予了美好愿望。他长吟以壮行色："幽并壮士埋荒冢，丹沁飞涛合横流。"再也不彷徨，再也不徘徊，他要一飞鸣岐阳。蒋坚看着儿子的诗文，连连夸赞。母亲钟夫人更是热泪盈眶，她拉着儿子的手说："吾儿长大了，长得让娘放心了！"激动之余，面对太行雄姿，看看眼前清秀俊逸的儿子，她也不由得诗从心出：

> 绝磴马萧萧，群峰气势骄。苍云横上党，寒色满中条。极目河如带，扪车迹未遥。龙门划诸水，禹力万年昭。

母亲的诗情深深地感染了蒋士铨，他在心中暗暗立下誓言，永远铭记母亲的教诲，成就自身，成为济世之材。

蒋士铨一生得母亲谆谆善诱、孤心苦诣的引导，受益匪浅。母亲的言行成了他的楷模。

乾隆九年（1744）十月二十八日，蒋坚一家，船行至黄州府，舟系赤壁之下，蒋坚置酒于舟，为儿子行冠礼。

抛却心中的猥琐与徘徊，灵魂如做了一次特殊的洗礼。一路上，蒋士铨意气风发，他想：人一生，徒然行走，得到的教化就是要走一条他人未曾走过的路径。天将降大任于斯人也，当苦其心志，劳其筋骨，饿其体肤。难道自己就不能有所担当、有所作为？用自己的努力和作为，在抗争的路上跻身文臣之列。这种想法虽然带有几分幼稚，但也多了些英气。蒋士铨在山水的陶冶中完成自我的重新检讨。他开始了新的阅读，也开始了新阶段的写作，意境升华让蒋士铨有了一个新的自我。蒋坚看着儿子的变化，心中多少有了些安慰，他对钟令嘉说：儿子真的觉悟了，长大了，其前程将不可限量。钟令嘉也为儿子的进步感到由衷的欣慰，想着以往的艰难岁月，想着哺育儿子成长的历程，钟令嘉不由得满脸泪水，哽咽着说："蒋家中兴有望，这也是托祖宗的洪福。不过现在说来，一切尚早，只有功名成就才是最好的回答。"从山西凤台县打道回府，游子返乡的激情始终在蒋士铨心头洋溢。他在《浩歌》诗中，将这种情绪发挥得淋漓尽致："二十男儿不得意，酒垆醉卧游新丰……倔强匣中三尺水，疾声夜吼丰城铜。"他在另一首《对酒》诗中抒发自己的少年意气和少年壮志时写道："不见锦袍白日骑长鲸，青天碧海龙蛇走。"

一路行，一路诗，蒋士铨每经一地，必有一诗。或欣赏大自然美景，或体察市井人情。蒋士铨陶醉在广袤的天地，难以自拔。在郑州闹市，他在店肆中品茗，陶醉于香茶美酒；在新郑，他在古宅中寻觅春秋之风；在许昌，他在残破的古城上察看昏鸦绕树；在信阳，他在樵路上欣赏野雾炊烟。进入湖北境内后，蒋士铨一家由陆道换行水路，舟过武昌，市井的繁华热闹，江南的乡俗风情，让蒋士铨多了几分异样情怀。在这里，他留下了不少诗文，他陪同父母登上晴川阁后，江南雄阔潮平的宽广尽收眼底，他在诗中写道："忽听秋岗飞百雉，推篷急走看龟山。"

乾隆九年（1744）的十一月间，蒋氏全家长途跋涉，顺长江自武汉进入江西境内，湖口作为江西门户加剧了蒋士铨的故乡情怀。他兴致勃勃写道："家乡无数好烟鬟，青入东南第几弯？不似太行窗户里，年来饱看割愁山。"这首《湖口县守风》寄旅江北，面对无穷尽的群山，蒋士铨曾有过无眠之夜，曾有过乡愁别恋。江南的美好风光，让他感到自豪。重回故里，蒋士铨的心情豁然开朗，诗的字眼也表现得十分自然舒缓："风帆帖帖入鄱湖，镜里烟鬟指大孤。一棹如飞留不住，云窗雾阁总模糊。"这首《大孤》从乡情到鄱湖情，他陶醉在故乡的云水间。可是，当舟行至赣江樵舍河段时，他的思乡情绪又开始升华，船舱外纷至沓来、呼啸而过的风雪，将其阻隔在离南昌四十里不到的樵舍街码头上。他凭吊史迹，想起了在这里以不义之战溃败的明朝宁王朱宸濠，想起了朱宸濠的妻子娄妃，想起江西新建县籍京官裘曰修、曹秀先这些让他敬重的乡贤长辈。朱宸濠不仅仅是个武夫，诗文书艺，在南昌城也颇得喝彩。

船在风雪中穿行，归心似箭的等待，熬得蒋坚一家心焦。整整一天，才缓移十几里水路。到傍晚时分，船趸黄溪渡（今称黄家渡），黄溪渡是娄妃殉难漂尸之处。不过，时至如此隆冬，雪冷冰冻，蒋士铨再也难有思古幽情而叹其节操了。寒冬雪埋大地，地里的植物也被冻得无法生长。阻风的日子消减了人的锐气，滞留于茅屋草舍小旅店，不知这雪何时下得有个尽头。吃食更是难以下咽，新鲜的菜蔬格外金贵。蒋坚一家每天只以腌制的干鱼虾下饭，吃得人口都张不开。蒋士铨感叹这种生活：

> 市小冬归客，湖宽暝聚船。
> 寒鸡茅店雨，晚饭柂楼烟。
> 酒薄难为醉，鱼腥不值钱，
> 何当故乡路，留滞转凄然。
>
> 湖光千顷见，山势一痕收。
> 猛雨扶溪涨，雌风病客舟。
> 可怜虾菜市，无复获芦秋。
> 向晚繁星乱，渔灯出细流。
>
> 沙颓高岸缩，风紧莫寒增。
> 家事猜无限，乡音学未能。
> 人沽迎腊酒，犬吠隔篱灯。
> 不寐推篷起，低回雁一绳。

(《晚泊黄溪渡守风》)

望着灰蒙蒙的天，蒋士铨见父亲长吁短叹，轻声安慰父亲："家近咫尺，乡音已闻，父亲不必急返如火，这雪中一家人抱团取暖，岂不是其乐融融的美事？"

蒋坚手搭在钟令嘉肩上，凝眸远望，听儿子劝慰，笑了。他对钟令嘉道："儿子是少年不知愁滋味。他怎知我们心间的想头啊！"

钟令嘉对蒋士铨道："儿啊，你也老大不小了，做娘的想抱孙子了。"

蒋士铨的脸好一阵绯红，道："行呀，但愿天遂人愿，成全你们的美意吧。"

钟令嘉满意地瞟了蒋坚一眼，两人会心地笑了。

雪停了，风住了，蒋坚一家带着阳光心情，重新上路。顺水行舟，至余干县瑞洪镇才午阳当空。虽然空气中充满寒意，临家的激情足可融冰化雪。蒋坚眼见岸边树丛一鸦窝，有鸟哇哇直叫，当即令蒋士铨赋诗一首："来，考考你的即兴之才，来个七言古风，让老夫我开心。"

蒋士铨立于船头，略略沉思后，笑道："如此意境，正是成诗的好料子。父亲您的想法与我意不谋而合，正想以诗吟情，也不虚此行所得。"当即，他便浅唱低吟，信口而出：

> 尾毕逋，城上乌，三年辛苦将一雏。羽毛渐干雏忽死，老乌绕树呀呀呼。我语老乌尔勿哭，巢间尚有同栖觳。老乌低头作人语，同巢之雏各有母。纵能反哺及他人，不若我雏亲其亲。

（《尾毕逋》）

这首诗，诙谐悠缓，形象生动，趣味盎然，抒写了亲情的真挚，将蒋士铨对父母的依恋刻画得入木三分。钟令嘉激动得热泪盈眶，她将儿子紧紧抱在怀中，喃喃自语又像是说给蒋坚听：儿子长大了，儿子真的长大了。

地处鄱阳湖边的瑞洪镇，是余干县西北方向的一个水乡小镇。早年，水路便捷，信江上溯可至弋阳、铅山；下行可至鄱阳湖；西行可达南昌。这弹丸小镇，竟有风光八景：洲浮去雾、亭瞰风波、羊角山横、牛头浪蹴、茶庵疏馨、洪福晨钟、渔舟唱晚、下风野岸。这个地方，不仅风光好，还是"闽越百货所经"之处。一条蜿蜒曲折的青石板街巷，街上的建筑雕梁画栋，游龙戏凤，气势不凡，青苔绿竹，浸润乡俗，自成风格。小街上有药铺、茶铺、当铺、银匠铺、铁匠铺、木匠铺，当然还有棺材铺。南来北往的商绅士子都把这里当作歇脚或打尖的去处。于是，别有风情的市口便在吆喝声、叫卖声中出现了熙熙攘攘的人群。采买、兑换物什、叫卖菜蔬的百姓车水马龙，成全了瑞洪镇的热闹。

蒋坚偕夫人钟令嘉与众人交会而过,一行人兴高采烈,急急忙忙来到老丈人钟志顺在老街上的家。这是一栋有些年头的旧土库,前后三进,各进之间有天井相连。两侧各有耳门方便出入。天井的穿方梁柱上雕龙画凤,屋檐下的瓦楞沟沿一字排开福字瓦当。土库冬暖夏凉,舒适宜居。钟志顺家的土库为前店后宅,店前门楣上的匾额用红石雕刻"祥瑞雍芳"四个字,中进门楣上的匾额用红石雕刻"豫章世家"四个字,庄重肃穆。后进则为女眷居所。平日无大事,前店后宅间,前店的后门一般不开。豫章世家门内的人,出入都走天井中的耳门。而这一回,蒋坚父子远道出访而归,喜鹊鸣枝,鸿雁翔天,灯花结彩,喜气洋洋。钟家土库热闹非凡。蒋士铨的族兄也大开土库中门,让蒋士铨一家从店中大门迎进,自开后门,鱼贯跨入后面的豫章世家大门。一挂长长的爆竹响过,大家相互打招呼,互致问候,气氛融洽。亲情盛意让钟令嘉热泪盈眶。蒋士铨倒没在意这么多,一头栽进后院,又钻进书堆中去了。

在瑞洪待了几天后,蒋家乘船前往江西的省府南昌。蒋士铨并不了解父母此行的意图,其实蒋坚和钟令嘉意欲去南昌为蒋士铨定亲。

好大一场雪,狂风卷着雪花,铺天盖地往下扯。落尽叶片的老树就像孤舟一样立于酒肆前的大路边。一群饿鸟从枯枝中哨出,飞落屋檐,抖擞翅膀,卸尽身上的雪花,使尽全身解数用嘴啄开屋檐茅草,从中寻找虫子充饥。远处,西山空蒙,隐藏在雪雾中,只有几个峰尖初露,好一幅美妙无比的雪景寒山图。坐在酒肆中,蒋士铨呷一口温酒,仍难以压住一夜寒意难耐的寂寥。此时此处,置身于黄溪渡,他对娄妃的思念又添加了不宁心绪。老天似乎也读透了蒋士铨的柔弱,让他置身于美人漂入天国的去处,打开心头的忧闷,去遥想当年那守节为义的一幕。

黄溪渡这地方市面小,在这风雪的寒冬,小街上难见到几个商客。由于雪下得厚,酒肆中也找不到新鲜的菜蔬招待蒋士铨这个客人的吃食,只有水边的出产货,不值钱的腌干鱼,腥味扑鼻,拌着饭咽。

雪越下越大,夜也来得早,沉浸在这无垠的乡土气息里,蒋士铨的思绪一刻也不曾停歇。他在心底盘算,得闲时,一定要用自己的笔,为娄妃写上一曲，赞美她的德行。

　　船老大是个勤快人，早把船上的积雪扫个干净，船舱中也烧上一盆炭火，蒋士铨第一个跨上船，躬身进舱，顿觉周身多了一层暖意。他再度回身，来到船头，走下轿板，迎接父母上船。钟令嘉朝儿子示意，让他留意父亲的动作，牵着父亲上船。蒋坚的身体经几十年在外奔波劳碌，已远不如从前。身子佝偻前倾，双腿踏上轿板后，颤颤巍巍让牵扶着的蒋士铨不敢掉以轻心。看到老父满头银丝和满脸络腮胡子，蒋士铨心中发酸，眼底泛潮，一股深深的内疚之情油然而生。这之前，蒋士铨从来没有像今日这样认真地看一眼老父，也从来没有牵过父亲的手，携他上船下船。今天的经历使他长大了，像一个成年人了。他好像倏忽间，懂得了更多的世情，懂得了该好好地孝敬父母，用自己的努力去改变家庭困窘的现状，减轻父亲肩头的压力，用胸中的文华才情去实现自己的宏伟图画，以示报效。他甚至觉得自己的这一层想法来得太晚了，让父亲过多承载了他不该担当的家庭重担，让母亲过多承受了遥遥无期的不眠之夜。

　　母亲和父亲在船舱中坐定后，两人围着火盆，窃窃私语，有时还冲着蒋士铨指指点点。

　　船动了，朝着西南方，沿赣江上行，南昌隐隐约约已经映现在冬日的图景里。蒋士铨的心在温暖阳光的熨帖下，热血沸腾。进入青春期的心底骚动和不安分，也在激烈地喷发能量。蒋士铨的两颊红红的，他从父母的悄悄话中已经有了自己的判断和思考。他也是个大男人了，需要情感的慰藉，需要一个男人所需要的爱、所需要的情。

　　江南的女子如花似玉，一个个仿佛荷花、桃花、橘花、桂花，馨香扑鼻，花红映日。蒋士铨在痴想中醉了。

　　钟令嘉的心是急迫的，她曾经几次三番背着蒋士铨在蒋坚面前发牢骚，希望儿子能尽快成家立业，传承蒋家的香火。蒋坚何尝没有这份心。他在给儿子举行冠礼时，就萌发了念头，这次回南昌一定得张罗为蒋士铨完婚。

　　梦寐以求的故乡终于姗姗来迟，唐人有句诗写得好："近乡情更怯。"

船至南昌码头，蒋士铨没待船拢岸，便一个箭步，跃然上岸。他要去拜见祖母，拜见伯母，与众位家人相聚。

蒋士铨的伯父蒋汉先等人早早等在码头相迎。蒋士铨热泪盈眶，第一次远行虽然眼界洞开，可纠结于故土难离，心态的不平静无时无刻不在搅扰蒋士铨。蒋汉先拉着蒋士铨的手，一再嘘寒问暖，同时，也询问蒋士铨的学业可有长进。蒋士铨尽管有些忸怩，但是在伯父面前也毫不掩饰自己的心间私情，笑着说："我是身在曹营心在汉，在家千日好，出外一时难。吃不惯，睡不安稳，饭是北方食，睡是他人床，不安逸啊！"蒋汉先听了，大笑起来："看来，以后有朝一日，皇榜高中，皇上要你在北方做官，你也会以水土不服辞官不干吗？"蒋士铨道："我才不受那芝麻官儿的约束，我就像那南行的大雁，想往何处飞，就往何处飞。自由自在。如渊明先生教诲的那样，'久在樊笼里，复得返自然'。为官为民，各人有志，难道皇上还勉强不成。"

蒋汉先与弟弟蒋坚并行，他迫不及待对蒋坚说："士铨侄这次游学而归，精神焕发、意气盎然，旧日的萎靡一扫而光。你做父亲的不仅要关照他的学业，也要为他的婚事拿个主意。其年纪也二十郎当，正是成家立业的当口，你们两个做父母的不上心，谁会替你们操心啊！"

蒋汉先一口气叙说了自己的想法，也着实感染了蒋坚的情绪，他望了望前面行走的儿子，叹口气道："您的话正中我的下怀。这么多年，我在外奔波，于老家，人生地不熟，人缘关系很难攀得上，谁家有女会嫁给我这样一个困顿的家庭呢！"

蒋汉先道："哈，你还别急，凭你在南昌人中的口碑，还有你在外的经历，大家都把你传神了。不愁没有门当户对的人家结亲。"

蒋坚再度长叹道："我上无片瓦，下无寸地，连个蜗居的去处都没有，从何谈起？"

蒋汉先沉吟片刻，略加思索后，亲昵道："谁叫我们是兄弟啊！俗话说：兄弟姐妹一家亲，打断骨头连着筋。你们这次来，权且就在我的居所内清扫两间。小金台这个地方，虽不是个热闹所在，倒也容得士铨在这儿吟诗诵古，作出锦绣文章。我想，或许这样会更妥帖些。"

"也只有寄寓于您的住地了。"蒋坚笑着说,"南昌有古训,弟过兄门为客。我这次自北方回来,带了些东北人参等上佳补品,给您滋补滋补。"

蒋汉先高兴极了,接过小布袋,掏出一支人参,细细察看,笑着道:"不瞒你说,我的老弟,这之前,我就与士铨侄物色了一位女子,她是流徙到南昌的淮安山阳国正人,张海山之女,长得秀丽端庄,贤淑有度,正合俺家门风,不知老弟你意下如何?"

"啊,行啊!"蒋坚几乎不假思索满口应承。他的眼眶已有几分湿润,望着东方升起的朝阳以及街巷中穿行而过的熙熙攘攘的人群,不无感慨道:"我也开始进入老年人行列了。见不到孙子,我死不瞑目啊!"

转眼间,蒋坚一家便来到小金台的旧宅,让蒋士铨意想不到的是,蒋汉先的夫人、士铨的伯母竟迎门放了好长一串鞭炮,吸引了众多亲邻前来问候道贺凑热闹。

繁文缛节的应酬过后,月上柳梢,人散灯亮,屋内只剩下蒋家诸翁。大家的话题又不约而同地聚焦为为蒋士铨完婚这件事上。蒋坚把蒋士铨从书房扯出来,也不管他态度如何,只把淮安山阳国正海山公的为人家道讲了个大概,又把海山公之女的长相、人品、德行说了个透彻。只以先入为主的口吻,容不得蒋士铨不答应,责令蒋士铨写婚帖。蒋士铨笑了,其实,他并无苛求,也无意抵制父辈的决策。他的笑意,也算是某种默认。他只是认为父辈们如此神速地为其完婚有些匪夷所思,多少有几分突然和唐突。虽说是媒妁之言,也总得用个什么方式见上一面,或者说上几句话。可这一切,在蒋汉先和蒋坚的眼里,似乎是多余的。看父亲的态度,好像在告诉蒋士铨,答应也得办,不答应也得办,仅此而已,别无选择。

蒋坚仍在苦口婆心地开导蒋士铨:"人生三大喜事:洞房花烛夜、金榜题名时、他乡遇故知。为啥古人要把洞房花烛夜放在首位,这就是古训,先人留下的规矩。人的一生就得按照这个程序往前走。跨过了婚姻的门槛,再去成就功名不迟。"

蒋汉先也在一旁敲边鼓:"这么个如花似玉的姑娘,打着灯笼也难找，错过了这个村，便没了这个店。人家可是冲着咱蒋家的门风好，脚路宽，人缘热闹，祖上曾经沾过些富贵味儿，这才应允将女儿嫁过来。要是咱不领人家的情分，把头抬得天高，恐怕人家也会背手反向，找个比咱家强的，也是自然的事。南昌街上，掰着指头算，大户人家多如麻，谁家不比咱家强，咱也得喝酒量底，娶亲量身份。用戥子戥一下自己，值几斤几两，免得做那抬头不看低头去瞻的糗事，让街坊邻居笑话。"

蒋士铨听得伯公蒋汉先如此一番指教，真是大吃一惊。没想到，早年并不肯多说话、做事木讷、不管分外一钱事的伯公，竟变得如此伶牙俐齿，像个媒婆般絮絮叨叨，炒豆子般讲了如此一大通，简直不可思议。蒋士铨目瞪口呆，他被这轮番上场的车轮战闹晕乎了。他用求助的目光望了望母亲。

钟令嘉笑着拍了拍儿子的肩，启发道："人长大了，迟早得过这一关。这也是一个家族的传承。依了南昌的乡俗，也实在不需要你点头同意。你不看别人，就看我与你父亲的婚事经历，十八岁囡子嫁给四十六岁的糟老头，我听的也是媒妁之言。你外公和外婆应了蒋家的口气，就做了决定。这就是天意，既然天意让你选择了这位张氏，孩子，你就认命吧。"

蒋士铨扑哧笑了，没想到知书达理、经常拿小鞋给父亲穿的母亲竟在这个问题上与父亲、伯父一个鼻孔出气，看来，这真是天意。于是，蒋士铨拿出文房四宝，纸笔墨砚伺候，磨墨挥毫，龙飞凤舞，凭借所学瞬时写好了媒帖。

早年，南昌地区男女择婚礼俗十分讲究，男方托媒，经双方亲友撮合，定下媒妁之言。男方、女方各有一媒人，在听了媒人对双方家境、男女相貌、人品德行的叙述后，男方及男方的父母、女方及女方的父母，由媒人约定地点，在街市集镇的逢墟日，选择集镇上或街市上人流量较大的杂货铺、绸缎铺、裁缝铺、瓷器铺，男女双方皆以前往该铺裁布做衣或购货为名，在店中由媒人偷偷指认，打个照面。男女双方表面上不接触、不打招呼，各行其是，而各怀居心，时不时互相瞄一眼，注意对方的身段、长相、容貌。等到过了这一关，才是下媒帖。蒋士铨之所以写帖时那样不情愿，多半也是在这之前，没有过瞄一眼的经历。

待到女方回帖，各自经过术数先生推演年庚八字。同时，男女双方对对方都有好感，女方回帖后，这门亲事才算有了点头绪。

随后，媒人便会要求男方行使"驳帖"仪式。女方便率领家族中的三姑六姨上门或于酒肆与男方汇集，由男方随礼。随礼的多寡以男方家境的好坏而定，可以每人一条手巾，或是一条手帕，或一段布。这个环节事先媒人都要与女方沟通好，以免聚会时引起女方的不高兴，双方不欢而散，甚至以这点小事拆散鸳鸯。

过了这一关，男方便挑了礼篮去女方家过门。礼篮中的礼物包括一对公母鸡、一对鱼（必须是鲤鱼）、两个蹄花、两斤白糖、两套女方所喜爱的衣料、两双婚鞋（布鞋）、一对金耳环、一只金手镯或是银手镯。另外还得包一个红包的现大洋，作为驳帖的费用，供女方支配。再由术士先生选择举行婚礼的日子。

完成了这些礼仪，婚事便进行过半，双方都吃了定心丸，只待佳期来临，宾朋聚会，共庆家族盛事。

蒋坚一家在忙忙碌碌为儿子操办完下聘驳帖礼仪后，如释重负。一段时间的筵宾接客，恭贺问候，蒋坚不胜其烦。冲着蒋坚的声名，不少慕名者都以各种不同的方式前来登门拜访。蒋家门庭若市，往来客者络绎不绝。年岁不饶人，蒋坚的精力、体力都难以应酬，一家人在商议再三后，只好重新登船下湖，前往鄱阳县月波门内小食（市）巷史氏宅。史氏乃鄱阳富绅，与蒋坚在山西结为好友，相约蒋氏回江右后可来鄱阳栖居。蒋坚居家鄱阳县的重要原因是，鄱阳县地广人多，蒋坚与县令黄获村（登谷）交好，欲将蒋士铨于鄱阳县通籍，入童子试。再以后就以鄱阳县籍生员入乡试、会试。再者蒋坚考虑到兄长蒋汉先一家住得本来就拥挤不堪，加上自己一家凑热闹，挤上加挤，窘境日显。再者近段时间人来客往，不堪人事相扰，去鄱阳落脚谋生即为上策。

蒋士铨在南昌时，婚事好像是父母安排的事，与他干系不大，顺着父母所指的去处朝洞房花烛夜奔就行了。他醉翁之意不在酒，在于诗文间。

让蒋士铨感到得意的是，他在南昌的这段时光里，结识了新的文朋诗友，这就是被人称为奇童的赵由仪（即赵山南）、杨垕（即杨子载）、汪轫（即汪辇云）。四人诗文不相伯仲，各有文名，后被人称为"江西四大才子"。

杨垕，字子载，江西南昌人。生卒年均不详，约自清世宗雍正初，至高宗乾隆中之间在世，年三十二岁早逝。六岁解吟咏，九岁以诗名，与汪轫相伯仲，时称"两才子"。乾隆十八年（1753）拔贡生。垕诗清超深浑，自成一家；新乐府诸作，尤独出冠时。著有《耻夫诗钞》，生平事迹见《清史列传》卷七二。

南昌文气盛，每年的谷雨和重阳两季都是诗人骚客雅聚的时日。滕王阁、秋屏阁、铁柱万寿宫、北兰寺、百花洲，都是孕育诗文种子的地方。蒋士铨自山西一路船行，路途阻隔，无有良师滋补，其所学多有局限，耽搁了不少就师听教的机会。船在南昌落岸后，蒋坚虽然极力为儿子指媒完婚，但也没少为蒋士铨的功名操心。他欣喜地读着儿子的诗文，也相信士铨是个可塑之才。只要有饱学之士从旁指教，儿子成为饱学之士也不无可能。于是，他权且将儿子寄于豫章书院入塾，杨垕正好也在这个书院塾读，两人相见如故，相互同题为诗，很有乐趣。一天塾院例假，杨垕邀上蒋士铨，说是要带他去一个有意思的去处游玩。蒋士铨以前也在南昌居住过，年幼不更事，对南昌很少唤得起记忆。离开南昌这么多年，离多居少，南昌的世情俗态千姿百态，让他既好奇又新鲜。原来，杨垕带他去的地方是南昌的铁柱万寿宫。

南昌有两个万寿宫，一为西山万寿宫，一为铁柱万寿宫。西山万寿宫为道教净明道的祖庭。东晋宁康二年（374），人们为了纪念治水专家许逊的功绩，修建了许仙祠。南北朝时改为游帷观。沿至宋朝宋太宗、真宗、仁宗都曾颁赐御书，宋真宗大中祥符三年（1010），升游帷观为玉隆宫，并赐"玉隆"御书匾额。宋徽宗政和六年（1116）勅令以西京（河南洛阳）为例，大兴土木，于西山兴建六大殿（高明殿、三清殿、老祖殿、谌母殿、关帝殿、玄帝殿）、十二小殿（轮殿、列仙等）、六阁（玉皇阁、紫微阁、三官阁、敕书阁、玉册阁、冲升阁）、七楼（钟楼、鼓楼、迥鹤楼等)、三廊（十二廊房等)、七门（中山门、东山门、西山门、道院门等)，宫旁还建有三十六堂，作为道士起居之所。宋徽宗颁赐御书"玉隆万寿宫"匾额，并赐真君神像、铜铸香炉、花瓶、钟磬、烛台、银器、法器、玉案等一批物件。当时的万寿宫雕梁画栋，斗拱层叠，飞檐仰空，金碧辉煌，气势宏伟，蔚为壮观。随后，屡修屡废。金兵侵入西山时，把玉隆西院的"王朝宸翰及真君玉册"等文物及典籍洗劫一空，宫中殿宇楼阁亦多被毁损。宝庆元年（1225)，宋理宗赐给国帑，对玉隆万寿宫做了全面重修，并命礼部侍郎奚德秀任提举官，还派道官二十一人来逍遥山福地，开设道场。"羽士云集，道风高倡"，为东南祀典第一。

元泰定二年（1325）拆除宋代的各个小殿，在旧址上新建了六楹别殿，东头三楹，祀奉日、月、火、水、木、金、土、风、雨、雷、电十一尊形象；西头三楹，祀奉许逊嫡传的十二尊弟子塑像。顺帝至正十二年（1352）兵乱，西山万寿宫宫殿全遭焚毁，成为一片废墟。

明代，万寿宫再度兴起，明洪武年（1368—1398)，西山各乡绅捐款捐物，百姓出力，在被毁的玉隆宫遗址上重建许真君正殿；明武宗正德十五年（1520)，重建高明大殿，并颁赐御书"妙济万寿宫"匾额。

清顺治年间，吏部侍郎熊文举会同新建地方官吏筹款捐物重修万寿宫。康熙二年（1663）万寿宫又恢复昔日风貌。

南昌铁柱万寿宫是江南一座著名宗教景观，坐落在南昌市翠花街西，在洗马池与筷子街之间，系东晋永嘉六年（312）为奉祀著名道家四相之一、净明道派创始人许逊而建，因许曾任旌阳令，故当时称旌阳祠。宫内有一铁柱，传为许逊所铸，为镇蛟螭之害；宫左有井，与江水相消长，称"铁柱井"。唐代咸通年间（860—874）改称铁柱观；宋大中祥符二年（1009）改为"延真寺"；宋宁宗御书"铁柱延真之宫"；故宋元明初期间称"铁柱宫"，又称景德观、延真观。明世宗赐名"妙济万寿宫"，清顺治十四年（1657）改称万寿宫。

沿着珠宝街，只见摊店林立，采买者人头攒动，叫卖声、吆喝声此起彼伏。蒋士铨觉得这市口氛围确实让人耳目一新，却醉翁之意不在酒，他连连催着杨垕去铁柱万寿宫。杨垕倒是笑着，一味地在街上做看客，在闹市里绕圈子。一会儿，他将蒋士铨带到一个名叫万和食铺的小吃店，点了两碗牛肉炒粉，甫待坐定，蒋士铨笑着说："杨君有道，历来是应时应点，出手大方，此次请我吃米粉，岂不是折煞蒋某人么？"杨垕也笑了，却默而不答，只一味地请蒋士铨下箸再谈。蒋士铨说归说，吃也是要吃的，心中也真有几分觉得杨垕小气，做东请吃就这么一碗米粉。不过，客随主便，不吃白不吃。蒋士铨吃东西有细嚼慢咽的习惯，而杨垕，操起筷子狼吞虎咽，三下五除二，如风扫残云，吃个碗底朝天。蒋士铨吃食进嘴，先用慢功细细品味，待舌尖上找到了食欲的兴趣时，方才开始有量进口。吃这米粉，蒋士铨是不屑一顾的，他将几根送进嘴后，似乎有如发现新大陆一般，嘴中辣、香、脆、韧，这牛肉炒米粉竟似吞山珍海味一般，吃起来，香气满口，有滋有味有劲道。杨垕故作漫不经心模样，也不去留意蒋士铨的神情变化，默不作声，只待蒋士铨发声。

蒋士铨见杨垕不理不睬，带几分歉意道："刚才玩笑了，唉，还真没想到南昌有如此地道的炒粉。"

杨垕仍不吱声。

蒋士铨抹了一把头上的汗，扯了下杨垕的手臂，低声下气问："你说的好去处，莫非就是这吃食？"

杨垕忍不住哈哈大笑，轻声问："感觉如何？"

蒋士铨赞不绝口："地道，地道，好吃食，看来你是个老吃货了。"

杨垕说："你还初来乍到，不识锅灶，南昌城内好吃食多着哩。"说着，他扳着指头如数家珍："你看这街头，有豆津包子、有炒杂素、有藜蒿炒腊肉、有狮子头、有三杯鸡、有松湖米粉肉、有红酥肉、有老鸭炖汤……你没有吃过的多着哩。"

蒋士铨听了，也很惊讶："我也算是个南昌人，对这么多的菜肴竟一无所知，惭愧惭愧。无怪乎古人谓南昌：百闻不如一尝。这美味佳肴，吃得人心舒畅，真可谓不虚此吃啊！"

杨垕说:"是不是你的诗兴又来了。"

蒋士铨笑着说:"诗兴来不来无所谓,图了这嘴巴图不得心,好像我还在等你的下文呢?"

杨垕乐了,他指着远处的宫阙道:"走啦,蒋大人,会有你得意的地方等着你去流连啊!你这人真是,我没说透,你就能看破我的心事,算你厉害。走啦,起步。"

两人说着笑着,来到铁柱万寿宫。

铁柱万寿宫人潮如织,香烟缭绕,飞檐翘角,极尽威严。神圣的大殿上,福主许逊安详地端详着众多的朝觐信众。灵符、圣篆、玉册、籤语,朦胧的感应见证了众多男女百姓的心愿,个中的征兆谁也道不明、讲不清。蒋士铨似乎对道行的高深有着独到的见解,正想就许逊从人到神的脉络与杨垕来一番细研时,杨垕却挡了他的话头,将他扯了往宫后跑。

只听得一阵锣鼓唱过,宫后的舞台上,正上演一幕好戏。明代戏剧家汤显祖的《牡丹亭》在这戏台上活起来了。跌宕起伏的剧情一下就把蒋士铨和杨垕带入了多情而又充满梦幻的天国。《牡丹亭》是汤显祖的代表作,也是中国戏曲史上浪漫主义的杰作。这出戏通过杜丽娘和柳梦梅生死离合的爱情故事,洋溢着追求个人幸福、呼唤个性解放、反对封建制度的浪漫理想,喊出了要求爱情自由、婚姻自主的呼声,同时也暴露了封建礼教对人们幸福生活和美好理想的摧残。

戏中,杜丽娘抱怨父亲在她的婚事上讲究门第,以致耽误了自己美好的青春,终于在梦中接受柳梦梅的爱情追求。可是梦幻中的美景在现实生活中却难以寻找。杜丽娘死了,她的灵魂不死。她在冥冥中托梦给柳梦梅,让他砸开自己的坟墓,促其复活,有情人终成眷属。杜丽娘和柳梦梅又成了现实生活中的恩爱夫妻。如此动人的情节,如此震撼的剧情,能不湿了蒋士铨的汗巾?他泪如雨下。杨垕看着他,笑了:"没想到,蒋大人,你还真是一位多情种。"

蒋士铨带着几分羞意道:"汤翁真把世态写活了。他不仅写活了杜丽娘,也把我的心写活了。"

"你也想着自己的梦中情人?"杨垕问。

"你呢？"

"哈哈！"俩人不约而同笑了。

蒋士铨感慨良多，他嗟叹道："汤显祖真乃一支不朽如椽巨笔，如此传神，实乃吾辈所不及。看过如此动人一幕，也勾起吾之写戏欲望。如若得闲，我也当效仿汤翁，写几部戏，以飨众生，留下今生今世的愿想。"

杨垕击掌欢呼："好，蒋大人，你的诗写得刚正厚重，你的戏文也一定会有独到之处，我等着你的本子出来，做第一个欣赏者。"

蒋士铨道："我倒不在乎别人欣不欣赏，我只想在文字上寄托我的所思所想，把我崇尚的人、崇尚的事，做个记录，让这些光鲜的人物传承百代，得个久远的光大。"

南昌的夜，在静谧中缓缓降临，一曲既罢，人们已经走出了宫殿，四散离去。

只有蒋士铨与杨垕在这舞台边长久徘徊，畅诉衷曲。杨垕告诉蒋士铨，在同辈舞文弄墨者中，南昌还有赵由仪和汪轫，诗文成就如何了得。蒋士铨责怪杨垕为何没有早告诉他。杨垕笑了，说："这也是缘分，一旦缘分到了，撕也撕不破，拆也拆不开，到时候，你可别讨厌就是了。"蒋士铨也笑了："诗文留下的情谊应该天长地久啊。"

汪轫，字辇云（一作字鱼亭），江西武宁人。生卒年均不详，约自清世宗雍正初至高宗五十年之间（约1723—1785）在世。少孤贫向学，从同邑盛谟游。乾隆优贡生，官吉水训导。尝与鲁仕骥客雷铉幕中，极为器重。与蒋士铨、杨垕善，相视如昆弟。性憨直尚气义。与赵由仪交尤契。晚年，自放于酒，醉则痛哭呼由仪不置。轫好为诗，古体追汉、魏，近体师李白、孟浩然，所作凡二千余首，名曰《鱼亭诗钞》，生平事迹见《清史列传》卷七二。

赵由仪，字山南，江西南丰人。生于清世宗雍正三年（1725），于高宗乾隆十二年（1747）卒，年仅二十三岁。五岁涉经传史，一目了然，称为奇童。既闭户十年，沉酣载籍，才思益壮，纵谈天下事，慷慨自喜。乾隆六年（1741）中举人。由仪颇工诗，所著有《渐台遗草》，生平事迹见《清史列传》卷七二。

后来，杨垕将赵由仪、汪轫相约在滕王阁边的茶楼相叙，四人一见如故，从此，诗文唱和不断，成就了"江西四才子"的佳话。

虽然蒋士铨对南昌依依不舍，多有几分留恋，可父命难违，也只得相随着上船。蒋士铨的几位好友汪轫、赵由仪、杨垕都来相送，因为他们在南昌的日子里听戏、吟诗，过了好一段舒心惬意的生活。临行之前，他们相约初秋前往苏杭地区行走一番，四个人好好地再续诗文。蒋坚听儿子要去苏杭，原本不乐意，他认为蒋士铨已经聘妻，年内即将完婚，在这件大事未完成之前，不宜分身出外周游。蒋士铨看出父亲的心绪，他不得不提出自己的条件，如果不让他去苏杭，他就不去鄱阳。这个要挟的条件很是厉害，让蒋坚哭笑不得。在钟令嘉的劝说下，蒋坚方才答应了儿子的请求。

得了父亲蒋坚的"恩准"，蒋士铨与汪轫等得意欢呼，大家相约九月底左右自南昌动身。四位好友在依依不舍中告别。

鄱阳县是江右大县，也是江右名县。春秋战国时期为楚番之邑。秦统一中国后，于公元前二二一年置番阳县，由九江郡管辖。西汉时期，番阳县改为鄱阳县，是因为县治在鄱阳湖之阳，改属豫章郡。后来，属地小有变化，唐武德五年（622）为饶州治，天宝元年（742）为鄱阳郡治，乾元元年（758）复为饶州治。元、明、清属地没有发生变化。

鄱阳县依山襟湖，山清水秀，风光旖旎，是个宜居之处。

四月的鄱阳县城，花红草绿，新荷玉立，杨柳拂翠，田禾郁青，与南昌景致相比别有韵味。城中更有寺塔林立，梵音暮鼓，络绎不绝。以至街巷中，人潮涌动，熙熙攘攘，热闹非凡。蒋士铨游走过街巷，对这个县城产生了深深的喜爱。

蒋家落脚鄱阳县月波门内的小食巷史家大宅。月波门近水路码头，出行方便，加上小食巷虽居闹市，但史家大宅幽深雅致，闹中取静。蒋家能来鄱阳客居，因及鄱阳县令黄获村先生的中介。黄先生与蒋坚交谊甚厚。早年，在往来于山西江右之途时，两人于官船上由朋友介绍相识，成为挚友。史氏因异地为官，举家西行，抛宅而去，托付黄获村先生管理。史家大宅因之成为空宅。蒋家住进史家大宅，如入无人之境，好个修身养性之地。几个月下来，蒋士铨渐渐对鄱阳地方有了好感。

在鄱阳期间，蒋士铨的诗兴勃发，佳句迭出。他遍游县城胜迹，常有感慨。浮洲寺于宋治平二年（1065）兴建。位置在鄱阳县东湖督军台，蒋士铨行走其间，不能无诗，他写道：

> 倒景开平湖，浅涨落沙步。
> 一径入空翠，乱石出新路。
> 深林蓄微凉，修竹莽回互。
> 虚亭上暝色，波光动秋树。
> 云气苍茫生，渔艇晚烟赴。
> 不见伴鸥人，轻舟自来去。

（《浮洲寺》）

蒋士铨笔下的湖寺山色写得生动逼真，湖、沙、石、林、云、鱼、鸥、舟，各成一景，美不胜收。在这样的心境中，寄情山水，自以诗文逸志。他几次游历浮洲寺，都有感而发：

> 绝壁悬孤寺，江天打暮钟。
> 逆流高坂折，斜日怒涛春。
> 到眼玄黄合，当门紫翠重。
> 山云飞不尽，万木老秋容。

（《晚过山寺》）

秋天的湖寺让蒋士铨寄托了万般感慨，诗文的意境更臻完美，湖光山色彩笔勾勒。

农家的新鲜气息深深感染了蒋士铨，他的足迹遍及乡村。他走进一个名叫黄叶村的地方，只见一间间低矮的茅草屋前，老人们坐在桑榆树下，领着自己的孙辈，尽情戏耍。成群的鸡鸭在孩子们四周凑热闹，叽叽喳喳叫个不停。牛栏中的水牛悠闲地吃着稻草。远看，田地中那一片连天绿色，都是它与人的劳累所获得的成果。

眼看秋日一天天地临近，炎热的气息也渐渐弥散，风开始见些凉意。落日照着古城鄱阳，充满野性狂澜的鄱阳湖水，渐渐开始收敛。湖滩上渔民已经在小河港中打开闸门，安装上鱼笼，捕捞水货，收获渔利。满湖的鹤雁嘶鸣哜啼，与渔民分享一杯羹。蒋士铨独自登临饶州北面的芝山，感怀千百年来饶州的兴废，叹息朝代的更迭和世事变幻莫测，自有一番感慨系之：

　　城上风烟靖女墙，团营洲小月如霜。
　　康郎人物春秋共，彭蠡风涛日夜忙。
　　战垒鲸翻无黑白，沧江龙死变元黄。
　　何人艳说番君事？酹酒荒祠拜芮王。

　　西风残照月波门，烟火千家断岸分。
　　古井残碑留帝业，高城楼橹属将军。
　　湖边酒肆菰蒲合，堤上歌台草木薰。
　　拟到芝山重回首，尧峰缥缈剩荒坟。

（《饶州怀古》）

蒋士铨饱含深情，面对鄱阳的古色古香，抒发了好一通思古幽情。明代开国皇帝朱元璋与陈友谅对决于康郎山，战事的惨烈，验证了胜者为王、败者为寇法则的正确性。残碑也好，歌台也罢，逝者如斯夫，往事尽在风尘中，不堪回首。

芝山上的怀旧仍觉不解心中凝结的思绪，几天之后，他在游荐福寺时，又将心中块垒写得入木三分：

　　古刹萧然冷劫灰，残碑何处偃苍苔？
　　不关天地非奇困，能动风雷亦异才。

佛子堂空香雨散，英雄坟老野花开。

白杨摧尽无封鬣，寒食凭谁展墓台？

稻花香晚寺门秋，堤上笙歌废冶游。

卧柳桥长曾系虎，迎湖山好正眠牛。

千林黄叶开僧舍，两岸丹枫合酒楼。

我正微吟斜日下，钟鱼声出殿西头。

（《荐福寺》）

后来，清代著名评论家舒位在他的《水瓶斋诗话》中谈到蒋士铨的诗，给予了很高的评价："袁（枚）、蒋两家诗，实是劲敌。袁长于抒写性情，蒋喜于开拓心胸。袁之功密于蒋，蒋之格高于袁。各有擅场，不相依附也。蒋诗之雄者，如《西岳题壁》云：'万马西来野色宽，莲花开出古长安。'此起句也。《送人入陕》：'桃花马上胭脂雪，去看秦云似美人。'此结句也。中间如《读南史》云：'六代文章藏虎豹，百年花月醉鸳鸯。'《荐福寺》云：'不关天地非奇困，能动风雷亦异才。佛子堂空香雨散，英雄坟老野花开。'此类集中尤夥，读之有铁如意击唾壶意气。亦有香艳如温、李者，如'银钩字小教亲记，金扣环松许暗开''江湖绿鬓丁年改，楼阁红窗子夜开'。晚年专宗山谷，少此风致矣。又《送某进士归班》云：'一第还家无限好，十年从政未嫌迟。'此联蕴藉含蓄，亦与袁公诗无异。"

蒋士铨的诗经此半载之阅历，诗风渐臻成熟，诗道既成，吸引了众多关注的目光，就连一些隐居鄱阳县城的画家也声闻其名，与之交往甚笃。

蒋坚的好友高圣敩，出身名将世家。其人兼善文武，弃官高卧，在鄱阳县城以涂鸦度光阴。平日里，他酷爱字画，虽然画作不见得入时入眼，但高圣敩穷尽所能，弥久而坚，枕书画以眠。听蒋坚介绍蒋士铨的诗文成就后，他特意画了一本虫草册页，请蒋士铨见教。蒋士铨见七十高龄的老人对自己毕恭毕敬，心下不安。为了回敬老人，于是在册页上为老人画作题诗款，他称老人为丈人，因为是父辈的朋友，这也是尊重长者。《题鄱阳高圣敷丈草虫小册》诗中恭敬、恭维话虽不露形迹，倒也迂回地赞美一番。他在诗的语句中写道："一般同向秋风蜕，不恋林端恋草根。"

蒋士铨喜秋、游秋、写秋，把秋描摹打扮得如诗如画。秋意装填了他的诗匣，也充满了他的语境。这种勃发的诗兴在他后来行吟的《湖上晚归》中抒写得淋漓尽致：

> 湿云鸦背重，野寺出新晴。
> 败叶存秋气，寒钟过雨声。
> 半檐群鸟入，深树一灯明。
> 猎猎西风劲，湖心月乍生。

这是蒋士铨游鄱阳县东湖所见暮秋景致，蒋士铨把本属常见的水乡风景一吟成诗。他体察入微，独具慧眼，常精心挑选富于特征的意象营造画面，显示了蒋士铨炼字锻句、刻意为工的功力，表达了他的真实感受，也提炼出一种独特的优美意境。

开始一句"湿云鸦背重，野寺出新晴"便让人觉出一股深秋凉意袭来。虽然始句无一字写秋、与晚，却把暮秋黄昏绵雨暂歇的特定景色写得入木三分。"湿云"，既非雨中乌云，也非雨后淡云，而是好像被刚过的秋雨浸湿泡透，仍蓄积着浓厚雨意的阴云。用归窠的群鸦暗点诗题"晚归"。而一"重"字，满天湿云好像堆压在群鸦背上，令人更感到雨意之沉浓。在这阴云鸦群组成的泼墨一般的背景上，露出一"晴"字。其间一"出"字之妙，既写原被雨帘遮住的野寺因乍晴而现，又像写这新晴是因为野寺显现才"出"。晴以衬阴，更渲染出湖岸周围阴沉、荒凉的氛围。

第二句写归途所见与所闻，又选择两个有特征的景物。蒋士铨既不写枯叶，也不写落叶，而写被秋雨秋风摧折的残枝败叶，所以更多地收蓄着秋的气息。"寒钟过雨声"一句更显功力。妙在不是简单直接的运用，而是写远处野寺传来的阵阵钟声，仿佛经过秋雨的淋洗，也带上了阵阵寒意，与整个画面自然吻合。不仅描摹了秋色与秋声，而且传达出诗人触觉感受到的秋凉。

接着以地点、时间的转移写出了"归"字。蒋士铨乘坐的小船将近归处，看得见屋檐了。但只是"半檐"，另一半或许是被树影遮挡住了；更近归处，已可见树丛中那一星灯火，在行走中，时间也许更晚了。古人有所谓"移步换形"的写作技法，这里却以景的"换形"而暗写了人的"移步"。

尾句叙述的是蒋士铨弃船登岸，于堤岸回首湖中，黄昏已去，夜幕开始降临，凌厉的西风中，一轮明月初升，映在雨后湖心中。西风之"动"反衬出湖月之静。仿佛蒋士铨静静地伫立湖边，凝望湖心秋月，仍在回味归途秋景……

全诗无一字写人，却无一句不写出了"人"。因为蒋士铨没有简单地摹景，而是精心遣词造语，写出他身心所感受的"景"，因而这景也就表达了"人"的感受、"人"的行动、"人"的心情。这正是诗人的过人之处。

人在景中，景在人中，这种新颖的写法，让我们看到诗人独步秋野、徜徉湖边，伫立于暮色中，与秋对话，回味秋色的美妙和寒湿的禅意。蒋士铨以秋入诗，诗风渐至成熟，其诗的底蕴和意境渐显，自成诗路的风格奠定了他作为诗文大家的基础。

鄱阳给蒋士铨留下了深深的印痕。在这同时，他也在漫步秋色中，深深地惦念着他在南昌的几位好友。他在写给杨垕的诗中，感叹杨垕祖先身世，又为其贫困交加所忧虑，"意气真怜见面初，一灯风雨对踟蹰"。他在给汪轫的诗中更是把几个穷酸文人的交往写得力透纸背：

秋鸿嘹唳尺书频，冰雪文章骨肉亲。

大雅名当归作者，奇穷天不负诗人。

饥寒未市千金骨，贫贱终成一代身。

莫趁蹇驴乌帽去，穷途何处哭风尘？

飞觞文宴气纵横，客里交情好弟兄。

万卷难驱五穷鬼，十年才博一诗名。

过江白日寒无色，入夜悲风壮有声。

珍重相思同起舞，扶桑东去正鸡鸣。

（《寄汪辇云》）

友情的牵念几乎调动了蒋士铨的神经末梢，一个"穷"字凝结了寒士文人的自傲心态和悲壮心境。这年七夕节后不久，蒋士铨便告别父母，与汪轫、赵由仪、杨垕一道，前往苏杭游历。

这是一次欢快而无羁无束的旅行。蒋士铨在鄱阳闲居时，就一再梦想着尽快成行，他甚至写了一首《梦游金山歌》来抒发自己的急迫心情：

我昨梦登浮玉山，高台直上凭危栏。

天光落水走万里，大江曲注流潺湲。

……

同游六七者谁子？武宁汪轫今愁潘。

兴酣耳热作猊视，力挽九鼎扛无难。

西川杨垕独奇崛，虬夒郁律蛟螭蟠。

摩挲百遍宛法物，苔花藓结凝青斑。

自古以来，就有"上有天堂，下有苏杭"的说法。蒋士铨带着憧憬和向往来到了南京。

傍晚时分，顺风顺水的客船载着蒋士铨一行于长江中飞驶，六朝古都的繁华呈现在眼前，人间兴废，朝代更迭，成败只有天地知晓。可是，展现在面前的南京城，已经没有了帝王气象，龙盘虎踞成了昔日黄花。只有热闹的市口，仍然在灯火的流变中成就繁华景象。想起这些历朝如烟往事，对历历在目的白下（南京）心头似如沧浪之水，难以言说。

蒋士铨心中盼望能早一刻见到梦寐以求的金山寺。杨垕深知蒋士铨的秉性，一再催促赵由仪他们跟上蒋士铨的心思，赶上蒋士铨的节奏。

蒋士铨自己也是跟着心绪走，顾不上同伴们的行止，一意孤行，翘首以盼，只求满足自己的循道念望，这种冥冥中的守望，寄托了他的一种情怀。历史上就有"金山寺裹山，焦山山裹寺"的说法，当然还有白蛇娘子和法海的传说，这都让蒋士铨产生了某种渴求。

金山寺门匾额"江天禅寺"四个字为清代康熙皇帝随太后来金山祈祷时亲笔题写。金山寺又名江天寺，自古就是一座闻名遐迩的禅宗古刹，始建于东晋，初名泽心寺，南朝、唐朝称为金山寺。金山这里，形胜天然，风景幽绝，自古就是文人骚客向往、聚集的地方。金山寺巧夺天工，依山而走，富有独特的建筑风格，殿宇后堂幢幢相衔，亭台楼阁层层相接，山体与寺庙浑然一体、丹辉碧映、景色壮观、气势雄伟。更有慈寿塔，玲珑、秀丽、挺拔，矗立于金山之巅，山与塔、塔与寺，相得益彰。塔身为砖木结构，七级八面，循内室旋转楼梯，于塔上登高望远，四面八方，景色各不相同。东临水得见长江中焦山和北固山两山相望；西临波得见浩浩荡荡的大江流；南迎门市口得见风光还有远山近景；向北远眺，烟波浩渺中古镇瓜州和古城扬州若隐若现。

金山的最高处，建有石柱凉亭，亭中石碑镌刻"江天一览"四个大字，乃康熙皇帝陪同母亲巡游至此，奋笔手书。

蒋士铨立于亭上，登高远眺、只见大江东去，云水相接，千帆竞发，心胸登时豁然开朗。顿觉眼界大开，心旷神怡，诗兴勃发：

楼阁参金碧，孤峰若建瓴。
诸天盘鹳鹤，大地走雷霆。
岸阔连瓜蒜，江空浴斗星。
漫漫京口酒，吾欲问中泠。

空青悬万仞，雪浪啮孤根。
元气留江影，天光缩涨痕。
鱼龙阴拜舞，岩壑怒崩奔。

向晚千帆没，苍茫海气昏。

（《金山》）

如此壮观之景，怎能不叫人陶醉，怎能不叫人直抒胸臆。蒋士铨的诗将他赞叹不已的心境表达得淋漓尽致，岩岸的涛声给了他的诗力。行走在崖壁间，他与几位诗友谈笑风生，唱和不已。

在游历完金山的山水之胜后，蒋士铨一行来到妙高台。只见层台回转，高台缥缈，峭壁万仞，云雾四合。高台四周，云路千盘，近峦远岗，仪态万千。远处，太阳从江上冉冉升起，雾弥晨光，天风拂面，高处不胜寒，妙高台犹如人间仙境。蒋士铨不由得诗由心生："乾坤真坦荡，容我放怀看。"

传说妙高台是宋代诗人苏轼赏月的地方。此外，还有故事讲述，公元一一三〇年南宋名将韩世忠用四千水兵将几千入侵金兵困在金山附近，夫人梁红玉登上妙高台亲擂战鼓，鸣金助阵。鼓舞士气，勇猛冲关。因此，韩世忠的军队大破金兀术部众。宋代诗人楼钥有诗《妙高台》：

一峰高出白云端，俯瞰东南千万山，

试向岗头转圆石，不知何日到人间。

妙高台左有伏虎洞，右有消凡台，前有晏坐台。雍正四年（1726），台上筑石奇禅师舍利塔。蒋士铨的诗中就有如是句："花雨开钟梵，神风语塔铃。帝阍知不远，谁与叩青冥？"

上得留云亭，蒋士铨更是开怀，他自认为这里就是人世最佳风景处。

他对杨垕说："世间佳妙处我们见了，殊不知人生最妙处，我们何时得见？"杨垕听了笑笑，没有吱声。一旁的赵由仪指着远处的云境雾幽处，笑着说："你看，远处的絮飘间，便是我们的今生今世。"

杨垕好像有些心不在焉，四处张望，叹口气道："唉！谈如此话题，把我们的游兴都打发到天国去了。人得衣食足、非命促，就是万幸。说不定，就在我们的行走间，失足万仞，成千古遗恨，最佳处从何谈起？"随后，他挥起一脚，踢起一块小石头。只听那飞石瞬时跌落山崖，发出清脆的哨响。

汪轫对杨垕打趣道："这石头原本栖身高山，被你一脚改变了它的命运，让它成了谷底之石。命运的变化，在此一脚。悲也，叹也！人世不过如此。"

蒋士铨惋惜地长叹一口气，仰天有感而发："啊！补天之石，成为坑中僵石，天意啊！"

蒋士铨是个戏迷，而扬州又是戏窝，尽兴游玩之余，稍有闲暇，他便在戏台下栖身，成为一名忠实的观众。在感叹《长生殿》的情缘时，他向主人特意提出了一个发人深省的问题："宰相固然当伏剑，将军何事不勤王？"蒋士铨对杨贵妃之死所透出的信息进行筛选，得出自己不同的看法。这种独特的思维和有别于他人的分析，为他日后从事戏剧创作埋下伏笔。

蒋士铨同情在封建制度下命运受到摧残的女性，他关注的目光远远不止身居皇权高端、日夜伴君的杨贵妃。在他游历玉钩斜后，便对隋朝遭受杀戮的宫女表达了极深的同情心。

玉钩斜在扬州西北吴公台旁四里许，附近的戏台往下有路，称为玉钩斜。蒋士铨在《玉钩斜》诗中表露了自己的心志：

> 荒陵寂寞误婵娟，萤火青磷共黯然。自昔麝兰皆作土，只今离恨不成天。宝钗耕出空凝血，香魄归来定化烟。一样蓬蒿悲艳骨，五羊花散素馨田。

此次扬州之行虽短暂，按照蒋坚的意愿，这也是蒋士铨读万卷书、行万里路的实践。在飞逝而过的日子里，得到一种浴火重生的效应，给了蒋士铨很好的启发和鼓舞，让他找到了效法先人、独辟蹊径的切入点。

金山之游，开阔了蒋士铨的眼界，在依依惜别中，客船再度将蒋士铨一行送回了江西鄱阳县。

日子就在这游历与吟咏诗文中度过。与蒋士铨欢快顺畅的心境不同，蒋坚与钟令嘉却在焦急地等待着一个音讯的到来。

仲秋时日，蒋坚终于盼来了蒋汉先自南昌托人捎来的书信，信中说，海山公已托媒人告知，同意择定十一月中旬左右女儿出嫁，与士铨完婚。蒋坚与钟令嘉见信后，欣喜万分，一块压在心头的大石终于落下。做父母的能为儿子操办婚姻，这是人生的大乐事。眼看日子迫近，蒋坚毫不犹豫，率领一家，租船下湖回南昌。

长风送帆，客船出没风波，偌大的鄱阳湖上，空蒙寥廓，天边一群大雁南归，秋霜遍布船上的仓苦，人在船舱中也觉寒气侵骨，真可谓："冷光含雨重，秋气入江深。"（蒋士铨《舟次偶占》）

冬夜很快降临了。

蒋坚一家落脚于鄱阳湖中的矶山岛。蒋士铨面对苍茫夜色，立于小岛的滩岸，吟出了带着叹息心情的诗句："月寒人影瘦，暝色空鱼梦。"荒凉的小村，稀疏几户人家，参差不齐的茅草屋，柴门无定向，穷乡僻壤，天高水远。可是，居住在这里的人们，自甘寂寞，自得其乐。见有客船进村歇脚，欢乐的男女都不由得唱起他们自编自演的竹枝词来。

蒋士铨又有诗句从心吟出："月寒人影瘦，霜重雁声迟。"最后，他诗锋一转，叹息道："茫茫天宇阔，客路转凄其。"（《野泊》）蒋士铨眺望夜色中，寥若寒星的渔火若隐若现，心情又多了几分凝重。

船继续在湖上转悠，路过康郎山，他决意要父亲让船老大将船泊于崖岸，他要去寻踪觅迹，发思古幽情了。

康郎山是蒋士铨凭吊的去处，也是他心仪的地方。朱元璋在这里成就大明霸业，成为大明一统的真命天子。时至今日，那些在康郎山战死的忠烈将士，可曾想到，有一介书生竟至于动了真情，非得实地考究一番，细细品咂，认真咀嚼，把历史还原于战火纷飞的枪来刀去，也让历史记住那些用鲜血换来江山的忠烈勇士。蒋士铨的本意很清楚，他就是要在历史中找人、找真谛，也渴望自己成为一个能书写历史、改写自己命运的人。

　　船泊南昌惠民门，蒋坚一家上岸后，便忙碌张罗蒋士铨的婚事。一切都按旧制而行，蒋士铨倒不屑于如此俗事，随着父母的安排行事。只与诗友汪轫、杨垕、赵由仪等穿梭于南昌的大街小巷。蒋士铨似一孩童，各种零食，来者不拒，接了进口便狼吞虎咽。南昌是个有深厚底蕴的城市，扼赣江、鄱阳湖要冲，居豫章平原腹地，东引吴越，西控荆楚，北接中原，南极粤闽，通江达海，汇集四方，是得天独厚的水运中心。

　　汉代名将灌婴率军筑城后，逐渐延展的市口，接纳天下宾客，南来北往的货什，经便利的水路自鄱阳湖和赣江而入，江右的富庶和丰富的物产令商绅青睐有加。如此青山绿水绕城过的地方，也吸引了不少文人墨客栖身此处。唐代诗人王勃赞叹南昌：人杰地灵，物华天宝。雷次宗在描述古豫章时说："地方千里，水路四通……嘉蔬精稻，擅味于八方，金铁篠荡，资给于四境……"张久龄描述豫章外的赣江景象是"邑人半舻舰"，商船、官船成为南昌的另类风景，也平添了南昌的繁华，成就了江右商帮走南闯北打天下的大势。南来北往的商客，货尽其流的顺畅以及江右地方的丰饶，南昌逐渐成为江南的咽喉地带。历史的文化积淀写在滕王阁里，也高耸于绳金塔尖。经济与文化的相互影响，培育了特殊的江右文化，展现了南昌市井文化繁荣，儒学兴盛。儒人徐孺子是我国东汉时期著名的高士贤人，经学家，世称"南州高士"，以"恭俭义让，淡泊明志"的处世哲学受到世人推崇，被认为是"人杰"的典范和楷模。理学名家朱熹以其高深的儒家学说导引着江右人，以天、天命、天理、心性、身、血气这些反映其生命哲学观去走江达府，成为儒家文化的传播者。

　　南昌因之成为文化人趋之若鹜的集结地。南昌在江南幻化的烟雨中也成为隐士之乡，唐朝文人施肩吾在《西山静中吟》诗中谈到这种情形时说："重重道气结成神，玉阙金堂逐日新。若数西山得道者，连余便是十三人。"南昌人信奉道教为多，文人崇尚进取图新，在现实与理想中矛盾地生存着。蒋士铨虽然算不上南昌的隐士，却也是南昌安闲自得的寓公。

在游走于南昌城惠民门外的紫极宫时，内有纪念吴彩鸾的建筑写韵轩，蒋士铨似乎多了一份心情。这吴彩鸾千里追寻自己的心上人，来到南昌西山的鸾冈，闻听到萧史的箫声，当即降下云头，实现了自己的情感和愿望。此时此刻蒋士铨对自己即将来临的婚姻有所期待，他在轩中苦苦流连，感慨道："回首空庭不见人，可怜三五婵娟月。"吴彩鸾不见了，只有月儿中的婵娟在孤寂地闲荡。也许，这就是他的心爱所在，是自己的心仪的情侣显现。

他在自己的生日——乾隆十年（1745）十月二十八日——写的一首感怀诗，就把自己这种想法更直白地表述出来。他在诗中回忆了去年生日时，他与父母舟泊赤壁，为自己举行冠礼的情景，想起了在泽州度过的读书岁月。人生如梦，行迹匆匆，"吟边谢客愁春草，望里张星隔绛河"，蒋士铨在这句诗后注四字：时将就昏。这不仅表明蒋士铨对婚事的期望，也表明自己对妻子的期待。人非草木，孰能无情，蒋士铨成家立业的打算与其父母相通，他也盼着自己在二十一岁初度时，跨过绛桥，似牛郎织女一般，痴情相约，挚情相会。

蒋家为士铨的婚事，上下忙碌。蒋坚和钟令嘉还有阿洪几乎每天都在闹市街巷中转悠。今天去棉花巷为蒋士铨婚房添置新被；明天去嫁妆街去为张氏买梳妆台；后天又去瓷器街为蒋士铨、张氏购买一对结婚帽瓶。蒋坚还不忘提醒钟令嘉去珠宝街为张氏添置金耳环和金手镯。当然还没有忘记叮咛阿洪去爆竹街买些响动，即那种大名叫猪婆带崽的大封爆竹。

蒋士铨的婚礼完全按照南昌的旧制而行。

杨垕做了蒋士铨的伴郎，汪轫、赵由仪前呼后拥，做了婚礼上的帮脚。

杨垕的父亲杨大业（字藏用）也来贺喜，送来画作两帧，让蒋士铨多了一重惊喜。对老人的热情，他由衷地表示感谢。他赏画而吟，给婚礼带来另一重喜庆气氛。

婚礼十分隆重。临夜，还特地请了当地的戏班子上演了一出茶灯戏，以飨宾朋。街坊邻居都说蒋家的爆竹响遍南昌城，锣鼓唢呐响过半天云。

这样的做派和热闹，是蒋坚的性格使然，为了儿子，他宁愿手头拮据也要露头脸，在南昌地方得到别人的高看。可是，岁月不饶人，持续的热闹于他的体力是一个沉重的负担，络绎不绝的应酬使他身体透支严重。钟令嘉似乎看到了蒋坚强撑的难处，力劝士铨前往鄱阳县去过恬淡、闲适的日子。

蒋士铨自己也意识到父亲身体日见衰微，他极力说服新婚的妻子张氏与他一道前往鄱阳县。张氏尽管有一百个不愿意，不想离开南昌，不乐意离开自己的娘家，可中国传统：嫁鸡随鸡，嫁狗随狗。何况张氏对蒋士铨一往情深，能不随了蒋士铨去鄱阳县？临于南昌上船，蒋士铨竟将杨垕也扯上船。杨垕原本死活不肯，因为蒋士铨刚刚新婚，两口子的亲昵话还没说够，半路杀出个程咬金，岂不是有负人道。君子成人之美，杨垕何尝不知人之常情，哪会让蒋士铨在蜜月分心，冷落自己的新婚妻子？无奈蒋士铨死活不依，就连蒋坚也在一旁规劝，他也不从。一向对母亲钟令嘉十分孝顺的蒋士铨，就连母亲的面子也不肯给。横竖一句话，就得杨垕上船。蒋士铨的妻子张氏是个贤惠淑雅之人，对丈夫百依百顺，纵然蒋士铨重友轻妻，她也受得了，耐得住。

蒋士铨眉飞色舞，向杨垕讲叙鄱阳县的湖光山色、古迹人文，把杨垕也听得入迷。蒋士铨不无炫耀地津津有味道："鄱阳县是个古县，纵观历史，大起大落的事件，牵动历史的走向。遍布城内城外的古建筑，鳞次栉比。古县衙、古城墙、古寺观、古亭台、古楼阁，比比皆是。尤其番君庙和止水亭，是太值得我辈凭吊的地方。"

杨垕问："番君庙是不是纪念番王吴芮？"

蒋士铨认真答道："正是，这番王自溪族而为长沙王，其经历，盘根错节很是复杂。他爱民如子，护民似盾，很得鄱阳人的爱戴。前两次来，我无缘观瞻。这一回我得陪你去细细品咂，效法他的为人之道，景仰他的爱民之心，践行他的亲民之义，不负朝廷，做百姓的护犊之士。"

杨屋听后，不由得连连击掌："好！好！你的想法，也是我的愿望，我们一起努力，为朝廷效力。"

蒋士铨深情道："我最爱去的地方，就是鄱阳县城北的止水亭，宋丞相江万里投水自戕的地方。一门忠良爱国舍己，国破家亡之际，不行苟且，以死相拼。如此壮节，气贯长虹。这样的人物更是我辈崇尚而不及的。"

杨屋听后，很有同感，他不无感慨道："人的一生，命运遭际不同，只是为人为事有德有节，方为人子。听你这么说，我还真对鄱阳多了些异样的情愫。好吧，去也就去吧。"

说完，杨屋朝蒋坚和钟令嘉歉意一笑，上了船。

蒋家再一次蜷缩于船舱……

第三章

一飞鸣岐阳

五、凤凰亦孤

新婚燕尔，鸳鸯佳期，鄱阳县城月波门内小食巷的史家大宅成了蒋士铨的安乐窝。成家后的蒋士铨在与妻子卿卿我我的同时，也想到了父亲的嘱托，想到了自己的功名。在这之前，蒋坚已托人去老家打听科考的消息。按照清律，科举考试的考生必须回本籍应试，按照程序，蒋士铨就得前往铅山进私塾就读，取得应试资格。每年三、四月，私塾入学期至，学子即行打点前往私塾知会塾师，行弟子礼仪，拜师入塾。也就是说，蒋士铨于鄱阳滞留的时间并不太长，在鄱阳县小住后，他就随父亲去铅山了。

鄱阳县，是蒋士铨心仪的去处。这里静谧安宁，祥和淳清，稻熟粮足，自给丰盈，是鱼米之乡。自从第二次进鄱阳后，蒋士铨便恋恋不舍，这决不是说蒋士铨看重的是儿女情长，他对这块土地的眷念让他沉溺其中，难以自拔。他几乎以一种狂热的心态游走于街市，巡行于乡村，只要觉得有感受，诗从口出，饱满的情感让他把诗文写得老到深沉。鄱阳县城古迹名胜，无不留下他的诗痕。

　　番君庙是鄱阳人必去的地方。吴芮是鄱阳人，春秋战国时期吴王夫差的六世孙。越王勾践击败吴国，杀死夫差后，追杀夫差家人，夫差的子孙四散避难逃命。公元前二四八年，吴芮的父亲吴申被贬番邑（今鄱阳县），吴芮因之在鄱阳县出生。

　　秦王朝末年，统治严酷，徭役繁重。为修筑万里长城，逼得老百姓妻离子散，家破人亡。吴芮为救民于水火，组织起家丁亲将看家护城，对侵扰的散兵游勇进行抗击。十八岁时，他组织的军队即达一万七千多人。他治军有道，纪律严明，很受百姓的爱戴。吴芮的母亲是个贤惠通达的女性，她向儿子建议藏兵于民，战时打仗，平日从事劳作，这样军队不愁补给。吴芮按照母亲的指教，制定了不少鼓励农耕的措施，鄱阳农民的生活得到改善。于是吴芮被百姓举荐为番邑令，也就是鄱阳县令。

　　后来吴芮在张良的劝导下，改拥刘邦，吴芮因战功显赫，诏封为长沙王。吴芮去世后，鄱阳人立庙祭祀，番君庙自此而成。

　　番君庙旧祠建在州治内，南宋时期，范仲淹做饶州知府，将番君庙迁于州治之西，直至明代洪武初年饶州知府王哲将番君庙迁于毛家巷。

　　番君庙房舍虽不宽，可它是鄱阳人看重的家庙。蒋士铨在凭吊一番后，不无感慨。在诗中，他对吴芮的身世做了详尽的叙述后，又不由得激情萌发：丈夫功业立天下，生王死神宁苟且？江湖民心亦易得，在尔鄱阳后来者。

　　走在鄱阳县城北芒山后的止水亭，体验忠烈。蒋士铨与杨垕心志相近，脾味相投，历史的忠烈皆为人所景仰，两人都怀着虔诚之心，游走于这气血浇灌的佳地。宋丞相江万里，在闻听元军攻破鄱阳县城后，不甘受辱，率领全家投止水而亡。蒋士铨偕好友杨垕瞻仰止水亭碑后，杨垕有感而诗：

　　　　止水依然发指冠，可怜父老识衰颜。
　　　　青蝇吊客来何速，白项神鸟听更难。
　　　　身后无文遗宋玉，水中有路到崖山，

危亭咫尺陈私祭，风雨招魂定不还。

蒋士铨和诗一首：

皇帝屈膝老臣耻，自古君臣无此礼。似道不去臣去矣。襄樊铁锁一朝毁，筑亭凿沼芝山趾。知州就戮通判降，故相身投亭下死，此是江南赵家水。国存与存亡与亡，但恨未殉厓山航。朝廷不知汪立信，何必复有文天祥？当年敛尸葬何处？马鬣无人表公墓。江州亦存八角石，此地丰碑被谁误？在天列祖诚可怜，英灵散落兰亭山。绍兴陵寝六函瘗，公魂哭煞冬青间。海水如山聚忠魄，前有秀夫后世杰。丹心火热不可濡，决眦漳州诛国贼。呜呼！木绵庵内刀加首，半闲蟋蟀鸣空牖。湖山唾骂凭后人，岂若止水孤亭大如斗！

（《止水亭吊江文忠公万里》）

江万里的民族气节深深感染了蒋士铨。人不以死惧之，能有何惧？止水照亮江万里的心肝，映现的虽然是一个人的倒影，止水却升腾起一位后来者的隔空冥想。做忠义气节之士，是君子本色，也是为臣纲常，江万里做到了，用自己的不屈和死换得了千秋万代的赞美。

蒋士铨与杨垕的莫逆之交在鄱阳县城成为趣谈，将新婚燕尔的妻子晾在一边，与朋友每天逛游。县城内外，无不见两人的身影。人们都笑谓蒋士铨是个不要老婆的书呆子。钟令嘉于无人之际，有时也劝儿子，顾全点妻子的感受。蒋士铨却笑着对母亲说："我与妻子早就有个约定，白日归朋友，晚上归妻子。她会明理，知道我的心思。不必母亲操心。"

钟令嘉拍着儿子的肩，满腹心思道："哎，我的儿子就是长不大。"

鄱阳的冬天出奇的冷，紧挨湖边，冰寒雨雪，蒋士铨与杨垕每天仍若无其事地往外跑。以至后来，杨垕患了寒热病，两人方才打住，不再出门。

这年冬天，杨垕的父亲也从南昌前往浮梁小住了一段日子。回程时，路经鄱阳，顺道落脚蒋家，一则叙旧，二则看望儿子。幸喜的是杨垕在吃了几剂汤药后，病情稍有好转。杨垕的父亲与蒋士铨的交谊也不错，两人见后，杨父又拿出几张画像让蒋士铨题教。蒋士铨很乐意这样的"买卖"，当即吟长诗一首，把杨垕和其父乐得合不拢嘴。其间杨垕的病情也缓下来。真是天遂人愿，天气也开始放晴。三九寒天能见些阳光，心头暖意也随之萌生。杨垕病情好转后即辞别蒋士铨一家，与父亲一道，挂帆起航回南昌了。

　　杨垕走后，蒋士铨满心失落，闷闷不乐。无所事事时他便去拜访鄱阳的民间画师高圣敷。高画师沾了姓氏的便宜，倒也真是民间高人。高画师原本为名将世家，同擅文武，却弃官从文。年过七旬一心"经营"笔墨，长年累月工于丹青，与其父一文一武，背道而驰。由于他与蒋坚是多年好友，蒋士铨与他结识后，视如父辈，高看一筹。每次来鄱阳，蒋士铨都要登门看望。高圣敷也极尽地主之谊，鄱阳县城的茶铺酒肆经常可以看到他俩的身影。高圣敷的画虽然不是那样精美，可他苦心经营，只问耕耘，不问收获，画作不少。每每酒酣耳热之际，高圣敷便拿出自己的画作请蒋士铨品评。"也知不入时人眼，一笑老夫聊自娱。"高圣敷的画，用蒋士铨的话来形容那就是丈高的石头上有短叶披挂，花鸟虫鱼，争奇斗艳，煞是热闹。秋天的气息，跃然上纸。只见空山不见人，白云缭绕岁月老。高圣敷有了蒋士铨的诗文题词，老树发新芽，更是画作迭出。这样积极的情绪感染了蒋士铨，也让他从一蹶不振的怏怏病态中走出来，将杨垕走后的低落情绪一扫殆尽。

　　鄱阳是个藏龙卧虎之地，也是个文人才子聚集的地方。此时，同有一画师游幕鄱阳，名黎质存，福建江州宁化人，能诗文，善丹青，早在南昌时即与杨垕结交。杨垕知蒋士铨诗文之余酷爱书画，又将黎质存引荐给蒋士铨。黎质存生性怪异，生活困顿况且不论，长年蜗居南昌潮王洲一小船中，以舟为屋。年少时，以述怀古诗著名，江湖上人称黎怀古。这黎怀古年近七十，游幕不止，携带画作来到鄱阳。听闻蒋士铨有诗画兴趣，黎质存将自己的画作捧出，请蒋士铨欣赏。有画必有诗论，蒋士铨岂有不评之理。蒋士铨于画的嗜好是路人皆知，来者不拒。请他题写诗款，他也快手如切，出口成章。黎质存的画作栩栩如生，尤其是花草瓜果，更是逼真传神。蒋士铨不看犹可，一看爱不释手，诗文也便脱口而出。木兰、山茶、紫薇、蔷薇、碧桃、芭蕉、百合、秋柳、牵牛、虞美人、秋海棠、水仙、天竹、枇杷、柑、橘，不一而足，每过一页，每成诗一首，旁观者便拍案叫绝。他吟碧桃："天上有人和露种，春风留冠好门墙。"不少诗文著者谓蒋士铨题黎质存花草册页："诸绝句典雅流逸，妙笔无双。"

在鄱阳县的日子过得飞快，如弹指一挥间。眼看春塾开学的日子即将临近，蒋坚再三催促蒋士铨踏上路程，取道铅山。可蒋士铨却情牵意倦，迟迟不肯动身。钟令嘉在一旁看着焦急，她督促儿媳张氏枕边苦劝。没想到，实是意外收获，这一招满灵。枕边风一吹，即时奏效。临行时，蒋士铨赋诗一首，以明其志。一开始，叙述他临行时惜别的场景，太阳刚刚从东边升起，湖边林间雾霭几重。蒋士铨长跪在母亲面前告别，想起以往的经历，有泪也流不出来。多少年来，含辛茹苦的母亲，颠沛流离，儿随娘、娘伴儿，从未有过分离。现在为了学业，蒋士铨只有背负父母的嘱托，在文海中驰骋。只是，儿心在外，总还牵挂着老母。蒋士铨泪楚楚，安慰钟令嘉说：我希望母亲不要担心我的吃食起居，更不要担心我的衣着打扮。一旦学业有成，到了来年岁末，一定归家看望。钟令嘉俯身听着儿子的诗句，也是心潮难平，千叮咛、万嘱咐，总是放心不下。

蒋士铨接下来又用诗来陈述新的场景。他说，小妹年少不更事，总把母亲的泪滴视为笑啼。而我那新婚的妻子，也是个多愁善感的女人，她饱含热泪，默默无言，多少真情的话语说不出口，多少忧郁的心事说不出个所以然。这次离去，我的妻子独守空房，也真难为她了。蒋士铨用了个比喻向妻子吐露心曲："仰看林间鸟，绕树哑哑飞。"诗的最后，他把心志表露无余：

> 竹实既云美，天运亦复昌。
> 安能老丹穴，而不思明堂？

天风吹红云，灵匹此分张。

岂不念栖息？何以酬文章。

一飞仪虞廷，再飞鸣岐阳。

振羽还神山，比翼游扶桑。

拙哉共命鸟，委曲蓬蒿旁。

（《远游》）

为了完成生命的期冀与希望，蒋士铨义无反顾，暂时告别儿女情长，去做那一飞鸣岐阳的冲刺。

舟行鄱阳湖，蒋士铨面对浩瀚的湖水，思绪万千，穷读十余年，搏风斗浪，小小年纪，诗文沉胸，总会有感而发。眼看命中新的路途在即，前景若隐若现，童子试之结果难以预料。报国之志，为朝廷效力的信心弥久，可就是胸臆的才华得不到施展，心中不免多了层郁闷。

解开如此心结的最好办法便是遍访壮节之地，寻找自己内在情感的寄托。父亲蒋坚也洞知儿子的胸怀，也对儿子有个基本的估价。他认为蒋士铨身上有超凡脱俗的文人气质，有效力朝廷的本钱。如果能有好的师从关系引导，前途也是看得见的。按照这种想法，他也有意识地引导儿子从正途着眼，以文人气节涵养自己的意愿和志向。尽管应该尽快将士铨送到铅山入塾，他还是忙里偷闲，在舟船路过鄱阳康郎山时，请船老大暂泊滩头，带领儿子去山上拜谒忠臣庙。

康郎山忠臣庙为明朝初年新建。元末明初，朱元璋与陈友谅大战鄱湖十八年。在无尽的拉锯战中，朱元璋初始阶段面对拥兵三十万的陈友谅，一直处于劣势，后来被陈友谅追讨至康郎山。强敌在前，朱元璋险些丧命于舟船，幸得丁普郎等三十六位将士以死相拼，转败为胜。朱元璋才最后将陈友谅彻底击溃。十八年的鄱阳湖抗争终于奠定了朱元璋大明王朝的基础。在剿灭陈友谅、奠基南京后，朱元璋下圣旨为在鄱阳湖战死的将士，于鄱阳湖中的康郎山立庙刻碑，以期英雄的事迹传颂万代。

蒋士铨在一一认真细读碑铭后，对父亲直抒胸臆。他认真地说："人的死法千万种，鸿毛之轻，自飞飘然，不知所终。而泰山之重，千钧之力，势不可挡。"

蒋坚笑了，他指着浩渺无垠的鄱阳湖对儿子说："人的生死之间，抉择是困难的。只要自己有良知，正气凛然，生命才有意义。冥冥之中，所示无止境，犹如这大水，凭风起浪，以势成气，乘势而为，收获无尽。你当然得仿效这些无我的先辈，置生死于度外，潜心报国，生命就有价值，就有重量。"

蒋士铨连连颔首，不由得诗从口出：

> 雄飞事业悲吾党，血战功名奈尔曹。
> 落日湖阴寻故垒，鱼龙闲蹴浪声高。

> （《康山忠臣庙》）

蒋坚的殷切期盼得到了儿子的回应，蒋士铨的心气比鄱阳湖的浪高。蒋坚听完儿子刚刚吟就的这首诗，也不由得暗自击节。儿子的诗已经完全摆脱稚气，进入了升华的新天地、新境界。这让蒋坚感到由衷喜悦。父子俩于船中谈诗论文，心潮逐浪高。路过蒋士铨的外祖父家瑞洪时，有意将船靠上码头，小住几日。蒋坚的意图很明显，一来为的是探望老人，二来也是让蒋士铨重拾儿时他在瑞洪游历张飞庙的记忆，从中观察儿子的大志。

瑞洪老街，已经完全脱离蒋士铨儿时的记忆，繁忙的码头和街头熙攘的人群，成就了湖边小镇的繁华。西下的夕阳将余晖洒在湖上，波光粼粼，金练铺满湖中。一群群鸥鹭在码头边缘聚了散，散了聚，掠过长空。天高任鸟飞，海阔凭鱼跃，蒋士铨试图在记忆的鳞片中重新拾回儿时生活的片羽。他找到几个儿时的伙伴，一道前往张飞庙，小时候，面对张飞凶煞的形象，曾经让他们不敢高声。而今天，重新踏进神殿，观看张飞的塑像，威武的神韵，活脱脱一位孤胆英豪。瑞洪纪念张飞，也是有来历的，他们认为张飞是镇邪避祸的扛鼎人物，这水边人祸强盗，还有天灾洪涝水患，普通百姓奈何不了，都得指望猛将张飞现身伏魔镇妖。

崇仰敬重张飞的无畏，蒋士铨在庙中朗声而诵。

在瑞洪逗留两天后，载着蒋坚和蒋士铨的希望与期冀，客船开始顺着信江上溯。缓慢的舟行，载着父子焦急的心情，逆水而进。蒋士铨认为这是命运的安排，不进则退的橹声，暗示着命运的颠沛流离。人的一生，进阶及第，不就与这水上行舟十分相似么？船一路上的紧赶慢走，消磨的时日，考验人的意志。蒋士铨每日端着书本，坐在船头，细细诵读，蒋坚则站在一旁提示督促。望子成龙的心愿，纠结于心底，成为他晚年的梦寐。

夜幕即将降临，雨后的火烧云把大地烤炙成红色织锦。蒋坚捋着长须，回首自己走过的行程，人生苦短，几十年间，一事无成，空有报国之志，却难入报国之门。现在儿子的前途未卜，想起这一切，瞅着北下的信江水，不免心生惆怅……

船过弋阳，蒋坚又请船老大在谢枋得祠边泊下。他要带儿子在祠中凭吊一番，壮烈的历史大幕拉开处，一位不以死畏之的英雄形象映照了后来者的激情澎湃，蒋士铨依依不舍，流连忘返。中国千百年的朝代更迭，每一次的天翻地覆都如试金石一般，测量着每位士大夫的忠贞与节烈。有的人苟且偷生，卑躬屈膝，以图自保；有的人却面对死亡，无所畏惧，气贯长虹。谢枋得的忠义给蒋士铨的启示，是一种心悦诚服的激励。

乾隆十年（1745）冬，蒋坚父子从鄱阳出发，途中水路，迤逦而行近三个月。初春时分抵达铅山，杨柳已吐翠芽。

蒋姓家族的叔叔伯伯、婶婶嫂嫂、妇孺老弱都像过年一样迎接蒋坚父子。今日一大宴，明日一小宴，家家都摆出好酒好菜为蒋坚父子接风。乡情乡音荡漾，蒋坚老泪纵横。家乡的碧玉茶散发着诱人的馨香，温暖了游子的心。老家的杨林坞村，家家户户结庐而居，聚族而生，每家凭借祖传下来的薄田几亩，各自安守本分，清白为人，日子过得艰难又自在。偌大蒋姓同居一村，相安无事，睦邻和谐，互帮互助，乡村生活过得挺让人羡慕。蒋士铨在铅山蒋氏家族中，少有识者，就连四叔母及诸兄的面也未见过。蒋坚他们这些分居者，散居各地，却同根同谊，一旦重新聚首，就像接待头面人物一般，把蒋坚视若上宾。乡里人不求回报，不计穷困，就像过年那样好酒好菜款待，就连蒋士铨也看得眼热。连日与同龄的几位年轻人，在铅山的绿野沃土上穿行。在铜场工地，他看着辛勤劳作的工人挖掘矿藏，背着矿土，送往冶炼炉中熬炼，蒋士铨被这苦累不堪的场面惊呆了。这些人为官府创造了数不清的财富，而自己却身无几文铜角子，甚至累倒病死在矿区。蒋士铨的同情心泛起。他想，这天地的不公，也实在触目惊心。自己眼看着贫苦劳工而伸不出援手，真是沮丧至极。

他开始了铅山的游走。带着崇敬的心情，他走进了鹅湖书院。在这个院子里，文字构建的理学渊源，深深地拨动了蒋士铨的心弦。至理名言的温暖让蒋士铨感受到了前辈大师的脉搏与心跳。三位理学名家在书院就义理的方向各抒己见，论争成了后来人们颂扬的好学风。理不辩不明，律不论不成规范，朱熹与诸师间的不同理学观，为理学的形成和完善提供了最佳的辩证之说。蒋士铨对理学的认知也因为鹅湖之游而多了些独特的见解。他在朱熹的塑像前点燃一炷高香，看着烟尘缭绕升腾，蒋士铨的愿望也在升腾，他希望这升腾的烟雾载着他这个后来者，去据经穷理于无垠。

他也在河口古镇上憧憬街风。古镇上人多如织，商客士绅摩肩擦背。交臂而过的忙碌人群，都在为生存寻找身外之物的交换。以货易货，是这个水边小镇的一大特色。琳琅满目的货物诸如连四纸、碧螺茶、铜渣铁土，都成了铅山人挣银子的最好方式。铅山给了蒋士铨一个完美的乡村形象。

春天来了，满山遍野的绿色焕发了蒋士铨的英气和朝气。他甚至欢快地扛着铁锹，跟着族兄，在田地上劳作。吆牛耕田，扶犁打耙，虽然全无章法，也掌握不了耕插的技巧，以至在泥水中打滚，成为人们笑话中的泥人。他仍然学耕不断，硬是将木犁扶得端端正正，耕出来的地块不深不浅，着实让乡亲夸赞了一回。蒋坚也不干预，也不催他入学，只由着蒋士铨信马由缰，在田地上驰骋。他觉得儿子真的长大了，懂事理了，于农耕之途的掌握也正好证明了务实生存的道理。起码知道耕稼之苦劳作之辛，日后如有发达之时，不忘根基之本，也不忘耕稼劳作的父老乡亲，对故乡有个实实在在的回报。

蒋士铨在铅山的日子，是他增长见识的又一来源。虽然他小小年纪已读过万卷书，也行过万里路，对生活在社会底层的江南劳苦百姓生活有了个浅显的认识。许多新鲜、新奇的生活还是头一遭感受，虽然这种感受还是那样肤浅，但这种感受还是烙下了深深的烙印。从另一个角度来说，蒋士铨的为人处世、气节文章又多了一层浅显的涵义，就是对底层百姓的同情。

总是在夏夜中，故乡那盏清油灯不熄。蒋士铨陷入深深的思考中，那盏并不很亮堂的灯摇曳成一片乡间之夜的特殊风景。

年少的蒋士铨在铅山，就因为其特殊的气质和超人的文采赢得了声誉，至今铅山仍流传着不少关于他的故事，其中以他"巧对制服新知县"的故事最为有趣：

话说蒋士铨少年时代，诗文才华就日益显露出来。有一年，铅山来了一个新任知县。这位知县老爷在拜访当地绅士、名士之后，又下请帖邀请绅士和名士来县衙赴宴。

新知县也送了一份请帖到蒋家，请士铨的父亲赴宴。可是，蒋公因病卧床不起，蒋母钟氏无奈，只好命士铨代父赴宴。

宾客到齐后，新知县和大家一一拱手相见，互道姓名。他走到蒋士铨面前一看，见是个十二三岁的少年，心中不悦。士铨身旁一位宾客连忙介绍说："此乃蒋公之子，名叫士铨。他文思敏捷，能诗善对。蒋公病卧不起，他奉母命代父赴宴。"新知县嘴上连连说："好，好，少年有志，难得难得。"士铨也起身拱手道："不敢，不敢！"可是，新知县心里想：一个黄毛孩子，有什么才华！等下考倒他，也好威慑一下这些"地头蛇"。

酒过三巡，菜上五道后，新知县就站起来拱手道："诸位贤达，我早闻贵县人才济济，能人辈出。今天光饮酒没有意思，我们来借对助酒兴吧。"

不少人当即附和："很好、很好，请县令大人先题一上联吧。"

新知县看了一眼蒋士铨，沉思片刻说："我就不客气了，这上联是'小犬无知敢入深山欺虎豹'，请各位对一对这下联。"

这上联一出，酒席间霎时寂静下来，少数心聪眼明的人知道上联是辱骂蒋士铨，可是一时也想不出好的下联来，只好干着急。士铨早明白上联的意思，也想好了应对、骂狗官的下联。但他要看看有谁对出下联，就装作没听见一样，只顾喝酒吃菜。

这时，新知县见席间鸦雀无声，不禁哈哈大笑地说："饮酒饮酒，边饮边想吧！来……"

"慢着！"蒋士铨霍地从席位上站起来道，"晚生有一下联愿回敬老爷，不知可否？"

新知县傲慢地说："你能对出下联最好！我洗耳恭听！"宾客们也鼓励士铨大胆答对。

蒋士铨大声地说："我这下联是'巨龙未遇暂游浅水陪鱼虾'。对得很不贴切，请各位斧正。"

士铨的下联一出口，酒席间一下又寂静下来，接着爆发出一阵掌声和一片赞扬声："妙哉、妙哉！绝对、绝对！"新知县却气得脸色铁青，瘫倒在太师椅上，宴会因之不欢而散。

"老秀才初试小神童"是铅山流传的另一则关于蒋士铨的故事：

话说蒋士铨年少时天赋聪慧，勤奋攻读，过目不忘，能诗善对，被乡邻称为"小神童"，引起了当时许多文人墨客的关注。有一次，上饶一位博学多才的老秀才到铅山游览山水，寻访蒋士铨。

老秀才游历葛仙山后，从杨村（今杨林乡）经乌虎岩到铅山县城（今永平镇）南门，其时蒋士铨也正好从鄱阳县来到铅山私塾就学，这天碰巧在县城南门游玩。经人介绍老秀才与蒋士铨见面。一老一少见面寒暄之后，老秀才即以请教的口气说："小先生，我游仙山，过虎岩，遇一人要我答对，我冥思苦想而对答不上，真乃羞愧得很，不知小先生肯指点否？"

蒋士铨听出话中有话，知道老先生要考自己，沉思了片刻，才谦虚而有礼貌地说："不知那人出了什么对？我试对一下，如不妥帖，还请老先生多多指教。"

老秀才听了蒋士铨的话十分高兴，于是捻须晃脑说："那人出的上联是'虎岩无虎，呼虎成名——赵公元帅'，请小先生对出下联吧！"

蒋士铨低头思忖了一会儿，抬头遥望铅山县城西北面风波岭塔山上的宝塔，脱口而出："有了，'塔山有塔，托塔为神——李靖天王'。这个下联是否妥帖？请老先生斧正。"

老秀才听了下联，翘首远眺宝塔，又捻须晃脑重念了几遍蒋士铨对的下联，惊叹不已，连连说："哈哈，果然名不虚传，真神童也，只要苦读多思，日后必成大器。"

乾隆十一年（1746），蒋士铨二十二岁。蒋坚携蒋士铨于铅山，与同窗程焜、张仪清等居北门内马衕巷张氏宜园私塾，经师为新建人李靷先生，他是乾隆九年（1744）举人，为人端正勤谨。在李先生门下就读者有十七人，内室基本坐满。蒋士铨居私塾一小楼，蒋坚将蒋士铨每日花销委托族中从兄蒋士铿，每天准许开支三百文，作为吃食所用，其中包括平日零花钱等，每日一块，每月三十块。日子过得还算平顺，也给读书带来一份好心情。二月，邑宰郑东里又名郑之侨先生来到私塾，蒋士铨邂逅揖礼，随后退回房中。郑先生会见李先生后，得知蒋士铨名号及学业功夫，多了几分惊讶。李先生呼蒋士铨出来面见郑先生。郑先生向蒋士铨提问，请他回答四书五经各项要旨，蒋士铨对答如流。郑先生满意地对李先生道："此又一玉堂人物。"因为永平人张素村（绍渠）先生乃方馆选送，是郑公所选拔的士子，因张先生为玉堂人，所以郑先生这样形容蒋士铨。随后，郑先生又遣小吏来邀蒋士铨去他的署斋，对蒋士铨道："鹅湖书院主席马上就到，你应当自报家门，请求主席授业。"蒋士铨因此得拜奉新张星景先生门下。四月间，郑先生命蒋士铨投牒补试，考试完毕，蒋士铨名附铅山童子册末尾，随后郡试亦补。其时，徽州休宁人金德瑛，于蒋士铨有知遇之恩。一七四六年五月，江西督学金德瑛先生来郡巡视，蒋士铨在铅山应童子试，参加了古学考试，金德瑛学使翻阅考生试卷，读到蒋士铨的试卷，见这位考生的试卷文字清丽俊秀，文章华彩斑斓，多有过人之处，十分看重该生的才华。他将蒋士铨的两张试卷展示给众人看。只见试卷字字珠玑，丹黄灿然。优美的文字不由得让他击节赞叹："喧啾百鸟群，见此孤凤凰，将来未可量也。"蒋士铨随后又应正试，考试发榜，蒋士铨名列第一。再次复试的那一天，金先生直呼蒋士铨名号，询问蒋士铨的家世及各地游走的经历，以及学习古文诗词的师承关系。听完后，金先生捋须大喜，对在场的所有文士说："此生他日成就不在我下。"金德瑛爱才如玉，也足见其自身深厚的诗文功底。第三天，古学榜出，铅山取三人，蒋士铨仍居第一。这样的成绩以及众位师长的夸奖对少年的蒋士铨来说，虽然在口中表现几分谦虚，心里还是不免有几分自负。金先生离开铅山临行时，嘱咐蒋士铨："你赶快去永平打点行装，带上所用之书回南昌，我有话对你说。"于是，蒋士铨在铅山县众学子羡慕的目光中离开故乡，紧赶慢赶，来到省城南昌拜谒金先生。金先生说："我没有别的要说，只是担心你被庸师误教，耽误你的前程。如果你愿意，可以随我游学。"自此，蒋士铨与汪轫、杨垕跟随金德瑛一年有余。船舱署斋，一灯侍侧，凡修己待人之道，古文诗词上下千年之衍变历程，孜孜教诲，诚心指导，从无倦意，让蒋士铨受益匪浅。蒋士铨十分尊重金德瑛，陪伴金先生左右，一路行、一路诗，寸步不离，更不敢自弃师门。他一路相随，游历抚州、建昌、吉安、赣州、南安、瑞州，行六郡，这年年末金德瑛方才放假，让蒋士铨回到饶州鄱阳，省视父母等，与家人团聚。这年冬天，金德瑛又将他推荐给方伯彭青原先生，彭先生每次见到蒋士铨总是戏称他为"蒋秀才"。

金德瑛中雍正四年（1726）顺天乡试，考授中书舍人，乾隆元年（1736）进士，廷对第一名，授编修，累官左都御史。蒋士铨考中秀才后，遂拜金德瑛为师，在感谢恩师的同时也不忘明心迹，抒志向。"丈夫志四方，家室安足恋"，"一飞仪虞廷，再飞鸣岐阳"，"安能老丹穴，而不思明堂"，他憧憬"直造飞青上"的辉煌。

乾隆十一年（1746）七月初，蒋士铨陪伴金德瑛先生，开始了他的"侍侧"之旅。

　　抚河古道上，江风拂面，岸柳披绿，樯桅点点，帆影穿梭。江南水乡情趣盎然的初秋景象，给了蒋士铨一份好心情。一艘官船徐徐扬帆，浸染在湖光山色中。

　　七月十一日夜，这条官船泊在进贤县李家渡。皓月当空，金德瑛一行离船登岸，在码头边的一个酒馆中，八人围坐一桌，店主摆出当地特产李渡酒，大家共斟邀明月，气氛热烈，真有"对酒当歌，人生几何"的味道。琼林宴会，诗情画意，"九州聚影落杯底，仰视明月当中天，停杯四顾足快意，陡觉山水生清妍"。蒋士铨陪伴金德瑛一路行来，从未有过的惬意一直萦绕于心胸。金德瑛精心授徒，将蒋士铨视为得意门生，以自己平日所学心得和盘托出，倾心指点。"仁和夫子天下贤，酒酣为我传真诠。抉摘古人得其蕴……豪狂不异春风颠"，蒋士铨对先生的敬重在诗中表达得淋漓尽致。金德瑛读了蒋士铨的诗后，当即和诗一首，题为《七月十一日李家渡觇月次蒋心余韵》，诗中宽广的胸襟，热情的教导，师长对弟子的关怀溢于言表。首先，他随蒋士铨原韵，描绘了当夜赏月的动景："白露已降近中元，李家渡口初泊船。临汝之水流清泚，滩痕退出微涡圆。平沙漠漠百顷阔，乘兴藉草同张筵。"诗中，金德瑛又以一句"蒋生下笔妙天下，万马瘖避骅骝前"，表露了他对蒋士铨的赞美和肯定，在一个很高的层次认定蒋士铨前途无可限量。

　　舟近抚州，月明灯华。一路上，蒋士铨与金德瑛步诗唱和，成了师徒情感交流的最好方式。抚州是才子之地，光照临川之笔，写就的锦绣文章，得到了多少文人墨客的看重。汤显祖是蒋士铨心仪的一支笔，一曲《牡丹亭》曾让蒋士铨如痴如醉。优美的文句，动人的情节，坚贞不渝的爱情故事，摇曳着蒋士铨心间的情愫，使他对戏剧产生了浓厚兴趣。一遍遍地阅读，百看不厌。蒋士铨暗自立下心愿，步汤显祖的后尘，追随《牡丹亭》，写出惊天地、泣鬼神的乾隆年代的戏剧新篇。来到汤显祖的故乡，蒋士铨对这块土地产生了深深的眷恋。他几乎沉浸在宜黄皮簧戏的氛围，看着戏台上各种戏剧人物的唱念做打，多有心得。火树银花不夜天，抚州之行为蒋士铨日后的戏剧创作又埋下了新的伏笔。他在临川坊间不惜重金,掏钱买下汤显祖的著作,置于床头,在油灯下做好一番研读。

师徒间的诗文往来,在抚州又有了新的谈资。蒋士铨在抵抚州诗中表达了他对未来的期望,金德瑛干脆无遮无拦地告诉他:"记取明年看蕊榜,鹅湖名氏众喧腾。"金德瑛能够在诗中谈及蒋士铨的功名,看来,蒋士铨功名之路通畅程度,几乎无障碍可言。从另一角度说,这也是对蒋士铨诗文才华的肯定。

在抚州的日子,金德瑛几乎每天都忙着例行公事,督学巡视,蒋士铨则沉迷书室,大量阅读前人各类著作。蒋士铨是个性情中人,也很恋旧,每当他出行远游,总会对过去的岁月缅怀不断。那些曾在命运的各种当口交会过的人物也成为他追忆的对象,友情的思念总会让他沉浸于离情别绪中难以自拔。余干人章水村,是他儿时的伙伴,两人曾经在瑞洪游戏,其乐融融。后来,章水村脱塾后,在南昌西街教馆为业,两人过从甚密,多有诗文往来。

书室的清油灯,淡淡的火苗最易点燃乡思的火焰。在这抚州的旅途之夜,他想起了章水村,回忆起也是在这秋残时节,在乡间的社火节上,两人吟听乡间小曲《山香》,没想到,一阵秋风不期而至,落花如雨洒落在乐师琴弦上,让人惆怅。

他又想起了自己的忘年交,父亲蒋坚的好友黎质存。今夜,老人是否又在画室中不懈地描摹?无尽地画作,是黎质存的寄托,也是蒋士铨对老人的看重。他在《怀黎质存》的诗中写道:"相思欲剪鹅溪绢,画取长松老鹤来。"

他还想起了自己的九叔,一位穷困潦倒的老人,都六十多岁了,还在抚州的永丰县担任县学训导、博学硕儒,仅靠可怜的微薄薪金维持一家的生计。自己无力在金钱上给予九叔帮助,只能用诗文表达对九叔的同情,同时也为九叔没有得到人们的看重、朝廷的器重而不平。他希望九叔能够走出困境,有个好的人生结局。从这一点讲,蒋士铨对家庭、于家族,都有难舍的情怀。

他也想到了杨垕,想到了杨垕的父亲杨大业。蒋士铨因诗文结识杨垕，又因书画平添了对杨垕父亲的敬重。他曾经多次为杨大业的画作题诗。在这思念如潮的夜晚，他能不想起自己的好友杨垕？于是，他提笔为杨大业的画作写了一些文字后，又给杨垕寄上诗一首。在诗中他提及两人泛舟于南昌东湖，在徐孺子亭中对酌相唱《竹枝词》的美事，不由得在这冷雨残烛之夜动了相思的念头。思念是熨帖心灵的良药，可它远远难以到达思念的彼岸。人聚人散，天各一方，片羽飞鸿，何时才能与那些梦中的亲人、朋友济济一堂，畅诉衷肠？可现实总是这样，朋友也好，亲人也罢，有时也难脱俗套，不免为了身前身后名，把自己置身官徭吏役，陷自己于思念的泥淖，而难以自拔。只有孤影相吊，自己与自己对话，诉说好一番相思的愁绪。

夜的思绪绵长凌乱。蒋士铨对着残烛，又想起了自己的从前，想起了自己的发小儿、二伯玉符公的儿子蒋士镛。两位少年年龄相仿，诗文功夫不相上下，蒋士铨自谦从兄士镛学问胜己。事实上士镛之才，远不可与士铨同日而语，自在士铨之下。他在怀念的诗文中，回忆士镛早年苦读的场景，"尖风吹起林端月，枯树根头照读书"，如此艰苦备至的读书岁月，几可让人断肠。不过，他也安慰兄长："箬帽棕鞋湖上路，蘘花应有放鹅人。"只要肚中有货，总有识宝者。耐心等待，知遇之人总会出现。

他不光用这种信念坚定堂兄的意志，而他也完全以这种信念支撑自己的穷学苦读。他在向金德瑛汇报自己的读诗心得时，于抚州的不眠之夜，写就《谈诗》二首：

> 捉麈对秋月，名言非拾遗。
> 微风当子夜，大雅是吾师。
> 旨远心能会，吟高坐不辞。
> 悠然群响寂，天末斗杓垂。
>
> 大边河汉转，促膝尚清谈。
> 牛耳因谁执？骊珠许独探。

一灯明暗室，孤月印空潭。
剪烛同歌啸，临风可细参。

金德瑛看过此诗后，很为赞赏，他勉励自己的弟子："机事偶从棋局动，征衫莫使酒痕稀。杜陵老去文心减，思傍南山射虎围。"

让人称道的是，在抚州期间，蒋士铨与金德瑛师徒俩各自"卖弄"诗文，逞才进华，很让人眼热。两人仅用一韵，扉、围、稀、衣，连和几首律诗，博得抚州同道才人士子的赞誉，真可谓人间绝响。

抚州给了蒋士铨一份特殊的记忆，他与恩师之间的关系上升到一个更高的层面，彼此对对方的认知、认同也上了一个新台阶。蒋士铨的学问、诗文质量也在金德瑛的督教下，有了一个新飞跃。

就在严师与弟子间如此的一唱一和中，金德瑛又携随员、弟子一道登舟，开始了下一站建昌（南城县）的督学巡视。走出山城抚州，金德瑛一如既往地把官船船舱作为授书堂，开始了他的授业课程。这种舱中的授课，既无人声嘈杂，又无市井喧嚣，生员心无旁骛，奇妙无比，效果出奇的好。水声、读书声，声声入耳，四书五经字字过心。金德瑛授业的特点就是不主张读死书、死读书，重在提高学问的功底和诗文水平，不追求学问的一时功利，因势利导，因人而异。既要学得实在，又要学得轻松。注重生员间的互动，注重整体浓郁的读书氛围，养成勤于诗文的良好习惯，以为熟能生巧。蒋士铨得益于良师的指导，也算是生命的机缘。金德瑛在铅山曾经对蒋士铨说过，他担心的就是庸师误导，使学问误入歧途。这官舱中念下的"真经"可谓受益匪浅。蒋士铨每每看着恩师捧一杯清茶独坐船头，沉思良久，心间总会掠过一种爱戴和敬慕的情愫。这种自我的原动力，也是驱使蒋士铨加倍努力的源泉。

建昌是南昌的南大门，这里物产丰饶，是商贾往来饶州、南昌的必经之路。蒋士铨对建昌的印象颇佳，他在描述自盱江进入府城的感觉时，建昌如诗如画的场景皆入诗中。

盱水在经过百转千回后进入建昌地界，水的延展使蒋士铨的心胸豁然开朗。秋天的盱江，水势舒缓，滩涂空阔，这也增加了船人的负累。

纤夫唱着号子，仰天长息，背负沉重的缆绳，还在不停歌唱，辛苦劳作间的自得其乐实是可爱。同时，这纤缆之歌也是舒缓劳累的好办法，更是将他们为了金钱的辛苦劳作的愤懑、无奈展露无遗。待到风顺时，船主便挂起短篷，以减少岸上纤夫的劳累。

舟至建昌太平古桥，府城的轮廓已历历在目。岸边绿树丛中的小村，深幽静寂。偶尔几叠高墙掩映在烟霞薄雾中，更有那破旧不堪的老屋，大多是茅草盖顶，青翠盈窗，柴扉小扣，田畴千顷。只见秋色里，田野上到处都是即将成熟的稻菽瓜果。大自然透出一股强烈的上古风味，让人心驰神往。

上得岸来，只见瓜棚与野花交织在一起。前边不远的山涧里，流淌着清澈的泉水。各种飞鸟擦肩而过。就连野鸡也不惧行人，自顾飞来跃去，徘徊于夕阳里。可惜的是，府城的官衙署地却让人失望，矮小而狭窄的房舍，交互错落。主人把蒋士铨一行安排在官署边的衙斋下榻，没想到，这个地方倒是出人意料的好。房子三面开窗，"峨峨青芙蓉，积翠当户见。拥书看朝霞，岚光自舒卷"。

房间的陈设也是那样别致，坐卧自便。严师金德瑛是个达人，公余之后的私生活清淡寡欲，而谈诗讲经时却高论迭出，振聋发聩。蒋士铨等生员听了，全无倦意。在这种忘我的境地里消受教诲，蒋士铨不无感慨："丈夫志四方，家室安足恋?"是的，蒋士铨新婚燕尔的妻子，这时恐怕也独守空帏，仰首南天，祈祷那人间的鹊桥再现，企盼丈夫的归来啊！

> 江风吹梦别愁多，约略新妆减黛螺。
> 一水盈盈劳怅望，张星依旧隔明河。
>
> 红豆凭谁寄晚春？扁舟料理苦吟身。
> 东风吹绿蘼芜草，莫把金钱卜远人。
>
> （《家书四绝》之三、四）

蒋士铨虽然一再在家书中安慰妻子，自己心底也自然流露出几分眷念。只是为了远景，为了家庭的复兴，只有做出这份牺牲了。

他在《拟秋怀诗》第三首写道：

> 文字何以寿？身后无虚名。
> 元气结纸上，留此真性情。
> 读书确有得，落笔当孤行。
> 数语立坚壁，寸铁排天兵。
> 苟非不朽物，谁复输精诚。
> 入隐出以显，卓荦为光明。
> 庶几待来者，神采千年生。

该诗共七首，豪宕悲壮，语从心出，脱俗超凡，蒋士铨将文人的真性情表露无余。

后来，延君寿先生在他的《老生常谈》中给予蒋士铨秋怀诗较高评价："蒋心余诗，予所极心折者，第一卷有《拟秋怀诗》数首，不徒于少年时作大言炎炎，终竟能卓然有所树立，诗亦坚栗深造，力扫浮言。"

蒋士铨身体虚弱，秋气入侵，不久便因偶感风寒卧病在床。寂静的秋夜，冥冥无助，可是当他听到外面戏台上玉茗风流唱响的《牡丹亭》，似乎又一病顿消。汤显祖的戏文勾走了蒋士铨的魂。戏情是戏心，萌生写戏的念头，愈发迫切了。

又是一年的中秋节来临，独在异乡为异客，每逢佳节倍思亲。建昌府的同人倒是很能领会金德瑛一行的情怀，在蒋士铨病稍好的十八日，安排大家前往古城东北六里左右的万年桥赏月。微微掠过的江风将众人吹上桥头，尽管在桥上略觉些凉意，可大家有说有笑，全然不惧风寒。桥下的波光中不时有鱼跃起，为这静谧的氛围添些活动的乐趣。在这月明星稀的夜晚，有这么多的客人欢聚在桥头，大家兴趣盎然，为伊沉醉，可惜却无笛声。只有赏月萌生的情愫温暖诗文，也温暖胸臆。远处的渔火一动也不动，野鸥这时或许已经入睡。从寺院中传出的钟声，打破沉静，惊起群鸟，啼叫着，掠过桥面。如此良宵美景，真不知今夕何夕？蒋士铨写了一首七言古诗《万年桥觞月》，被王文濡《历代诗评注读本》评为"雄放恣肆，豪气千丈"，诗的结句云："吾徒一夕桥万年，达者风流原不朽。"

在建昌度过中秋节后，金德瑛又领着蒋士铨等踏上巡视之路，拟行目的地吉安府。

船过丰城，上岸稍事歇息，得到衙门人等的接待，随后金德瑛他们所乘官船即上溯樟树镇。

樟树镇是江西四大古镇之一，以药市闻名。民间有说：药不过樟树不灵。这个地方又是屯兵之地。明朝宁王朱宸濠作乱，南赣抚臣王阳明起兵平叛，号令既出，众军于樟树镇汇集，直捣南昌，活捉叛贼。王阳明书生带兵有道，既为战将，又为理学名家。樟树也因王阳明统兵的誓师之地而成为名镇。

不巧的是，金德瑛、蒋士铨一行路过樟树镇，这天适逢码头边的棚户区发生火灾。民众号啕，痛苦不堪。金德瑛顾不得此行之目的，领着众人前往勘灾救难，掏出自己的俸金、菜金接济百姓。看着百姓家园的狼藉惨状，蒋士铨对自己的无能为力深感懊丧。原来大家都欲好好逛一逛樟树药市的心境被这场迎面而来的灾难打消了。一路上，大家谈论着百姓苦，下民难，心间多了层同情感。

在新干途中，蒋士铨接到永丰九叔来信，得知九叔之女婿即士铨的堂姐夫、也是士铨的好友江思齐去世，于是，他急速回诗三首，以诗代柬，一首给九叔，一首寄江氏姊，一首寄给九叔之子——四堂兄蒋伯韩和六堂弟蒋仲宣。

给江氏姊的诗中，多为悼亡之情。而给九叔的诗仅说家常。倒是给堂兄弟俩的诗写得分量甚重。诗中首先详叙了手足之情，回忆往昔，孩提时只是嬉戏打闹，至今一别十余载，各奔东西，只在梦中相见过。蒋士铨于九叔信中得知其二儿子年轻气盛，豪放无度，贪图穿着打扮，只顾享受，而不知金钱出处，很有纨绔之风。于是他在诗中规诫兄弟，大丈夫应该经世务业，绝不能贪图酒色，末路黄花只能自取灭亡。唯有

读书才是正途。蒋士铨委婉地将自己的读书心得用形象的比喻讲给兄
弟听：

> 读书如游山，佳处逐步见。
> 深入行自艰，妙境亦屡变。
> 鸟道纵横出，奇险递隐现。
> 歧路各有归，绝顶只一线。
> 俯身视岩壑，历历得其善。
> 汝兄尚志人，清狂耻为狷。
> 一瓶向人乞，百读颇忘倦。
> 聪明不足恃，心兵苦鏖战。
> 昨是今已非，穷年腹仍俭。
> 汝年力正强，毋使蠹鱼先。
> 莫笑金银车，当为阿翁羡。

　　如此深邃的读书之道，要旨尽明，孜孜不倦，力劝恳切。把读书
比作登山，渐入要道，若想深入妙境，肯定会有一定的艰险。就是在山
间迷路，或者走错了路，只要穷究不舍，做有心人，细心观察，善于思
考，曲径通幽，也能九九归一，登临峰顶。望着山下的奇峰异景，那种
美不胜收的感觉只有心知。用这样的比喻启示自己的弟弟，真可谓用心
良苦，只不知后来这两位听没听得进这金玉良言。

　　时过九月，金德瑛又风尘仆仆，驱官船，过峡江，直指吉安府。

　　顺赣江而上，蒋士铨心中便一直泛波，这座城市是有气节声名的圣
地。宋朝宰相文天祥一直是蒋士铨崇尚的义烈之士。行走在白鹭书院，
他在简陋的房室中，细细品咂。在这块土地上走出的先辈一个个都是历
史上的非凡人物，王安石、欧阳修、杨万里……尤其是文天祥的壮举，
更让人肃然起敬。面对大宋江山行将灭亡，众多官员皆图自保，降的降，
叛的叛。只有文天祥，为了拯救民族危难，回到吉安，利用自己的威望
和号召力，重整旗鼓，招兵买马，与元军作殊死的抗争。虽然抗争失败，

文天祥被拘，在元丞相劝降时，面对死亡的威胁，他仍义正词严，宁死不屈。文天祥为国家、民族舍生取义，死而后已，精神不灭，气贯长虹。

一场暴雨不知何时从天而降，秋风扫落叶的豪气牵扯了蒋士铨太多太多的心绪。他从季节的风雨中感受着、梳理着生存的意义。蒋士铨细细翻看着吉州府所有各种文献关于文天祥的记叙。他的心潮一直难平，经历着一场灵魂荡污去垢般的洗礼。有朝一日，他要将文丞相的故事写成剧本，让天下万民传颂宣扬。

告别吉安，怀着一颗滚烫的心，蒋士铨再度登船逆流而上，前往江西南端的赣州。

自吉安出赣江上行，便是泰和县。金德瑛、蒋士铨的官船在夜色中悄悄泊岸泰和。已入残秋的县城一片"酒旗夜卷村灯乱"，让人迷失。可在这县城边的酒肆中，却也有意外的收获，这里的乌鸡，还有呈几分辣味的白酒，都有浓郁的乡情乡味，让蒋士铨的食欲顿开。

左停右靠，辗转一路，官船到达赣州，已是十月初。转过赣江上的十八滩，船在郁孤台边泊岸。"郁孤台下清江水，中间多少行人泪。"南宋诗人辛弃疾的这两句名词，曾经打动过多少人的心田。

蒋士铨客寓赣州，对普通百姓的生活产生了浓厚兴趣，他十分关注并投以极大同情心。他写渔夫：

> 一叶终年住水乡，阿翁阿婿尽渔郎。
> 生来只觉扁舟好，不信人间有曲房。

（《赣江棹歌》）

他写纤夫：

> 客闷何从税？行装且未还。
> 收帆怯归路，危石满前湾。

（《解缆》）

值得一提的是，乾隆十一年（1746）蒋士铨陪同恩师金德瑛前往赣州时，船经万安，渐渐接近赣江源头，由于下泄的水量开始减少，历史上著名的赣江险境——上游十八滩便展现在蒋士铨的眼前。

赣州八境台下，章、贡两水合流，其源头之水下行，流经万安县境的江道，礁石突兀，险滩密布。古《赣贡图经》载："由万安而上，为滩十有八，怪石如精铁，突兀廉厉，错峙波面。"真可谓"水石惊天变"。自赣州顺流而下，有桃园滩、白涧滩、鳖滩、横弦滩、天柱滩、南风滩、狗脚滩、往前滩、金沙滩、良口滩、昆仑滩、武朔滩、小蓼滩、大蓼滩、棉津滩、溧神滩、茶壶滩、惶恐滩，大小十八滩，滩滩奇险。船过困难重重，没有好的河工和熟谙滩中险情的舵师，很难过滩。宋代诗人苏东坡过万安曾留诗："七千里外二毛人，十八滩头一叶身。山忆喜欢劳远梦，地名惶恐泣孤臣。长风送客添帆腹，积雨浮舟减石鳞。便合与官充水手，此生何止略知津？"相传惶恐滩滩名即由此而来。宋代爱国英雄文天祥过惶恐滩感慨万千："举世更无巡远死，当今谁道甫中生？遥知岭外相思处，不见滩头惶恐声。"更令人敬仰的是，英雄在此曾留下千古绝唱："惶恐滩头说惶恐，零丁洋里叹零丁，人生自古谁无死，留取丹心照汗青！"

年轻的蒋士铨似乎面对惶恐险滩全无畏惧的感觉，眼前的场景让他兴奋无比。涉险的心境触动了他心底的弦，他欲张开双臂，为大自然如此奇特地貌发出由衷的惊叹，狂放不羁的性格冲动，在诗文中得到最好体现。

蒋士铨是诗文奇才，他的诗超卓雄伟，在清乾嘉时期无人能望其项背，诗中又以古体为优。王昶曾对蒋士铨的诗有过高度评价："苕生诸体皆工，然古体胜于近体，七古又胜于五古，苍苍莽莽，不主故常。正如昆阳夜战，雷雨交作；又如洞庭君吹笛，海立云垂。信足以开拓万古之心胸，推倒一时之豪杰也。君身长玉立，眉目朗然，嵚崎磊落，肺腑槎枒，遇忠孝节烈事，辄长歌以纪之，凄锵激楚，使人雪涕。凤知音律，意所未尽，改而为院本，有《芝庵》《香祖》诸剧，世尤称之。钱香树尚书、金桧门总宪，先后督学江西，皆待以国士，故生平诵法不衰；裘文达公曰修，常以君与彭司空元瑞并荐上前，故御制诗有'江西两名士'之目。"

《十八滩》便是蒋士铨古体七言诗中极有代表性的一篇：

前滩鹘突奔长洪，后滩诘屈趋黄公。

狂波数里势一折，积铁四立山重重。

乱石轮囷截江面，急水生骨昏青铜。

星宿漂沉饾饤簇，八阵罗列鱼鸟从。

老雅散影鳌露背，万马纵饮中流中。

辊雷轰轰动地轴，却驾大艑驰长风。

连樯疾上破逆浪，峭壁横塞惊途穷。

峰回峡转路不绝，四围竹树青蒙蒙。

椎牛打鼓告神助，纸钱塞窣烧当空。

片席高悬易牵挽，滩师醉叫张两瞳。

我闻赣石二百四十里，过客往往愁行踪。

畏途平日恐偶到，肯掷性命如秋蓬？

今我持篙击滩水，鼋鼍窟宅知难容。

浅者一尺深数丈，有滩岂足藏蛟龙？

楼船可下鞭可断，恃险浪说虔州雄。

三朝三暮厌曲折，几令估舶愁撞舂。

迂回大不快人意，槎枒徒尔多磨砻。

吁嗟！入山无虎水无怪，一块何得矜顽凶？

清流病涉罪当伐，位置多事劳神工。

铲除欲遣五丁役，大爷劈裂冯夷宫。

坐使鸿钧锻为烬，莫教叠架成飞虹。

天水相涵朗如鉴，雪浪喷薄双江溶。

大笑往来失阻碍，一泻千里开心胸。

　　蒋士铨的诗，以豪放的气势、腾越的激情，将十八滩的滩水急流写得淋漓尽致，以滩险寓意自己的志向和理念，抒写了雄厚壮阔的胸怀，体现了蒋士铨与天斗、与地斗其乐无穷的气概。

　　在诗中，蒋士铨想象奇瑰，气势磅礴，语言生动形象，文字鲜活灵动，诗句铿锵有力，表现了蒋士铨藐视困难、一往无前、奋发努力的入世观。

　　清代著名评论家李宗瀚赞美蒋士铨这首诗："奇想天开，郁为奇文，振襟读之，吾甚伟其胆力。"在蒋士铨古体七言诗中还有不少佳作名篇。如《三峡涧》：

　　　参天万木排前弯，蚴蟉怒攫山风寒。

　　　是松非松走相觅，脚底霹雳生奇观。

　　　乱石夹水水势破，触罅进出云千团。

　　　积铁轮囷塞阴壑，丑怪万变穷剿刜。

　　　立者坚壁叠者垒，以凹作穴凸作关。

　　　本是神鬼所施设，反如人力成雕镌。

　　　钩连盘踞不可状，各出猛力回奔澜。

　　　盘旋随势作缓急，湃然斗落空潭闲。

　　　其余悬溜树根下，各挟松响相腾翻。

　　　飞梁坐久骇略定，毛发凛冽胸怀宽。

　　　雷声入听视转失，决眦飞鸟无停翰。

　　　耳聋目眩细搜剔，玉渊大字苍苔斑。

　　　瞿塘滟滪苦未识，对此不觉双眉攒，

　　　我闻庐山之水尽奇绝，练垂削壁飘风湍。

　　　何当走地独狡狯，春撞力夺坤舆安。

　　　忽思后夜踏明月，石髓满吸松花餐。

　　　解衣坐石弄长笛，梦魂浸入玻璃盘。

　　　前山有约客欲去，风雨一霎飞林端。

他在诗中将涧中奇景写得奇绝雄霸，展现了诗人广博的胸怀。另一首诗《开先瀑布》更是如此，诗句磅礴，气势非凡，既描绘了庐山瀑布的壮观，又凸显出诗人豪放的气质和文字的精美，真可谓字字珠玑，句句经典，段段精辟。用词用语精准到位，俊秀飘逸。

> 瀑布之水源何来？划然下列长峰开。
> 下士目骇自天落，绝顶乃有千盘回。
> 青山断缺耸双剑，元气直泻岩头摧。
> 飞流已出不肯下，一线中拆分潆洄。
> 隐现数折蓄精锐，失势一落如奔雷。
> 跳波乱击潭水立，怪物潜伏宁鬐腮。
> 音声顷刻逐千变，万马赴敌金鼓摧。
> 天光半壁照空谷，此地万古无阴霾。
> 嶒崚积雪挂千仞，山中猿鹤犹惊猜。
> 银花下散布水台，混沌凿破山根隈。
> 擘窠大字洗不尽，铁画满地镌青苔。
> 太白已往老坡死，我辈且乏徐凝才。
> 恶诗走笔不敢写，山亭汲煮烧松钗。
> 明朝竹杖肯相陪，凌风踏碎烟云堆。
> 飞泉三叠绝倚傍，坐观一洗尘氛怀。

《稿本评语》评说这首诗："屈盘奔赴，文亦水内。苏、李二仙之后，无人更解道。到此情景，非藉奇笔不显。觉阮亭辈犹多瑟缩之态。先生岂屑为恶诗耶，谦诗也。"这首诗气势如虹，如波似涛，千回百转，踏碎烟云。在另外的一些七古诗中，我们又看到了蒋士铨真性情的一面。

他在《果子狸》诗中云：

> 强者纷纷吞弱肉，鼠食松花鼯食竹。
> 餐铁餐火嗜好殊，微物养生分雅俗。

玉面之狸尾似牛，上树窃果如猿馋。

投林漫自比蟊贼，摘鲜聊且充粮糇。

筋肉不足惟膏油，厌人糟盎肥欲流。

颍滨作诗吏断狱，无功窃食人所仇。

此论未公吾不许，手掀覆盆代狸语。

天生五谷养烝民，责报何曾皆有补？

君辈食禄多隐慝，跖行夷言恣贪取。

但能欺罔无不为，五能技巧夸鼹鼠。

若将功罪较锱铢，血肉难辞膏鼎俎。

狙公拾橡世莫争，螟螣伤禾孰能捕？

狸虽大嚼百花丛，却免腥膻污胃腑。

于人何害遭横逆？老饕馋舌休强鼓。

呜呼！

网罗密处凤忍饥，麒麟作脯百兽悲。

韩公漫谱残行操，狐魅优游笑尔狸。

蒋士铨借咏果子狸道出官场上的黑暗和龌龊，分明是为某些权贵们画像，那些"老饕"们就是官场上贪赃枉法的污吏，蒋氏对他们的痛恨远在偷食花果的蟊贼之上。

蒋士铨的七古诗雄放恣肆、豪气逼人。或生新老辣，大气盘旋，兼取杜甫、韩愈、黄山谷之长，各种题材都有佳作，尤以咏山水和题书画之作为胜。

游历完赣州，金德瑛、蒋士铨他们又挂帆出发了。接下来的一站为南安府。

南安地处僻壤，百姓生活倒也过得安逸有序。到得南安府后，南安太守游心水设宴为风尘仆仆自省城远道而来的督学一行摆酒接风洗尘。

金德瑛在宴会上将自己的幕僚和弟子向游心水一一介绍。说到蒋士铨时，金德瑛多讲了几句。他说，此人乃才子，腹有诗书，倾之而出，一鸣惊人。

游心水将信将疑，并不在意，他在恭维时也没拿正眼看蒋士铨。如此一毛头小伙，能有多大能量，值得金督学炫耀？他不以为然地应答金德瑛后，只管尽地主之谊极力劝酒。

按照规矩，游心水首先举杯敬请金德瑛，督学二话没说，仰头便一干而净。随后游心水绕圈相敬，来到蒋士铨跟前，他端着酒杯劝酒，蒋士铨谦恭地摇头推说自己身体不适。可这游太守却不依不饶，非逼着蒋士铨干杯不可。

金德瑛在一旁笑着解围道："也罢，今日士铨实有小恙，就让他以酒罚诗。游太守你出题，士铨当场吟出。如吟不出，罚酒三杯。"

蒋士铨忙应道："恩师只说其一，不说其二。如果我吟不出诗，甘愿罚酒三杯。可要是我吟出诗来，太守你也得干了杯中物。而且我吟一首，你干一杯，吟两首干两杯，依此类推。"

游心水笑了："乳臭未干的青皮后生，口出狂言。本太守也受得几杯，你如真有能耐，吟一首两首，让我见识一下。谅你也不可能一时吟个三首五首来。"

"那，太守你当守诺？"

"守诺，我游心水从来就讲个诚信二字。"

"那也罢，恭请太守为题。"蒋士铨谦恭揖手叩请。

游心水搔了搔后脑勺，沉吟片刻，望了望窗外，顿时有了想法，指着外面的群峰说："就以这东山为题吧。"

"东山！"蒋士铨抬头远眺，只见窗外峰峦起伏，郁绿苍茫。他灵机一动，信口便来。这蒋士铨不开言便罢，一开口便语惊四座。只见他一口气连吟十二首，这下可把游心水惊呆了，听神了。他急忙让幕僚将这些诗文记下。

随后，他对着纸页上的诗句摇头晃脑地读起来，边读边赞："好诗，好诗。雄伟壮丽，好诗！"

蒋士铨连忙提醒："游太守可别忘了信守诺言啊！"

游心水戏谑道："唉，是老夫我拙眼轻视，无知屈才，有眼不识金镶玉，小看才子。这十二杯，我变乌龟肚也装不下啊！"

金德瑛在一旁只看热闹，不解围。

倒是金德瑛的幕僚沈寿雨在一旁道："这样吧，我提议游大人先干三杯，南安府的大小官员每人罚酒一杯，如何？"

金德瑛在一旁连连叫好。

游心水苦笑地望了望金德瑛道："我这是自讨苦吃啊！"

说完，连干三杯。

蒋士铨的文声自此越发的响亮，人们都说他是个奇才。

乾隆十一年（1746）十一月，金德瑛一行抵瑞州（高安）。瑞州知府沈维涓是金德瑛幕僚沈寿雨的从兄，金德瑛督学巡视最后一站选择瑞州，也是沈寿雨的请求。金德瑛也乐意于此收关。沈维涓对金德瑛的到来非常欢迎，极尽地主之谊。他亲率府衙大小官员到码头迎候。

沈维涓即沈澜，号泊村，浙江乌程法华山人。雍正十一年（1733）进士，乾隆元年（1736）举鸿博未遇，官瑞州知府，以廉洁自守闻名。辑有《西江风雅》，作有《双清草堂诗》，以诗名。袁牧评云："诗近皮陆，人多轻之，然典雅处不可磨灭。"

沈维涓将金德瑛一行安顿于碧落堂。这里依山傍水，堂中摆设古朴典雅，文房四宝、琴棋书画，一应俱全。茶具瓷器琳琅满目。蒋士铨进得厅堂直呼大开眼界。沈寿雨对蒋士铨解释，此乃兄长之平日爱好。沈维涓先让客人饱览赞美一番后，即让人取出当年上市的、特别精制的高安香茶，请深谙茶道的茶女表演茶艺，并为客人上茶。这些茶女，清一色的娇姿嫩肤，玉肌云态，飘飘欲仙，茶香雾霭，袅袅清音，直让人有入云山境界之感。

三道茶品尝完毕后，沈维涓让人从内橱中取来其弟沈寿雨所作《岘山读书图》供众人欣赏。

蒋士铨向来对画作有着浓厚兴趣，一路行来，他还不知沈寿雨能有如此手上功夫。浓淡惜墨，挥洒自如，技法纯熟，功力深厚，如此了得。他细细品咂，认真欣赏。只见画中苍茫云树，一幢老屋掩映其间，孜孜不倦的秀才端坐门外树下的石凳上，端着书本，潜心苦读。

蒋士铨不由得诗兴大发,纵观此画当即赋诗一首。沈寿雨连连叫好,自是感激不尽。一旁的沈维涓又推波助澜,让人从橱中取出自己所书联句,请蒋士铨欣赏。

蒋士铨看后,不由得轻轻叹息:"没想到,沈家竟是书画兄弟,诗书一家啊!"

沈维涓再三请蒋士铨留诗。蒋士铨也毫不犹豫,随即研墨挥毫,一气呵成长诗一首,其中有句:"五马西江来,一官次第出。语讫示我诗,字句讶崭崒。硬语极排奡,豪情荡奇逸。"

众人欣赏后,皆拍手叫好。

当夜,沈维涓在碧落堂隆重设宴,为金德瑛摆酒接风。金德瑛、蒋士铨与沈维涓、沈寿雨等谈笑风生,轻松入座,宾主共欢,直至夜深,宴会不散。

这一年,蒋士铨随师金德瑛乘船历抚州、建昌、吉安、赣州、南安、瑞州,共六郡。一路亲聆金德瑛教诲,诗艺长进,于官场风习也有颇多悟彻,同时也结交了不少文朋诗友。

在瑞州,蒋士铨赋诗《瑞州留别桧门先生》:"大雅欲传衣钵去,寸心犹为瓣香留。"

风雪卷着寒气袭来,金德瑛与蒋士铨在码头边依依惜别。心生暖意的蒋士铨,伫立船头,面对恩师,深深一鞠躬。

残荷枯槁,浮云乱飞,雁声沉沉,湖水茫茫。数月未归的游子,在这萧瑟的季节,即将回到父母的身旁,见到久别的妻子,急切的心境勾起蒋士铨心香一瓣。

于赣江下鄱阳湖,辗转一旬,载着蒋士铨的商船终于在这年岁末回到鄱阳家中。

蒋士铨心潮起伏,写下五律名篇《岁暮到家》:

> 爱子心无尽,归家喜及辰。
>
> 寒衣针线密,家信墨痕新。
>
> 见面怜清瘦,呼儿问苦辛。

低徊愧人子，不敢叹风尘。

乾隆十一年（1746），岁末归家的蒋士铨以诗抒写亲人离别之情：我在过年的日子，辗转飘零，终于回到家中，回到母亲的身旁。母亲总是疼爱儿子的，看见儿子在过年的日子归家，大喜过望，以致整宿难眠。当我见到她的第一眼时，只见她正在密密匝匝为我赶缝寒衣。母亲高兴之后，便取出我先前寄回来的家书，让我重温思念之情。我展开家书看后，只见那墨迹还是那样的清新。母亲端详我后，连说我瘦了，问我出门在外苦不苦。我问心有愧，自觉无以回报老母，只好红着脸，低头不语，实在不好对母亲讲述那些颠簸飘零的境况。蒋士铨归家后，受到母亲的呵护和精心关怀，他心间愧疚之情油然而生，只恨自己长年在外奔波，不能侍奉母亲左右。况自己已经长大成人，还在连累娘亲，只能以惭愧二字表述自己的心态。日子就是在这种无奈中度过。一句"不敢叹风尘"，真把蒋士铨难以道明的苦衷表达得格外含蓄深挚，让人惊叹蒋士铨的笔墨之功。

父亲蒋坚和母亲钟令嘉不住地问询蒋士铨陪金德瑛巡视的经过。听蒋士铨眉飞色舞讲述陪同恩师金德瑛的情形，两人都怀着感恩之心要求儿子不负厚望、不辱门庭，回报恩师，不负朝廷。

所谓：在家千日好，出外半朝难。回到家，饭菜也特别馨香可口。看着娇妻满含热泪的目光，蒋士铨问心有愧地垂下了自己的头。蒋士铨告诉父亲，来年开春，他还要陪侍金德瑛恩师往赣北巡视。父亲蒋坚连连表示：这是求之不得的大好事。江右地方伦常独特，文风殊盛，华妙绝伦，如此遍走一回，受业图精，教化得道，效仿先人，受益终身。上佳良机，岂能错过。

钟令嘉也为儿子能得贵人指点而高兴。她也教诲儿子，与恩师同向而行，以恩师之业而业。蒋坚慨然提示儿子：得贵人提携，终有出头时。心勤志诚，定会平步青云之上。

乾隆十二年（1747）二月，蒋士铨再度出门，离开鄱阳县城，前往广信府（上饶）应科试。

此行过铅山，他特意再度回到故乡永平镇西关盘渡杨林坞村。兄嫂听闻蒋士铨学有所成归来，喜出望外，虽无美味佳肴，却也盘餐杂陈，各种乡间菜蔬堆了满满一桌。蒋士铨听兄嫂述说家庭境况，深有感触。如此苦寒乡间兄弟，虽然家中困顿，倒也无意大富大贵，茅屋草舍安身立命。自守清贫，安贫乐道。大家相安无事，穷且快乐。蒋士铨与家族这么一群普通的乡民相处，对人世真情的感受与理解更深，也对父老乡亲的生活多了一份同情心，觉得他们十分可亲可敬。

在家乡滞留小住，蒋士铨是个闲不住之人，稍事歇息，即跑遍鹅湖山水。鹅湖在永平镇东北，周遭四十余里，因山中有湖，而且多生莲荷，故名荷湖。东晋人龚氏居山养鹅，以一对鹅而育子数百，因此更名鹅湖。

南宋著名文人辛弃疾曾在鹅湖居住，稼轩书院即在鹅湖山中。辛弃疾曾于此留下《瓢泉词》。蒋士铨虔诚前往稼轩书院凭吊，赋诗云："瓢泉吾得归，老蛰鹅湖阳。六合多浮云，莫作穷途伤。"

三月，广信府科试如期而至。金德瑛学使亲临现场督学巡视。这场科考，蒋士铨名列第二。算是蒋士铨小试牛刀的结果。其中古学科蒋士铨成绩位居前列。蒋士铨的从兄、玉符公的儿子蒋士镛补府学弟子员。

科考结束后，将士铨又陪侍金德瑛开始了新一轮的巡视。这次随行的人员中，除了一直跟随金德瑛的沈寿雨外，又多了几位新人，有蒋士铨的好友杨垕，还有蒋士铨的另一位朋友程君。金德瑛主任江西学使六年，一直栖居南昌。一行人先随金德瑛由上饶至南昌，稍事休息，即开始巡视之行。

船在二月底启航，季节的枯萎加剧了滩干水浅。乡间有说法：上滩如攀梯，下滩如脱弦。幸喜此行为下水行舟，顺流而北。蒋士铨一行的官船当天从南昌章江门码头出发，过樵舍，经昌邑，至吴城夜宿，半日行程百里。第二天便穿过鄱阳湖直指庐山。

由于金德瑛公事繁忙，来去匆匆，一行人在庐山仅选取几处要景浏览。先游三峡涧，蒋士铨和金德瑛各有诗《三峡涧》和《三峡桥》相互唱和。对庐山的秀丽多姿惊叹之余，也赞其雄奇险峻和鬼斧神工。

楼贤寺是座古刹，蒋士铨在寺中与老僧多有交流。在得知江西学使来寺后，老僧自觉光彩，竟自鸣得意地请出佛藏舍利十一颗，供客人欣赏。大家看后啧啧称赞，赞叹不已。

随后一行人又到庐山，观开先瀑布，只见真水自天而至，元气直泻。摧枯拉朽，声如奔雷，状如万马奔腾，山中猿鹤犹惊魂。三叠之泉似阶拾级而上，颇似云路接天梯。大自然的造化成就了庐山的奇绝，也给历代文人提供了显露才情的好机缘。石壁上，古人诗文石刻历历在目，让人叹为观止。

金德瑛、蒋士铨率众下榻江州官舍。夜深人静，独坐油灯，蒋士铨思亲情结又开闸了。他提笔写起了以诗代柬的《寄家书》，诗中写道：自南昌顺赣江下鄱阳湖，我等一行在鲥鱼时节（鄱阳湖珍稀鱼鲥鱼，清润爽口，四月是捕获鲥鱼的最好季节）来到江州（九江）。我是每日十二个时辰都眺望南天百余回，只因亲人就在白云深处的远方。昨日我的胸中又添了丘壑绝壁，把庐山真面目尽收眼底。我在外面流徙不归，只好写下此诗"寄翠微"。让高堂老母看后乐得合不上嘴，这一纸残笺可抵娱乐母亲的老莱子的彩衣。九江地方特产不少，四月正是鱼鲜上市季节，我本欲效仿陶侃为母寄鲜，可惜烟水相隔，行囊空空，囊中羞涩，捉襟见肘。今年来，我的精神好多了，由于心情舒畅，肺病可望消除。这两天的天气真好，金学使他们忙于公事，我无所事事，只在官舍中庭钻进书堆中饱览不歇。我是早餐拿着筷子思念母亲的养育之恩，餐饮端起酒杯来就想起了老父亲，只有请母亲不要为担忧儿子而常常抹泪。等到荷花盛开的时节，我一定会归家探亲。

随后，蒋士铨意犹未尽，又伏案急草，给妻子赋绝句两首，诗中说：你思念我的白发今年又添了几根？年年流徙在外，实在有愧于你。每天忙忙碌碌，挑水砍柴，家庭的重担全落在你的身上。一个家靠你操持，让公婆满意。我披着青衫为了前途而在风尘路上奔波，实在没有闲情去卿卿我我。只有写上平安两字，让你安心，千万别将自己的幽怨向人发泄，或者向路人诉说自己的离愁别绪。

　　这时，同行的沈寿雨欲赴京应试，来向蒋士铨辞行。蒋士铨与沈寿雨去年自上饶跟随金德瑛巡视，两人结下了深厚友谊，今夕一旦即将分别，感情上的纽结实在难以解开。话别的语言沉重情浓。"离怀添几许？明日暮江深。"送走沈寿雨后，蒋士铨心情索然，去了东林寺，随后又特意去了虎溪三笑堂，他要去看看陶渊明的豁达，去体会三位文人的笑意。

　　东林寺乃晋朝名寺，寺前有三笑亭，相传晋朝东林寺方丈慧远大师送陶渊明和陆修静过溪于此。溪上有虎溪桥。蒋士铨的心志之火又在此点燃，沉湎友情的伤感在徘徊虎溪时得到消减。

　　巡视完九江后，官船又一路遍巡临江、袁州。回南昌路上，金德瑛率下属官员及众弟子顺道前往新建县西山，去道教十二洞天、三十八福地的净明道祖庭西山万寿宫朝觐。蒋士铨对许逊治水功绩的看重，远远高于他对道教的崇仰。他认为只要爱民、亲民，民众才会铭记功德，赐予香火的祭奠。六月底，金德瑛的官船回到南昌。

　　九江和庐山给了蒋士铨深深的记忆。回到南昌后，重温前情，仍津津乐道，念念不忘。他在给九江朋友的诗中说："他时有约当重过，携尔狂歌九叠屏。"只是我的想法如何递到你的手中呢？"凭谁往寄浔阳信，日倚南楼数雁群。"看来，只有指望鸿雁传书了。

　　亲情逸志也罢，山水抒怀也罢，到了临近乡试的日子，蒋士铨也开始全身心投入到应对科考中来。对蒋士铨来说，功名看似已经离他很近，手可摘星辰了。但是，科考的得与失仅在几个时辰定终身。决定命运的既有自己的文章，还得看主考大人对你文章的欣赏程度。

　　乾隆十二年（1747）八月初十日，第一场考试刚完，金先生派遣的使者即来将考试的文稿卷子索去。八月十三日第二场考试刚完，金先生召蒋士铨入见，笑着说："得中啦！"他还告诉蒋士铨，布政使彭青原也很赏识他。八月十五日乡试考完最后一场时，蒋士铨意犹未尽，诗兴大发，竟在考场号舍墙壁上题七绝四首：

　　　　残杯冷炙不能餐，四壁苍苔拥暮寒。

　　　　合到琼楼高处去，此中秋月让人看。

危楼檐铎夜丁当，蚁穴蜂房界短墙。
赢得三条红烛尽，背人消受逆风香。

何处云梯接上清，文昌桂籍未分明。
笔端谁有千钧力？横扫收他数十城。

巨手能开五凤楼，九霄雕鹗共盘秋。
不知击节欧阳老，可放门生出一头？

一个年轻气盛、心藏抱负的蒋士铨赫然显现在众人面前。他痛快淋漓地诉说了自己傲然的心境和值得炫耀的才华，也谈到了自己摘桂夺冠的信心，千钧之笔横扫乡场，气势凌厉，毫不让人。只是到最后，在信心满满的情况下，稍有些底气不足，心中的担忧跃然上墙，"可放门生出一头？"这一问，把蒋士铨忐忑不安的心境表露无余。

金德瑛看了蒋士铨题号舍壁间题诗后，也步韵和了四首诗：

卷里朝霞秀可餐，峥嵘气象扫郊寒。
知君早有凌云兴，不作寻常月色看。

才力班张孰禁当，明年倾动集贤墙。
素心难得陈无己，长记南丰一瓣香。

历历仙官在玉清，云端径路觉分明。
姮娥有药能偷得，管到层霄十二城。

夜漏丁东出角楼，万人同听倍惊秋。
碧空一片如珪月，谁解乘风共举头？

幸得金德瑛的提携，"不作寻常月色看"，当然也与蒋士铨的勤奋和扎实功底分不开。他摘桂了。秀才举子的身份似如梦寐一般，送到了他的手上。待到无人处，他得意地笑了。对着从鄱阳赶来南昌伺候他的妻子，他仰首天际，指着满天星辰，笑着说："我算是其中一颗了。"妻子看着长时间不曾见面的蒋士铨，她动容了，泪流满面喃喃道："终于出头了，我侍候你值。"蒋士铨替妻子擦拭净泪痕，拍拍妻子的背笑了。他给妻子交了一份满意的家庭答卷。妻子也替他高兴，连连催促蒋士铨修家书回鄱阳，尽快将这一喜讯转达公婆知道，好让两位老人悬着的心放下。

这时的蒋士铨在妻子面前，就像个孩子，依照妻子的吩咐，顾不上吃中饭，亲自赶往章江门码头，请前去鄱阳的客船寄上家书。

蒋士铨乡试中举，得益于金德瑛的精心施教，是毋庸置疑的。谈起这一点，蒋士铨总是铭记在心。金德瑛对蒋士铨厚爱有加，在很大程度上决定了蒋士铨的命运。自从在铅山看到蒋士铨诗文的那一天起，他几乎就把蒋士铨带在身边，指点他，点拨他。

金德瑛是个律己甚严之人。主持江西学政以来，他马不停蹄，怀着求贤若渴的愿望，精心为朝廷选拔人才。金德瑛没有自谓为伯乐，可他却是一位真正的伯乐。在蒋士铨身上所付出的精力和心血印证了这一点。蒋士铨中举后，金德瑛并没有放弃对弟子的引导和帮助。

江西乡试结束后，江西巡抚衙门上上下下都很欣慰。在经过好一段时间的准备后，巡抚中丞提议由学使金德瑛出面，邀请这次江西乡试的主司钱香树（陈群）先生和冯静山（秉仁）先生以及房考向苏村（德一）先生，于南昌东湖百花洲隆重赴宴，以感谢两位主司为江西乡试所付出的辛勤劳动和心血。

在这次宴会即将开办的前一天，金德瑛有意地由他做东，请来钱香树先生和他的侄子钱坤一（载）先生，于南昌东湖百花洲小聚，并召蒋士铨作陪。一场喜雨倾盆而下，浇泼得蒋士铨的内心湿漉漉又甜蜜蜜。钱香树先生是这次考试的主持，于蒋士铨亦有知遇之恩，作陪钱先生是蒋士铨求之不得的大好事。虽然蒋士铨平日刚介不阿，在这种场合所表现出来的真挚也显而易见。这样小规模的宴聚不能说不是谢恩之宴。欢快的气氛便有欢快的诗文，文人的雅会让自鸣得意的士铨陶醉在云梦之乡。

钱坤一为浙江秀水人，雍正十年（1732）副榜贡生。少日与金德瑛同肄业倦圃，契好笃至，乾隆元年（1736）与金德瑛同举博学鸿词科，未入选。乾隆十七年（1752）成进士，改庶吉士，授编修。后迁内阁学士，值上书房，擢礼部侍郎。

大家先行约定，以藏字山字韵各赋诗两首。在酒兴正酣之际，几个人皆出句为诗。

蒋士铨的诗是："玲珑秋树逗湖光，水阁云阴作嫩凉。别馆停骖招旧雨，残荷擎盖著新霜。座容迦叶参微笑，宾戏壶公解善藏。欲为朱衣摹变相，墨缘浓沁桂花香。"

"棋灯书笈范湖湾，弥勒同龛忆旧山。牛斗星移光忽聚，骊龙珠失数将还。一杯醲醑平生感，三样情怀半日闲。却与花洲添故事，簪裾留入画屏间。"

南昌百花洲，历来就是文人雅集的地方。自唐代以来，文人墨客多有诗文赞颂。诸如李绅、杜牧、欧阳修、黄庭坚、辛弃疾、文天祥等。唐代观察史韦丹曾率领城工在南昌东湖筑堤栽柳，时称韦公堤，又名万柳堤。洲上百花争妍，水光潋滟，荷花馨香，万柳成行，美不胜收。宋明时期，百花洲名扬天下，楼台亭榭多达十余处。明代戏剧家汤显祖有诗："茂林修竹美南洲，相国宗侯集胜游。大好年光与湖色，一尊风雨杏花楼。"

进入清代后，百花洲的亭阁楼台腐朽侵蚀，开始衰败。清乾隆年间，江西布政使彭青原亲自主持重新修复了部分楼阁，手书"百花洲"三个大字，并将贡院移入所在。

金德瑛将款待京城来的主司钱香树、冯静山先生，房考官向苏村先生，设在百花洲，用心良苦，苦心孤诣只为展现江西美的一面。同时，在贡院边举宴，也为谢师宴张目。这次来江西的京官，多数是第一次公事出江右。金德瑛极尽地主之谊，是为江西学子尽孝敬、尽谢意，这也是千百年来科举试场传承久远的幕后之规，让这些主考的京官在江西玩得开心、舒心、称心，也是学政的应尽之责。

参加这次盛宴的主席客钱香树，是浙江秀水人，康熙六十年（1721）进士，乾隆元年（1736）擢通政司右通政，累迁礼、刑两部侍郎，加经筵讲官。乾隆十年（1745）会试总裁，主江西丁卯、庚午两科乡试。后以病归。乾隆二十七年（1762）南巡晋刑部尚书衔。乾隆三十年（1765）南巡，加太子太傅。钱香树既有文声又有政声。蒋士铨丁卯科得中举人，全仰仗钱香树慧眼识英才。这几位京官来江西主考，主考完结后，由学使设筵致谢，这是例规，也是金德瑛做官为人的精明之处。

百花洲的明远楼，笙歌阵阵，鼓乐齐鸣。楼外鹤翔鹭飞，杨柳飘絮。宾主坐定，杯觥交错。金德瑛有意让得意门生蒋士铨陪坐，一是让其有更多的机会结识上层名流；二是让蒋士铨在人际交往中长见识、增才干；三是让蒋士铨陪坐应对，以展示江西人才的风华。金德瑛此举直可谓用心良苦。而蒋士铨即席应对，出口成章是他的本领。在如此场合让蒋士铨经风雨见世面，也正合蒋士铨内心的渴望。

楼上飞光溢彩、诗意正浓时，楼外一场面却让老主考钱香树先生感到大煞风景。一乡试未中的生员，低着头，沉着脸，恰似暮雨浇头，哭之恸云。顿时，大家都为这一幕所震撼，沉吟不语。科场的无情击碎了多少生员的入仕梦，也不知道眼下这位痛哭者是历史烟云中的第几位。真不知众位在座京官，众位主考大人，此时作何感想。倒是金德瑛打破自身尴尬，提出以如此场景为诗，众人一听，都一致叫好。大家相约以三马韵吟对，各自依韵奉和。金德瑛、钱香树都以此为题言诗，蒋士铨和诗时，多了一份恻隐之心，也多了一层怜意："纷纷泣赋士不遇，安得上动天人知？"

金德瑛是个有情义之人，在百花洲筵请钱香树、冯静山一干人等后，他又在自己所居静香斋再度邀两座主赴筵小饮。这种个人聚会充溢的温情是豪门酒宴所没有的。静香斋的氛围很容易调剂人的心情，宾主落座后，诙谐调侃的话语很快把大家的距离拉近。夜幕降临后，秋月的光亮从窗外泻了进来，蒋士铨端起酒杯，虔诚地与各位前辈干杯。金德瑛在江西任学政六年，恰如尽心尽责的园丁在园圃中辛勤栽种，劳苦功高，名垂江右。为此，蒋士铨连敬三杯，深情道："先生于我之恩，永志难忘。我这块璞石就是先生玉汝于成。"众人听了，会心而笑。这种气氛赛过春秋盟会。

这次雅集后，主考冯静山便执意提前离开南昌回京，蒋士铨以诗赠别。在做完各种应酬文章，谢恩师，拜友人，疲惫不堪应对完场面上的事情后，蒋士铨也回到鄱阳家中。略事歇息后，不久又按照父亲蒋坚的吩咐，前往景德镇，拜谢恩师郑东里先生。弟子的专程叩谢，令郑东里大喜过望。蒋士铨百里之遥，前来登门道谢，给他面子上添足了光彩。何况蒋士铨诗词功力过人，声名远播，在景德镇文人堆中也有耳闻。你敬我一尺，我敬你一丈。虽然这种民间的说法未免有几分夸张，可郑东里不能漠然置之，将这样有些声望的年轻后辈介绍给自己的朋友，成了郑东里的心愿。

郑东里在景德镇的文友中，交谊深厚的唐英是个既有名声又有地位的官员。他的身份很特殊，为隶籍正白旗人。早年好学，十六岁供奉内廷，诗文日进。雍正时授员外郎。乾隆年间，榷九江关，监景德镇窑务，为朝廷的督陶官。他不仅精于陶瓷工艺，而且擅长诗文书画，尤其是对民间戏曲有着特殊的喜好。郑东里向唐英介绍蒋士铨后，唐英即与其诗文酒会，不亦乐乎。

有一天，唐英竟在他的珠山官署内，将他的内伶家班推出来，为蒋士铨上演由唐英自编自谱自导的杂剧。如此规格的款待几乎让蒋士铨受宠若惊。他原本就是个戏迷，对戏曲也有着与生俱来的爱好。"公是香山老居士，我原竹屋旧词人。怜才一见称知己，识面初来喜率真。别署合题书画舫，长吟何碍宰官身？性情诗可千回读，满饮深杯不厌巡。"蒋士铨连吟七律，让唐英欣喜若狂。酒过三巡，几杯下肚，唐英竟忘了自己官员的身份，也粉墨登场，与各位优伶一道，歌也、舞之，生、旦、净、末、丑、傀儡神鬼，扮相惟妙惟肖。几位文人痛快淋漓地享用了这道戏曲美食，酒宴高潮迭起。席中唐英也诗兴大发，连吟十首与蒋士铨唱和。真可谓是率真之人遇率真之人。唐英的做派和为人风格，给了年轻的蒋士铨以很大启迪，也让他找到了仿效的目标和前行的方向。

景德镇之行，是蒋士铨的欢欣之旅。

六、会试之殇

乾隆十二年（1747）九月，蒋士铨乡试中举。二十三岁的蒋士铨意气风发，少年人时不我待的才子豪情始终在蒋士铨身上荡漾。这几年，对这个刚进入成年期的蒋士铨来说，运气可谓一路上扬。自打得金德瑛提携后，命运开始发生根本性的变化。

让蒋士铨左右为难的是，中国有句古语：父母在，不远游。蒋坚年届七十，加之这几年身体日趋衰弱，为人子的蒋士铨在徘徊中不知所措。

蒋士铨天生的清瘦高挑，眉清目秀，神采奕奕，耳大鼻粗，气宇轩昂，平日谦卑恭让，和蔼可亲，处事为人刚正不阿，疾恶如仇。对那些阴柔诡诈之人，严行斥责，毫不客气，使其不敢肆无忌惮而胡作非为；对那些贤良有德之人，则亲爱如骨肉，相敬如宾；对那些身陷困顿之人，他又倍加扶持保护，解囊相助，从没有拒之门外的意思。平日与人谈论天下大事，他声色铿锵，据理力争，甚至与人争得面红耳赤。亲戚朋友中，有那不讲道理、强词夺理，以至干些不义勾当的人，他轻则动容，重则扫地出门。

近年来，蒋坚身体状态每况愈下，大不如前，走起路来慢行碎步，说话的力度也喉声细软。面对蒋坚的病态，蒋士铨欲作远游，却怎么迈得动腿脚啊？

蒋士铨为此纠结不已，左思右想，他还是想试探试探父亲的态度。

没想到，蒋坚道："吾儿有所不知，金先生器重你、提携你，难道他仅仅是让你做个乡中秀才便够了？不是的，他所期望的远远不止于此。他挑选的人才是那些不愧于秀才称号的人，是能够穿紫袍、登上金銮殿的旷世奇才。"蒋士铨听了，默然无声。他心底间的矛盾纠结并不在此。他有雄心壮志，他想求取功名，报效朝廷。他所考虑的是父亲的身体。蒋坚训斥儿子："读书人就得有读书人的本分，要对得起朝廷又要对得起父母。而孝敬父母并不在于每天以身相守，应当有远大抱负，去做大事，行大志。这样做也就是对父母的最大孝敬。"蒋士铨面对父亲的训示，唯唯称是。蒋坚似乎对儿子有了更深刻的了解，他甚至想到了儿子读书的要领，想到了读书人吸纳文字的根本。他教育儿子读书应当考虑学以致用，千万不可断章取义，寻章摘句，用那些八股文去招摇过市。而一旦将一两件能传扬古今的事情让你去处理，你却嗫嚅无言，不知如何应对，慌了手脚；面对乡间的是非曲直，又茫然徘徊，拿不住要领，不知怎样处置，学之何用呢？

当蒋士铨惶恐不安地听完父亲教诲后，他嗫嚅回答父亲："文章之道，我已谙熟路径，诗宗词义多得要领。我认定今生今世不为李杜，也为韩柳。只此搏击，方能直抒胸臆，消受快感。"蒋士铨讲出自己内心的真实想法后，原本以为会得到父亲的赞赏，没想到蒋坚竟责怪儿子："你仅仅取得了一点小成绩，有了点小进步、小成功就自满自足，不思进取，不当人子啊！你别拿我的身体说事。我身心俱佳，绝不会很快地死掉。你放心踏上公车之路，去求取你应该得到的功名，实现一个男子汉大丈夫的志向和抱负。安心远行，千万不要顾忌家中的坛坛罐罐，我做父亲的一定等着你归来。"

蒋坚肺腑之言，撼动了儿子的心。母亲钟令嘉也在一旁宽慰儿子："士铨，你父亲身体确实大不如前，但是，这不能作为影响你进京赶考的理由。料理你父亲有我，虽然你父亲年纪大了，有点力不从心，腿脚也有些不听使唤。不过，他的身体应该不会出什么大问题。家国之事，家事小，国事大。大丈夫不应挂齿于家小，而应该眼望京畿，全身心而为。"

蒋士铨眼噙泪水，聆听母亲的教诲，开始坚定了北上的信心。

这年（1747）十一月，蒋坚带着蒋士铨打点行装，赴铅山，约同科举人汪溶川（汝淮）先生一道会齐北上。一行人由河口登舟，经玉山，循浙河而行，蒋士铨途中与汪溶川一路唱和，每日皆有诗出，到达扬州时，已近除夕。

汪溶川比蒋士铨大十二岁，年龄相差悬殊，却与蒋士铨同年共领乡荐，也就是丁卯年举人。汪溶川名汝淮，字禹绩，号溶川。十八岁那年补庠生，三十四岁中举。这次与蒋士铨一道进京公车，对汪溶川来说也是第一次。随后四次进京公车，均折羽而归，卒无所遇。但是，其文名尤著，声动京师。折桂无望后的几年中，开始筑构三中园，整日沉溺园中，饮酒赋诗。这是后话。

少年豪气冲天，信心满满又有几分忧心忡忡，这就是汪溶川与蒋士铨其时的心境了。蒋士铨虽曾壮游秦晋，但毕竟有几分年少轻狂，汪溶川比蒋士铨年长，阅历稍深，初谙世故，人情达练，蒋坚也就放心让儿子跟随其北行了。两人是同年举子，又是诗文朋友，一路上相互呼应，彼此照看，诗文抒情，倾才子之腹，煞是热闹，过得快乐逍遥。此次进京，蒋士铨的舟船经浙江常山县而兰溪县，再过桐庐县，至衢州。船泊富阳时，寒冬已至，纷纷扬扬的大雪，下得足有三尺深。蒋士铨虽然身处异乡为异客，可他想到的不是自己的凄寂，而是想起了自己的恩师金德瑛。虽然恩师提督江西学政任期届满，可由于一些琐事缠身，至今仍滞留南昌。今夜，他或许独坐静香斋，孤灯青影，是在暗自为弟子祝福，还是诗兴大发，对雪长吟啊？蒋士铨不得而知，对老师的怀念之情充溢了这个异乡的寒夜。

船继续北行，北风呼啸，老天放晴，只是白雪与江涛相衬，寒水茫茫腊月天，凄寂孤帆飘零，冷水风生，好一幅万里寒江图啊！

姑苏城外寒山寺，夜半钟声到客船，蒋士铨或许是有意识地在苏州晚泊，意欲游览寒山寺。这是一份虔诚，他也脱不了旧俗的窠臼，打算在这里顶礼膜拜，得到一种冥冥中的启示。可惜的是，他没有听到钟声，倒是看到了模糊的月影，还有时不时的犬吠。这时，他又想起了他的好友金涧南和金进与。金涧南是金德瑛兄金德铉的长子，曾与蒋士铨一道陪同金德瑛游宦江西，历官中书及江西吉水、鄱阳、崇仁三县知县。夜游寒山寺时，蒋士铨想，今夜我在金涧南的故乡游历，而你们却在我的故乡为官，想起来很有趣。生命无常，经历无常，上天总是这样错落有致地安排人生，调动着人的脚步，行走于山水间，没有终点，也不知道自己的终点在哪里。江湖万里一盏灯，心灯映照着亮堂的胸襟，但是，也只有将这样的思绪归于尺牍了。

十二月下旬，蒋士铨乘舟过镇江。旧地重游，感慨系之，不过，他还是再度陪了汪溶川一道前往金山畅游。因为金山这个地方太耐看，太值得看了。他要为汪溶川讲解，把金山的历史掌故给这位诗友背出。两人行走于金山的路途，谈心愿，论志向，无话不谈。生命的路途总是这样，弯弯曲曲，无有穷尽。登临其间，壮志凌云。金山之行的快慰，登山的深切感受，跳跃成一行行滚烫的诗句倾心而出。

紧赶慢行，风雪阻隔，到达扬州时，已是这年的除夕。河干滩显的扬州码头边，蒋士铨行坐的船只缓缓靠岸，蒋士铨脱口而出：

> 河干谁觅孝廉船？愁入芜城薄暮烟。
> 岁酒江湖人易醉，迷楼花月梦空悬。
> 雨收樯影春灯外，风落潮声客枕边。
> 二十四桥何处好？玉箫凄绝不成眠。

（《扬州除夕》）

在扬州过完新年后，乾隆十三年（1748）正月，蒋士铨倚船过江苏高邮。

正月下旬，舟至台庄（枣庄），买车登陆。只见路中，逃荒流亡的百姓络绎不绝，死者塞途。官员车辆惧怕饥民打劫，非联轴首尾相顾而不敢行。其时，原泽州友佟公排行第十的儿子佟满（保），任江苏吴桥县令。蒋士铨在泽州时，与佟满为同窗好友。加之两人父辈蒋坚与佟公有通家之谊。蒋坚临行时也一再叮咛儿子，过江苏时，别忘了前往吴桥省视。佟满见儿时好友来访，十分热情，拉着蒋士铨与汪溶川的手不放。佟满为客人大开诗宴，端着酒杯，一个劲儿敬酒求诗。汪溶川急忙解围："士铨兄弟今天小恙。我建议他少吃一杯，少吟一诗。"没想到蒋士铨天性倔强，全不吃汪溶川引语的用意，兴奋地说："只要有酒喝，几首诗算不得什么。三军可夺帅，匹夫不可夺志也。拿酒来！"蒋士铨似如饿狼扑食，容不得商议，夺过酒坛，只往自己碗中倾。汪溶川在一旁，觉着不雅，连连说："不喝也罢，不喝也罢。"

蒋士铨不悦了，他白了汪溶川一眼道："你又做好好先生了。你再说，把你的酒碗也收了。"

汪溶川笑笑，无语。

佟满看着蒋士铨的饿狼模样，感慨良多道："还是孩提时性格。这样吧，溶川兄不能陪你尽兴，我舍命陪君子，如何？"

"这还差不多。"蒋士铨得意地给佟满斟满酒，随后，自顾地咕咚一大口下肚，"李白不是说过吗？人生得意须尽欢。我是开颜以饮。我这一辈子，有酒则人雄，无酒即狗熊，酒是我的文胆。生不能为李杜，死亦当以诗文作枕……"

"好！"佟满连声喝彩，"蒋兄心气高，志存高远。不过绝不可轻言生死，还是持一颗平常心方好，如何？"

汪溶川笑道："士铨是率性之人。酒后真言，诗以言志，他的路子正啊！"

吴桥是个热闹去处，加之丰饶富裕，乡风淳厚，佟满有些得意地陪了蒋士铨、汪溶川行走于街头，观看街景。

可就在繁华的路口，只见一衣衫褴褛、面黄肌瘦的农妇，携一儿一女，瘫坐于路边乞食。两个孩子大概是饿得不行了，一直在母亲怀中啼哭。

佟满见状，大煞风景。蒋士铨好像抓了话柄，"你看，我的佟大人，这就是你治下的太平景致，让我为之动容啊！"说罢，从口袋中掏出碎银子丢进妇人的破碗中。

农妇得了银子，当即领了一双儿女，跪倒在蒋士铨身前，捣蒜一般叩头致谢。

佟满尴尬极了，不得已也从袖中掏出些银子补上。汪溶川也不甘示弱，凑了几文，丢进碗中。

如一声春雷，唤醒了农妇内心的酸甜苦辣，她心中像倒了五味瓶，泪如扯线般往下掉。

蒋士铨也落泪了，他奚落佟满："这回，我没醉酒吧，民心苦过黄连，只是我等不曾品尝而已。吾等对酒当歌，庆世升平，还是得眼睛向下啊！"

汪溶川真挚道:"看来,士铨又要吟上几首了。"

在吴桥盘桓三日后,蒋士铨等才登舟过江苏高邮。

乾隆十三年(1748)元月底,蒋士铨从天津进入京城。进入北方后,蒋士铨很难适应这种干冷的气候,咳嗽不止,几寻良医,疗效并不明显。就这样硬撑着,眼看春闱将至,蒋士铨也只有滋补静养,悉心以待。

二月初,金德瑛卸江西学使任回京,蒋士铨听闻消息后,欣喜若狂。他亲自前往码头迎接,金德瑛上岸后,两人一路诗情画意海阔天空地诉说着分别后的情形,师徒情分溢于言表。说是一种心理感应也罢,说是一种精神疗法也罢,奇之怪也,蒋士铨的病竟不治而愈,渐渐地有了起色,脸上很快恢复红晕,走起路来也硬朗多了,之前的萎靡不振一扫而光。

二月十二日,俗传此日为民间花朝节。北京城内外热闹非凡,年轻女子穿红着绿,去花圃赏花。文人墨客捧着扎着红头绳或红布条的花草与更多的人一道涌到北京丰台的花神庙,参加斗花会、扑蝶会。蒋士铨在南昌或在鄱阳县城也常逛花朝,可是,江南花朝节的气氛却少有京城庙会这般万紫千红。到了夜晚,盛大的提灯节又开始上演闹剧,人们提着灯笼,转换各种队列、各种队形,灯光幻影,扑朔迷离,似如天阙,又如花海。

蒋士铨兴奋极了。他穿梭于人群,欣赏着京城的繁华与热闹,街美、花美、人美。京城让他着迷。人的一生,因经过各种生活场景,也感受过各种美丽,唯有这京城一夜,让他销魂,永志不忘。

金德瑛在蒋士铨的陪同下,也饶有兴趣地走进了闹花朝的人群中,诗兴勃发。金德瑛在江西为官六年,口碑极佳,加之有蒋士铨的诗文互动,江右的人情世故、生活常态,都给金德瑛先生深深的印象。想起那些在船中度过的以诗文撑破肚皮的日子,想起那些游走于山水胜境中的冲动和激情澎湃,金德瑛总感觉有股年轻人的朝气在涌动,一种难以忘却的情愫在心间荡漾。他勉励弟子不以物喜、不以己悲,一时的胜算与一生的成就比起来太微不足道了。

蒋士铨怀着一颗感恩之心和鸿鹄之志，洗耳恭听金德瑛的鼓励和指教，迎接春闱的挑战。

就在他踌躇满志，满以为能够箭发命中之时，现实的无情粉碎了蒋士铨的桃花春梦。乾隆十三年（1748）六月，会试榜发，蒋士铨名落孙山，经金德瑛查询得知，他的试卷被杨二酉御史押下。这个结果是蒋士铨始料未及的。春风得意的他，一路顺风顺水地走过来，似乎曙光欲显，金顶在望，却意外地被阻挡在进阶及第的门槛外。

一些江西籍的在京官员，早就耳闻蒋士铨或者与他有过交往或诗文唱和，闻听蒋士铨落第，都以各种形式来安慰他，更多的人选择的是以诗慰藉。这些人有铅山县人张素村、程海苍，星子人干静专，吉安吉水人罗旭庄，他们自以为学不如蒋，而蒋不第，只是主考官员的认知问题。以后的前景在，会试考场的板凳总会坐热，主考大人的眼睛也总有一天会擦亮。所以，大家都以各种不同方式和途径前来安慰蒋士铨。聚会、小憩、郊游、听戏，京城的生活虽然寡淡，幸得众位友人的诗文往来，给蒋士铨平添了勇气和毅力。

与蒋士铨乡试的同科文友，像汪溶川等也与蒋士铨一道落第，大家也经常聚在一起，议论得失，甚至多有抱怨。蒋士铨毫不气馁，在诗义中一再表示不怨天尤人，不轻慢那些已经入闱的同道。他们也是诗文奇士，有自己的才华。"文人骨肉漫相轻，才子江南最有名"，这是他安慰江苏当涂人、后来入主江宁的秦礀泉诗中的名句。秦礀泉是其时文名极盛的江南才子，他的落选在其时的京城震动不小，秦礀泉本人也多以诗文表达自己的不屑和自怜自爱。倒是蒋士铨在为他解缆松绳。留得青山在，不愁无柴烧。蒋士铨的安慰像一剂良药，使他从颓废和萎靡不振中走出，重新活泛起来。后来，秦礀泉果然在蒋士铨三度进京参加会试时，一举夺魁，成为乾隆十七年（1752）壬申科状元，授翰林院修撰。秦礀泉仕途一帆风顺，乾隆二十年（1755）入值上书房，侍皇子讲读，迁翰林院侍讲学士。乾隆二十八（1763）年告老终养，乾隆四十二年（1777）六十三岁卒。

来安慰蒋士铨与其诗文论短长的友人还有江西南丰人谭诲亭，丁卯会试，他亦未第。不过后来他先蒋士铨于乾隆十六年（1751）辛未科入闱，授户部主事，三徙为山西道监察御史，出为福建兴泉道。历官安徽巡抚、福建按察史、云南巡抚、刑部右侍郎、吏部左侍郎。蒋士铨在会试结果公布后，送《谭诲亭（尚忠）同年归南丰》诗中也略略发了一顿牢骚："壮夫惭短剑，久客厌长安。年少贫何累？金多住亦难。乱愁先月满，猛雨及秋寒。萧索离亭意，何因得强宽？"

与蒋士铨相互砥砺的文友还有江西广昌人饶学曙，会试落第后，他先蒋士铨南归。饶学曙与蒋士铨同为乾隆十二年（1747）丁卯乡试举人。这年会试，他也未入闱，伤心地离开京城。蒋士铨有诗慰藉。后来，饶学曙亦在辛未会试入闱成进士，赐一甲第二名及第，授编修。历右中允、侍讲、左中允、两充讲官。蒋士铨与饶学曙交谊颇深，后来，饶学曙的三弟拱北，即为蒋士铨妹夫。

在蒋士铨的同年（中举）好友中，江西安福人王旦方是一位诚实无欺的好人，他的诗文质朴无华，言浅情深，可惜一生未曾入闱。后来，英年早逝。金德瑛曾有哀诗："来日岂不多，何惜小迥翔。长安师友聚，学问得商量。"蒋士铨与友人相互鼓励与鞭策，他十分看重朋友之间的情义，而不是相互计较诗文成就的高低。"师门一载弟兄情，心事离筵共酒倾。秋气可悲孤客去？布帆无恙一舟行。"

蒋士铨这一趟虽然愿望成空，但结交了这么多的文朋诗友，这也算是一意外收获，不虚此行了。

江南来京城参加会试的好友，陆陆续续都先蒋士铨离开京城南归。蒋士铨因聆听金德瑛恩师的教诲和指点，暂寓京城。在参加会试之前，蒋士铨曾陪伴金德瑛于京城郊游踏青，师徒的心境与蒋士铨会试落第之后的心绪截然不同。那时的蒋士铨一副少年得志、春风扑面模样，神采奕奕，很有些志在必得的豪气。他写道："旧家典故凭谁志？私第春风别样和。输与山公来取醉，花时常许一经过。"

会试之后，蒋士铨的落拓显而易见。他病倒了，"长安少年事游侠，拉我醉走胭脂坡。胡床卧病苦未出"。躺在京城由胡地传入的交椅上，如蚕裹茧，似龟匿巢。可是当他得知金德瑛宴客请他作陪的消息后，奋然而起，一病顿消。诗的激情又在他的周身荡漾。"丈夫出门气慷慨，肯学慧达藏苏何。径须索取虎毛笔，置羹请客随吾呵。"不过他也对自己的鼠目寸光和夜郎自大有所反思："我生目力及江海，那知世有昆仑河。"

金德瑛看了蒋士铨的诗后，感慨良多，他启示蒋士铨："坐令十笏蜗壳地，突兀恍觎千层坡。南海炎威深坐甑，西凉雪片大飘荷。滇池远策龙须竹，金沙江畔探旋涡。"他安慰蒋士铨会试的结果不是终极目标，学问才是终生的追求。

七月的京城，天气酷热，蒋士铨寄身客舍，独倚西窗，自谓"懒龙"，每日只在书中消磨。更为重要的是，他也在思考会试的得与失。因为蒋士铨更乐意在诗文中着墨，而不习惯于八股文的应试之作，这在很大程度上决定了他在科举制度考试中的收获和结果。思维活跃的人，把自己置身于江海而不是池塘，总是不屑于陈词滥调的叙述。尤其是应试的过程本身也约束了蒋士铨的才情兴趣。专注于诗文可以随心所欲地发挥想象，把一首首诗文佳作呈现在人们面前。一旦进入试院，在遇到学识与兴趣的碰撞时，蒋士铨好像魂不守舍，无法调动自己的潜能，发挥自己的想象，作成锦绣文章。其实，这也就是蒋士铨个性所致，脱离了这一点，也就不是蒋士铨了。

北方的夏季比南方走得快，乍暖尤寒，转眼秋风就不知道什么时候悄然无声地降临。害怕北方冬天酷冷的蒋士铨萌生了南归的念头。巧合的是，这年（1748）七月，九江榷使唐英入京叙职，盘桓一段时日后，听说蒋士铨参加会试后仍滞留京城，喜出望外，当即前来探视蒋士铨。他乡遇故知，挚友相见情意深，两人相叙前次景德镇别后的思念，很是热络。交谈一番后，当即相约，一道结伴乘船回江右。其时，蒋士铨手头拮据，搭乘唐英的官船也少了一笔租船的开销。

临登船的前一天，蒋士铨再度前往恩师府上拜别辞行。他在诗中写道："撒手此行无可恋，却因师表望京华。"京城已无蒋士铨留恋的地方，唯一放不下又让蒋士铨仰望的就是可敬可亲的恩师金德瑛先生。

蒋士铨所搭乘官船自破晓时分自京城大运河码头出发，经通县，一路迤逦而行。乾隆十三年（1748）八月十五日正是中秋节，船泊山东临清，于临清闸与唐英等人聚会赏月，作有赏月诗。

官船途经山东济宁，做短暂休整。大家相继下船，浏览名胜。济宁州南城上有太白楼，相传为唐李白游任城，县令贺知章为其摆酒接风之处。后人为了纪念此事，在城上建起太白楼。在济宁州南，还有座杜少陵祠堂。蒋士铨对李白、杜甫的诗文倾倒，因此，逛太白酒楼是蒋士铨的心愿，他要上楼去感受一下诗人特殊的气味，感受唐风遗韵留给后世的念想。让蒋士铨失望的是，太白楼不为诗只为酒，迎面飘来的酒香和嘈杂之声倒了蒋士铨的胃口。不知李白有灵，面对此时的酒令声和猜拳声作何种感想？在太白楼稍作停留后，带着无可奈何的心绪，蒋士铨走进了杜少陵祠堂。杜少陵祠即唐代诗人杜甫与任城许主簿于南池偕游时，留下诗文之处。杜甫诗有句"秋水通沟洫，城隅进小船"，就指的是这个地方。蒋士铨触景生情，不禁诗从心出："先生不仅是诗人，薄宦沉沦稷契身。独向乱离忧社稷，直将歌哭老风尘。"

在这条南下的官船上，谈诗论文是家常便饭。唐英不仅仅是个督陶官，其人还喜好民间音乐，对诗词歌赋也有擅长，尤其钟爱戏剧。为此他特意搭了个戏剧班子，名曰唐英班。这个戏班子所上演的剧目，都由唐英自编、自导、自我欣赏。当然，他也常常带着戏班子四处演出。甚至有朝廷命官来九江巡视，有时兴起也要让戏班子粉墨登场一番。既有几分炫耀自己的戏剧创作成果，也有醉心民间戏剧的嗜好。也就是在这次旅途的官船中，唐英从箱箧里搬出自己新近撰写或修改的戏剧剧本《芦花絮》和《三元报》请蒋士铨过目。《芦花絮》的剧情主要表现了封建伦常愚忠;《三元报》的剧情主要宣扬尽孝儒行。在民间，很得普通百姓的喝彩。蒋士铨浏览完两个剧本后，大为赞赏，并分别为这两个剧本写了序言。唐英喜出望外，连连叫好。两人你来我往，诗文传情，友谊愈深。

蒋士铨与唐英一路游历，来到扬州。扬州的艳丽并没有吸引一，两人的目光。蒋士铨一再怂恿唐英前往梅花岭凭吊，因为这里有明朝忠臣史可法的衣冠冢。史可法忠毅、刚道，情怀壮烈。唐英经不得蒋士铨的撺掇，自然也抱一份对先辈的崇仰之心，两人一道，攀上梅花岭。这是一次庄严的凭吊。蒋士铨心想着史将军的正义气概，心潮澎湃，他对深明民族大义而置生死于不顾的史将军可谓倾慕不已。他在赞美的诗中写道："碧血自封心更赤，梅花人拜土俱香。九原若遇左忠毅，相向留都哭战场。"

唐英也为蒋士铨的真情所感动，打心眼儿里钦服蒋士铨的人品和德行。

船至江宁，已是乾隆十三年（1748）九月上旬。大家照例出船上岸，寻找能给自己带来心畅意舒的地方。蒋士铨选择的游历之地为燕子矶毋容置疑，他又冲着抗清名将史可法而去。

蒋士铨游燕子矶，他就是要去瞻仰矶壁上史可法的那首充满正气、浩气的绝命诗："来家不面母，咫尺犹千里。矶头洒清泪，滴滴沉江底。"史可法将军的热血洒于民族大义，蒋士铨能不动容？

燕子矶为万里长江第一矶。矶下惊涛拍石，汹涌澎湃。望着滚滚而去的江水，蒋士铨由史可法也想到了自身，空有一腔热血，怀报国之志，却难入报国之门。他的诗情在心中孕育，他有抱负要抒发。当他游历燕子矶宏济寺时，突然灵感迸出，执笔蘸墨，面壁而挥：

随着钟音入梵宫，凭谁一喝耳双聋？
桫椤不解无言旨，孤负拈花一笑中。

十围大树幕空庭，九十山僧老鹤形。
不解六朝兴废事，临河爱看使臣星。

白水千盘翠几围，岩头古刹傍危矶。
我生未到悬崖上，不向云山乞衲衣。

山水争留文字缘，脚跟尤带九州烟。
现身莫问三生事，我到人间廿四年。

胸次原无半点尘，蒲团何待指迷津？

吟怀只借江山助，一个春风下第人。

南朝四百八十寺，画壁纱笼此处多。

一笑禅关留姓字，蛛丝尘网奈他何！

这组诗写得豪迈遒劲，骨气铿锵，血涌心出，气壮山河。才子之情，涂抹于墙，谨将心志以告天人。后来，这组诗竟然引出了清代诗坛一段诗友佳话：

乾隆十七年（1752）的春天，江南才子袁枚游扬州，路过燕子矶宏济寺，见僧壁有题诗，意境极佳。诗末署名"苕生"二字。袁枚因诗寻人，遍访江南，不知其谁。后来，袁枚从浙江巡抚熊廉处得知，苕生即江西人蒋士铨，而且是江西有名的才子。得到这个信息后，袁枚便带着欣赏和敬重及期望寄上自己词曲多篇，试探着等待回音。蒋士铨收到袁枚的信后，惊喜万分，当即以诗文唱和。自此，两位大家书信诗文往来频繁，开始了长达十余年的神交。

蒋士铨留诗于壁，并没有想到此诗会引来袁枚的关注，他只是羁身归途，绊于舟旅，心情郁闷，涂抹心墙以泄胸中块垒而已。有这样的结果，获得一位一生以诗相知的挚友，超出了蒋士铨的预期。

燕子矶下的江水，涌着蒋士铨胸中的浪花，宣泄而下。他有失落、有自卑，他也想到了自己无以为报的慈爱双亲。真有种无颜见江东父老的心绪，难以平息。

夜色渐渐地浓密，蒋士铨立于船头，轻轻叹息，千丝万缕的愁绪掠过，似如小虫子吞噬着心肌。人的一生经历不同，其心胸、所思所想千差万别，但是，追求志向理想应该是人们认同的一个永久主题。从母体脱胎而出，呱呱落地，生存的欲望催促其脚步东奔西走，忙忙碌碌，不知所终。追矣、求矣，梦未成真，这也是命运的遭际，蒋士铨认了。眼前的路途似乎走进了胡同中，唯有亲情这根纽带，勾连着游子的心。蒋士铨在归途作《夜泊》一诗，泛起的心潮，只作梦态捎寄家书于亲人，以见证做儿子的心境：

> 维舟不择地，芦苇自相邻。
> 冷月淡成水，暮江秋在人。
> 鼓琴沙落雁，对酒我为宾。
> 不敢酣然醉，中庭念老亲。

从诗中，我们看到了另一个蒋士铨，看到了他的儿女情长、恋母情结的一面。自可想见，一叶孤舟，泊在一片芦苇滩边，蒋士铨于船中只觉得秋云煞气的袭扰。微微吹过的秋风席卷着暮色苍茫，一轮清月如水淡淡高挂云天，滩头的芦苇丛中雁声四起。如此时刻，天近一杯酒，异乡为异客。想起遥远的南方，那望穿秋水，期盼浪子归的母亲模样，我怎么敢酣然而醉。蒋士铨诗的文字调动到了极致，一个"邻"字，一个"念"字，穷尽了人间的思乡情。

蒋士铨自七月下旬乘唐英的官船，历河北后山东，再江苏又安徽，相对六十日，诗来文往，舟滩吟唱，于九月下旬，舟抵江州。两人相约九江琵琶亭，依依惜别，互道珍重。到了分别时刻，蒋士铨的诗又把浔阳江写成了似水柔情。他以诗记琵琶亭别意，蒋士铨诗中有句："老树四围虚阁隐，晴岚一线大江吞。青衫我亦多情者，不向东流落泪痕。"男儿有泪不轻弹，轻弹也在琵琶亭。蒋士铨在辞别唐英后，即自行租船归返鄱阳县。

乾隆十三年（1748）十一月，蒋士铨自九江过鄱阳湖，终于归家。两年的别离，蒋士铨出江南，去雁北，再出京，回江南。来回行程万里路，辗转风尘回到鄱阳家中。蒋士铨含着热泪，急切呼唤着娘亲。"近乡情更怯"，当他与父亲见面时，却低着头、红着脸，不知如何是好，现出无脸见爹娘的怯意。父母都一再安慰蒋士铨，蒋坚坦然安慰自己的儿子："胜败乃兵家常事。一次的失败，并不等于前途无望。只要自己没有停歇，一直在努力就行了。"

听了父母的教诲和宽解，蒋士铨愁虑的心绪豁然开朗。当看着妻子那企盼的目光时，他自愧无颜，只有默默地看着庭外正在败谢的花草。

众多的亲朋好友听说蒋士铨自京城归来，都来相叙离别之苦。也询问蒋士铨在京城的所见所闻。大家叙谈至倦，方才散去。众人走后，屋里只剩下她，也就是自己的妻子时，他才真正觉出局促和不安。

母亲趁着乡邻闲坐之时，也在厨房忙碌开来。杀鸡剁肉，备了丰盛的酒席，为蒋士铨接风洗尘。灯火通明，烛光耀眼，一家人其乐融融围坐一桌。母亲坐在蒋士铨身旁问长问短，看儿子是否身强如父，又比试着看儿是不是瘦似亲娘。母亲滔滔不绝，讲述着蒋士铨走后，家中发生的一切。琐碎杂陈，但蒋士铨听得有滋有味，没有倦意。母亲谈到热切处，泪下如注。蒋士铨也流着泪，跪在父母面前，请父母原谅他的胸怀不宽，努力不够，劲节不强，思理不明。

蒋坚翻看着蒋士铨一路上所吟的诗句，严霜般的脸色和缓了许多。他微笑着说："看了这些诗，我觉出了你的进步。不要气馁，也不要自暴自弃。这次未入闱，是运气未到。一旦天时、地利、人和成就了你的诗文气候，成功的机缘便来临了。"

这天晚上，蒋坚醉了，先行去房中歇息。可是钟令嘉却全无睡意，继续与蒋士铨相叙。她对蒋士铨说："为娘我倒不计较儿子你的功名几何。你走后，我担心的就是你的身体，只希望菩萨保佑你在外无病无灾。平日只要有个书信告个平安，娘就心满意足。我怪就怪你的父亲，不该那么急让你独上京城，让我牵肠挂肚。现在你回来了，做娘的心宽了，心定了，非常高兴。"

蒋士铨也多有喜意。妻子见蒋士铨喜形于色，也不由得抵近来听这娘俩的绪谈。

烛尽灯暗，母亲钟令嘉也倦了，入房而歇。此时此刻才是妻子吐露心曲的时辰，尽管夜已深了，两人还在侃侃而谈。妻子还在诉说她侍奉双亲、伺候家人所付出的辛勤劳动。贤惠贞淑的妻子牵动着蒋士铨的心底大潮，妻子今晚似乎有倾诉不完的话题，有袒露不完的胸臆。她告诉蒋士铨父亲这两年身子骨强健多了，母亲的身体却不怎么样，日见羸弱。妻子还说，功成名就固然是做妻子的愿望，但是，夫唱妇随，你耕我织，也有乐趣啊！年纪越来越大的双亲需要照顾，我做妻子肩上的担子不轻！

蒋士铨笑而不语，妻子反问他，你客游在外可曾欢乐？蒋士铨忍俊不禁，笑了："苦与乐也不用你猜疑，我不是那种只顾自己纵欲无度、贪图享乐之辈。我有我的寄托和愿望，人既然无法到达理想的天地，去做那些违背伦理的事，何当人子？"

妻子听后，宽心地笑了。

自从蒋士铨回到江西鄱阳，父亲几乎每餐都以酒代饭，酒兴来时，还让钟令嘉和蒋士铨夫妇陪坐一旁。父亲老了，真的老了，白发垂鬓，腰驼背曲，脸色苍白。蒋士铨心酸地坐在父亲身旁，心受父亲的教诲。蒋坚似如识途老马，用自己走过的路途、人生阅历给蒋士铨灌输他的理念。他好像有聊不完的话题，倾不尽的父子情。他谆谆告诫蒋士铨，人生不易，辛勤劳苦，一切都是天命。有时他也对蒋士铨谈及其生平得意的事情及做得不尽如人意之处。兴趣所至，每晚都在漏下十刻才罢讲。

乾隆十三年（1748）十二月初八日，蒋坚偶感风寒，这天上午他还对妻子钟令嘉说："我生士铨时，行年近五十。我常想，也许我等不到儿子而立之年、事业及家庭都小有圆满就闭目而去。现在，儿子已成家立业，我们即将抱孙子了。前年，士铨乡试中举，也光耀门庭，诗文成就有了些小名声。想起这，我就有光宗耀祖的感觉，满意的念头油然而生。能看到这一切，我还计较自己心衰身弱吗？病也好，老也罢，何足道哉？"说到这儿，蒋坚要妻子为他研墨，他伏案挥笔而书："五十生儿犹未晚，黄金散尽雪盈头。平生恨事知多少？老子而今不解愁！"写完，自己吟唱几遍，意犹未尽，又写道："匹马行边作客豪，灯前懒看杀人刀。此身落得无牵挂，世上功名付汝曹。"随后，抛笔而卧，鼾声大作。

让蒋士铨没有料到的是，这两首诗竟成了父亲的绝笔。与平日一样，第二天一早，按医嘱父亲又服了一帖中药，服完药后，蒋坚自感头晕目眩,蒋士铨慌忙扶了父亲往房中歇息。只是蒋坚愈见昏沉,了无几语,床也难下。这样拖到初十日,蒋坚还能摇摇晃晃,前往庭院走动,言语也无异样。到了夜晚,蒋坚似又有些糊涂颠倒。蒋士铨与钟令嘉扶蒋坚入房,蒋坚端坐于床,双眼微闭无有言语。到了二更时分,感觉蒋坚鼾声又起,可千呼万唤,竟一命呜呼,辞世而去。

犹如泰山之倾,让蒋士铨猝不及防,家庭生活的重担顿时压上了他的肩头。也就是在蒋坚去世之前的八月,蒋士铨的大伯蒋汉先逝世。一年内,蒋坚三兄弟中两人先后辞世,家庭大梁塌下。在经历一番不知所措的彷徨后,蒋士铨开始直面人生,吞咽下思念与哀伤的泪水。悲痛欲绝之余,蒋士铨记忆的大门洞开,父亲一生经历在他心目中燃起激情的火焰,他几乎一气呵成,写就《先考府君行状》,将父亲的生命之痕写进文字里,成为一个才子对父亲的最好回报。

钟令嘉在丈夫去世后,痛苦万分,每日只以泪洗面,有十几次哭得昏迷不醒。文辞娴熟的她,竟写出百余言诗句,祭奠丈夫。情辞质朴,婉约沉痛,看过这些文字的吊唁者,无不为之动容。这一年,蒋士铨的母亲才四十三岁。

在安慰母亲和思念父亲的情绪驱动下,蒋士铨终日情思不断,撰写《先考府君行状》的同时,驰书恳请千里之外的恩师金德瑛先生为父亲撰写墓志铭。众多的亲朋好友听闻蒋家噩耗都来凭吊,鄱阳县县令黄获村先生亲自登门,哀吊抚恤,让蒋士铨感激不已。

按照乡俗,亡灵入棺,得请当地仙师择地择时下葬。依据死者的生辰八字和死者亡故时的时辰进行掐算,以掐算的结果决定下葬的日期和穴地。蒋坚去世后,蒋士铨为父亲穴葬何地和何时下葬,颇费了几分心思。

在未决定父亲的遗体归宿之前,为了减轻母亲的伤心程度,他先行请当地的治丧八仙将父亲殓身棺木。然后,移柩出鄱阳县,经水路,寄父柩于南昌县滕槎长沙王八祠庙。该庙方丈熟谙文词,与蒋士铨交好,停厝庙中后院,以避风雨侵蚀。八祠庙主祀番王、鄱阳令、长沙王吴芮及其部将梅锅,香火颇盛,平日来去南昌、鄱阳两地的商客都会在此打尖歇脚，凭吊祭祀，表达敬意。

听说蒋坚灵柩移停八祠庙，蒋坚生前好友赵骥良亲自前来吊唁，赵骥良的真情触动了蒋士铨心间的弦，他当即草就一诗对这位前辈表示深深的谢意。

安顿完父亲的灵柩暂寄后，蒋士铨赶到南昌，相约堂兄弟蒋士镛，邀其共同商议父亲下葬事宜。

蒋士铨在南昌期间，好友杨垕一直陪伴在他的身旁，赵由仪、汪轫几人也经常前来探视，安慰问候，大家多以诗文互道珍重，对蒋士铨父亲的去世表示哀悼。蒋士铨一生看重朋友情谊，看重人的气节，就因为这一点，他对杨垕多了几分厚看。杨垕有诗慰藉蒋士铨："岷江倒泻入方寸，大气百丈盘峨嵋。""高文留传遍中国，精魂飒爽归来而。"蒋士铨也在回敬杨垕时，为杨家先祖着长诗《天全宣慰使歌为杨公翊清赋》，将自己对杨垕父亲的崇仰表达得淋漓尽致。

在四才子中，蒋士铨偏重与杨垕的交谊，就因为杨垕不仅有诗文相互慰藉，还在经济上和精神上安慰他。在蒋士铨自己陷入哀痛之中，家道中落，生活拮据时，杨家在精神上和金钱方面给予的接济周到及时，情何以堪。感激之余蒋士铨秉烛夜书，竟成诗百十行，对杨家族祖倍加称颂，可见两人情谊非同一般。

从另个角度讲，蒋士铨重情重义，非寻常之人可比。在众多的应酬文字中，友情、孝情历历在目。

在南昌滞留一段时间后，蒋士铨携蒋士镛一道前往铅山。这是他第二次踏上回故乡的路途。第一次为参加童子试，成为铅山邻里间称赞和高看的乡中秀才。这一次自南昌回铅山却是丧事在身，前往故乡卜穴。在蒋坚去世后的一段时间里，蒋士铨一度因父葬鄱阳或南昌还是铅山举棋不定。鄱阳不是祖居地，也不是蒋家的永居之地，是暂寓于此的客居之处，将父亲葬于此，明显的不合适；葬于南昌，一可便于祭扫，二为省城，人气旺盛，可慰父亲阴府之寂寞；葬于铅山，是蒋家的祖居地，有现成的祖坟山成穴。至于做何种选择，最后，还是由蒋士镛决定。无论如何，按照乡间旧俗，树高千丈，落叶归根。从三地的评估衡量看，葬于铅山是上策。蒋士铨听蒋士镛谈了看法，仍有犹疑。见蒋士铨心地徘徊，蒋士镛建议，不管如何，先去铅山窥探一番，再作定论也不迟。蒋士铨终于还是依了蒋士镛的主意，两人乘船前往铅山。

铅山的蒋氏家人对蒋士铨兄弟的来临，倾注了极大的热情。他们不仅以族中的高规格礼仪杀鸡备饭接待，而且由族中长老牵头，请来当地的风水师，陪着蒋士铨、蒋士镛一道在族下的家山一个山头一个山头地踏勘，寻找所谓的风水宝地。

蒋士铨也为这浓浓亲情所打动。经过连续几天的四处探寻，风水先生终于敲定蒋坚的墓穴卜于铅山东郭爪藤山。

定好父亲的安葬墓地后，蒋士铨心中悬着的石头终于落地。他如释重负。随后即告别亲朋，拟定于十二月初八日，吉日吉时，举丧铅山。

十二月初八日凌晨，一挂爆竹响过，唢呐铜钹齐鸣，蒋士铨发举殡告词。钟令嘉与蒋士铨妻子等哭成一片，哀声震天撼地泣鬼神。紧接着一声铳响，棺柩上船，起锚前行。

蒋坚碌碌一生，刚道有道，志且弥坚，钢行铁语，判断公明，成就了幕客的身价，也立起了师道的形象。他一生行事本分，刚直不阿，志不可夺。行止光明正大，死有所值。蒋士铨每每于秋夜倾听父亲高声大气，扯不断话头，絮絮叨叨讲述自己的过去，虽然反复不断，但那些往事总会让蒋士铨肃然起敬。蒋坚克己无私以诚待人的行事之风让他人永远难以企及。

父亲走了，带着他的岁月和辗转流徙漂泊不定的人生，行走于江湖，在一条长长的生命甬道上刻上了属于蒋坚的烙印。人死而入极乐世界，其精神之魂灵却永远游走于后人的心田。

蒋士铨在重蹈父亲的脚印时，也时刻以复制的态度去用自己的入世之心获得人们的尊重，求得反刍而铸就不朽。这就是蒋士铨从其父亲那里传承而来的生命真谛。还有永不言败的家风。他像个独行侠，按照自己的思路超越伦常，一飞鸣岐阳。

船在信江逆水而行。母亲仍在饮泣。看着悲痛欲绝的母亲，蒋士铨担心如此下去，她的身体将成大问题。父亲的棺椁成了她的伤心处。她守护在蒋坚身旁，寸步不离，茶不思，饭不想，只在蒋坚的影子里走不出来。

蒋士铨立于船头长吁短叹，父亲一生何尝不似这逆行之舟，总是这样搏击风浪，无畏前行，勇往直前。一个男人，一位伟岸大丈夫，留给后人的记忆，给自己刻下了粗重的年轮。父亲就要回到故乡的怀抱，就要回到他的父辈身边，就要在这青山绿水中栖身。蒋士铨听着船前潺潺的浪声出神，感觉父亲仍像生前一样，搭着他的肩，看着他的诗篇，有时看到情动处，也不由得高声朗诵几句。他啧啧称赞儿子的诗文写得有新意，写得有激情，他也希望儿子能步李、杜的后尘，成为诗神。带着期盼，带着期冀，疲惫的父亲终于躺倒了。再也听不到父亲的赞美之词，再也听不到父亲翻看儿子诗文时的击节赞叹。蒋士铨想到动情，未免也和母亲一道，泪流满面。

信江上低回盘旋的鹭鸟在轻轻地呼唤，铅山丛林披上了雪花，在沉寂中等待。随着一声铳响，林间激越回荡那无尽的回音。到了，这静美的乡村；来了，一个不知疲倦的行者。在这林间，他终于可以无声无息地独自躺下，面对苍天，他在诉说自己几多的人文情怀。蒋士铨跪在穴位上，双手握锹，为父亲动土，将一锹土用红布包好，郑重其事交给自己的妻子保管。随后大穴井启，当棺木徐徐放下，做好棺房扣，他又第一个铲起第一锹土，盖在棺房上。

肃穆庄严的气氛让人喘不过气来，蒋士铨突然捧一抔红土，扑倒在棺前，痛哭不止。"父啊！今生今世你是我的父亲，来生来世，你还做我的父亲！我做儿子还没做够啊！"家族中的长老、铅山县县衙的官员都上前劝慰，请他不要过分悲苦，节哀顺变以免伤身体。

天空灰蒙蒙，雪开始纷纷扬扬飘落，几只乌鸦一阵哇哇呼喊，撼动人的心扉，平添了悲哀的分量。

自鄱阳运柩到铅山，一路上，蒋士铨沉浸在对父亲的思念中难以自拔。他连写几篇哀词，动人心魄。从鄱阳出发时，十二月初八日，他写了《自鄱阳返铅山举殡告词》，十二月初九日，按照乡俗，这一天须为蒋坚寻找灵魂不灭的木主，这个木主必须与蒋坚的生辰八字相通，与五行说的金木水火土属性一致，而且木主的性格也与蒋坚相似。人的秉性有可取之处，可以发扬光大死者的德性。按照地仙神师的掐算，蒋坚的木主选择了钟令嘉的弟弟、蒋士铨的舅父钟皇极为替身。据此，蒋士铨写了《成主告词》。十二月初十日，蒋坚灵柩发引，初九日晚，夜静更深，蒋士铨仍伏案挥笔疾书，他将父亲一生的经历做了回顾后，一气呵成，写下了《发引告词》。十二月二十二日，蒋坚灵柩进祖坟山，点穴下葬，蒋士铨写下《空坎告词》。十二月二十四日，按照乡俗规矩，为死者关山，也即头七，这一天，孝子贤孙下行前往墓地热炕烧草，祭以三牲，跪拜辞墓。蒋士铨写下《既葬三日复祭别墓告词》帖，在父亲的墓前火化。一家老小依依不舍，与蒋坚墓做最后的告别。雪下得真是时候，将蒋家的泪滴凝固在山林，凝固在绿色的旷野。蒋士铨与家人一道，租乘几抬竹轿，离开铅山，沿旱路回鄱阳。

回到鄱阳后，鄱阳画工高圣敷老人引父亲老友，南昌老画家黎质存先生前来看望蒋士铨。黎质存这次自南昌而来，到鄱阳后，听说蒋坚去世，当即催促高圣敷领着前来吊唁问候。

蒋士铨对两位老画家的光临自是感激不已。听说黎质存拟在鄱阳小住些日子，蒋士铨登时想起，该给母亲一点精神慰藉。他婉转请求黎质存为母亲画个小像。

黎质存一听，甚是乐意，当即取来画板之类，即欲动笔。蒋士铨苦心孤诣，出此一招，只想把母亲从悲切的亲情思念中拉出来，重新恢复正常的生活。黎质存擅长人物画，也想在自己的忘年交蒋士铨面前露一手，显示自己的功力。两人不谋而合。一旦开笔，手下功夫好生了得。蒋士铨平日诗书情怀，多有描述的才华。既然打算为母亲留下倩影，他就想到该将母亲在蒋士铨幼年时牵线纺纱、夜课教读、哺育蒋士铨的辛苦情景展现在画面上。黎质存端着画板，就着一缕初阳，斜睨钟令嘉，上下打量，细心观察，认真描摹，信手拈来，一个灵动鲜活而又略显忧郁的钟令嘉跃然纸上。

　　画成之后，蒋士铨即请母亲欣赏。钟令嘉看了画中自己的相貌，忍俊不禁，终于扫去满脸阴霾，挂起了满意的笑容。

　　蒋士铨见母亲脸上漾开了笑意，心头一块大石终于落地。

　　他将这幅画先后转递给杨垕、赵由仪、汪轫等好友共同欣赏，几位好友也不由得齐声喝彩，几位挚友都相继以诗相酬。

　　蒋士铨情绪沸腾，即行写下《鸣机夜课图记》，文章大意如下：

　　我的母亲姓钟，名叫令嘉，出身于南昌府名门望族，排行第九。她小时候和几个哥哥一起跟着我外祖父滋生公读书，十八岁嫁给我父亲。那时我父亲四十多岁，性情侠义，爱结交朋友，喜把财物施舍给别人，散给人家许许多多金钱，使得家中箱柜里都一空如洗。家中常常宾客满座，我母亲脱下金玉首饰，换了钱办酒席，席上酒菜丰盛，毫不减色。结婚两年，生卜我，家境更加衰落，她经历了穷困的生活，别人都不能忍受，我母亲却心情坦然没有忧愁的样子，坦然面对，精心操持。亲戚和同族人，个个赞她贤惠。由于母亲美好的德行，我父亲因之能再到北方去做官，把母亲和我寄放外祖父家依靠舅家他们生活。

　　我四岁的时候，母亲每天教我几句"四书"。因为我太小，不会拿笔，她就削竹枝成为细丝把它折断，弯成一撇一捺一点一画，拼成一个字，把我抱上膝盖教我认字。一个字认识了，就把它拆掉。每天教我十个字，第二天，叫我拿了竹丝拼成前一天认识的字，直到没有错误才停止。到我六岁时，母亲才叫我拿笔学写字。我外祖父家素来不富裕，经历了几年的灾荒，收成不好，生活格外窘迫。那时候我和年幼的仆役的衣服鞋帽，都是母亲亲手做的。母亲精于纺织刺绣，她所做的绣件、织成品，叫年幼的仆役带到市场上去卖，人们总是抢着要买。所以我和年幼仆役从来衣冠整洁，不破不烂。

　　外祖父高个子、白胡子，喜欢喝酒。酒喝得高兴，就大声念他作的诗，叫我母亲指出诗句的缺点。母亲每指出一个字不妥当，外祖父就斟酒一杯喝下肚；指出几个字以后，他就乐呵呵地捋着胡须大笑，举起酒杯大声说："想不到我老汉竟有这样的好女儿！"接着抚摩我的头顶，说："乖孩子！你将来用什么来报答你娘啊？"我年纪小不会回答，就投到母亲怀里，眼泪刷刷地流下来。母亲抱了我也伤心起来，檐下的风吹着案上的烛，像是非常伤感，同情人们的哀怨。

回忆母亲教我的情景，那时候，刺绣和纺织的工具全放在一旁，她膝上放着书，叫我坐在膝下小凳子上看着书读。母亲一边手里操作，一边嘴里教我一句句念。咿咿唔唔的读书声，夹着吱吱哑哑的织布声，交错在一起。我不起劲儿了，她就拿戒尺打我几下，打了我，又抱了我哭，说："儿啊，你这时候不肯学习，叫我怎么去见你爸！"到半夜里，很冷，母亲坐在床上，拉起被子盖住双脚，解开自己衣服用胸口的体温暖我的背，和我一起朗读；我读得倦了，就在母亲怀里睡着了。过了一会儿，母亲摇我，说："可以醒了！"我张开眼，看见母亲泪流满面，我也哭起来。歇一下，再叫我读；直到头遍鸡叫，才和我一同睡了。我的几位姨妈曾经对我母亲说："妹妹啊，你就这一个儿子，何苦要这样！"她回答说："儿子多倒好办了，只有一个儿子，将来不长进，我靠谁呢！"

庚戌年，外祖母病势严重。母亲侍候外祖母，所有病人吃的汤药、茶水、食物，母亲一定先尝过再给外祖母吃。服侍四十昼夜，没有过倦怠。外祖母临死前，流着眼泪说："女儿身体本来虚弱，现在为了服侍我，比哪个哥哥都劳累，真把你拖垮了。哪天我女婿回来，就替我说：'我死没有别的怨恨，只恨看不见我外孙成家立业。'希望你们好好教导他！"说完就死了。母亲万分哀伤，七天不饮不食。亲戚和邻里，人人夸她是孝女，到现在还是这样说。

我九岁时，母亲教我学《礼记》《周易》《毛诗》，都能够背诵。她有空又抄下唐宋诗人的诗，教我朗诵古诗。母亲和我两人都体弱多病。每当我生病，母亲就抱着我在室内来回走动，自己不睡觉；我病稍稍好一点，她就指着贴在墙上的诗歌，教我低声吟诵作为游戏。母亲生病，我总是坐在她枕边不离开。母亲看着我，常常一句不说，很悲伤的样子，我也很伤心地依恋着她。我曾经问她："娘，您心里不快活吗？"她说："是不快活。""那么怎么能让娘高兴呢？"她说："你能把读的书背给我听，我就高兴了。"于是我就背书，琅琅的书声，和药罐煎药的水沸声和在一起。母亲微笑着说:"你看,我的病好些了!"从此,母亲生病的时候,我就拿了书在她床边读,这样,她的病就会好。

我十岁时,父亲回家来了。过了一年,父亲带着母亲和我,一起出门,前往河北、陕西、山西、河南、山东、江苏、湖南、湖北好多地方。父亲如果做错了事情,母亲一定认真地用委婉的话规劝他;遇到父亲发怒不听她的,她就屏住气不说了,等父亲消了气,又反复劝说,到父亲听了她的话才停止。父亲每次审理有关人命的重案,母亲总是拉着我站在他桌子前面说:"您不要忘记,您还有这样一个儿子!"父亲就频频点头。在外地的寓所,父亲督促我读书时脾气急躁,我稍有一点不认真,他就发怒,把我丢在一旁,几天不理睬我,母亲就流着眼泪打我,叫我跪在地上,把书读熟才放过我,从来不觉自己疲累。所以,我从不因为贪玩而荒废学业,母亲对我的教育,也因此而更加严格。

过了十年,我们回乡,在鄱阳县定居下来,我那时将近二十岁。第二年,娶妻子张氏。母亲把媳妇当亲生女儿一样看待,教她纺纱织布、刺绣缝纫,像小时候教我读书一样。

我生下二十二年,从来没有离开过母亲。有一次,因为要应童子试,前往原籍铅山。向母亲告别,她一点也没有舍不得我离开的神情。后来我考中了秀才。第二年是丁卯年,领到了廪膳生的生活补贴费;秋天,中了举人。回来拜见母亲,母亲脸上现出了高兴的表情。我在父母身边住了二十天,就到北方去了。母亲每次想念我,总写诗,但是一首也没寄给我。第二年我考试落第,九月份回家。十二月份,父亲去世。母亲哭得死去活来十几次,自己写了祭文祭父亲,共有一百多句,词句质朴、哀婉、沉痛,听到的人不论亲疏老幼,个个呜咽哽塞、泣不成声。这一年,母亲四十三岁。

己巳年,有位南昌的老画师来到鄱阳,年纪八十多岁,满头的白发长过两耳,能够画人的相貌。我请他来给我母亲画幅小像,因此,我请示母亲,画像左右怎么安排景物,又问她:"娘用什么来娱乐,把这些画上去让娘高兴。"母亲伤感地说:"唉!自从我到蒋家来做媳妇,常常把赶不上侍候公婆认为遗憾;到今天,在忧愁和痛哭里过了几十年:哭娘、哭爹，哭儿子、哭女儿短寿死去，现在又哭丈夫了！我欠缺的只是一死，有什么高兴的呢？"我跪下说："尽管如此，娘有没有想到什么高兴的事情却还没有得到的，望您同意画在这图像上，行不？"母亲说："只要我儿子和媳妇能够勤勤恳恳，不就可以了吗？在织布机声里夜里教你念书，我老太婆的愿望就够了，其他还有什么乐趣啊！"

于是，我从母亲处退出来，便把她的要求告诉了画师。画师就画了幅秋夜的景色：堂屋里四面空敞，中间挂盏明亮的灯；屋外一株高大的梧桐，树影落在屋檐上；堂屋中间排一台织布机，我母亲坐在机上织布，我妻子坐在母亲旁边摇纺车；屋檐下横摆一张书桌，映着桌上的烛光靠着窗栏上读书的人是我。台阶下一座假山，阶边的花和盆里的兰抖抖瑟瑟，在微风和清凉的月光中摇动。那个蹲在梧桐树下捉蟋蟀玩的小孩子，和垂着短发、手拿羽毛扇在石上煮茶的女娃，就是书童阿同、丫鬟阿昭。

画好了这张母亲织机夜课图画，母亲看了，非常喜欢。所以，我特地把我母亲勤劳的一生，概略地记下来，为的是请求著书立说、鼓励人们善行的大人先生，据此写出完善的文章来。

母亲走出父亲去世的阴影实在难得，蒋士铨对自己的煞费苦心感到由衷的高兴。他不希望自己的母亲从此低沉、枯槁，成为他心中的痛。母亲好像感觉到了蒋士铨的良苦用心，为了减轻儿子的担忧，她又像往日那样开始了她的拿手活，摇起了纺车，以织布来分心，打发自己的无尽思念。

蒋士铨的传记类作品，数量丰盛，几乎占其全部古文作品的三分之一。有为前辈人所作的传记，如《倪文贞公传》《马文毅公传》《先考府君行状》《左都御史桧门金公行状》；为同辈人所作的传记，如《江松泉传》《汪鱼亭学博传》《石兰诗传》《越州七诗人小传》《翰林院检讨伯庸田君墓志铭》；为节妇烈女所作的传记，如《熊节母章氏传》《孝女金八姑传》《熊贞女传》《贞礼熊贤妇传略》等。蒋氏为他们这些人立传在于表扬忠孝节烈，彰显教化之功。

《忠雅堂文集》共十二卷，古文、骈文共二百四十九篇。与同时代的其他古文名家相比，蒋士铨的古文创作，在质和量上都相当可观，尤其是他能自立于当时各种流派之外，不为桐城古文派的笼罩势力所囿，始终坚持以“忠义节烈之心，温柔敦厚之旨”进行创作，以期改写风俗，厚植人伦，在古文创作中追求辞意雅洁、气韵流转的风格，倡导性情的自我流露，受到当时众多文人的赞许和追随。蒋士铨的古文在清代文坛应该占有一席之地。

廖炳奎在《忠雅堂古文跋》中说：“古文一道，至我朝为极盛，……若行以劲气，出以深情，而又雅正有法，不能不为先生首屈一指。”

这一年，蒋士铨重孝在身，除了他的书画爱好，常与画家切磋外，也多与文友谈诗论文，以图消减对父亲的怀念。与蒋士铨诗文往来的有沈寿雨。沈氏能诗精画，那年蒋士铨陪同金德瑛游江西七郡时，沈寿雨同游，他经常请蒋士铨为自己的画题诗。为了给蒋士铨解忧，他寄画卷来请蒋士铨题笺。金德瑛的侄子金涧南也捎信来慰问。浙江会稽人史莼浦离职江西，前往云南石屏任知州，临别请蒋士铨赠诗，有句云：“旧雨今年添我是，布帆前路为谁收？”

江西布政史彭青原的侄子彭晋澜作画《花里寻师图》，蒋士铨为其赋诗；分宜人严思濬与蒋士铨同授于金德瑛门下，其锐于举业八股，旁及诗文杂体，弱冠赴试，金德瑛拔以第一，附袁州学。赴乡试，以第三人魁其经。捧檄广东灵山，随荐书入觐，挂吏议。后来，与蒋士铨同榜进士。此时，闻蒋士铨父逝，也有诗相慰，蒋士铨作诗答谢云：“乾坤万里在胸次，笔底跃出人皆惊。成名苦迟复苦早，坐对钤山读书好。丈夫生当飞食肉，小技文章何足道？”

新建人熊为霖，时回南昌，听闻蒋士铨孝事在身，也寄诗来慰问。画家王梓园也送了画册请蒋士铨题笺以转移其丧父的愁绪。

其时的蒋士铨应酬诗篇也不少。诗画双擅的南昌人熊敷时画《在水一方图》请蒋士铨题诗。蒋士铨饶有兴致作题画诗两首，最后一联很是气势夺人："才人只合江南住，看煞东湖那得知。"蒋士铨的房师、自乾隆丙寅年（1746）任进贤县县令的湖南溆浦举人向苏村，即将卸任告老返乡。蒋士铨是个知恩图报之人，闻说后，当即作诗四首祝恩师顺风而归。他在诗中表明自己的心迹："漫天风雪将行李，知己文章合感恩。"

蒋士铨重情重义，闻听幼时好友南昌秀才李茶邻续婚，他也作诗恭贺。

这一年，蒋士铨还写了一首引起后世广泛争议的诗《鄱阳竹枝》。当年为了蒋士铨求取功名，举家前往鄱阳参加科举考试。科举的初步考试有三种：一种为童试；一种为岁试；一种为科试。童试一般称为"小考"，凡未成年人童子开始应初试时称为"童生"，经过考试选拔的童生可以参加县试。每年的二月间，由各州县官主持县试。按照程度，在参加考试前，必须有资格认定。由童生向本县署的礼房报名，赶写父母、祖父母、曾祖父母三代生、殁情况，已仕、未仕之履历；或出具将参加考试的五位童生的相互保结；或出具本县廪生的保结；担保该童生身家清白，不属于优倡隶皂之子孙，以及没有冒籍、匿丧、顶替、假捏姓名等情况，如果无虚假等状况，才可准许参加县试。

蒋士铨在鄱阳县应试，原本由蒋坚与鄱阳县令黄获村谈定。蒋士铨参加生员考试后以鄱阳籍生员参加县试、府试。如果蒋士铨不是自身出类拔萃倒罢，可偏偏蒋士铨是个佼佼者，其参加县试，显然将挤占鄱阳县本籍生员名额，而且极有可能在随后的一系列考试中成为鄱阳县籍生员的最大威胁。这样，在考试生员资格认定时，鄱阳籍的生员集体攻讦，坚决不同意蒋士铨在鄱阳县参加考试。蒋坚请来当地士绅通融也无结果，更有甚者，他们将有可能集体去江西巡抚衙门告发黄获村。如此之波折，无疑对鄱阳县令黄获村的操守造成极大伤害。眼看着考试临近，其时，蒋坚不得不变途请求铅山县令帮忙，将蒋士铨移入故乡铅山义塾学习，并在铅山参加县试。

这个经历，对其时的蒋士铨无疑是一次不小的打击。不过，幸好他的功底扎实，学业没有受到大的影响，在很短的时间内即适应了铅山的环境，取得了县试的好成绩。

　　父亲去世后，蒋士铨仍然居住在鄱阳。安葬父亲后，他一气呵成创作了《鄱阳竹枝》。

　　诗很快在鄱阳传扬开来，没有料到的是诗文的意境引发了一些横挑鼻子竖挑眼的当地官员和士绅的不满。大家议论纷纷，对这首诗颇有微词，好像蒋士铨在诗中贬损了鄱阳的形象，发泄了他对鄱阳士绅阻考的不满。其实这种推论的根据本身就难以服理。蒋士铨笔下的竹枝是鄱阳的"竹"、水边的"枝"，他在诗中如层层剥笋，将鄱阳的乡间风景、异样人文描摹绘色。质朴的语词，动人的文句，把一个实实在在的鄱阳展现在人们面前。"大龙桥下水迢迢，小龙桥畔柳萧萧。不及门前月波好，儿家移住会龙桥。"蒋士铨家居月波门内小食巷罗家塘，这首诗似乎应是对其居住地的赞美，全无半个贬损的词语。在这十四首饶有民歌风的七绝诗中，把鄱阳写得清丽活泼，如诗如画之处比比皆是。"浮洲寺下丽人行，荐福寺前春水生。几队红妆一声桨，小舟摇到伴鸥亭。"多美的意境，神仙居所也不过如此罢了。从整个诗中，我们还可以看到蒋士铨的飘逸和无邪，他只想记录下一个真实的鄱阳风貌。几乎每一首诗，都是一幅画。而且每笔都刻写到位，成就了鄱阳的风姿。不懂诗而谈诗，毋容置疑，也得不出正确的评价和决断。

　　直到今日，在鄱阳还有人对这组诗有不同看法，但是，只要用客观平和的心态，去重新咀嚼诗词的意境，相信人们会对蒋士铨有新的认识。更何况，我们重新审视蒋士铨一生的风雅清气，以及高尚的气节，我们就会看出蒋士铨绝不是那种心胸狭窄、庸庸碌碌、多有报复之心的小人。他做人的正气，诗词的大气，诗文中所体现的巨大能量和人格力量，都不是能以那种局狭的心态去掂量的。

　　蒋士铨对鄱阳县的热爱应该在他居留鄱阳几年间的诸多诗词中俯拾皆见，诸如《湖上晚归》《晚过山寺》《浮州寺》《秋日过浮州寺》等，无不充溢了蒋士铨的热烈情怀。他的《荐福寺》不仅仅停留于对鄱阳景物的描写爱戴，而且抒发了自己"不关天地非奇困，能动风雷亦异材"的才子豪情。

蒋士铨不仅在诗中表达自己对鄱阳的挚爱，而且对鄱阳本土文化也表现出他的特殊喜好。

鄱阳县的饶河戏，据说于南宋时期便开始风行。经过元、明两个朝代的不断拓展，饶河戏在南戏和弋阳腔的基础上，信口一唱众人和、锣鼓伴奏、以板击节的高腔，与乱弹、徽剧、秦腔、昆曲等皮黄声腔相融糅合，形成唱腔十分丰富、剧目众多的地方戏曲。气息浓郁的饶河戏，一直深受鄱阳人的喜爱。粗犷豪迈的雄歌壮舞，激越高亢的唱腔音乐，刚柔相济的表演程式，多有湖乡特殊的文化气息。不少剧目如《打目莲》《花田错》《芦花河》《降天雪》《岳飞传》等正本剧目和折子戏，一直传唱不衰。蒋士铨在鄱阳期间，也是饶河戏的戏迷。他最爱的剧目就是《岳飞传》，他对岳飞精忠报国的英雄壮举表现出深深的敬意和浓厚的兴趣。在自己十分贫困、窘境将现的情况下，仍在听串堂会时，不惜以金相赠，给其时鄱阳本土的戏剧表演艺人以极大的鼓励。

也正是在鄱阳生活期间，对饶河戏的热忱进一步激发了他后来从事戏剧创作的激情，成为他笔下正气人物、正剧表现手法的有力推手。

在鄱阳守孝期间，蒋士铨不仅收获了鄱阳的风土人情，而且也为自己寄身湖城，经历贫困磨练了坚韧不拔的意志。同时，他也深切地对远方文朋诗友发出怀念。他在给铅山籍进士张素村的诗中提及的友人多达九位，有时官检讨的新建籍进士熊为霖、瑞金籍黄门巡视杨方立及赣县县令刘宗魏先生、广东肇庆视学程海苍、时官詹事府詹事的新建籍进士裘曰修、时官工部左侍郎南昌籍人涂逢震、宁州人周孔从、福建福清人时由翰林出令广东的张甄陶等。每逢忧虑倍思亲，蒋士铨性情中人的感觉就是与众不同。

七、总纂南昌

江西布政史彭青原力荐举子蒋士铨于南昌县令顾瓒园，担任《南昌县志》协裁，帮助其走出了父亲去世后带来的忧伤悲戚和生活困境。

在江西巡抚衙门，南昌县令顾瓒园拿着名刺，让门禁匆匆看过。彭青原的管家早已在门内守候。

顾瓒园问管家："不知彭大人如此上心，将我急忙传来，所为何事？"

管家笑着说："顾大人，主子有请，当是美事。"

"美事？哈哈，是鸿雁传书，还是殷羡投书？"顾瓒园与管家混得熟，说话也毫无顾忌。

"但愿是鸿雁传书吧！"管家笑道，"如是殷羡投书，那就等不到佳音了啊！"

两人笑谈至正堂，彭青原早在堂上等候，见顾瓒园来到，也笑着示意顾瓒园落座。两人寒暄毕，彭青原便切入正题："顾老弟主持首府首县，一切安好？"

"托大人照看周到，小的多有心得和收获。"顾瓒园谦恭拜揖。

管家上茶。彭青原若有所思道："顾老弟，我们托皇上鸿福，能有今天，这也是生逢其时啊！"

"是啊，是啊，大人有所不知，近两年南昌县地方禾黄大熟，五谷丰登，百姓安居乐业，日子过得平顺呢！"

"好，这就好。"彭青原喃喃道，"太平盛世，民安国泰，礼乐相须以为用。盛世修典，和世存典，乱世毁典，末世忘典。之前你曾谈及欲主南昌县志续修之事，有些眉目吗？"

"正在筹划。只因协裁主修之人选至今难以确定，让小的费了一番心思。"

"这个人选事关志书的厚浅，马虎不得。"彭青原思忖一会儿后，认真地说，"这样吧，我给你推荐一个人。几年前，乡试大比，督学金德瑛在我面前极力夸赞铅山人蒋士铨，说他通文达义，十分了得，并将他喻为'孤凤凰'。近时他闲赋于鄱阳县家中，不如礼聘其协裁主修，不知足下之意……"

顾瓒园一听，放下茶杯，高兴地说："大人的保荐卸了小的心头之念。您所荐之人，一定是饱学之士无疑，我聘之都来不及哩。"

"是啊，求贤若渴，唯才是举，是我们游戏官场应该谨守的正途。"彭青原笑着说，"修志是千秋万代之事，观今鉴往，返本开新，修志不仅要做到绵延不绝，而且要做到踵事增华。那就这么定了吧。"

"好，我恭敬不如从命了。"

乾隆十五年（1750），眼看年关将至，家中储米不过五斗，生计无着，心绪茫然，蒋士铨也只有对苍天仰面叹息。这时天无绝人之路，第三天，鄱阳县令黄获村先生让他的下人送来南昌县令顾瓒园的书信，蒋士铨打开看后，方知因彭青原的举荐，南昌县令欲请其出山，为编纂南昌县志总纂。正月初七日，蒋士铨租舟自鄱阳赴南昌。

从父亲去世的忧伤中走出，在铅山为父亲举行葬礼后，蒋士铨将全家自鄱阳迁出，安顿在南昌城内的小金台，每日借酒消愁，以诗文度日。

南昌县志馆设在西街罗氏祠，许多志同道合的文雅之士聚集在这里，有分纂十二人，总理四人，监修四人，蒋士铨与杨子载（垕）秀才，明经万芝堂（廷兰），进士边洪声（镛），结为莫逆。南昌县旧志，相传于明代万历中焚毁，已无存世之书。因此，这次修志，应是南昌县令首创。蒋士铨进志馆后，实觉荒凉。馆徒四壁，书籍寥寥，资料匮乏。幸得彭青原藏天下志乘数千件，成为本次修志的上佳前提。蒋士铨进志馆的第二天，即上门请求准予借阅。彭青原也是文雅之士，况此次南昌县修志，也是江西地方一大盛举，当即应允。蒋士铨大喜过望，随后即差人以三十担肩挑至馆中，同人相与分阅。内中凡有关于南昌县的事和人，都一一摘录。两月下来，搜集的资料即达五尺厚。凡所摘条目内容都重新进行实地勘察，访调，辨明真伪。同时在全县城乡张榜布告，征集先人著述，响应者络绎不绝。南昌县衙个别胥吏原本想以收集资料入志为名，向民间绅士达人、富户贵族敲竹杠，借机发笔小财，此举一出，让他们的阴谋破产，只好悻悻然侧目以对。

领受重任后，蒋士铨一刻也不肯停歇，即遍访南昌县县域，寻找可入志的线索和素材。在寻访过程中，眼看着一些古遗址和建筑破败损毁，蒋士铨痛心疾首。心下暗自打算趁此次修志之机，向府、县建议，重修遗迹。省城南首丁家山上的桓伊墓址，由于奸僧践踏胡为，碑损墓平。蒋士铨极力向县令顾瓒园提出建议，请求给予保护并予以修复。县令十分看重蒋士铨的建言，闻说后当即差令尉前往勘察。这一动作非同小可，奸僧闻讯即行逃遁。顾县令随即派发银两，并请蒋士铨撰写墓碑碑文，恢复墓地建筑，扶正碑记，恢复亭刻等，同时张榜公布禁山令，禁采竹木，禁放牧猪牛以防践踏，禁建佛寺庙堂。

余干秀才章水村，教馆于南昌城西街，毗邻县志馆。蒋士铨修志之余与章秀才过从甚密，酬唱诗文，多有乐趣。一天，蒋士铨前往章秀才的馆中造访，见墙壁间诗文很有才气，古雅幽深，便问章秀才，此诗为何人所作？章秀才叹口气回答道："作诗者乃广信太守靳大千（椿）。"而且从章秀才口中得知，靳太守被人弹劾，已被关进省城监狱。有冤无处诉，一家人贫困交加。蒋士铨听后，动了恻隐之心，于是便与章秀才一道来到关押他的地方，前往探视。靳大千长得人高马大，形貌丑陋，为前河道总督靳文襄（辅）之孙。此人谈吐博雅，话声如金石之响铿锵有力。蒋士铨一番问询后，靳大千皱紧眉头，痛心疾首讲起他入狱的原因时，颓然自叹道："唉，事已至此，还有什么话可说啊！"蒋士铨安慰靳大千，再三要求其将事情来历讲清楚，靳大千说："一切只能怪我迂腐。踏入仕途后，我由兴国州牧任上，蒙朝廷特别恩典，来到广信府任太守。我战战兢兢，如履薄冰，诚惶诚恐，总担心自己在任上出什么纰漏，有辱门庭家声。谁料到前任太守是个福建人，喜于货物交易。他从福建贩运一批货物来到广信，威逼我帮助其在各县销售，希望能获数千两银子。我再三推辞，碍于情面，不得已，干脆馈赠四十两银子，打发他回去。这事被他的同乡臬台大人得知后，乃构罪相陷。现在已经在司院过堂，造成既成事实，成了证据确凿的判决。如今有口难辩，有冤难伸，只有听凭处置罢了。"蒋士铨与章水村唏嘘不已，返回县志馆后，当即接济其家米谷二石。靳大千闻讯即赋诗十几首以酬谢。这之后，蒋士铨开始为靳大千案奔走，他找到彭青原，将事情的原委经过讲了个清楚明白，极力为靳大千开脱，为其受冤鸣不平。彭青原出于对蒋士铨的信任，听了蒋的辩解之词，也觉得靳大千蒙了不白之冤。最终被蒋士铨的说词所打动，连夜审阅案卷，重新权衡案情。第二天，当即为靳大千平反。考虑到其中的几件小事，靳大千也有牵连，应该承担一部分责任，于是，拟将其流放北方，即靳大千自己的故乡。靳大千获释后，其与家眷身无分文，蒋士铨与馆中众同人一道，集资供靳大千路费所需。一时传为佳话。

这年秋天，钱香树先生再度来江西负责乡试，发榜之后，由于还要为中榜举子做好家庭情况登记等一应事务，钱先生没有即刻离赣。他经常与蒋士铨你来我往，诗、酒、茶，文章中事，热络无比。有一天，钱先生说："京中有一长老，得知你才华出众，想聘请你为门人，不知你意下如何？"蒋士铨思忖良久，回答道："我乃平庸之辈，自觉无建树，又无功名，如果我行欺世盗名之事，岂不是自取其辱，而一生不安啊！"钱香树听了："你这样洁身自好，不卑不亢，严谨珍重，我算没有看错人了。"

为南昌县修志，不仅解了蒋士铨家的燃眉之急，而且也多了一层同文字打交道的机会，更增加了他了解地方文化及历史渊源的机缘。蒋士铨在志馆如鱼得水，十分卖力。南昌县志费时四年编修成书，乾隆十六年（1751）刻印。全书七十卷，首一卷，其纲目分为：天文志、舆地志、建置志、官师志、选举志、人物志、杂志、艺文志。此书因系草创在篇，故子目分合多有未当，记述中多处出现浮夸失实，实为遗憾，然鉴于创修者之艰难，在所难免。起码讲，它为后世修志留下了一份宝贵的历史资料。

八、一片青石

蒋士铨行事风格独特，修志也一样，我行我素，勤勉不倦，孜孜以求，看准了的资料，需要实地察看验证的，他都会不辞劳苦，经常抽空在南昌县地界转，就连不在南昌县境内的遗址名胜，情有独钟的地方他也照访不误。

娄妃是明代一位贞烈女子，其投江自戕后，南昌城为之沸腾，满城皆颂其贤惠、忠烈。蒋士铨听蔡书存先生谈及娄妃去世后，她的墓地至今无人看顾。蒋士铨与蔡书存找到早前邻墓而居的朱赤谷，老人讲述娄妃埋骨苍野，既无香火照应，又茅草丛生。于是他在蔡书存陪同下亲赴城北德胜门外，披荆斩棘来到隆兴观侧，实地勘察。只见娄妃墓地昏鸦集树，黄雀悲鸣，杂草萧疏，墓地早被铲平，只有碑址石墙尚在。蒋士铨不由得心生悲切。其不在于怜香惜玉，而在乎娄氏的贞洁壮烈。回馆后当即向彭青原禀报，重新立碑以记。

给娄妃墓立碑后，蒋士铨的心潮仍久久不得平复。娄妃之壮举义薄云天，守义持节，七尺男子尚不能为之，如此弱女子，竟不惜以身殉志。他感慨系之，这件事，原本是收入志书的好材料。可惜的是娄妃墓不在南昌县地界，隶属于新建县，难以入南昌县志卷，祠墓篇中不好载入，于是，只有自磨新墨，展开新纸，记下此等贞烈之事，衍化成剧作《一片石》。

说到蒋士铨一生的文字成就，人们都会将他的诗放到首位，认为他的诗，不傍古人，不仿唐宋，自成一家。他的诗一改萎靡、猥琐的风气，把诗的触角伸向普通百姓生活，关心人民疾苦，扬善挞恶，疾恶如仇，个性分明，气节长存。不少评论都认为他的诗思想性高于袁枚的诗，可见，蒋士铨的诗无论从内涵的丰富还是涉猎的生活领域广泛，以及字词的精妙运用上是历史上不少著名诗人无可企及的。

不过，如果我们把目光从蒋士铨的诗行移向他所创作的戏曲，就会发现上述的看法明显带有片面性。尽管千百年来，封建社会里，戏曲不可与诗文相比拟，戏曲好像属于下里巴人，流俗之列，诗词的高雅几乎是一边倒的结论。读过蒋士铨创作的戏剧作品，我们就会惊叹蒋士铨以他特有的戏剧才华，写就了一幕幕华章，既让人心灵震撼，又让人扼腕叹息。他所撰戏曲的文词、道白，字字珠玑。其实，戏剧创作之难度远远胜过诗词，历史走到今天，我们回头去看他的戏曲作品绝不在诗文之下，而且应该说是略胜一筹。他应该是清代触及戏曲成就峰顶的、为数不多的戏剧作家之一。如果说有能与他相提并论的，也许就是乾隆年间的戏剧作家杨潮观。后来，人们把这两位杰出戏剧作家尊称为"东杨西蒋"。杨潮观虽然也是戏曲大家，但蒋士铨作品的文词精美及戏曲所反映的思想深度却是杨潮观所不及的。

蒋士铨的戏曲重情义，讲气节，扬忠烈，追求纯洁与完美无缺，其用心良苦十分难能可贵。我们不能不说，蒋士铨是位理想主义者。他在戏剧创作过程中，以一种看似简单的善与恶的交锋以及正义与邪恶的较量，体现他的追求与向往，来歌颂正气、正情，抑制邪气、变情。

蒋士铨二十七岁开始戏曲创作。他将诗情融入戏情，自成曲风。更有甚者，他将自己对社会、对生活的感受融入戏曲创作中，体现了他的道德素养和士子情怀。《一片石》是他的戏曲处女作。身居南昌小金台的蒋士铨，从小耳闻目睹人们对明代宁王朱宸濠妻妾娄妃的赞美，也深深为娄妃的贞烈所打动。无论是在酒楼茶肆还是在街头巷尾，南昌城里的男女老幼几乎一边倒地推崇这位烈女。蒋士铨很早就动过念头，一定要将娄妃的死戏演活，让她重现人间，同时探寻这位烈女死后魂灵殇荡的所在，为烈女重新树碑立传。这个过程，显然仅仅立一块世俗之碑还不够，还要给这位烈女立一块高矗于人们心头的碑。他的这个心愿酝酿有年，一直萦绕于怀。

南昌县重修县志，给了蒋士铨一个上佳的机会，圆了他多年的梦。他一鼓作气将整个寻访的经历用戏文表现出来。他将《一片石》分为四出：《梦楼》《访墓》《祭碑》《宴阁》。戏中的人物，书生薛天目一日路过南昌城隆兴观水塘旁的酒楼借酒浇愁。独倚南窗，凭栏远眺，面对明代宁王朱宸濠的旧居原址，他心生恻隐，感慨朱宸濠、娄妃的经历往事，借酒兴于酒店壁上题诗一首，随后便伏几而卧。让人称奇的是，远离人间的娄妃于此时却托梦薛天目，请他寻访自己的旧墓。薛天目醒来方知为南柯一梦。可这梦也奇怪，触动了薛天目的心弦。于是，薛天目便请求江西布政使方伯出面相助，为烈女张目，圆他一梦，成全千秋美事，了此衷肠。方伯听薛天目叙说来由后，当即令一教官前往城郊寻访。教官在郊外王阳明祠遇学生钟某。原来钟某就是娄妃之后。当初娄姓为避祸，全家隐姓埋名改姓钟。钟氏家族祖祖辈辈口授心传，一直关注着娄妃墓的变迁，可又无能为力去改变现状。原来娄妃墓就在新建县和上饶两漕仓的界墙之间。朝代的变迁和岁月的侵蚀，使整个墓地成了荒废的遗址。这里已是残垣败壁，鬼影肃杀，墓地都快夷成平地，墓碑更不知去向。教官探寻勘实后，当即向方伯禀报。方伯听说已经访得娄妃之废冢，当即拨付帑币，派遣官僚临场监管重建。他亲自撰文布词，撰写墓志铭，命人立四尺碑于墓前。墓地落成时，方伯亲自前往凭吊祭奠。到了来年的端午节，豫章河娄娘娘请来西山骑凤听箫的吴彩鸾、建昌麻仙姑来滕王阁观看龙舟竞渡。娄妃由此及彼，想起战国期间诗人屈原沉江报国，千百年来，一直受到后人的凭吊；而自己在宁王叛乱时，不肯同流合污，以身沉江却无人问津。人到伤心处，自不免涕泪俱下。经过两位仙家的再三劝解，娄娘娘终于转悲为喜，送两位仙女还山。

《一片石》以蒋士铨自序开篇，随后是蒋士铨自题《题墓图诗》。江西布政史彭青原作《墓碑记》。不少文人墨客题词：有夏邑彭青原（方伯）、华亭王兴吾（慎庵）、北平黄叔琳（昆圃）、秀水钱香树、常熟蒋溥（恒轩）、桐乡程尚赟（北涯）、钱塘宋树毅（桐门）、济南赵大经（吾山）、广昌饶学曙（芸圃）、新建裘麟（超然）、商邱陈淮（望之）、宁都卢明楷（端臣）、武进龚起（予鲜）、铅山汪汝淮（溶川）、南昌谢逢泰（苍崖）、南昌钟瑗（蕖庐）、大庾戴涵元（笾圃）、南昌于发祥（定庵）、新城陈守诚（恕堂）、新建熊为霖（鹤峤）、广丰女史蒋婉贞（清映）。

全剧后缀蒋士铨自拟词《贺新凉》。鄱阳徐焘依韵奉和。

对于年少气盛的蒋士铨，二十四岁会试不第，心中的情结始终难解。抱负与志向使他对进京受到的冷遇极为不满，空有才华无人识，他在戏曲中寻找人生。撰写《一片石》固然是为娄妃张目，可实则也是为自己找到发泄内心愤懑的出气口。他在戏中借薛天目自况：小生薛天目，少游海岳，深知行路之难；小阅沧桑，始信读书之乐。赌酒受双鬟之拜，聊复风流；典衣装百宝之刀，颇能豪侠。家在红鹅山下，客居青雀舟中。偶逐东皇，暂停南浦。

这里的薛天目，活脱脱一个现实中人蒋士铨，陷困不失志，正气一身不依傍，苦境堪忧，历历在目。三年前，蒋士铨进京应试不第，囚居乡山之间。实可恰见，两人的境遇几乎完全相似。家住红月、少游海岳，如此坦白地告诉人们，剧中的薛天目即我蒋士铨。

写《一片石》是蒋士铨戏剧创作的试水，他不拘泥于前人的戏剧模式，也不拘泥于戏剧的民间性以及原有的表演套路，而是独辟蹊径，走出一条新路来。尽管这种文人士大夫于戏剧的认同与普通百姓的认同有差异，尽管这种戏剧很难在舞台上引来观众的喝彩和共鸣，但蒋士铨仍我行我素，在诗人戏剧中展露自己的诗文成就和才华。其实，我们在蒋士铨的戏剧作品中，更多看到的是他的品格、气节和情怀。这种气节和情怀尤其能够得到士大夫和文人墨客的共鸣和响应，而且能得到这些人的肯定和赞美。这种案牍中的精品，很容易以文字牵动人的情感，成为读者心仪的精品。陈廷焯《词则·放歌集卷六》中写道："心余一片石传奇表娄妃之贞烈淋漓悲壮，可泣可歌。此词非题传奇中事，只是写自己怀抱，明所以传奇之故。"可见蒋士铨用意之深也。

《一片石》作为一幕记事体戏曲，既无曲折迂回的情节，更无独具戏剧性的故事内容，仅仅是用一片石为娄妃树了一块碑，修葺了娄妃的墓地。如此简单的一件事，却被蒋士铨用他的如椽大笔，演绎成四出戏的本子。这就显示出他的文字功底来。虽然这部戏在舞台上也许达不到理想的效果，但他的爱憎、他的胸襟以及孕育已久的情结得到宣泄。这就是蒋士铨，一位正直无邪的士大夫的追求，一位傲然兀立的风骨铮铮的文人的人格与德行。他在剧本中用娄妃的话说："纣听妇言亡，君违妇言死，欲洗妾身清，视此彭蠡水。妾身羞作叛臣妻，忍脱簪环供浣衣。"蒋士铨的爱憎在很大程度上体现了封建士大夫的德行素养。

蒋士铨撰写的《一片石》虽然主题庄严，神圣不可侵犯，却也有他幽默诙谐的一面。平日，蒋士铨精神矍铄，双目炯炯有神，谈笑有鸿儒，往来无白丁。有友即有诗，说起话来很有情调，有时调侃诙谐，让人忍俊不禁。在《一片石》中，他就以独特的个性描写了一个特殊场景。

（净）了不得，了不得，放走了我的煞神了。

（丑）了不得，了不得，撞死了我的官府了。（净扯红旗蒙面躲外后，怕介）

（外）你们做什么的？

（丑）我们是学里师爷，寻坟的。

（外）我们也是寻魂的，正在这里赶煞，被你冲散了。你们寻魂该在学官左右边去叫，来城外怎的。

（丑）放你的屁。我们是布政司亲口吩咐寻坟的。

（末）不要乱嚷，且扶起老爷来。

（中净）哎哟哟！我把你这狗才，又不是赶死，孟子说：疾行先长者，谓之不弟。为什么睁着两只眼，把我老爷身子上，当了你家的地皮。若不是老人家铜筋铁骨，平日养得这样结实康健，连豆腐渣都被你踹出来了。

（净、外、生跪介）失错冲撞，求老爷饶恕。

蒋士铨的《一片石》完成后，即开始成为江西地方戏班子传唱的重要剧目。不少文人士子都为能传抄《一片石》而感到荣幸。戏班也因为有了这个剧本登台，多了无数的看客。由于剧情并不复杂，让普通百姓也能看得懂，听得明白。何况剧本本是江西人写，又是江西人唱，观众看后无不喝彩。江西布政史彭青原在现场听戏后，不由得感慨万千，以诗纪事："多谢挑灯谱赫蹄，一时传唱大江西，他年小泊隆兴观，来听秋娘按拍低。"

钱香树赞扬蒋士铨不仅写了一出好戏，而且也做了一件功德无量的好事："四年两度过樵舍，每向斜阳一吊之。难得庐陵老居士，江头题出淑人碑。"

宋树毅既称赞蒋士铨的《一片石》不仅写得正气凛然，而且把南昌戏场上演《一片石》的盛况做了全景记录："节义偏教巾帼持，城南藁葬有谁知？暂将才子生花笔，写作贞妃表墓辞。""一时新曲艳西江，小部征来尽擅场。闻道浅斟低唱夜，翠帘争认绿衣郎。"

汪轫的誉词比较贴切："才人片石托传奇，欲破黄溪渡口疑。驱逐青蝇全白璧，解嘲弭谤应如斯。"

杨垕也表达了他对《一片石》的认同："千岩万壑信州路，生长娄妃何处村。红板轻翻幼妇词，个侬心事几个知？可怜跛足称皇后，那及降王堕泪时。"

《一片石》是蒋士铨的戏剧处女作。它的出现，不啻于给南昌的戏剧舞台添砖加瓦。正像蒋士铨在他的后缀词《贺新郎》所表达的："十年骑瘦连钱马，经几多浮云变态，悲歌谩骂。南郭、东方游戏惯，场上谁真谁假？吊华屋荒坵聊且。不见古人何足恨？笑文词伎俩斯其下。我本是，伤心者。"

几年后，三次中举失败，蒋士铨悟形喻己，意犹未尽，为娄妃再添一曲，撰写戏文《第二碑》。

九、西江祝嘏

蒋士铨与江西衙门的几任布政使都保持着良好的关系。彭青原离任后，江苏华亭人王兴吾接任。彭青原在为王兴吾介绍衙署政情时，提及蒋士铨过人的文采，王兴吾听后很是留意。他是个爱才之人，也对蒋士铨产生了爱护之情。乾隆十六年（1751）中秋节，王兴吾将蒋士铨请到布政使署中赏月，听曲观戏，两人谈论戏曲音律，异常合拍。

王兴吾是雍正元年（1723）进士，改庶吉士，授编修。乾隆中累官广西道监察御使，河南按察使、布政使。乾隆十五年（1750）冬任江西布政使，于翌年春方到任。

蒋士铨用诗记录了这次见面的情形：官斋署第，雨后疏篱，凉风习习，松竹缱绻。东天一轮圆月初上，天上人间，嫦娥共婵娟。两人端坐楼台，与竹作伴，与风细语，名宦与书生谈笑自如全无芥蒂，"白袷频添露坐衣，秋风闲话故山薇"。蒋士铨在交往中深感王兴吾谈吐不俗，文言老成，他在诗中流露出敬佩之心："报国人当为令仆，读书心共恋庭帏。"两个人对戏曲的爱好在泉石流觞的霏娓之音中陶醉。琴音弦韵成为两人友情的纽带。"礼法全宽文字饮，云烟闲数古今愁，闻歌客类桓司马，按笛人寻菊部头。"

王兴吾在剧场的看客中，应该是位高权重、有些身份的人物。他对坐在身旁的蒋士铨说："你不仅有文才、诗才，还有戏才，你把娄妃写活了。如此重情重义的女子，得到你如椽之笔的看重，才子写佳人。哈哈，看来你也是个讲情义之人啊！"蒋士铨谦恭地笑笑："过奖，过奖。"

王布政突然想起什么，对蒋士铨说："哦，对了，大前天，新建县在京城为官的裘大人来札，说是太后寿诞，要我在乡间才俊中募能者，写几出戏，为太后祝寿。这事在省城传开后，江西士绅听了群情振奋，如沸之汤。都说此事之重大于天，不能丢江西人的脸。只能写好，不能写坏。而且这本子要写得让皇上称心，皇太后如意。挑选担纲此任之人，不仅要有笔头功夫，而且要对朝廷有敬畏之心。士绅中不少人都举荐你担纲，不知道你有没有兴趣为之。你写的剧本《一片石》，很有才气。能得到这么多人的喝彩，足见功力。量你领受此撰，应该是举手之劳。"

蒋士铨一听，很感兴趣，内心暗喜，正中下怀。不过他还是自谦道："小弟才疏学浅，不知能否应对。"

王布政拍着蒋士铨的肩，欣喜说："能，一定能。由你弄笔正合本官之意。之前，我还觉心中无底，其实我在看了《一片石》后，就觉得这祝寿戏文非你莫属了。"

"能得大人您的器重，我肝脑涂地也在所不惜。再说，哎，我就担心写不好啊！"蒋士铨惶恐不安，既兴奋又面露几分难色，"这写得好，或许多少能得些奖掖，一旦写废了，我可就吃不了兜着走啊！"

"哈哈，士铨老弟，你过虑了。"王布政认真地说，"凭你的才子豪情，写这祝寿戏文，恐怕是小菜一碟。我看你就大胆写吧。将你的才智传遍京城，老弟你可就不在人下啊！"

"不，不，王大人，你有所不知，我蒋某人对功名利禄似无大欲……"

"你说错了，年轻人，"王布政语重心长道，"无大欲并不等于无欲。大丈夫立志，当以身报国，不图名显，也该存高远之志。凭你这等才华，何苦长隐江右。如若裘曰修大人器重，士铨先生你前途无可限量啊！不过，重任在肩，切不可轻视，当以最佳的文字，优美的文章，奉献给皇上、皇太后。"

蒋士铨以戏剧处女作《一片石》一炮打响，南昌地面如开了锅的水一样沸腾，男女老少奔走相告，无不赞美。不过，蒋士铨却认为，这是人们爱慕斯文、同情他这个弱者的体现。他至今仍是白面素颜，功名全无，在一个小小的南昌城受到些热脸，何足道哉。如今，有了个刀笔吏的机会，将自己的才华真实地展露在人们面前，何乐不为？

历史上的"康乾盛世"，是继唐玄宗开元盛世后的又一太平盛世。尽管文网森严，令文人士大夫噤若寒蝉，但政治清明，百姓生活日益改善，经济上起色不小。乾隆帝在康熙、雍正两朝休养生息、边界笃定、民少怨尤、江山稳固的基础上，文治武功，相向而行，以至康乾盛世出现了前所未有的高度。乾隆帝重视社会稳定，关心百姓疾苦，维护了国家的统一并拓广了领土，成为一代英主。不过，乾隆帝得意于自己成就的同时，开始讲求奢靡，追求豪华排场，每临大事总以声势为要，晚年自号为"十全老人"。

乾隆帝至孝，对母后更是侍奉于侧，恭恭敬敬。乾隆十六年（1751），为庆祝皇太后寿诞，乾隆帝以别开生面的庆贺形式，豪华登场，拉开了这场庆典大戏的帷幕。京城灯会，人潮如海，西华门至西直门，十余里路程，张灯结彩，沿途成了花的海洋。人们享受着皇权赐予的欢乐。诗人赵翼形容："锦绣山河，金银宫阙，剪彩为花，铺锦为屋。"无论是规模，还是人们的参与热情，如众星捧月，只求博得太后欢颜。豪华排场，盛况空前，充分显示了皇家气派和尊严。地方官员能借此良机取悦皇上，投其所好，既在情理之中又能尽马屁效应。江西人祝寿，似乎比外省进贡的方式方法皆有所不同，江西人的高雅，用在进贡的手段上，很是高人一筹。江西的景德镇历史上有"瓷都"美誉。宋真宗时，因景德镇生产的青白瓷质地优良，而用皇帝的年号为名置景德镇。其实，在我国东汉时期，景德镇的窑口、窑坊就声名在外。这些青白瓷远销海内外，由于在十八世纪以前，欧洲人不懂烧瓷技术，因此瓷器在海外成了抢手货，都把南昌（景德镇）作为中国的代称。久而久之，"瓷器"一词便成了中国的代名词。

清乾隆年间，景德镇瓷器是受宫廷青睐的器物。为了对瓷器生产进行有效管理，清廷在这里设権使控制官窑瓷器的制造。因之，江西人为皇太后祝寿，首选的寿礼贡物自然是瓷器。但是瓷器送腻了，别出心裁，弄点新奇亮丽的东西，取悦皇太后和皇上，这个主意不赖。江西京官裘曰修因常在御前走动，深知皇上喜好，以几出戏祝寿，这也是江西人精明所在。而挑选蒋士铨担纲动笔，是再合适不过的人选。蒋士铨受江西布政史王兴吾之托，为皇太后寿诞写戏祝嘏，是王兴吾慧眼识英才，有意把蒋士铨推到台前，成就其锦绣文章，也成就蒋士铨的生前身后名。

能够以自己所撰的曲本奉上京城，置于皇上的案牍，虽不说是惊天动地之事，却也是人生乐事。从某种意义讲，对蒋士铨来说，也算一种机遇。一旦曲本得到朝廷的赏识，名动京城，一生壮志已酬，就算是那虚无缥缈的功名，也无如此等的学问显摆更能勾起人的胃口，让大下文士通儒高看一眼。蒋士铨期冀功名，也看重才子的称号。平日虽然有几分清高，不免有时也有些自负，这种生命的常态支撑着他的信念，得意地行走在人生的旅途。平日里，他与杨垕、汪轫、赵由仪过从甚密，出入于南昌的酒楼茶肆，笑谈文章，砌句堆诗，无所不极。只是，当蒋士铨向杨垕他们讲起自己受江西布政使王兴吾之托，受江西士绅之邀将要为皇太后寿诞写戏祝嘏时，大家都笑了。杨垕说："你写什么都可以，写这玩意儿，你摸得准皇帝的脉搏？对得了皇上的胃口？"

赵由仪也认为："这戏嘛，写也罢，不写也罢，既换不了功名，又兑不来银子，纯属枉费心机。"

汪轫倒不这么看，他的想法更是奇特："我看蒋兄这是一奇招，英雄行险道，保不定这几出戏名动京师，皇上得意，旁门左道顺畅，赏赐下来，还不叫蒋兄吃不了，兜着走。"众人听罢，都一齐哈哈大笑。蒋士铨听着大家的奇谈怪论，也不置可否地跟着笑了起来。

众人一路叙说，走过百花洲，来到水观音亭，只见娄妃的梳妆台遗址前后左右，街楼巷肆，灯红酒绿，纸醉金迷，人们都沉浸在梦幻般的盛世太平景象中。远处，传来一阵悠扬悦耳的笛声，漾开人们心间情意狂澜。

蒋士铨似有感慨，长长地吁了口气。

"朱门酒肉臭，路有冻死骨。"赵由仪心间似有不平，"这些公子哥儿、纨绔渣滓倒好，放胆放量，在这酒楼纵欲。只有那些端了破碗，栖息于庙角街檐的穷苦男女，枉自一生，猪狗不如。"

大家相视无言，陷入深深的思索。人创造历史，历史是人写的。为自己的历史写上浓墨重彩的一笔，人生的意义凸显在文字里，这也不枉文人这一称号了。只有文字能够抨击这不平的历史，让那些苦寒弱者，也能享受人的平等和尊严，为皇太后写祝嘏戏正是蒋士铨对这种生存理念的诠释。他想小试牛刀，做一回搏击。动了念头，写出篇章，好歹让人评说，写了、试了、摇笔了，无怨无悔。蒋士铨这人，做事、行事，看准了，毫不犹豫。动了念头，思绪纵横，下笔如有神。动笔千行，如泻江河，一挥而就。

蒋士铨小金台旧居的灯光闪烁，那窗口的光亮彻夜不息。为皇太后写祝寿戏，换个人也许是苦差，对蒋士铨来说，不过雕虫小技，信手拈来。一个剧本，一天或几天完成，对他来说是家常便饭。蒋士铨才思敏捷，自有公论，这也是他有别于他人之处。他的诗文句句铿锵，语词精练，文法独特，大俗雅深，很有韵味。他放任思绪在前代的历史隧道中奔驰，遴选出他要抒写的所谓与龟鹤遐寿、松鹤遐龄相关联的故事。他要在舞台上，展示一个肃穆、庄重的主题，为皇太后引趣，为皇太后求取精神上的新生，达到延年益寿的目的。

人的思想形成有个过程，不可能一蹴而就。蒋士铨年轻时的抱负和志向，也确有于仕宦生涯求取命运改变的愿望，撰写《西江祝嘏》四种剧，是这种愿望的体现。从某种意义讲，也是对未来生活路途的期冀，也是对自身价值的测试。在四个本子中，他几乎竭尽所能，华美的语言，优雅的词句，富有特色的内容，使本子生辉添彩。他似乎对自己信心满满，觉得凭自己的文笔一定能够一鸣惊人，成为天下人看重的文人才子。

四个本子内容并不复杂，以史实贯穿剧情，真名实姓的剧中人物，演绎寿庆升平的世间景象。

《康衢乐》是蒋士铨摇笔撰写的第一个本子。他在本子里用"呈瑞""游衢""宫训""朝仪"四折，隐映乾隆帝为皇太后祝寿。剧中以尧帝为母庆都氏万岁甲子之期朝贺为线索，以十二种祥瑞：天、地、山、川、鸟、兽、草、木……呈瑞为剧情辅助。帝尧认为岁末人心乃立国之本，应多体恤巡视，他下令侍从后夔，巡视康衢，深入民间，细观民间风气的变化，广采风谣，同时兼访山川浩水稻谷发出的声响，制作新乐，以引留作母庆都氏寿诞娱乐之礼。尧帝派出的侍从，在郊野上行走，在村舍中巡访，一路上，只见万物复苏，气象更新，行走的人们都很有礼貌地为他们让路，耕稼忙碌的人们停止了劳作迎接他们。村中的人们和睦相处，邻里友好，夜不闭户，路不拾遗。随后，这些侍从偶遇一位一千九百九十九岁的老人，与一帮童稚在绿荫遮蔽下尽情嬉戏打闹。相互间，童叟无欺，大家击壤而歌，同叙天伦之乐，共唱和鸣之曲。侍从说尧帝的属地风谣质朴、本性平和、天籁自然、韵味无穷，尧帝听后，心间甚喜。当即命后夔在采风时，和之管弦，以便记录下乡间风俗，光大发扬，厚实人心，传承永远。

娥皇、女英两位公主也在为太后万岁甲子之期祝寿做着各种准备，开始绣织百福虬龙之玺、千祥麟凤之裳。两位公主还奉太后之命，与皇后共修《女则》一书，以此女懿规范天下。全剧以百鸟朝凤、百官同贺、乐官演奏集于民间的康衢之乐章而结束。

《康衢乐》完成后，蒋士铨意犹未尽，文如泉涌，下笔如有神，又开始创作《忉利天》。这个剧本同样分为四折，即"设会""市花""无垢""庆圆"四个部分。在《忉利天》中，蒋士铨设计了一个颇为动人的故事：释迦牟尼第一个弟子比丘尼，以三世女人身，托生于天竺国毗耶离城。这之前，大迦叶尊者亦降生大泽田婆罗门富家，名曰毕钵罗。因其父母强逼其娶妻，不得已，毕钵罗将阎浮檀金子铸成女像，令门人背负行走人间聚居所在，如寻访得有女子与金像相同者，才同意合婚。比丘尼与金像面貌相似，勉强顺从听命，出嫁给毕钵罗。幸喜这毕钵罗厌恶极欲，与比丘尼喜好一致。十二年中，毕钵罗与比丘尼名义上虽然是夫妻，却相互不曾染指。随后各自求道。比丘尼在恒河边学习外道，具足五通。毕钵罗事佛之后，差人四出寻找比丘尼，随后，两人一道皈依如来。如来大佛很乐意收下这两个虔诚的门徒，以比丘尼为第一声闻弟子。

佛母摩耶夫人神居忉利天，正好今年万岁，如来大佛欲在天臂城设立无遮大会，资助四方百姓。令比丘尼遍查天市中米谷衣服、饮食器用等物，皆令丰满，普赐诸天眷属，使天上、人间同欣喜共欢乐，普天同庆，成佛功德无量。

这忉利天为善见大城，纯金砌筑，万户千门，楼观宫阙，皆琉璃百宝装饰。佛门重地，珠光宝气，庄严神圣，辉耀照人，光焰照青冥。天街上，尘市喧闹，货物襄聚，天市之浩荡气势显而易见。

比丘尼巡天市，正好遇上佛母，一同前往天台。一路上，佛母释心传授佛理，引导比丘尼一心向佛。比丘尼得佛母教诲，感恩戴德，在天市巡查更是用心。

天街花市，丹桂飘香。十天仙女，妖香罗列。没想到，此时上来一小丑，搅乱了花市的空气，搅碎了天街的人气。提婆达多这个佛门异子，自幼爱与释迦牟尼为敌，急夺如来法器，幸得如来法力广大无边，提婆达多斗不过他。

其实提婆达多这样的魔佛是自不量力，连魔王波旬也无法与释迦佛如来捉对。波旬弄兵多年，与如来较量，最后都不知不觉、心悦诚服归顺了如来。可这提婆达多却不甘心。要他归顺如来，心中不平。听说释迦如来在忉利天开花市，提婆达多肚子里的坏水又上来了，他偏要和如来对着干，有意地打闹一番，以泄胸中怨懑之气，也让众佛看到他的孤傲崛起。

提婆达多来到忉利天，正好看见比丘尼端坐在天台上，于是他径奔而去。

提婆达多从小天狼野性难驯，他竟横扫芭蕉，一门狠劲。

比丘尼大声斥责，她骂道："我佛大度优容，你却屡次逞凶，竟又来此撒野。"于是，她撒出红丝，用定乱神绳将其缚住。

这时，正好慈航观音来此，一看提婆达多，原是输罗波城的一个大婆门首座。因孽行被逐，因此心生愤慨，常常骚扰佛界。观音于是对提婆达多说："须知我佛慈悲，不忍加害于你。就连魔王波旬，有百万魔兵，尚不能敌如来，何况你这魔佛。如果你能自今灭却一切贪念，定当为尔证果。"

提婆达多此时方茅塞顿开，迷途知返，情愿皈依佛法，表示永不堕落。

随后，慈航观音领着一干人等皆前往忉利天祝寿。正好邂逅恒河岸边罗汉阿私陀也正欲往祝寿，于是阿私陀带着波旬等，聚首而行。众人一路上讲述着释迦如来的故事，回忆如来的佛行，很是热络。

天王们、金刚们、罗汉们、天女们，弹着琵琶，敲着木鱼，拽着佛衫，披着袈裟，跟随着众生们合着掌、顶着香、参着摩耶、礼着如来，欢欢喜喜，前遮后拥拜团蒲。

寿辰日，佛母先在忉利大设座，只见阶下曳红裙一般天妾，竞红妆一班天姐，献红香一行天客，一同上殿瞻礼，齐声唱嗏，祝千秋一词，愿心似菩提千叶，佳日春秋，永爱繁奢。三界人天，一般欢悦。

青天不夜，异样风光。故事最后的结局是佛母及如来、观音一道前往兜率天赴六佛早就预备齐整的寿诞之宴，东风蕴藉天心顺，薄海同沾芳润馨而终。

整幕戏剧情并不复杂，却见豪华；虽然故事的内容并不庞杂，却见文字的精美。蒋士铨在这个本子中，既用昆曲昆腔，又用采茶土调，掺杂弋阳腔，腔调融合，把一个剧本出落得秀女婵娟一般。

在剧本中，蒋士铨似乎还有意识地调侃自己，故弄玄虚地显摆一回，明显地流露出他那种年轻气盛、怀才不遇的心境：

（丑）如今名公、戏子，是不要文理的。若像方才那个蒙馆先生做的弋阳腔，小的有一大半听不明白。倒不如大王这首拙作，竟是一篇清空当行的文字。

（净）那弋阳腔也不叫深奥，不过堆砌些疙疙瘩瘩字眼，究竟大通的人，还不把耳朵听他哩。我如今要上忉利天去了，你们随后就来。（先下）

（众）是。

（丑）哥嘎，管班的魔头去了，我们何不凑个尾声唱唱。

（末）啐！这个曲儿加上尾声，便不合官谱了。

（丑）啧，我在班子里混老了，那年社公庙少了一本籤诀，我立刻就把一本诗稿送了他，那个不说我是个文人，偏这个尾声就不合官谱了！你若不服，我一夜就编一本总纲与你看。

（生）不要吵。由你唱来。

（丑）且住，一时诌不出来，怎了？胡乱哼两句收了场罢。呔！名公角色来了。

这一段，既于戏外，又在戏内，妙趣横生，把蒋士铨自鸣得意、恃才傲物的个性展露无余。

一出《忉利天》，似乎不是蒋士铨的收笔处，更不是他的江郎才尽处。他仍笔意纵横，沉浸在他勾勒的一个个戏剧故事里，一出出意蕴深妙的寿诞剧中。

《长生箓》是他构思的第三个祝寿戏剧本。蒋士铨利用其丰富的想象力和过人的智慧，构思了一场好戏：故事起因为中华圣母万寿，天宫中的各路神仙都相约祝寿。为了准备祝寿的礼物，嫦娥月主，位列大阴，欲炼大丹贡献给中华圣母。为此，嫦娥月主向轩辕帝借了九鼎，安放于月宫。特地请来女娲娘娘，将当年补天余下的五色石髓，配合三光精华，入鼎制造。但炼丹非寻常水火可烹，必须有灼电母之金光，沃天孙之河水，焚之以广寒宫桂叶，方成灵药丹丸。

一时间，月宫内，娲皇、电母、织女娘娘、天孙、麻姑、何仙姑等陆续会聚。

大丹炼就，众仙共吃贺寿酒。这一回，蒋士铨又以其擅长韵脚为诗的才智，设计了众仙祝寿诗，皆以寿字韵脚，烘托寿宴气氛。各献绝技，以觞酒风。

随后，东方朔的母亲田婆婆，趁着众仙醉酣昏睡之际，园中无备，偷入蟠桃园，欲摘些个归家与儿子共享。正好此时，撞上嫦娥，按下云头，阻她归路。众土地神即抢前将田婆婆拿下。

嫦娥月主将土地斥开，让众位土地告诉王母，就说田婆婆偶然行窃，被我拿下，如今随我到中华，代金母贡献蟠桃，将功折罪，不必计较她了。

几位土地不依，坚持要将田婆婆押去见王母。嫦娥月主不高兴道："尔等贪杯误事，原应受罚，然当圣寿加恩之岁，或许从轻赦免，我当另牒圣母，不必仓惶。"

土地们连连拜谢嫦娥月主，临末，啐上田婆婆一口：便宜了这个老贼婆。

看龙盘虎踞帝王州，一统山河如绣，千秋共庆无疆寿，合进这冰桃雪藕。你看那星屋新成，群仙交集，是好一个蓬壶寿城也。大甲子从今万周，添不尽，海中筹。

老聃与东王公及十洲三岛上仙，俱至海上添筹，为中华圣母庆寿。圣母则大召女仙，添注长生玉牌，入贡皇宫。王子登奉金母之命，来请洪太夫人到瑶池，同上元夫人校勘《长生仙箓》。

玉帝见王母喜爱长生玉牒，心下甚欢，即下旨，将春秋两试，转移至一岁之内。命小圣预先问王母量才，嫦娥定榜，为此捧了登科录，先到瑶台，再趋月殿。瀛路先登，碧霄徐上，光辉新入文昌，奎壁分房，仙乐奏霓裳，天家宴未央。

圣母先行去了中华，玉帝与嫦娥月主捧了《登科录》，一道去瑶池祝寿。

蒋士铨似乎有耗不完的精力，四个祝寿剧一气呵成。不过这四个本子，最后一个本子似有不同之处。他的笔锋摇转，来了个天翻地覆慨而慷，前三个本子写的是上天仙境，后一个本子写的是神州之地江右的凡夫俗子。

剧本讲述江西建昌府南丰县人高汝辙，适逢太后万寿之期，其母年及百岁。蒙抚军题奏，旌表建坊，工程守备之日，奉母北望谢恩。

各府县第皆为前往高家祝寿，颇费了一番心思。大家聚在一起，商量祝寿的礼品。这些平日里酸腐透顶的儒官文士，有的议以寿诗相送，有的议以寿文相送，有的议以寿联相送。倒是赣州学师慷慨仁义，自报送上一台傀儡戏。

东家高氏一门大宴宾客，煞是仁义大方。为答谢各位县学师长，于庭院连摆两日戏宴。高家门匾上镌"升平人瑞"四个大字，这是知县杨大人送来的。下面围屏锦幛，彩幔灯棚，摆设得十分齐整。高太夫人、百岁老人，腰板挺直，面容丰润，端坐台前。戏台上唱的是昆腔、高腔、梆子腔。同时还表演跳加官，表演的剧目是"女八仙"。

江西祖坛遥祝圣寿者，分立万寿经坛，共三处。其在省城庆贺者，乃江西文武大小官员，主坛仙子系许旌阳师父谌母娘娘；其在庐山庆贺者，乃西江绅士父老人等，主坛仙子系匡君之母匡夫人；合省老年妇人，则在麻姑山庆贺，主坛仙子系麻姑道者。

你看，万朵仙灯渐升林谷，恰便是草间萤报答春晖，撒珠斗乾坤朗。则那答儿可是庐草南昌？呀，又听得半夜里仙坛钟磬响。

蒋士铨亦庄亦谐的笔法，让人忍俊不禁。四部戏剧倾注了他的不少心血，也成全了他的才华声名。不求得朝廷的满意，只向人间留下生前身后名。这或许正是蒋士铨的追求。

虽然《西江祝嘏》四个本子都是祝寿戏，但内中含意却不可小觑。本子中不乏蒋士铨的期冀与希望，那种充满憧憬的笔调，在他的笔下成就了太平盛景。以九天拟九州，社稷乾坤成为盛极之世。"但觉尧天日转明，祥烟瑞气晓来轻。朝廷有道青春好，从此还应有颂声。"乾隆时期的太平岁月得到了词人的高度评价。"今当景运中天，圣人在位。我唐尧皇帝文思钦明，允恭克让。光被四表，协和万邦。继三皇而庶物咸熙，御百辟而堂廉一德。黎民于变，泽水平成。真是文武圣神，勋业侔于列圣，聪明睿智，道德迈乎百王也。"蒋士铨在盛世中看太平，这是其年轻时刚刚出道，质朴的应世观。他希望在人间出现一位圣明的天子，期望天子忧国忧民，似如天神，普度众生。"践祚有年，宅心无逸，群龙夹辅，百姓昭明。守祖宗之宪章，忧勤罔懈；对民物之康阜，乾惕尤深。"天子在看重民心的同时，所表现的君轻民重凸显了太平天下的世相。蒋士铨希望皇上能移恩光满眼，雨润天街，细观民气，广采风谣，使平民百姓笑耕田亩，村无犬吠，道不拾遗。白板门开睡轩轾，生来快活天公佑。希望民间风调雨顺，家给人足，儿孙百代，丰衣足食。在蒋士铨眼中，帝王勤政方能安定天下。他在祝寿戏中刻画的理想社会，完美无瑕。

在称颂太平盛世的同时，蒋士铨也不忘针砭时弊，嬉笑怒骂，趣斥不齿，既隐隐地抒发自己的不满，又让人见证了他的正直胸襟。

> 黄面书生，是我养家的主顾。喜的是帮增补廪，恼的是拔贡登科。人犹有余憾，一月六课，捉时文手到擒来；其性与人殊，七载三科，盼岁考从心所欲。买一张黄丹纸，臭墨乱涂，上写着贵府相公，报录钱得一分进一寸，有加无减；求一支绿头籤，银硃标写，自称为本学提控。收租谷交一石落一斗，半暗不明。点祭器、点礼器、点乐器，三本册，孰缺、孰旧、孰新，丝毫不混；分牛肉、分羊肉、分猪肉，一把秤，几斤、几两、几钱，累忝无差。新官到任之时，问出身、访家道、算年纪、揣度量，全要相机而行。方可玩之掌上。秀才谒师之日，估贫富、相品貌、看穿着、试软硬，必须确乎可啖，才能入我彀中。随赞仪一个门包，岁科大例；造格册三钱纸费，穷富略同。敬廪生、哄增生、吓附生、藐俗生，留这点文坛势力；吃监生、穿武生、骗礼生、欺祀生，常弄些学海风波。举乡饮、举乡贤，冷淡外花，伤廉而不伤惠；报节孝、报优劣，热闹出息，可遇而不可求。县礼科、府礼科，见了我，志同道合；司

号房、院号房，望着咱，气傲声雄。捧茶盘、赊豆腐，充门子兼充买办；掌竹板、牵缰绳，做皂隶又做马夫。不小心，恼了官，拳打脚踢扇头敲，不定要升堂倒地；没正经，犯了罪，雷厉风行革条黜，仍旧许钻补复充。这就是世间门斗须知册，天下赘官杂记书。

这些太平盛世下掩藏的污泥浊水，在蒋士铨的笔下，尽露形骸。其爱憎分明，出污泥而不染。一身正气，凛然有节，足以兀立时代的高处，恍如天之骄子，为民鼓而呼。

蒋士铨这种颂天子、骂污吏的才子之笔，实在让人敬佩。他不愠不火，对皇上绝不出一个大不敬的文字，而对这些贪渎官员却骂不绝口。甚至骂得有张有度，不见形迹，读者看过忍俊不禁。好像他在抖一个包袱，又不露出包袱内的关口，尽一味叫人揣摩。既可意会，亦可言传，只在字里行间悟意。以至仁者见仁，智者见智。骂了人还能让人对着自己笑，这就是蒋士铨的手上功夫十分到家。你无法指摘他对朝廷不满，可又无法在他的文字中寻找到冒犯圣上、大不敬的口实，以致将他打入十八层地狱。在清代雍正、乾隆两朝，文字狱几乎到了登峰造极的地步，文武大员、地方官员都噤若寒蝉。乾隆元年（1736）新建县进士胡中藻，入为内阁学士，得到鄂尔泰的赏识，被视为"昌黎（韩愈）再世"。就是这样一位饱学之士，因了诗句获罪。乾隆下旨将鄂昌（鄂尔泰之侄）、胡中藻拿解来京审讯，后处斩并诛连九族。如此严酷的文字狱，可以说对所有官员都是一种警戒，可蒋士铨却毫不理会这些，在诗文中用心捏字填诗，尽管有时候在字里行间出现砭庸针俗、戏谑时弊的流露，可他过人的锻文炼字功力、老练娴熟的写作技巧使他运用文字恰到好处，其诗文不但没有受到查禁，才名甚至得到乾隆帝的赞许。

蒋士铨四本祝寿戏，突出的一点，就是热闹。每个剧本出场的人物都在二十人以上。尤其是舞台上，女性居多。俗话说：三个女人一台戏，何况是这么多身份高贵的女人，大家聚在一起，花色一路，仙乐未央，步虚齐唱。寿事设会，普天共庆，天宫的盛世之景寓意人间的康乾盛世。

蒋士铨的四部戏曲文法语句，字词运用，可谓是匠心独具。江西籍京官、新建人裘曰修此时任吏部侍郎，这四本戏曲是他出的主意，传话江西，请王兴吾与士绅人等招贤撰稿。蒋士铨的本子进入京城，递到裘曰修手上后，他细细披阅，感觉撰者很有才气，把这四本戏在士大夫手中传阅，人人称奇，以至京城上下，人人皆知江西出了个青年才俊蒋士铨。

消息传回江西，士绅以酒会款待蒋士铨，大家对蒋士铨夸赞有加，赞声一片。人们纷纷朝蒋士铨敬酒道贺，酒会热闹异常。蒋士铨如沐春风，脸上也不由自主地流露出几分春风得意的神色。听王兴吾介绍说蒋家困顿，内中不少士绅纷纷解囊相助。面对奢华的酒会场面，蒋士铨心中春潮涌动。人生的抱负"安能老丹穴，而不思明堂"，于此时成就了自己对未来的憧憬。"一飞仪虞廷，再飞鸣岐阳"，他要以自己的才华去到达理想的天堂。这决不是一时的冲动，也不是凭一腔热血，一时之勇。他在心中暗自立定目标，不负江右父老的苦心孤诣。不作公卿，也要做一名循吏，来展示自己的文采和俊才。

由于撰写四本戏与编纂南昌县志，这两年蒋士铨的家境有了好转，生活状况有了较大改善。年轻气盛而志在必得，真有种舍我其谁的感觉。这样的精神状态，如此的声名也让他在省城的人脉更旺。

裘曰修的儿子裘超然，就是这时结交的挚友之一。裘超然与蒋士铨同出金德瑛门下，而且裘超然的妻子就是蒋士铨外祖父的族系之女。蒋士铨在京借以扬名，多得裘超然与其父亲的美言，后来的进取之路也多得裘曰修的格外眷顾和提携，这是后话。

这之前，裘超然捎带蒋士铨的四本戏进京，蒋士铨曾在送别诗中写道：

> 吟秋同出醉翁门，香瓣平分亦弟昆。
> 一种柔波南浦路，默然惟有别销魂。
> ……

酒醒寒江记别途，三年萧摵苦饥驱。

不知九陌驰骢马，许并连钱锦襜无？

可见裘超然与蒋士铨已是兄弟相称。这一时期与蒋士铨结为莫逆之交的还有南城人陶其愫，两人与杨垕、汪轫常有诗文、字画往来。陶其愫在来年即乾隆十六年（1751）中进士，授刑部主事，迁员外郎、晋郎中，乾隆甲申年（1764）出守彰德，乾隆丙戌年（1766）因劳成疾去世。

这时，蒋士铨还有一位忘年之交黄昆圃先生。这位黄先生一生大起大落，他的经历极富传奇。黄昆圃又名黄叔琳，顺天府大兴县人。清康熙辛未（1619）一甲三名进士，授编修。出抚两浙。任上出事丢官，在与蒋士铨结为至交时，黄叔琳已得知朝廷将恢复其进士衔。一位七十九岁的老人，重宴鹿鸣，也算是人生的一大喜事。钱香树来江西主持乡试，蒋士铨被钱香树留于行馆共处。黄叔琳是鄱阳县令黄获村的父亲。其时，黄获村正得到讯报，保升宁州，将要入都觐见。黄家因之由鄱阳移居省城南昌。黄获村是个豪爽重义之人，在鄱阳期间，关照蒋家不少。黄获村要去引见赴任，移家省城，顺便将家小安顿，也好放心远行。因此，黄获村的父亲也就与蒋士铨成为忘年交的诗友，三人经常共韵和诗。

蒋士铨对黄叔琳的敬佩在诗文中有着很好的表述。这年乡试结束后，蒋士铨一直在钱香树的行馆中为钱香树做校记、登录之类的杂事。虽然文字事务繁杂，但文朋诗友间的唱酬还是忙里偷闲地常常来上几出，与黄叔琳的诗文唱和就更频繁。这种没有年龄间隔的友情，让人称道。而蒋士铨与黄叔琳的孙子黄心六的交往也没有年龄距离。其时，黄心六十三岁，随祖父同游省城，少年为文，好生了得。他与蒋士铨的诗文往来，多有几分趣味。蒋士铨在为黄心六《析津诗》题诗云：

卷里朝霞照眼明，惠连才调本来清。

如何十岁裁诗后，又见桐花乳凤声？

细字乌栏墨未干，官斋同咏晚风寒。

聪明翻笑僧弥误，只解亲抟蜡凤看。

对黄心六童言的奖掖，包含了蒋士铨的期望之情。他由此及彼，想起了自己的童年，想那少年轻狂时，自己也曾作诗，虽然诗的声音含着几分乳气，起于朝霞的诗路从伊始，换得生前身后名。因此，他对黄心六刮目相看。黄心六的诗意虽然浅显，情怀还是那样稚嫩，蒋士铨却认定他有着宽广的未来。

乾隆十五年（1750）冬，广昌饶学曙经南昌赴京参加会试，蒋士铨与之欢乐相会。

蒋士铨参加乡试以来，除得到恩师金德瑛的提携外，还有一位挚友必须提及，这就是江西布政使彭青原。彭青原是个书生气质的文官，他又是个藏书家，与蒋士铨可谓情投意合，心口相对，无所不谈。彭青原不仅在人生的关口给了蒋士铨很好的提携，在生活上也给予无微不至的关怀。

彭青原平日施政时，对蒋士铨的建议几乎言听计从。当他向顾瓒园举荐蒋士铨撰修南昌县志后，蒋士铨也不负彭青原厚望，对省城那些损毁不堪的旧祠古墓提出了不少维修的好主意。彭青原都按照蒋士铨的提议一一修葺。乾隆十五年，坐落省城南昌四道后街的大忠祠，内祀宋代爱国名将岳飞、宋代以身列国的丞相文天祥、宋代忠臣谢枋得，由于年久失修，已近荒废。蒋士铨向彭青原投书，彭青原按照蒋士铨的建议，将三忠臣的香火移祀五桂坊，并将江西历朝凡忠节之士，俱着共祀。坐落在南昌县署前的同公祠，主祀元末廉访使同同，他抵死与陈友谅兵战，死于此地。原有的祠已成废墟，蒋士铨提议后，彭青原即拨款重建；八隐祠，内祀汉代梅福、徐稺，晋代范宣、陶潜、周续之，唐代臧嘉献、陈陶，宋代苏云卿，原祠为康熙六十年（1721），由江西巡抚王企靖筹款兴建。由于江南气候潮湿，祠中门框桁料都已腐烂，房破屋漏，眼看即将塌陷。蒋士铨修南昌县志时，遍访民间，路过该祠，看到如此不堪景象，唏嘘不已。回到衙门，即向彭青原禀报。彭青原听后，也觉此议正合他的意图，即着手重修，并核定由蒋士铨居守供奉。

彭青原对保护和修护名胜古迹情有独钟，在他任江西布政史期间，与蒋士铨心心相印，对蒋士铨所报无不顺意而为。南昌有名的高观楼，就在布政司署的左方。明成化十二年（1476），布政使王克复创建为东楼，明末兵毁。蒋士铨建言后，彭青原增建三重进，更名为高观楼。当然，还有前文所述娄妃墓的重修。彭青原在接到朝廷圣旨，即将调任云南时，由于蒋士铨的一再鼓动，前往娄妃墓地立碑题款，亲自主祭。这都体现了彭青原对蒋士铨的器重，看到了蒋士铨人格的高尚和对名胜古迹的重视，以图教化。

乾隆十五年（1750），彭青原即将离江西赴云南布政史任之际，蒋士铨热情撰写了《豫章乐府词十二首为彭公作》，颂扬恩师政绩。彭青原于江西布政使任上，着实做了不少利民利国的大好事，以德政笼络民心，深得士绅民众爱戴。蒋士铨满怀激情，遥望彩云之南，欣然命笔，从十二个方面，用诗词具体讲述了彭青原得民心的各项德政善举。

送君千里，终有一别。蒋士铨陪着彭青原，自高安出发，直下赣江百里，来到昌邑山地方，赣江与鄱阳湖交汇处，送恩师走完江西的最后一程，于鄱阳湖入口处两人方才挥手告别。乾隆年间，南昌设有四个河泊所，新建县昌邑乡河泊所、南昌县南乡渡港口河泊所、南昌县塘口邹子河泊所、南昌具黄家渡赵家围河泊所。昌邑山地方设置河泊所，管理河道及商船往来赣江及鄱阳湖的课税一应事务。昌邑河泊所，距离省城百里，这里也是下鄱阳湖的最后一站。早年，所有下河的船只都要在此打尖，贮足柴米油盐，方才动身，因此，这里的市口虽然小，却也繁荣。更多的文人客船经此地还会选择在面湖屹立的鹿苑寺小住，侍弄香火，虔诚朝觐，以诗文纪行。鹿苑寺的时光，在涛声细语中度过。彭青原没有忘记在即将辞行的时分，再与蒋士铨诗文际会。昌邑之地，地远天高，"村店洗面市人笑，索钱逐客声喧嚣。狂歌彳亍入古庙？狱神剥落冠綦袍……刀锯森列头龟鳖，人死谁能致魂魄？作俑荒忽嫌离骚。后堂履声来橐橐，都篮茶具充行庖。剑江先生今文豪，兀坐索句管独操。振笔一草三千字，江淹别赋真能包。"湖水连天，山色隐绿，这也是抒怀纵情的好地方。蒋士铨将自己的心掏出，奉献在恩师面前："御风下听洱海涛，西江抔水浮堂坳。故人此意亦千古，轻声说与滇南交。"在诗中，蒋士铨以剑江先生袁守定喻作彭青原，在诗中他还调侃汪轫、杨垕和其余几个一道前来送别的诸子，笑他们江郎才尽，无诗心出而面壁，就是腹中有稿也难以言说。蒋士铨随后以诗寄情，又把对彭青原的景仰之情表达个一览无余。

十、草秀空山

乾隆十七年（1752），为了实现自己的理想和愿望，蒋士铨开始做好前往京城参加会试的准备。父亲去世后，母亲和妻子带着孩子仍远居在鄱阳县月波门内小食巷的史氏宅。蒋士铨应试中举后，再在鄱阳待下去，山高水远，举目无亲，弊多利少，居住鄱阳已无必要。他在心中盘算，趁着囊中稍有积蓄，不如在南昌购置房产，将母亲和妻儿接进省会居住，好歹总有些亲邻相互照应。这样，蒋士铨去北京应试也去得安心。他在《自鄱阳移居南昌》一诗中提到了他的这段心路历程。这样的选择应该是顺理成章、全家皆大欢喜的江湖行走。

乾隆十七年六月，蒋士铨举家由鄱阳县城迁居南昌东街水巷口，将祖上传下来的小金台屋留给兄嫂居住，安顿好母亲妻小后，即盘算第二次进京参加会试。临行前，他寝食不安，忧心忡忡。家中没有男主人主事，母亲和妻子如何应对捉襟见肘的生活？他惶惶然不知如何是好。母亲钟令嘉似乎看穿了儿子的心思，她没有上前苦劝，也没有任何安慰的话语。回到居室，她凝眸远望，若有所思，随后举笔，急草一纸文字来到堂前，悄无声息地塞到儿子的手中。蒋士铨不看则罢，一看热泪盈眶。他没有料到母亲会这样深思熟虑，思考得如此周全。许多想说的话，蒋士铨未曾开口，母亲先说了：

> 北地寒威重，怜伊客里身。音书差慰我，贫贱莫骄人。
>
> 失路皆由命，安时即报亲。师言当服习，莫负诲谆谆。

汝妇能承顺，无时离膝前。居然兼子职，久已得姑怜。
生育宜佳气，平安似昔年。传声语夫婿，孤馆减忧煎。

汝妹依邱嫂，幽窗共食眠。穿针才学绣，识字不成篇。
闺训粗知听，童心未尽蠲。归其宁解卜，时刻掷金钱。

频年思子泪，前月抱孙才。忆汝孩提似，原他祖德该。
啼声劳客试，秀骨或天来。归日应过膝，间当笑口开。

心情怜下第，约略似前番。官道应攀柳，家庭已树萱。
恃才防暗忌，交友戒多言。结习还当扫，新诗莫诉冤。

力学看驹隙，从游汝得师。遥分五秉粟。足供十人炊。
汝友皆相念，肥甘数见贻。呼吾如若母，问慰过时时。

仆婢爱菘韭，同锄半亩园。门关饶岁月，居僻远尘喧。
夜火机伊轧，家人乐笑言。眼昏今益甚，书帙懒重翻。

梦尔天涯路，肩舆往复频。师方为讲学，客岂是依人。
驷马题桥志，双亲属望身。而翁坟上草，今已四回春。

　　他读着、读着，声音哽咽，再也读不下去了。他泪眼模糊地望着母亲，一时不知说什么好。钟令嘉掏出手绢擦去儿子的泪痕，轻轻地说："儿子，去吧，你的心应该用在求取功名上。家中有我，天不会塌！"蒋士铨涕泪俱下，连连点头应答。

　　母子俩好像有许多的话没有说完，又好像什么话都说完了，蒋士铨就这样依依不舍地迈出家门。

这次进京，蒋士铨虽然没有那种志在必得的胜算，却也有一种乐观的情绪在萦绕。再次踏上进京的舟船，一路上他都处于一种亢奋状态。在《出门》诗中，他甚至用了南昌土语来形容这种心境："束装不见耶呼子，侍母初同妇立家。"这里的"耶"指的是南昌方言中的父亲，蒋士铨喟叹自己即将背上行囊远行时，再也没有父亲在旁边叮咛嘱咐。自己这个淡定闯荡江湖之辈，身不由己随着去京城寻梦的如蚁人群，循北而去。母亲和妻子的泪水似如针绕一样密匝，只不知这泪流得够不够本，值不值得，能不能换来门匾那几个泥金雕凿的字啊？

蒋士铨在诗中还谈到今年原本他还有孝在身，可忠孝难得两全，无奈这金榜题名的招牌金贵，只好强忍着悲痛依依惜别，看着站在码头上的母亲和妻儿，心中的愁苦与惆怅是旁人难以理喻的。

不过，他对京城、对前景始终保持乐观。告别母亲、妻子后，他的心境又复苏了："千里江流万点舟，笑声西向指神州。"开怀的笑声在船舱中回荡。他又沉浸在游历山水的痛快淋漓中，渐渐淡忘了对家人的思念。纵情于天地间，蒋士铨有着吟不完的诗兴，有着瞬时即变的异样情怀。在安徽，路过乌江项王庙，他为乌江之刎而叹，霸王别姬留下清名的是虞姬而不是霸王，"亡姬且共乌骓死，左相能教野雉通"。他途经山东东昌府恩县（今平原县），再谒四女祠，又多了一份感叹："汉时明月经天在，留得荒祠姊妹心。"

蒋士铨进京后，暂居于王镗的春融斋中。王镗是山西绛州人，时任刑曹，是蒋坚生前好友。蒋士铨虽然受着热情款待，心中的忧虑却无法排解，即将参加恩科会试的心情五味杂陈。"宦迹难常聚，幽怀日与亲。偕游曾点志，各各抱天真。"天真人有天真的想法，喜也？悲也？生命的大势总是这样捉弄人。

乾隆十七年（1752）壬申恩科会试于八月举行。蒋士铨于《行年录》叙说："六月，偕饶霁南眷舟北上会试，受知房师张树桐先生，呈荐甚力。主司以江西春秋已中六卷，不再阅。"

恩科榜发，下第。蒋士铨心绪不宁，消沉怏然，独于春融斋面壁思过。黄获村先生让人给他送来董榕太守创作的剧本《芝龛记》，月昏沉而蜡台烛尽，蒋士铨悉读全剧，牵动心绪，漏夜成词，按节歌咏。于县援、救父、题阁、江还等篇，感触唏嘘，不知不觉悲从中来。因此，剪烛疾书，题词数章，随后，即拜托黄获村先生转邮浙中。在这部戏剧作品上题词的还有秦黉、吴省钦、曹秀先等。蒋士铨在词中，既融入了自己对前景堪忧的思绪，又刻画了女性为忠孝全节的命运之叹。京城的繁华没有给蒋士铨带来美好的期冀，带来的只是彻骨阵痛。他的这种情绪在《九月十日偶作》一诗中表露得更加充分："未肯受怜应作达，不堪回首是知名。逆风留滞诚何意？皓月分明大有情。"此意尚有几分隐忍，接下来的情感宣泄就有几分直露了："独使前贤争惋惜，不成进士也风流。"这时，他又想到了自己的母亲，也许，母亲正在焦急地等待儿子中第的消息："投珠又堕鲛人泪，画获难酬母氏心。"同时，他又想到父亲的遗诗："此身落门无牵挂，世上功名付汝曹。"不禁心生痛楚，自吟自慰："九原可念功名薄？泣诵遗诗痛不禁。"蒋士铨借诗以抒牢骚，以泄抑忧否塞，伤感之状遍于纸页。

窗外的明月不知愁，秋虫低吟静夜深。蒋士铨最放心不下的还是母亲："南去宾鸿唤影低，几家慈母盼金泥。千般位置天难测，一代才华命不齐。"不过，他又想："词人下第原佳话，烈士悲秋是壮心。天谴龙蛇争隐见，谁司鱼鸟判飞沉。尘埃能使文词贱，安得相如卖赋金？"是块金子总会发亮。蒋士铨对自己也有估量，相信一飞冲天的那天总会来临。"合向高堂分绩火，三冬文史再经营。……仕宦他时知不免，敢随同辈怨蹉跎。"这就是蒋士铨，不怨天，不尤人，不负郭田。可见蒋士铨对前景持乐观态度。他自认为暂时的失意和得不到赏识仅仅是主考官对文章的认知角度不同，对文章的内涵理解有别。

乾隆十七年（1752）十月底，蒋士铨就这样混混沌沌离开京城，应广州太守张嗣衍延聘南下。途中绕道青州学使署院看望恩师金德瑛。其间穿行山水乡间，他于一破驿墙壁题诗一首，宣示自己的心志："拂拭衣尘酒对斟，欹斜雪屋一灯深。知书已抱千秋志，许国徒存十载心。草秀空山难结佩，树依乔木易成林。为君醉写衙斋壁，折尽平生是苦吟。"悲壮之态，写出了一个率真的蒋士铨。带着一份内疚，走进青州。金德瑛听说蒋士铨欲往广州，面对这位前途和命运以及生活都陷入困境的生徒，多有几分同情和怜惜。虽然蒋士铨才华横溢，在京城颇负盛名，可是，会试的主考只看八股，不重诗文，把蒋士铨拒之门外。金德瑛爱莫能助，难施援手，只能眼巴巴看着蒋士铨踬踬于会试门外，难伸其志。他领着蒋士铨行走于青州街头，良久无语。不过，他长叹一声后还是安慰蒋士铨不要"以身志穷陷于幕府，丧志失节，还应孜孜不懈"，继续追求上进。他不同意蒋士铨前往广州应聘，百般挽留不放行。恩师的诚挚教诲让蒋士铨涕泪交零。自乾隆十三年（1748）与金德瑛一别，至今已有四个年头，恩师辛勤操劳，广纳才隽，两鬓斑白。蒋士铨晤师后，不由得泪水夺眶而出。他领受了恩师的肺腑之言，毅然辞去了广州的聘约，留在恩师膝下，应对杂务，料理文字，照应家族，以缓解恩师之劳。

十月二十八日，蒋士铨生日，他于青州官衙作词两首《贺新凉·廿八岁初度日感怀，时客青州》：

仰屋和谁语？计年华、人生不过，数十寒暑。转忆四龄初识字，指点真劳慈母。授经传、咿唔辛苦。母意孜孜儿欲卧，剪寒灯、掩泣心酸楚。教跽听，丽谯鼓。　十龄骑马随吾父。历中原、东西南北，乾坤如许。天下河山看大半，弱冠幡然归去。风折我、中庭椿树。血渍麻衣初脱了，旧青衫、又染京华土。败翎折，堕齐鲁。

愁似形随影。苦飘零、身如槁木，心如废井。尘海迷漫无处著，常作风前断梗。触往事、几番追省。十载中钩吞不下，趁波涛、忍住喉间鲠。呕不出，渐成瘿。　眼前一片模糊境。黑甜中、痴人恋梦，达人求醒。阅尽因缘皆幻泡，才觉有身非幸。况哀乐、劳生分领。历乱游蜂钻故纸，溺腥羶、醉饱怜公等。草头露，但俄顷。

廿八初度，心情忧郁，心头积郁倾囊而出，才情显露无余。清代词论家陈廷焯《词则·放歌集》卷六评"母意孜孜"四句云："字字真朴，泪痕血点结缀而成。"评"十载中"四句云："呜咽缠绵，天地变色。"评得精切，可见蒋士铨不仅是乾隆诗坛大家，也是词坛高手。

蒋士铨的词如同他的诗作，博采众长，别见才情，刚劲沉雄。"喃喃骂座，吐气如虹，言愁洗马，赋恨文通。淋漓醉墨，咄咄书空。"他的词《贺新凉·南昌判官程十七北涯浮香精舍小饮酒阑口占杂纪》有句："饥驱我亦愁无底。揖诸侯、人呼上客，自称狂士。十载黄虀酸到骨，嚼出宫商角徵。岂年少、甘为荡子。大噱仰天天也闷，肯登堂、浪进先生履。沦落感，竟如此！"

这是蒋士铨二十七岁在南昌所作之词，陈廷焯誉之为"全集完善之作"。

蒋士铨的词堪称阳羡词派之风。他的《铜弦词》数量不多，仅二百五十余首，但内容精到独特，艺术风格取苏、辛之长，自成一格。他的词写思亲：含蓄沉郁，凄寂哀怨；写游历：热血填胸，气壮山河；题画作：圣手点染，出自性情，不加雕琢，咏图言志。

陈廷焯在他的《词坛丛话》中评价蒋士铨是继陈维崧之后清代词坛的一位著名豪放词人。"心余词，桀骜不驯，然其气自不可掩。彼好为艳词丽句者。对之汗颜无地矣。"

济南的十二月已是隆冬，蒋士铨寄寓恩师门下，虽然时有家思油然而生，幸有聆教于恩师，倒也无了更多的忧虑。日子就在这样百无聊赖的境况中度过。十二月十四日，是小女宁意殇期周年，蒋士铨怆神思念，也许女儿的新坟上已经布满了青草，又是鄱阳一回春，可我那瘦妻此时也许正在翻动旧历书，空房独守，背着人偷偷饮泣。思念的日子就在这诗文中度过。没过几日，收到家信，从家书中得知儿子知廉已于十一月十日出生，蒋士铨喜出望外，当即吟诗一首："剪烛看家书，风尘百感除。孤儿欣有子，一索报充闾。厉祝颜殊我，犁忧犊似予。归时定趋避，未解执耶裾。"

乾隆十七年（1752）的除夕，蒋士铨在济南。北方的朔风横空而来，将蒋士铨思念母亲的心绪，顺着叶儿飘零辗转至故乡的高堂上。寒灯在风中闪烁，蒋士铨伴烛听闻岁鼓敲响，苦闷地喝上几口屠苏酒，却觉得味道特别的苦！外面的街坊邻居都在迎岁的欢乐中，而在衙署偏房内，只有三两个房客，无聊时只和他们说一些言不达意的话打发时光。此时的老家堂舍，想那妇人已具鸡黍，老母不知能否感觉儿子正举杯遥祝福喜啊！

每逢佳节倍思亲，此乃人之常情。蒋士铨于除夕之夜浮想联翩。他甚至想到了晋代诗人陶渊明，想到那躬耕田亩的自由与无所求。"有田六十亩，陋巷诚可怡。渊明赋乞食，放达情亦悲。"自己苦于行旅，一无所得，去寻找别路也是未尝不可之事呢！以前自视清高，现在重新检讨，方知自己渺小。寄身于下僚小吏，自己终于也清醒了许多，自视渐清。"草木托春晖，近光生余荣。"自己仅仅是散布于野田边的小草，沾上阳光才有自己的一份荣盛。幸得恩师相助，才有今日。"一裘足御寒，一羹足慰饥。"人生的命运交织，造化成自然。每当孤身独处，想起这些，在感恩的同时蒋士铨有时也会茫然，对前途心灰意冷。消减忧愁的时候，将自己沉醉于酒中，也许是最好的解脱方法。

在济南的日子，生存的常态逼迫自己与小人周旋，甚至受到嗤讥攻击。蒋士铨有时也觉无奈，"君子非孤生，安能不谋食"？为了生存，也只好如此。想起那些让人心烦的细节，真觉得不如归田布衣终老。

蒋士铨自谓为百花中一枝，只为能够及时地力争怒放一瞬。自认为生非不材木，甘为斧斤，刨削成器，贵与贱让天下人评判。不能成轮辕，总可以供厨妇清早入灶为炊吧。他的思路缥缈而壮阔，自己于弱冠之年随父跋涉游历十九年，所走过的路历历在目。走遍半个天下，洞悉了百姓的寒与饥，懂得了民间温与饱。每观世事，总会激情澎湃，兴歌为诗。起伏绵延的山川总让蒋士铨行走其间荡涤胸怀，意在攀登更高的山峰，去完成自己的志向与理想。这些妄言、这份年少轻狂传出去，也许会为俗吏们所嗤笑，但这也无所谓，权衡自己的知识与素养，只要抱此信念，周济天下，总会有那么一天奇迹出现。

乾隆十八年（1753），蒋士铨与金德瑛旦夕与共，他自己在《行年录》中记载："一载居东，周流十郡，登山观海，与桧门先生极倡酬之雅。"

这年他游趵突泉、龙洞山、佛峪，泛舟大明湖，游历下亭、北极台，去蓬莱阁看日出。三月暮春，蒋士铨随金德瑛来到曲阜阙里，孔子故里，瞻仰圣迹，感慨赋诗，有句："灵光荣草木，道气长风烟。族聚门人裔，庠分弟子员。欣沾红杏雨，来及暮春前。"

岁月流逝，说快也慢，说慢也快。周游十郡，转眼又是深秋。蒋士铨寄旅山东又一年。鲁地虽好，却不是其久居之地。他要百鸟喧啾凤一声，妙悟天花须解脱。大千龙象自峥嵘，推激风骚是正声。眼看来年的恩科会试又将来临，命运的挑战沉重地压在肩头，他在给母亲和妻子的家信中说："三十潘郎鬓欲斑，黑貂留雪又空还。"三十而立的蒋士铨却忧白了少年头，"年年未得眉头展，无复当时镜里颜"。两次参加会试都因种种原因失败告终，这样的压力堪称重负，常人难以承受。蒋士铨在向亲人的倾诉中，表白了自己的痛苦。就连家书也是草草而就，唯有平安二字，最能让家人少些牵挂。

按照清廷选举制度，武科自清世祖初元下诏举行，以地支子午卯酉年为乡试期，辰戌丑未年为会试期。如文科制，乾隆十八年为酉年武科乡试也于十月举行。这年，山东武科乡试由金德瑛主考。蒋士铨也随师入闱校文。在闱场，他结识了不少新朋友，有同考官山东滨州知州吴祖修、惠民知县邓瑛、禹城知县韩锡胙，还有好友张埕。自此相识后，蒋士铨与韩锡胙及张埕感情弥笃，唱和无虚日。后来，韩锡胙迁江南某道，蒋士铨回江南后还专程登门拜访过。

文人相聚，诗友唱和，这样的日子过得舒畅惬意。他们在大明湖历下亭相邀结社，蒋士铨当亭即兴，一口气吟《历下感怀集杜》诗，将杜甫诸多名句巧妙组织入三十首五律中，如同己出，毫无缀拾拼凑之迹，令众诗友惊叹不已。其诗有句："海内此亭古，他乡且旧居。秋蔬拥霜露，平野入青徐。静者心多妙，人生亦有初。故人供禄米，看取北来鱼。……告归常局促，愁外旧山青。王国称多士，孤槎自客星。功名不自立，醉舞为谁醒？气得神仙迥，书生已勒名。"这样的诗会是文人交心的好场合，惨淡风云会，历下的云水缥碧，归雁青头，水静楼阴，山色空暝，唤起了诗人们的心语，勾起了诗人们的诗情画意，雅兴勃发；成就了诗人们笔下的多彩天地。当然，这一切，都得益于金德瑛的撑持和支助，诗人们的积极参与。雾树行相引，春风草又生。诗社的兴旺也是金德瑛所期望的。这种结社之风后来随着金德瑛奉旨调京任太常寺卿，也延续进京。

金德瑛得进京任京官，对蒋士铨来说，也是朝着理想迈出新一步的机遇的来临。

金德瑛，乾隆元年（1736）进士，廷对初置第二，高宗辛擢第一，高中状元。第三名探花是江西新建人邓以瓒，他们经史文词功底都很深厚，交谊甚笃。平日里，两人口舌相对，磨牙打趣是常事。两人言谈时，常常提及江西地方文风兴盛之事，有时也会围绕这个话题戏说笑论一番。

金德瑛常对蒋士铨说："邓以瓒说江西的女子能，能在织。我看他说对了一半，江西的女子不仅能织，而且谙习文字，你的母亲就是懿范。她不仅织布，还在编织文字的传效。你的成就，是女人功夫所致。"蒋士铨也对恩师的说法表示赞同，连表谢意。他深情回答道："恩师说到我心坎了。没有母亲的严教，哪有我蒋士铨的今日。"

金德瑛听了仰天长叹："天下母性共心肠，丈夫的牛马，儿女的奴隶。什么时候能让天下母亲在宗祠消受后辈香火，该是真正的大同世界到临啊！"

蒋士铨也长叹了口气，意味深长道："太阳还是从东边出来啊！"

两人的骨性与气血相济，相得益彰，在诗文相吟的背后是隐存的相互照应。金德瑛任太常寺卿，按人之常情推理，对蒋士铨来说无疑是好兆头。可是金德瑛与蒋士铨的风骨几乎一致。金德瑛本是天子门生，又是大学士鄂尔泰、朱轼等主考大人的学生，还有幸与百余位新科进士成了同年，而且这些同年都非常了得，于官、于私对金德瑛来说都是极佳机遇。可是金德瑛天生傲骨，他既不趋炎附势，又不拉帮结派，更不去走门子、献媚邀宠、讨好卖乖。他倒是与一些官职卑微、清高孤傲的后起之秀过从甚密，如与画家郑板桥、后学蒋士铨交谊厚重。金德瑛一生自我约束极严，律己有箴言：傲不可长、欲不可纵、志不可满、乐不可极；动莫若敬、居莫若俭、德莫若让、事莫若咨。金德瑛追求的文至上、理至深、大化化人的志向，增加了他的人格魅力。

金德瑛对家人之严，严之于酷，以此祖训规矩子孙，保持祖宗质朴家风，以顺家道。金德瑛不仅对家族后辈要求甚严，而且对依附于其身后的后学也要求做饱学之士，以文制胜。蒋士铨参加了一次会试、一次恩科，金德瑛原本可以帮助通融，可是他"端平简直、无有偏党"，不作后门之举，以致他在主持几地乡试后，乾隆帝特谕嘉奖："德瑛甚有操守，取士分明。"蒋士铨与金德瑛的交谊，仅限诗文，以这种特殊的方式提携后学，从无逾越。守中庸、重规矩，不存私念，注重官声，金德瑛深谙其道。因之，两人乐此不疲，作诗为文唱和总是心照不宣，尽心而为。

乾隆十九年（1754）四月，蒋士铨再度参加会试，可惜，这一次，他又踏空，止步于礼闱及第门外。

蒋士铨在行年录中记叙："会试、受知王介子先生（太岳，定兴人，壬戌翰林）出闱，以文稿正于陈勾山先生。先生激赏之，然卒被放。后乃知表文将及二千字，誊录以二场卷短，不敷誊写，禀请加页，知贡举者不许，遂暗贴于明远楼下也。"

甲戌会试后，皇上命九卿各保一人，涂少司空找到蒋士铨，拟在皇上面前举荐其入闱，可是蒋士铨却毫不足惜，让与母亲病老、家庭十分困难的另一位孝廉，让众文士赞叹不已。

会试之后一段时间内，蒋士铨的情绪十分低落，诗文唱酬也明显减少。

幸喜同年（1754）四月，考试内阁中书，这年主考内阁中书的主考官为杨锡绂，其乃蒋士铨族兄蒋简臣的挚友。要说蒋士铨与杨锡绂的相识相知，还得从雍正七年（1729）谈起，杨锡绂归省探亲时，路过瑞洪镇，歇舟会友，与蒋简臣聚首，其时蒋士铨方五岁，所读诗文尽皆烂熟。杨锡绂解所佩之玉以赠。杨锡绂主考，对蒋士铨是一次机缘。杨锡绂非常欣赏蒋士铨的诗文才华，在很多场合都将蒋士铨以国士对待。当然，他的八股文字仍不是第一位。这一次考试，蒋士铨钦取第四，授实缺，入阁管汉票签事。终于可以衣食求个温饱，不至于担忧生活，困顿无着，靠恩师与朋友及同乡会的资助接济。

蒋士铨就职中书后，奉敕与卢右礼詹事，饶学曙编修，吴颉云、秦鉴泉两修撰一道写《昭明文选》，日子过得单调而沉闷。幸得有吏部尚书汪松泉常来嘘寒问暖，时有诗文交往。汪松泉是个做事细致周到、行事中规中矩之人，他从翰林院挑选出梁国治、秦大士、梁同书、庄培因等几位楷书工整的编修负责缮录，又调来牛稔、戈涛、卢文弨、翁方纲等于翰林院后堂宝善亭内负责校对，就连他自己也搬到丽景轩小住，亲自动笔校勘。这些文朋诗友凑在一起，茶余饭后，诗酒文章，聊解蒋士铨心中不少烦闷。"谁知水木清华里，亦有顽仙卧绮疏。"尽管这样，蒋士铨仍闷闷不乐，落第的阴影始终在心头挥之不去。"袖中无刺谒公卿，赢得朱门倨侮名。客到芳园仍寂寞，月临孤馆倍分明。……输与诸君辞赋手，江关愁煞庾兰成。"

幸得这次进京，恩师金德瑛及江西新建人京官裘曰修都在各种场合尽量让蒋士铨崭露头角，他的诗文如夏季风暴，席卷朝阁、名动京华，诗名大噪，一时卿相争相罗置门下。这其中就有户部侍郎、江苏武进人刘纶，礼部侍郎介福，吏部尚书、江西人杨锡绂，刑部侍郎蒋溥，吏部尚书、安徽休宁人汪松泉等。

这年七月，金德瑛奉太后旨祭拜盛京（沈阳）故宫。蒋士铨有诗《寄别金桧门先生塞外》，在这首诗中他将自己落第的忧闷心情表露无余："壮怀磊落因贫累，秋气刁骚奈别何！十载师门三下第，百年容易感消磨。"他感叹岁月的流逝将磨光自己的锐气和意志，但面对如此窘境又别无他法得以改变。思前想后，他的乡情又在身心激荡。母亲明年将是大寿之年，不孝之身寄旅在外，蒋士铨萌动了归乡的念头。"悬匏那得因官住？索米犹堪为母归。"这种心境在《直庐偶成》一诗中更是直抒胸臆："梦魂乡路熟，忘却掖垣深。"此时，蒋士铨寄寓刑部侍郎蒋溥家中。

十月初，蒋士铨告别伤心地、亦梦亦幻的京城，买舟归江南。同舟有昆山夏大易与江宁王翁。十月二十八日，蒋士铨三十初度，船泊吴门，受到中丞庄滋圃和彭青原的厚待。

其时，庄滋圃因在江苏罚赎事失当逮系，诏贳（赦免、宽纵）罪还籍。彭青原自江西布政史任后，移云南，再江苏。

蒋士铨归乡途经吴门，庄滋圃与彭青原两公谁也没有料到后来的命运是那样坎坷，甚至丢失性命。大家聚首一堂，济济共庆，赋诗唱和。蒋士铨在诗中达观地吟道："士不遇时俱若此，公能知我更何求？"

蒋士铨是个重情重义之人，离开吴门后，他又绕道浙江嘉兴去看望告病里居的钱香树先生。两位忘年交真可谓"立雪人来千里外，开眉欢动一灯前"。钱香树对蒋士铨的到来，既惊喜又意外。蒋士铨也再三探询问安。两个人一道回忆在江西度过的美好时光，沉浸在愉悦的叙旧中。于嘉兴钱家小住几宿后，蒋士铨与先生依依惜别，挂帆南行。

十一、空谷留香

告别钱香树先生后，蒋士铨继续乘船南行。旅途无事，他又在船舱中为戏文着墨。蒋士铨戏文故事中的女主角，大多是刚烈女子，可谓为弱女子叙述生命传奇。他展纸研墨，开始了《空谷香》传奇的写作。在这部戏中，姚梦兰为追求自己理想的婚姻，不畏恶徒强占，两次自杀未成，最后嫁与进士顾瓒园为妾。这是一个真实的故事，也是蒋士铨一段未了情。多年前，蒋士铨任《南昌县志》协撰，得到顾瓒园不少帮助，两人交谊深厚。顾的妻子死后，顾终日不思茶饭，痛哭不已。他将妻子生前的惨烈经历和至死不渝的贞节情感一一向蒋士铨倾诉，蒋士铨被这凄婉悲壮的讲述打动，他为好友能有这么一位贞节无畏的妻子而击节感叹。生命的绝唱在诗人、词人心间激起万千波澜，他决意要将这个执着为情、痴心真实的女性用戏曲的形式在舞台上向民众展示出来。顾原是个穷酸之人，小时候家中一贫如洗，父亲卧病在床，母亲靠给人浆洗衣衫打发生活，因此无法进私塾就读。可他对啃书本十分有兴趣，每日拿着别的孩子扔掉的书本在林间徘徊悉心朗读。有一次，私塾中的先生要堂下弟子背诗文，弟子背不出，顾在外着急，帮腔应答，没想到他此举让先生另眼相看，免交塾费，收其入读。顾深知这读书的机会来之不易，于是勤学苦练，狠下苦功。终于熬成进士及第，一举翻身。顾的妻子在他并未取得功名时，不畏世俗，不顾家庭反对，成为顾的伴侣，至死不渝，终生相守。《空谷香》是蒋士铨撰写的一个凄美的爱情故事，也是蒋士铨自身正气在戏剧中的体现。

历史上，江西戏剧活动是当地百姓的至爱，是人们主要的文化生活之一。民间的传统节日和各种喜庆活动都有戏剧活动的参与，五花八门、精彩纷呈，如年戏、节戏、中秋戏、社火戏、酬神戏、庙会戏、还愿戏、生日戏、求雨戏、修谱戏、喜庆戏、集贸戏、解交戏、斗米戏、蹩脚戏、坐堂戏、赌戏等几十种。酬神戏一般是在各寺庙宫殿主神的生日或得道日演唱，酬许真君的又谓之真君戏，酬关公的谓之关爷戏，酬赵公元帅的谓之赵爷戏，多不胜数。喜庆戏范围也很广，如结婚、祝寿、添丁、升迁、新屋落成等，艺人们都乐意演喜庆戏，因为可以在正戏开演之前插上"跳加官"活动，这样可以得到额外的赏赐。从前各乡村集镇经常开赌场，届时也要请戏班唱戏，用来招徕赌徒。赌戏出台的时机，除了乡间大忙季节外，闲时经常有唱，要求也不严，只要一天到晚台上锣鼓在响，口里在唱就行。岁时节令唱戏，更是常见现象。清道光年《新建县志》载：每逢元宵，"上元张灯，家设酒茗，竞丝竹管弦，极永夜之乐，明末为最盛"。

在江西戏剧发展进程中有几个人物必须提到：

朱权（1378—1448），字臞仙，号涵虚子、丹丘先生，自号南极遐龄老人、大明奇士。朱元璋第十七子。年十五，封于大宁，称宁王，后改封南昌。与四十三代天师张宇初友善，拜之为师，研习道典，弘扬道教义理。曾于西山缑岭创建道观与陵墓，成祖朱棣赐额"南极长生宫"。

著作有《汉唐秘史》等书数十种。并编有古琴曲集《神奇秘谱》和北曲谱及评论专著《太和正音谱》。所作杂剧今知有十二种，现存有《大罗天》《私奔相如》两种。道教专著有《天皇至道太清玉册》八卷，收入《续道藏》中。卒谥献，又称宁献王。朱权的戏剧作品高雅经典，属于大雅之堂系列，民间受众度不够。

魏良辅（1489—1566），字师召，号此斋，晚年号尚泉、上泉，又号玉峰，江西新建人，嘉靖五年（1526）进士，历官工部、户部主事，刑部员外郎，广西按察司副使。嘉靖三十一年（1552）擢山东左布政使，三年后致仕，流寓于江苏太仓。为嘉靖年间杰出的戏曲音乐家、戏曲革新家，昆曲（南曲）始祖。对昆腔的艺术发展有突出贡献，被后人奉为"昆曲之祖"，在曲艺界更有"曲圣"之称。著有《曲律》（一名《南词引正》）一书，是论述昆腔唱法及南北曲流派的重要著作。魏良辅的艺术成就是典型的墙里开花墙外香，他在江西活动不多，影响不大，可在浙江地方，却红遍戏剧史页。

汤显祖（1550—1616），字义仍，号海若、若士、清远道人，江西临川人。汤氏祖籍临川县云山乡，后迁居汤家山（今抚州市）。出身书香门第，早有才名，他不仅于古诗词颇精，而且能通天文地理、医药卜筮诸书。三十四岁中进士，在南京先后任太常寺博士、詹事府主簿和礼部祠祭司主事。

明万历十九年（1591），他目睹当时官僚腐败愤而上《论辅臣科臣疏》，触怒了皇帝而被贬为徐闻典史，后调任浙江遂昌知县，一任五年，政绩斐然，却因压制豪强、触怒权贵而招致上司的非议和地方势力的反对，终于万历二十六年（1598）愤而弃官归里。家居期间，一方面希望有"起报知遇"之日，一方面却又指望"朝廷有威风之臣，郡邑无饿虎之吏，吟咏升平，每年添一卷诗足矣"。后逐渐打消仕进之念，潜心于戏剧及诗词创作。

在汤显祖多方面的成就中，以戏曲创作为最，其戏剧作品《还魂记》《紫钗记》《南柯记》和《邯郸记》合称"临川四梦"，其中《还魂记》（即《牡丹亭》）是他的代表作。汤显祖还是一位杰出的诗人，其诗作有《玉茗堂全集》四卷、《红泉逸草》一卷、《问棘邮草》二卷。

蒋士铨继承前人衣钵，在本土乡贤创作的基础上，融入自身的创新和创造，在戏剧创作中嵌入自己的思想个性和创作方法，其剧作正气凛然，文味浓郁，拓展了戏剧创作特定模式，开创了戏剧艺术新路，因之江西戏剧创作进入了新的历史时期。

戏剧创作的繁荣，也带动了民间戏剧表演活动的蔓延和兴盛，不少地方乡乡有剧团、剧社，以至家族剧团、戏剧班子迭出。戏剧表演的家族传承和递进使戏剧表演形式和方式都有了很大改进。江西的乡村戏剧表演班子很受群众喜爱，只要戏班子在某地出现，锣鼓一响，万人空巷，成了旧时江西乡村的一大风景。

其实，人们谈论康乾盛世，体现康乾盛世的标志，文化是一个重要方面。而文化的标志又以戏剧作为体现盛世文明的风向标，将戏剧推向了极致。尽管康乾期间文字狱不断，扼制了不少知识分子的创作热情，很多有才华的知识分子都受到不应有的对待，以至丢官甚至丧失性命。重新看待蒋士铨的诗文创作，我们看重的就是他为文的气节。话说回来，我们也不能不看到，尽管他的作品大量地占据了道义的高点，可是，由于他一生与朝廷的关联并不是很紧密，也没有更多的人去关注他的创作思想与意图，只由着他的性子，随心所欲，畅所欲言，在戏剧作品中以古讽今，骂现实、骂贪渎、骂朝廷，正义感与文人的骨气凸显。不过，其戏剧所产生的效果并不明显。由于他特有的诗文戏剧成就，由于他的不入群、不伴群，不做超群出格甚至出手寻常的狂想，所以也就无人计较他的作品危及统治者的利益，朝廷乃至皇上也就不会将目光停留于他身上。正是这样，他的诗文尽管流播甚广，也得到不少人的崇敬，但仍自由自在，天马行空，独往独来。在创作中随意发挥，将自己的创作个性展露无余。

蒋士铨的戏剧作品，并不完全是案头之作，更不是文人自娱自乐的玩物。他的作品在其所处的特定时期，还是很受大众欢迎的。因此激发了他一而再、再而三的剧本创作激情。剧本《一片石》完成时，江西布政使彭青原曾予题词："多谢挑灯谱赫蹄，一时传唱大江西。他年小泊隆兴观,来听秋娘按拍低。"彭青原的题词完全印证了这种推论,蒋士铨的剧本,远远超出了文人的圈子,已经成为民间雅俗共赏的上乘之作。清朝诗人张九钺在他的《陶园诗集》第五卷《滇游集》中以《一片石歌》记叙了蒋士铨剧作在南昌等地演出的盛况:"章江黑风吹水立,美人血冷老蛟泣。土花飞出紫鸳鸯,三百年来未收拾。铅山才子好事人,苍茫兴会若有神。金蚕郁郁一搜剔,秋坟鬼唱无荒榛。丰碑矗矗立新翠,手醇椒浆感幽邃。夕阳跃下旧妆楼,倒射桃花断肠字。醉来横倚一片石,绛蜡银笺吐奇墨。淋漓不让《四声猿》,回旋已合三叠拍,百花洲深锦幕张,东湖浪打兰芽香。十三红儿踏球场……感君意气为君寿,赠以南海明月珠。为君缓舞歌一曲,双泪堕落红毡毹。"张先生在该诗前追忆《一片石》全本剧上演情形时说:"君生铅山孝廉,于豫章城西新建、上饶两漕仓下访得明娄妃墓,语当事,为立碣于阡,复谱其事为乐府,曰《一片石》,授梨园使演焉。余闻而义之,作歌。"张九钺先生被蒋士铨的剧情所感动,也被戏剧演出的热闹场面所震撼,而以诗记之。正是戏剧作品受众度高,使蒋士铨的情感亢奋,只要有空余时间,他就把心思放到戏剧创作上去。

乾隆十九年(1754)十月二八日,三十岁初度,船泊吴门,友人张埙得知蒋士铨入吴,即邀请蒋士铨一道游虎丘。让人没有料到的是,蒋士铨在回归途中,失足跌入胥门万年桥下,幸喜无大碍,出水得救上岸。人生也许就在这一失足之间,命运或入深谷、或入天堂,生死瞬间,谁可预见?这也是蒋士铨开始创作《空谷香》的小插曲。

蒋士铨在《满江红·自题空谷香传奇》词中写道:"十载填词,悔惧被、粉黏脂涴。才悟出、文之至者,不烦堆垛。诮谏旁嘲惟自哂,真情本色凭谁和?待招他、天下恨人魂,归来些。 淳闷语,真无那。颠倒事,何堪唾?谈笑把、贤愚肝肺,豪端穿过。误处从君张眼顾,悲哉让我横肱卧。料知音,各有泪痕双,谁先堕?"

蒋士铨撰写《空谷香》时,是动了真情的。他深深陷入故事主人公的悲欢离合中,难以自拔。故事的情节设计让他难以自制,以至在撰稿过程中,灵魂出窍,将主人公间的情感纠结融进自己的奔放情缘。他思念自己的亲人，思念自己的妻子，这种灼热的情感又促成了蒋士铨在创作《空谷香》时的第二个插曲，他竟一时狂热，填写了一首热情奔放的词《水调歌头·舟次感成》：

> 偶为共命鸟，都是可怜虫。泪与秋河相似，点点注天东。十载楼中新妇，九载天涯夫婿，首已似飞蓬。年光愁病里，心绪别难中。　咏春蚕，疑夏雁。泣秋蛩。几见珠围翠绕，含笑坐东风？闻道十分消瘦，为我两番磨折，辛苦念梁鸿。谁知千里夜，各对一灯红。

蒋士铨在为《空谷香》写的序中谈到：南昌县令顾瓒园的贤妾海宁姚氏，陪伴顾瓒园十四年，乾隆庚午年（1750）冬为顾诞下一子，不久却因病而亡。其时姚氏才二十九岁。

顾瓒园因之伤心痛哭，悲哀至极。不少前来吊唁的人都笑他痴迷。顾瓒园送走唁客后，却有意将蒋士铨留下，详尽讲述自己贤妻的生平。灯烛换了三轮，夜已深沉，而顾瓒园仍声色呜咽，忧伤不已。蒋士铨怅然若失，泫然而去。

一个弱女子，学识浅显，涉世不深，竟可以因一纸为婚聘书，以死相酬，就是忠烈刚直的男子汉大丈夫也无可例比。

蒋士铨还说，此事之后一个时期，自己两次赴春闱，转徙燕赵间，三载有余，每当风寒雨雪之际，或是独坐空斋时，想给顾瓒园贤妾作传记的夙念常常掠过心间，总觉得有无数的情感之词如鲠在喉，不吐不快。可诸事繁冗，时光稍纵即逝，总没能提笔而就。

他在撰写过程中，激情如奔泻的潮水汹涌。几乎日有所得。每天就着窗棂缝隙中的一丝光亮，纵横笔墨，急驰直书，一旦脱稿，胸中块垒一吐而净。有时写得舒心惬意，蒋士铨就稿击唾壶而歌。一时间船中似如席卷疾风骤雨，与水面上的风声涛浪相激荡。读完了、唱完了，倒一杯春酒，酌饮醇香。酒不醉人人自醉，总感觉可以告慰姚氏的在天之灵。于是便疲累似泥，仰卧舱间。船中的客人，也被蒋士铨的情绪所感染，众人不由得皆唏嘘泪下。连蒋士铨自己也没有想到《空谷香》传奇中姚姬烈性贞魂，竟能打动了这么多看客的心。偌大世界，有多少饮刀自决的怨妇，也只有她让蒋士铨不惜付出心血。他觉得自己穷尽笔力，能够在舞台上重现这样一位贞烈女子的灵魂，太值得了。他私下打算，待到了南昌，请求方伯，令伶工演习，唱红南昌，唱尽江南少妇们眼中的泪滴。不知顾瓒园县令有何感想？观众们又有何种感慨？

姚氏区区一穷家女子，书读得不多，但很有见地，只图做些忠孝节义的好事，流传到后世去："却幸嫁得一个书生，终身有托，与为俗物之妻，宁作文人之妾。看他定情笺上，缠绵数语，料不是个薄幸儿郎。咳！姚梦兰，姚梦兰，这便是你安身立命的所在，休要等闲轻觑了。"

真不知天下文人看过此节，作何等感慨？一个穷酸文人，能得一位如此刚烈贤惠的女子为妾，人生足矣。姚氏只以顾氏而荣，甚至有几分得意。为了躲避恶少权贵的纠缠，宁愿以死相拼，她认为，一个女子若吃得两家茶，留一个羞人的活靶。当老旦梅香连哄带吓劝她就范："你纵然不爱穿吃，我家大爷是一个豪华公子，难道不比那穷秀才风流些，你也该审量审量。"姚氏冷笑回答："可知他伴青灯秀才风魔，不及你醉红妆公子憨哥？则他向金阶轻把笔尖呵，抹杀你铜斗家私，琼筵糟粕。"老旦梅香劝说姚氏："大姐，不可这等鄙薄他人，他有的是黄金白银，怕娶不出几个绝世佳人。这是与你有缘，你休误了自己。"没想到姚氏听后不屑道："可不来，他自有雌雄一窝，受用着金镶玉裹，成就了富贵的姻缘。要穷人做甚么！"老旦梅香为虎作伥，威胁道："大姐不可执性，你若不肯进去，看他何等声势，不但累你爹爹吃亏，只恐好姻缘变作恶姻缘，不信你会插翅飞了天上去。"姚氏听了，哈哈大笑，全无半点惧色道："这样话，只好向第一等没志气的下流说，可能够吓得我姚梦兰一下儿。"如此一弱女子，安贫乐道，胆识过人，全不在意恶棍恫吓威胁。一旦逼得走投无路，便以死抗争："穷命运限煞人，如之奈何！好世界逼得奴，没个腾挪。是苍天不肯容人活，教奴怎样逃躲。"随后朝自己就是一刀。烈性女子，以身殉情，世上能有几个？姚梦兰敢做敢为，为了顾瓒园，为了一介书生，她的刚烈节义凛然不可侵犯。

吴赖实是无赖，这个山东知府的纨绔子弟，见姚梦兰获救起死回生，又起歹心，利用姚梦兰继父为山东知府衙门跟班的由头，引诱威逼姚梦兰继父就范，以继父威迫女儿改变主意，弃顾悔婚。这一招，仍然无法使姚梦兰改弦更张。当继父孙虎将其送往山东去与知府儿子吴赖完婚的路上，姚梦兰再度以死抗命，在店中自缢。幸得店家发现，出手搭救，方才救了姚梦兰一命。"两番撒手，无端救苏。我好恨那，恨煞了闲人做主，恨煞了闲人做主。不情愿为人也不由吾。"当姚梦兰苏醒后，她一迭声大怒狂呼："谁要你们救我？谁要你们救我？"这是一个女子被逼到无退路时的悲愤哀号。这世上既无立锥之地，何苦要留在这世上，为世情俗态所不容。不做苟且之辈，自然纠结难免，就是在乾隆盛世也无法摆脱这般的羁绊。

蒋士铨在这部戏中，几乎毫不留情地针砭"太平盛世"下所隐藏的龌龊和肮脏。他在戏中假借山东知府纨绔子弟之口，以自叙方式讲述那些官家子弟奢靡的生活："家父名唤吴良，学生叫作吴赖。他是山东太爷，我是海内公子，诗书是我的冤孽，圣贤是我的仇人，酒色是我的生涯，银钱是我的性命；纸牌、骰子、双陆是我家的燕翼贻谋，盲词、小说、春图是我家的藏书秘本；龙阳篾片必须寝食追随，补药春方不拘早晚吞服。任我及时行乐，凭天算账还钱；伦常不过儿戏，人命真同草芥。论家财我不让人，比父亲人不如我。他会贪婪狡诈，我会嫖赌嚼摇。只要尽卷地皮，何须略顾天理。正所谓痴儿且享贪官福，拙宦空循古道行。"太平盛世成了催生他们糜烂生活的摇篮。这些富家子弟、官家子弟的丑恶嘴脸，被数落个尽，彻底暴露出他们的穷凶极恶和奢靡腐化。蒋士铨挥动手中的利器——文人的笔，刻画贪官污吏以及官二代、官三代，让看客在剧本中或舞台上目睹这些社会丑角的表演，更加深恶痛绝，与作者产生共鸣。他以一抒胸臆为快，也以这细腻描绘博得看客满堂喝彩。

他讥讽那些官宦人家子弟对婚姻的强取豪夺、贪得无厌、荒淫无耻，真可谓是入木三分："万顺千随慈母意，三妻四妾大人家，娇儿若要天边月，扒上胡梯取与他。"

"玉茗是写艳情，此（空谷香）是写苦节，欢娱易好，愁苦难工，恐尚未可同年语也。"这是后人对蒋士铨《空谷香》的正确评价。明代戏剧家汤显祖的"临川四梦"讴歌了人间的大爱真情，蒋士铨的戏剧却体现了人间苦情、义情、节情，他所崇尚的忠烈洋溢在他的作品中。

蒋士铨在《空谷香》中，对科举入仕后士子才人想方设法跻身仕途，盼望弄个好职位、谋个好肥缺的心态也勾勒得惟妙惟肖："盼缺人人望眼穿，缺肥缺瘦更求全。十年窗下因何事？不为苍生只为钱。"

江西历史上是个蛮夷荒凉之地，一般入宦为官者都不希望来江右之地。所谓"运气低、选江西。瓷器龙猪葛布衣，草纸烧刀茶笋鸡。词讼休提，词讼休提，折卖漕粮庶几"，蒋士铨写到此，还不肯罢休。他利用报子给顾瓒园报荣选时卖卷，死活不肯直白入选省份，硬让顾瓒园猜灯谜一般，一路自官员向往之地往后猜：

报子：你先猜一猜省份如何？

小生：听者。

衲袄：莫不是驾辽阳仙鹤游？

外：关东富庶之邦，太远了。

小生：莫不是共苏台麋鹿友？

中净：江苏太近。

小生：莫不是皖公山浸杯中酒？

外：安徽，未必。

小生：莫不是鹦鹉词传汉上洲？

中净：湖北，差些。

小生：莫不是代潇湘帝子愁？

外：湖南，也不是。

小生：莫不是判罗施群鬼斗？

中净：贵州，也不是。

小生：敢则是万点苍山，去泛滇池也，万里人封百里侯。

外：云南，一发远了。

小生：不猜了。

中净：十五省，猜了一半，再猜一猜。

小生：今番是了。

【前腔】敢则向玉门关投笔游。

外：甘肃，非也。

小生：敢则向曲江边骑马走？

中净：西安，也不是。

小生：敢则要调和騋牝三千牡？

外：河南，谬极。

小生：敢则要勾管燕云十六州？

中净：直隶，我们在京里等候，不来了。

小生：是了，莫不是川南北闽尾头？莫不是岭东西山左右？

外：一发乱来了。

小生：难道是路过洪都，一旦时来也，风送滕王九日楼？

中净：着了。

　　蒋士铨将官儿选地、选位、选职的心态写活了。但凡大小官人、一旦上道，总喜欢在钱上耍心眼，用心计，"媚权奸但觉冰山怕，虐黎民不信刀山架"。蒋士铨还在第二十四节"心梦"中让贪官吴良自白："古来大学问的人，尚且奸贪万恶，靠我抄写时文的人，干得甚事。且自幼破蒙，先生说道：学生用心读书，将来好中举人、进士，做了官，好买田造屋，娶妾养戏。这些话听在肚子里，后来见别人谈圣贤道理，便一句不能入耳，反骂他是书呆、废物。不如我巧宦能员。"蒋士铨对仕宦官场的不良之风，以一身正气，无情针砭。这也是他傲然面对官场的真实写照。不为良臣，且为良心。在贪渎成风、奢华无度的太平盛世世风中，能有如此的气节，正是一个文人的良知。

　　"泣残春，花不重开；葬余香，人竟长辞。"姚梦兰以其短促的韶华演绎爱情与生命真谛。尽管香消玉殒，灵魂的清气长留人间。《空谷香》于大千中现一贞魂，苦海茫茫敢细论。蒋士铨用他的如椽大笔，"偶借酒杯浇块垒，聊将史笔写家门"。

十二、倾巢北上

乾隆十九年（1754）十二月中旬，隆冬季节，蒋士铨披着瑞雪，回到南昌。

朝衫上飘洒的雪花还在肩头未融，雪人般的蒋士铨一头钻进自家的院子。身上穿的紫色官服与院中的绿竹交映，似乎照应的就是堂上母亲那张憔悴的脸。静寂昏暗的小天地中，见不到活泛的生机，只有蹲守在房门前那条大黄狗的狂吠，对应这个破落门户的生存呻吟。到这时，蒋士铨才感觉到，家中由于缺少男人的照料，而显得门庭冷落。祖堂正中的祖宗牌位前，烛光忽明忽暗，一切恍如梦境一般，屋内只听见饥饿的鼠群发出的悲鸣。再看看餐桌上，全家所吃的粗菜糙食，蒋士铨每动一次筷子便泪湿衣衫。自己作为一家之主，不能尽到肩头上的责任，让这些女眷在家受尽磨难。蒋士铨陷入深深自责中。

家庭的困顿，来自于多方面。曾经陪伴蒋士铨四十余年、看着蒋士铨长大、忠心耿耿、蒋家内外大小事情皆操劳的七十三岁老仆彭授，在蒋士铨归家前去世。蒋家的困境因之雪上加霜。几个女人撑持一个家，其凄寒惨状可以想见，蒋士铨能不伤心吗？

更让蒋士铨哀伤的事情还在等着他。他的至交好友杨垕也在蒋士铨离南昌期间去世。杨垕九岁以神童声播南昌，虽然是江右名士，又是将门后代，可也活得不舒坦，一生贫困潦倒，到后来竟至将老宅卖掉来维持生计。蒋士铨踏进杨家的门槛，就泪水满眶。扶困救弱本是古来义举，何况还是挚友。只有将自己微薄的薪金，分一杯羹，扶养杨垕的老母亲，聊解杨家无米之炊。蒋士铨亲身来到城南杨垕墓地，祭上三牲，洒酒以告。想起往日杨垕在芙蓉馆，位列座主、低吟浅唱、豪赋高歌，何等的少年气概。"命短天应惜，才高鬼亦惊。"没有等到蒋士铨的归来，他竟不辞而别，永远地沉睡于南昌城南郊荒野，陪伴他的只有昏鸦枯树，留给蒋士铨的也只有深深的哀思。

乾隆二十年（1755）三月，处理完南昌一应事务后，蒋士铨曾再度携家小，回返故乡铅山祭扫父亲坟墓。"又逐寻巢社燕归，片帆轻趁雨霏微。"这一趟故乡行，全家一扫阴霾，穿行于美丽的信江，如诗如画的江南绿景，陶醉了舱中人。一路上，蒋士铨追念家世，飘零的岁月曾经留下过多少不堪回首的往事，只有春风古义，芒草多情，长存于他的心间。千言万语，也无法形容"无为在歧路"的心境。

船到弋阳，夜泊崖岸，已是鸡鸣三唱，只见空旷微茫的信江上，淡月如丸。尽管夜已阑静，蒋士铨仍心潮难平。看到母亲的脸上有了笑容，听着母亲愉悦的话音，他睡觉也香甜多了。

船至铅山，天已微熹，曙光辉映，心旷神怡。故乡的草香，故乡的水甜，故乡的亲人好客，大家一别又是几年，族众寒暄之后，伊篝拥着一道前往蒋坚墓地祭扫。蒋士铨在父亲的碑前久久伫立，深思不语。母亲在一旁一个劲儿念叨着交代丈夫，佑护儿子文以至道，进阶及第一帆风顺。

在家山周旋至午，稍稍打理，午餐后，蒋士铨陪着母亲前往不远的山寺祈福求平安。一行人下山时，已是夕阳西下时分。蒋士铨有意就近挑了一农家茅舍过夜。与农家主人一道共话桑麻，过了开心一宿。

第二天一早，蒋士铨一家又绕道县城去西郊七宝山之观音石游览。七宝山有观音洞，洞中石壁上有石乳如佛指，因名观音石。这观音石，如鬼斧神工，天作孽穴。蒋士铨感慨大自然的造化，真希望自身变作千年蝙蝠，自由自在飞翔，极尽生命之欢乐。

尽管山路崎岖，爬坡过坎，让人气喘吁吁，十分劳累。这似乎并没有消减蒋士铨一家游历故乡山水的兴趣。由于有了儿子的陪伴，蒋母终日欢颜，笑口常开。陶醉于故乡的山水，蒋氏一家似乎寻找到了生命的真谛。

为了让母亲笑逐颜开，蒋士铨过河口镇时，还特意舟停码头，陪伴她前往河口天池庵事佛。天池庵在河口镇北岸九阳山间。河口之水自东南方向分水关发源，经永平镇，与大江汇聚。所谓财源茂盛达三江，水聚，人也于此聚集，因之形成了河口繁华的市口。康熙时，河口士绅凑款融资凿石而建佛殿楼堂，因殿旁即一河池，门临大江，因之称为天池庵。立于山门，江对面的河口镇市口繁荣，市人如织，喧哗闹腾，似如鹊笑鸠舞。南船北马，往来如梭。一动一静，两相映照，思绪万千。他在庵壁上疾书："行年三十气淋漓，谈笑轻他尺寸基。岂谓乡园无可恋？数劳卿相与相期。……只有故人阃外橹，萧然来和坏墙诗。"

蒋士铨一家回到南昌，车马劳顿，稍事歇息，蒋士铨又一心沉醉于诗酒文章，在会友吟诗、踏勘古迹、借酒呷风中度过。他想起了娄妃，便沿着西大街北行，去看他撰写绘就的墓图是否完好如初。娄妃的影子似乎就在蒋士铨眼前掠过，一代红颜，香消玉殒。"玉鱼金碗无人见，只有秋江似佩环。"他希望居住在这一带的士民百姓，能够像爱护自己祖坟一样保护好娄妃的墓地墓碑，也好叫自己这份用于娄妃身上的情义没有白费。"遗丘画就免传讹，艺院应摹陆法和。不许碑阴牛砺角，词人经此定摩挲。"

蒋士铨带着一份惜别的心情离开娄妃墓。当他的目光停留在破烂不堪的北兰寺时，心中又多了一份压抑。残垣败壁，破屋漏舍，神仙居此也无安。不过，寺院残破的墙壁上，满是文人墨客留下的手迹，杂乱潦草，全无章法。他努力用目光在壁间搜寻，从那些乱七八糟的文字间，找到他想要得到的东西。没想到，在一块败壁间，他的眼睛为之一亮。一个人的诗读得他眉飞色舞、精神亢奋。惊喜之余，四处打听，方知此人乃何鹤年（名在田），其时正在佑清寺收徒授业。蒋士铨迫不及待登门造访。何鹤年知来客乃蒋士铨，心下已是敬佩有加，加之蒋士铨偏爱其诗，更是叫他心旌摇曳，兴高采烈，倾箧出其所著诗两册，尽数交由士铨带回家通阅。蒋士铨觅得何鹤年的诗文，埋头三日，通读而精读，最后，以点评五百字后，退还何鹤年。

何鹤年乃江西广昌县人，乾隆十一年（1746）举人，著有《玉耕堂诗集》。由于出身贫寒，生存境遇不佳，其诗文成就一直得不到诗界认可。蒋士铨评价其诗后，其诗名方才渐显。

蒋士铨对何鹤年诗文成就给予了极高评价。他对其时所谓贤士达人因于流俗，一味追名逐利，针砭不已，他认为那些混迹诗坛者，诗文虽多，败笔千篓，那些所谓的应酬之作堆积如山。整个诗界颓废萎靡，千奇百怪的所谓诗派盛行于世，如百鸟喧嚣。而在这俗意横行的诗波里，"不意滚滚中，汝驾万斛舟。昂藏具篙楫，独向天河游"，只有何鹤年，独出一枝，极有可能到达诗境的彼岸。

同时，蒋士铨还抨击那些苟为名利者："虚名挂人口，身死何物留？"

在诗中，他还告诉何鹤年："汪轫诵君句，太息且低头。知非阿好词，书以表潜修。"

著名诗人袁枚后来在读了何鹤年的诗后，也很赞同蒋士铨对何鹤年的评价。他在随园诗话中记载："何在田者，《偶成》云：'月借日光成半面，雨收云气泛余丝。'《郊外》云：'野径无人问，随牛自得村''近市原非隐，能诗岂是才''樵室薪为榻，鱼舟网作帆'皆可传之句也。甲辰三月，余赴粤东，过南昌，心余病风，口不能言，犹以左手书此数联。"尚镕在他的《三家诗话》中也说："苕生于广昌何鹤年极力扶奖，然鹤年亦失之寒瘦。苕生'水气乘间出，山身向晚分'二语，最近鹤年。"

可见，蒋士铨不仅自己认同何鹤年的诗，而且极力在诗界中推介，成为乾隆年间诗界佳话。

蒋士铨于中书任上请假南还期间，除了与何鹤年交谊甚笃外，还与汪轫过从甚密。

自从杨垕去世后，蒋士铨一直沉浸在对好友的追忆中。汪轫心知蒋士铨的心结，经常有意识地陪伴蒋士铨在南昌城四处走动，即兴诗文，以解蒋士铨内心的痛苦。由于汪轫的细心关照，蒋士铨心间的块垒开始释放，他写了长篇《一哀诗》表达对亡友杨垕的痛惜，对其身后家道的同情，以及慷慨解囊的接济。他就像个滔滔不绝的怨妇，宣泄着内心无法排解的忧伤。"亡友谁最贤？早死痛杨垕。"他赞美杨垕的诗，"洪州得寓公，风骚法韩柳。居然媲三苏，蜀材故蚴蟉。"他在追忆自己与汪轫、杨垕的诗名时，写得更为得意："君时与汪轫，美誉实同负。引我犄角战，力屈谢贲黝。"随后，蒋士铨又不惜笔墨，叙述其与杨垕同拜金德瑛为师的经历。想当年恩师授讲于堂，金德瑛坐在正中央，杨垕立于恩师左侧，蒋士铨自己立于恩师右侧。师兄弟两人共席同寝，相互切磋，相互砥砺，相互间嘲笑嬉戏也是常有的事。恩师金德瑛每每看着两位高徒争文论诗，总是一脸微笑甚是欣慰。杨垕为诗不泥古，笔锋陡峭，无奈立于拔萃科门外，年已三十二岁，仍以一贡立身于世。在这期间，他经常给远在京城的蒋士铨写信，吐露心曲，发泄怀才不遇的不满。蒋士铨总是在回信时以诗相慰，劝其退而思之，善意诱导其看淡风尘。可没想到的是，此次南归，得到的却是杨垕的噩耗。见不到好友的真身，却于堂前拜木主，让蒋士铨伤心至几乎呕血。蒋士铨不由得仰天长叹，这或许是老天令好友早赴黄泉，只留下身后的诗文成为不朽。

蒋士铨早年在南昌学艺后，与杨垕比邻而居。一棵古老的香樟树，一荫庇两家。曾几何时，情同手足，而今日蒋士铨进得杨家，最不忍心看到的就是杨垕的高堂老母，白发人送黑发人的惨状目不忍睹。还有杨垕的三个儿女，嗷嗷待哺，饥饿难熬。杨垕的妻子脸色蜡黄，衣衫褴褛，拖儿带女，痛苦不堪。一家人终年食不果腹，猪狗之食，难以下咽入喉。蒋士铨的妻子张氏也陪着蒋士铨一道前来吊唁，见如此苦寒之状也看不下去，一再催促丈夫伸出援手。蒋士铨诗中写道："君死我尚生，忍见颠危纠？悠忽成坐视，何用我为友？"

蒋士铨解囊相助不说，还将杨垕家的情况向江西布政使彭青原禀报，请求彭布政做主，免除杨家官田的税征。彭布政当即责成南昌县令，减免谷征。蒋士铨眼见事成，心下感慨：就是普通百姓家，孤寡满门也当接济，何况杨垕毕竟还是忠良之后啊！

汪轫在蒋士铨痛苦的时候安慰他，在蒋士铨孤寂的时候安顿他，多少给了他心灵的安慰。于是，他也很感激汪轫在他失去杨垕后这份情谊。想到动情处，蒋士铨奋笔疾书写了长诗《汪生》，称赞汪轫是："浩歌振颓响，其才实天纵。"

汪轫不仅德行好，诗也写得豪放大气。他的诗洞穿世态炎凉，道出了平民百姓的万种苦衷，每篇一出，便成了南昌人手中传诵的佳篇。

汪轫的才名不仅得到平民百姓的认可，就连当年他娶妻时，也因他的丈母娘索诗择婿而成为佳话。汪轫的妻子爱其才而对丈夫百般殷勤。

可万万没有料到的是一场回禄之灾竟至汪轫一家痛苦不堪。祝融的光顾害了汪轫的诗情。大火燃起时，汪轫的妻子还在梦乡酣睡，汪轫冲出火海，发现妻子没有出来，又不顾自身安危冲入火海，扯帏幔浸水将妻子抱出，自己却被无情的大火烧伤。两位好友，杨垕未辞而别身先死；汪轫又遭此劫难，成了残废，十指短秃，爪节凸出，面目全非。其时，蒋士铨听说汪家遭灾，也亲自登门探视，这一切好像是神鬼有意安排捉弄。逝者已逝，生者还得有活法。蒋士铨也经常有意识地带着汪轫四出会友，与赵由仪、王金英等雅集，把天灾人祸所带来的忧伤扔进泽国。

王金英原本江苏江宁人，乾隆二十七年（1762）举人，官江西教谕，与蒋士铨结为至交，两人常有诗文唱和。岁月把众多的挚友聚集在蒋士铨身旁，各种应酬纷至沓来，诸如请他作序、请他随诗、请他博艺戏文、请他主持雅会，蒋士铨疲惫不堪，觉出活得紧绷。喘息稍定，常与汪轫谈论避会之术。汪轫趣笑说，不想自己的生活沸腾，就得取一字来解系。蒋士铨并没有理解汪轫的话意，忙问：是个什么字？汪轫在他的巴掌心用自己的手指画了几笔。蒋士铨笑了：你说的是"佛"字？汪轫会心地点点头。

乾隆二十一年（1756）六月下旬，蒋士铨与汪轫相约，前往南昌城南清泰寺消暑，一心事佛以图清净。这天一大早，蒋士铨便来到清泰寺僧舍，打坐习静，念佛诵经，虔诚之至，人一旦摒弃虚浮后，心身便似开了莲花，拥着佛祖入梦，所思、所想便有心得。蒋士铨在经过冷静的思索、自我解剖后，觉得还是应该跳出三界外，不在五行中，迷途知返，去追求他心目中光明的未来。

两人以寺院为家，每日除了相互依韵为诗外，便是与僧众一道打钟扫地，"暂作清凉老居士"。蒋士铨在《行年录》中记叙："今年夏，辇云偕读书城南清泰寺凡四十日。"他在寺中的生活，只要读一读于当年七月写的《清泰寺晓起》便可略知一斑，那种闲适、幽静的生活真正让诗人放松了："冷月挂天中，邻鸡屋角空。虫声喧曙枕，客意满秋风。起视星河灭，遥知海日红。江城三万户，一半晓烟笼。"他还把儿子带在寺中，进行教化。隐身寺中，眺望不远的绳金塔，发思古幽情。这座千年古塔，立于城中一隅，宏亮的钟声遍及太虚，悠悠传入蒋士铨的耳畔。佛神的造化之功佑护着古塔，遭受劫难而巍然。蒋士铨不禁激情迸发，"登临百忧尽，壮士尔何如？"按捺不住对汪轫道出了内心的愿望和憧憬：一旦某日我捡了天菜，有了铜角子，便在这城南寺边，建一幢属于自己的大房子，好好地观一观这美好风景，享享清福，也不枉人世一场。

就在蒋士铨与汪轫闭关清泰寺时，南昌城里传出流言，说蒋士铨租舟，悄然北行，去迎金德瑛来昌，以说客请于巡抚衙门谋职高就。谣言可畏，苦于不得已，蒋士铨依依不舍告别绿荫树下与汪轫一人一榻、偷弈橘中棋的闲适理佛生活，开始忙碌起来。第二年又是大比之年，中书任上的探亲假也将到期。"我生已成客。虚舟纵江海，到处可浮泊。"为了学问功名，做一位心中理想的循吏，该走了。

心静了，心轻了。蒋士铨又在谋划进京了。没待事假期满，蒋士铨便效仿楚王项羽，欲行大事，不给自己留后退的余地。他破釜沉舟，出典所居老屋，变卖家产、典籍房室，筹集差旅费用，举家迁徙前往北京。

九月底，诸事完备，蒋士铨举家登舟北上。"行年三十气淋漓，谈笑轻他尺寸基。"（《再过河口天池庵题壁》）进入而立之年的蒋士铨，再也不满足于整日沉溺于文友间的诗酒唱酬，自我行吟，而是决意去寻找一条达志完满的人生之路，以便告慰老父在天之灵，也不负母亲的一路絮嘱。

楚霸王过乌江之风堪为人范，不成功便成仁，方显英雄本色。出典居所，正是蒋士铨这种心态的体现。靠着在京为中书的一点微薄收入，也可勉强对付家人的口粮。有家人在身边，用心尽孝，蒋士铨也没有负累感，或是负罪感。不让母亲再含辛茹苦，不让妻子重蹈母亲的辙辕，他蒋士铨付出再多也心甘情愿。命运把蒋士铨推到了风口浪尖，也阻了他的退路。前路虽坎坷，虽然见不到希望的光亮，他还是一意孤行，去再赴一次班生庐了。蒋士铨的意志与韧性成就了他的人生。

后来，蒋士铨重新回忆这个时期的心境，他在乾隆二十二年（1757）

丁丑显孝府君讳日告词中写道："去年寒食（即丙子年三月初四日），儿诣丘垄，别父北征，痛心自捧。"

江西地方有农谚俗语：三月三，九月九，无事莫在江边守。意即到了这个时节，江面上非风即雨，难有停歇。偏偏蒋家其时已将老屋出典，寄寓租舟，只待北行。天公不作美，也好像预示着一种不祥之兆，风来了，而且一吼不歇。全家蜷缩在舱中，每天亲朋好友都来探视，送菜送饭，让蒋士铨感激不已。滕王阁也好像在挽留这即将行旅的一家。自唐代以来，阎公一宴后，王勃以诗兜揽了多少文人雅士前来附会。年年岁岁，阁中游走了多少过客，可偏偏将蒋士铨羁绊于此，难得开锚。

这次北行前，蒋士铨妹妹慧媛，与蒋士铨好友饶学曙的弟弟饶学暄结为伉俪。饶学暄，字拱北，号星垣，铅山秀才。这对新婚夫妇，亦随行同往。船中还有蒋士铨的舅父蓬芦公。

就这样纠结缠磨，直到十月初，蒋士铨才出彭泽，过湖口，离开江西，循北而去。

乾隆二十一年（1756）十月，灾难开始降临蒋家。舟过安庆，蒋母于船上失足踏空跌伤，疼痛剧甚。母亲的呻吟如烙炙心，令蒋士铨寝食难安。随后，一波未平一波又起，舟过扬州，蒋家所租舟船舵楼失火，一家人险些葬身火海难以脱身。此一路行来，多有不测之灾，让蒋士铨懊丧不已。不过，这些灾难蹉跎而过，蒋士铨的心志不变。他在离开扬州、过高邮时，有诗自胸中涌出："习坎终凶防灭顶，升天何术可求梯？只宜痛饮南皮酒，各系腰壶拜水犀。"他的情绪还是挺乐观的。船至淮阴。蒋妻张氏原是山阳人，蒋士铨在《上冢行》诗引中叙述道："内子先世为山阳人，城北祖垄故无恙。大雪前三日，泊舟淮阴，偕往扫治。饮朱氏草堂，因系以诗。"

这次北行，张氏三十岁还乡，故乡父老乡亲听说张氏回乡祭祖，纷纷赶来探望，大家团团围着蒋氏夫妇雇来的车，问长问短，老妇多问名和姓，语言淳朴，泡茶递水，甚是热情。杀鸡烧汤，把酒临风，煞是热闹。酒席上，男宾女客，依序而坐。有老者笑问蒋士铨："敢问官人在官之乐？"都是乡下卑微之辈，总想知道些为官之道的秘密，只求蒋士铨略述从官的经历，让他们开眼界也开心怀。蒋士铨听了老者的追问，脸红心跳。自己贫困以仕，心比苦瓜还苦，无才无德，仅居个中书的低下小职，混碗饭食。其实还不如脱下朝衫，换成农夫的粗面衣，甘居田园，也少了这么多烦心事。蒋士铨怏怏以对，强打欢颜，仅以言语博家乡亲戚一笑。到了离别时，众位父老依依不舍，妇妪泪流满面，就连张氏孺人也觉消受这份敬重问心有愧。

船在波折与快乐中前行。举家北上，也是幸福的享受。蒋士铨在记叙这段日子的生活时也洋溢着痛快淋漓的感觉。全家人租赁两条船，时前时后。船并行时，隔窗相望，呼唤雀跃。五岁的大儿子知廉和两岁的次子知节，也成了船中的玩物。得闲时，蒋士铨还不忘给大儿子讲课启蒙，不让其荒废。一路上，河水煮河鱼，饱了口福。由于有了一次失足受伤的教训，家人每天都拥着老母，悉心照料，其乐融融。

款款行来，蒋士铨于民间疾苦也多了些切身的感受。他在《苦寒》诗中写道："乞人满街衢，裸体互引导，入市夺人食，鞭挞不辞蹈。"他在诗里深深感慨老百姓生活在死亡线上，无有温饱，衣不遮体，与太平盛世背道而驰，不仅有伤风化，也见不到官府的接济。黄河岸边，流民命比鱼虾贱，哭问淮南米价来。"老幼曝寒日，促膝对瞑眩。牛宫坐新妇，忍饿器笄钏。"百姓之苦，无以为告，无可解忧。想想自己所面对的生活困顿，比这些饥民不知要好多少倍，蒋士铨只有无言。既然自己无力回天，也只有深深地叹惜而已。就在他的忧民之心难以自拔之际，他的生存境地也险遭灭顶之灾。

乾隆二十一年（1756）十一月十三日，这是蒋家一个无法忘却的日子。所谓否极泰来、泰极否来，人的一生或许就绕在这个圈子里，难以脱身。这天全家冒着严寒，踏着晨霜，在山东东阿过黄河。八辆车在当地土人的帮助下，探摸着过河。前面已过三辆，待到蒋士铨的车过时，却不幸陷入深深的泥淖，车子登时侧翻。蒋母抱着孙子，滑入水中。寒涛侵入棉衣，蒋士铨与母亲都在水中挣扎。蒋士铨从母亲手中接过儿子，将他顶在头上，就像一片荷叶在寒风中惊恐飘忽。儿子凄厉的哭声，响彻河谷。两边崖岸上人们都在呼喊救人。这时有位汉子泅渡过来，接了蒋士铨手中的儿子，抛向岸边的沙滩上。两位汉子搀扶着蒋母，连推带拉拽到岸边。蒋士铨看着冻得颤抖不停、痛苦哆嗦的母亲，真如万箭穿心。幸好不远处，有户人家接济了蒋家。他们用地炉烧枯枝败叶，燃起暖火，既烘热了蒋氏母子的心，也烘干了蒋氏母子的衣。蒋士铨的夫人张氏，脱下自己的衣袄、裤衩，给小姑慧媛穿上。一家人苟且偷生，相对叹此遭际，恍如隔世。蒋士铨眼看母亲、妻儿及亲人们的惨状，内心痛苦，沉重反思：此生为图浮名，不孝不义，坠入万丈深渊，见不着天日，看不到希望的曙光。可自己还如此硬着头皮，不顾一切朝前奔，一次次的厄运，似乎已经完全证明老天毫不成全他蒋士铨的心愿。

不幸中的万幸，河南夏邑举人彭字江闻知蒋士铨有难，急难时刻见真情，火速赶来，伸出援手，送来衣物、酒食、银两接济落难的蒋家。彭字江在河边一餐馆设宴款待蒋士铨全家，为他们压惊。蒋士铨端着酒杯，下位来到彭字江跟前，连连谢道："借花献佛，借彭先生之酒谢彭先生您，我蒋士铨无以为报啊！"

彭字江反倒抚慰道："人谁无急难。蒋先生在我之熟地受惊，理当接济。要不是遭此一厄，我彭字江平日用八乘大轿恐怕也请不到蒋先生您啊！来，我敬伯母一杯，给您老压惊！"说着彭字江将酒杯递向钟令嘉。蒋士铨分明看到，母亲在与彭字江碰杯时，眼窝子湿润了。

人说，大难不死，必有后福。蒋士铨一家此行一直不顺遂，而且一次比一次惊险。祸终福至，这似乎是谶语捉弄。可现实总是有否极泰来的例证，成为故事。

十一月底，蒋士铨一家终至京城。蒋士铨完假仍做他的中书。乾隆二十二年（1757）元旦，蒋士铨当值，他用诗描绘了当天文武大臣早朝的异样景象："九鼎飘御烟，鸣鞭制宸础。仙乐南北乡，上下答钟吕。"太平盛世的豪华和威仪尽善尽美，俯伏上贺章，文臣武将尽呼万岁。不过，蒋士铨并没有沉溺于笙歌燕舞，满足现状而自我放纵，自我荒废，更没有自暴自弃。为了迎接会试，他特意偕江道新、陶淑一道，借宿慈云寺，集中精力应试。

其时，他在写给李衣山孝廉的诗里，谈到了他的想法："偶结文章契，翻成骨肉亲。多情为痼疾，不幸作诗人。壮气盘斯语，名山要此身。青编何事好？还与话殷勤。"他在会试前也叹自己落拓，叹朋友间十年随肩，至今还栖身于孤寂灯影、夜雨婆娑的古寺中。人生的得志或许就是等闲事。可既入此道，混混沌沌一辈子，得不到朝廷的眷顾，只恐怕也有几分失落感。士可欺，不可辱。参加会试落第是人的羞辱，它烙在人心间的疤痕永远也消磨不掉。

十三、江右名士

乾隆二十二年秋，京城的花儿特别香，天也特别蓝。当蒋士铨带着一颗忐忑不安的心迈入会试考棚的大门时，他对命运的取向既信心满满，又似乎有些踟蹰不前。毕竟这是第四次等待老天的召唤与抉择。不过晨曦中飘逸的那缕初阳，又好像给了他一份暗示。他要改写自己的历史，他要改变自己的命运。他望了望阳光饱满的天空，大踏步迈进了试院大门。

　　天街一骑滚香尘，蕊榜朝开姓字新。
　　报说和凝衣钵好，舍人名列十三人。

　　三十三龄老孝廉，紫薇花畔许留淹。
　　公车十载三磨折，才作青青竹上鲇。

　　老母焚香一展眉，九原吾父可闻知？
　　旁人怪落看花泪，不见番番下第时。

　　　　　　　　　　　　　　　　（《登第日口号》）

蒋士铨的兴奋溢于言表，进士及第的喜悦冲走了内心的阴霾，也驱走了心中的块垒。他在《行年录》中写道："会试，卷在钱萚石载先生房，荐，中第十三名。座主为刘诸城相国统勋、介宗伯福、金桧门先生。殿试，二甲十二名，朝考，钦取第一，改庶常。"

这年的考官乃刑部尚书刘统勋，字延清，山东诸城人，甲辰进士；礼部侍郎介福，字受兹，满洲镶黄旗人，癸丑进士；礼部侍郎金德瑛，丙辰进士；是科考官为郑虎文、路斯道、庄培因、李中简、饶学曙、蒋楫、卢文弨、钱载等十八人。二十二年丁丑科的试题为：暑变物之性论，拟答傅元诏，拟治河流，赋得动复归有静得为字五言八韵。第一名蒋士铨。

蒋士铨于乾隆十二年（1747）二十三岁中举，乾隆二十二年（1757）会试成进士，十年辛苦十年搏，到今日可谓脱胎换骨得新生，生命的又一页翻开了。

十年磨一剑，这剑终于中的。诚然，我们说，蒋士铨的文采、文声，于一个进士当之无愧。可在历史的长河中，封建王朝的科举考试中，曾经淹没多少雅士才俊。好在，这年的礼部会试，正好是蒋士铨的恩师金德瑛主持礼闱，会试揭榜，蒋士铨进士及第，朝考列第一，改庶吉士。更为奇巧的是，蒋士铨的莫逆之交，同乡彭元瑞也于这年同科高中进士。

彭元瑞祖籍南昌，中进士后，授翰林院编修，入直南书房。彭元瑞为官精明，与蒋士铨的迂腐截然不同。彭能以自己的才能感动乾隆，甚至是取悦乾隆，可见彭元瑞公关才能非同一般。蒋士铨才思敏捷，文如泉涌，不仅诗文成就有过人之处，戏剧创作才华也令人称奇。彭元瑞诗文成就应在蒋士铨之下，但他亦精于对联，乾隆帝为他的才华所叹服。

彭元瑞在会试放榜后，曾邀蒋士铨于酒楼小叙。两位同年好友迎面而席，笑对清风，把酒抒胸臆、论情怀，激情荡漾，大有展宏图、创伟业，愿为朝廷肝脑涂地之感。彭元瑞在酒醉微醺后，下座拍着蒋士铨的肩，动情地说："三国时曹操与刘备煮酒论英雄，今日我俩也在这酒楼叙酒论英雄。当今盛世，尧天舜日，修文偃武，政通人和，急需出类拔萃之才，正好成就我等风云人物。大丈夫藉文显才，不辱皇上，效力朝廷，功名盖世。看今日天下之大，庸碌塞市，别人歌罢我登台，辅佐皇上，舍我俩其谁也？"蒋士铨听彭元瑞如此说，却不置可否地笑了："曹、刘为乱世英雄，你我与其相比，文武失道。你可为雄，我呢？"说着伸出小手指去，"乃此也！"

彭元瑞见此，不由得哈哈大笑："士铨兄过谦了。"

他沉吟片刻后，得意地对蒋士铨道赠联：今天是个好日子，赠兄对联一副，以期共勉：

三千水击鹏溟北；
百二峰环雁荡南。

彭元瑞的才华既得到乾隆帝的赏识，也得到乾隆的重用。

蒋士铨的诗文能得乾隆赞赏，却得不到他的器重。可见蒋士铨的钝化愚古，不合王道。彭元瑞后来督江苏、浙江学政、典试顺天（治今北京市）、浙江、江南，历充文武会试及武英殿国史馆、会典、三通、四库、石经诸馆总裁。乾隆去世后，彭元瑞又得到嘉庆帝的厚看，充实录馆总裁，专司稿本，历官礼、兵、吏、户、工五部尚书，协办大学士、太子少保、太子太保。不过，彭元瑞的文学成就也确有过人之处，一生著有《石经考文提要》《宋四六文选》《宋四六话》《思余堂经进初稿续编》《知圣道斋读书跋尾》《潜源诗钞》《馆课培英集》《策问存课》《新乐府》《补辑唐权文公文集》《五代史记补注》等，诗文成就与蒋士铨齐名，乾隆帝因之直呼二人为"江右两名士"。

乾隆时期，由于鼓励农耕，治理水患，加之百姓的辛勤劳作，统治者所实施的治国方针政策合理得当。戍边拓疆在军事上取得很好的战果，国家空前统一，疆域面积尤广，国库充裕，库银经常保持在六七千万两以上。这样难得的历史契合是乾隆帝文治武功的体现，也是乾隆帝生逢其时的幸运。

乾隆时期是"康乾盛世"的后发时期，经济繁荣、国家昌盛，百姓生活相对稳定，文化也得到较大发展。

　　乾隆帝的统治手段堪称一绝。在文化领域，他为了维护满人铁权治国的需要，利用文字狱，罗织罪名，在知识分子中制造恐怖气氛，其时的文士才人下笔时，处处小心翼翼，不敢越雷池一步。不少知识分子因为文字犯上，而引来杀身之祸。同时，他又将一部分汉族知识分子笼络在他的身旁，为巩固其统治地位唱赞歌，甘心效力，竭诚犬马。

　　在这些获乾隆帝重用的汉族文人中，最有代表性的就是彭元瑞、纪晓岚。满腹经纶的饱学之士，不是把功夫做在文学里，而是将心血倾注于助力皇权统治，极尽逢迎、曲意周旋、阿谀奉承这些马屁术上。不过，其时也有刚正大臣直言劝谏，户部尚书梁诗正就提出："今虽府库充盈，皇上宜以节俭为要，勿兴土木之工、黩武之师，庶以持盈保泰。"乾隆帝似乎也听得进这些劝谏，有时还对谏官褒奖几句。可在其平日的行止中，却未见有所收敛。进入晚年，尤为重视讲究排场、豪华。而那些行走在身边的近臣，更是在面君时，大唱赞歌，极尽甜言蜜语，背着乾隆帝却用尽伎俩，贪赃枉法，尤以和珅最甚。

　　与同科进士彭元瑞相比，蒋士铨文字功底不在彭元瑞之下，诗文辞赋、戏剧无一不精。其时任吏部侍郎的新建籍文人裘曰修，极重乡谊，更看重本土后生诗文成就。他在与乾隆帝君臣相对时，时常提及江右两才子蒋士铨和彭元瑞。历朝历代江西文人荟萃，才子之多似如过江之鲫。平日乾隆帝也很关注江右才人。裘曰修的上荐之言，毋容置疑，为蒋士铨和彭元瑞在乾隆帝心目中的位置及拔擢，起了推波助澜作用，也让乾隆帝从一开始便记住了这两人的名字。

　　裘曰修对蒋士铨的器重，源于江西士绅为乾隆帝母亲、皇太后七十寿诞所撰写祝寿戏文《西江祝嘏》。当蒋士铨所撰文本传到他手上，经他过目后，其文字之精妙，着实让裘曰修惊讶不已。这几本戏审读完毕，即在京城官宦手中传阅，以致蒋士铨名动京城。随后蒋士铨几番进京城参加会试，裘曰修都以乡党的名誉，宴请蒋士铨和彭元瑞。蒋士铨对裘曰修也是感恩备至。但是，在感恩的同时，他从不奢谈自己的才华，也从不乞求裘曰修在关键当口出手相援。蒋士铨傲然的心志与彭元瑞形成鲜明对照，其心如镜，照得见肝肠。蒋士铨与裘家的私谊深厚。

早年，居家南昌时，蒋士铨与裘曰修的长子裘超然、裘曰修的族侄裘雒川、裘曰修的次子裘超臣即过从甚密。尤以与裘超然的诗文往来频繁不断。蒋士铨中举前后，年轻有为的几位豫章书生，蒋士铨、裘超然、杨垕、汪轫、赵由仪等，曾经结伴畅游南昌城，少年才子的诗文豪情在滕王阁、北兰寺、百花洲、绳金塔等地迸发。金德瑛来南昌主持江西学政，这几位诗才，当然还有彭元瑞，追随金德瑛左右，游学江西境内，众皆受益匪浅。乾隆年间，江西诗风兴盛几出于以上诸君之力。蒋士铨在这些诗客中应该是当之无愧的佼佼者。

　　书生气甚浓的蒋士铨身上总有股英气，嬉笑怒骂是他的常态。翰林院编修的职位束缚不了他的手脚。游走于京职，官至都下，仍不谐于俗，心高气盛、耿介廉洁。初时，京师名臣公卿皆慕其文声，以能与蒋士铨交往而感到高兴。蒋士铨进士及第，论常理，以他的才华学识诗文成就，自立公卿之位是理所当然。改庶吉士而后散馆，得编修之职，这似乎都是顺理成章的事。随后又充武英殿纂修。但在乾隆二十六年（1761），三十七岁的蒋士铨考试考核名列二等二十五名，这似乎让蒋士铨有些灰心丧气，加之他的三儿子斗郎去世，沉重的心理负担，使他常常哀伤不已。乾隆二十七年（1762），蒋士铨三十八岁，上天似乎又开始青睐这位才子了。他被推荐为顺天乡试同考官。这个职位，他驾轻就熟，也是他乐意做的了。蒋士铨一扫内心的阴霾，依才取人他独具慧眼，替他人做嫁衣裳他裁缝剪补有条不紊，阅卷推举做得一丝不苟。由于初选到位，省了其后主考官遴选的工作量，也非常精准地推荐了一批具有质量的试卷，使不少有真才实学的学子脱颖而出。此届顺天乡试选取的著名举子蒋炽等十几位地方才俊，后来都成为朝廷的有用之才。乡试结束后，蒋士铨充《续文献通考》纂修官。《续文献通考》是《文献通考》的续编，作者是明代王圻。王圻字元翰，上海人，嘉靖四十四年（1565）进士，官至御史、陕西布政司参议。后辞官归里，专事著述。作者收集史乘和各家文集、谱牒及奏疏等，据事节录，于万历十四年（1586）编次成书，共二百五十四卷。所纪上起南宋嘉定年间，下至明万历初年。体例仿通考，又兼取《通志》之长，收及人物。全书分三十考，较《文献通考》增出节义、书院、氏族、六书、道统、方外等六考，各考之下分卷标目，但田赋考中增加了黄河、太湖、三江和河渠四个子目；国用考中增加了海运；学校考中增加了书院、义学。明代以前部分，多取材于宋、辽、金、元四史；明代部分辑录史料甚多，不少史料为他书所不载。该书可与《大明会典》参用，但体例和内容失之杂乱，不够严谨。

清乾隆十二年（1747）开始官修《续文献通考》，内容多取材于《文献通考》，共二百五十卷。体例与《文献通考》相同，纪事下限止于明末，引征各代旧史及文集、史评、说部等，加以考证，对《文献通考》未详者亦有所补正。蒋士铨任纂修官后便在该馆就业，以其圣手撰史。

任纂修官后，蒋士铨如鱼得水，文名籍甚。"当是时，士铨名震京师，名公卿争以识面为快"，蒋士铨"长身玉立，眉目朗然，嵚崎磊落，遇忠孝节烈事，辄长歌纪之，凄锵激楚，使人雪涕"（王昶诗话），"生平无遗行，老节凛凛，以古丈夫自砺"（金德瑛《忠雅堂诗续序》），"遇不可于意，虽权贵，几微不能容。其胸中非一刻忘世者，趋人之急若鸷鸟之发，恩鳏寡者艾无所斩"（袁枚《藏园诗序》），"诗古文辞负海内盛名"（王豫《群雅集·小引》）。

清末儒将李元度评价蒋士铨："先生秀眉长身，风神散朗如魏晋间人，而激扬风义，甄拔寒酸，有古烈士风。……诗古文辞负海内盛名，而最擅长莫如诗，古诗胜近体，七言尤胜。……高丽使臣尝饷墨四笏，求其乐府以归。"蒋士铨学识渊博，过目不忘，诗文洋洋洒洒、涛涌云飞，操笔即就。只要他为席主讲，威仪不俗风度翩翩，整场讲座阐述得头头是道，就好像雷电穿户而过。一旦讲得兴起，恣意发挥，如脱缰野马，纵横驰骋，淋漓尽致。其语调诙谐幽默，听他授讲，众皆感奋颔首称道，恰似心受云霞。他为诗的文字脉络清晰，思路无垠，回旋沧溟。一诗刚成，即在士绅文人手中传抄。尤其是那些略通文墨的妇女，都想得到他的文字。一时京城轰动，洛阳纸贵。

这年，高丽使臣来京，听闻蒋士铨文声，也满城打听，登门拜访，求其乐府尽兴而归。

相较而言，彭元瑞以政声闻名，以文取悦皇帝，而留下身后名。蒋士铨则不然，他是乾隆文坛实实在在的"孤凤凰"。

蒋士铨直抒胸臆，难见文过饰非，不效唐宋，以叙怀为乐事。其文章贵乎其真，真便见实，实便见真性情，真性情中便见正气腾升。这一点，彭元瑞无可比拟。

乾隆二十六年（1761）夏，也就是蒋士铨中进士的第三年，蒋士铨寓居京城官菜园上街，彭元瑞出自友情乡谊，为能与蒋士铨夙夜切磋，有意识地将家移居于蒋士铨的住所附近。他们抱膝长谈，把酒迎风，诗成了最好的话题。两人常常小饮无醉，以消长夜。有时，两人又摆开棋局，杀个天昏地暗；有时，雅兴所至，两人又沉默无语，各自读书。这种日子，相依相伴，志趣相投，似乎把外界和时空都已忘却。只有那斋中孤灯一盏，映照着两个精神矍铄的汉子，堪称京城一双让人称羡的文友。

两位文友，两种性情，两种不同的行事风格，也决定了两人的命运向背。

蒋士铨是个极重乡谊之人。南昌人吴蓃圃为同榜举人，时亦宫中出，入直内阁。吴蓃圃为了便于与蒋士铨交往论诗，也将家搬至与官菜园上街一墙之隔的珠巢街。这条街上有扬州、云南、成都等会馆，南端还有观音院，是个热闹所在。吴蓃圃闹中取静，经常过巷来到官菜园上街，与蒋士铨两人倾谈为官为诗心得。蒋士铨不仅与吴蓃圃交情深厚，就连两家眷属也礼尚往来，互通有无，相互接济。

乾隆二十二年（1757）秋，吴蓃圃赴象州知州任左州前转道返南昌，两人依依不舍，各道珍重。蒋士铨与吴蓃圃穿行于仙源流觞处，鲜花映红笑脸，却不料一犬狂吠打破了仙境的宁静，牵扯两人的话题，成为不谐的插曲，似乎在诅咒他们的别离。草堂中经卷书集，足可陶冶性情。蒋士铨与吴蓃圃在客栈酒家喝着米酒，品尝着风味小吃，酒醉而归。有酒便有诗的蒋士铨，又忍不住以词《贺新凉·送吴蓃圃舍人返南昌》赠别："与君今世生同地。况又是、十年同举，同心兄弟。小作升沈添怅惘，仆亦因愁几死。才浣却、衫襟前泪。此事春风浑不管，记刘郎、前度伤心只。君且卧，紫薇底。……侧帽随秋去。消受者、晓烟山店，夕阳红树。犬吠孤村灯一点，于此解鞍而住。是马食、僮眠之处。料得主人清梦少，问东邻、谁唱黄河句？盼不上，纸窗曙。　　萧萧林莽雅无数，画一幅、秋山行旅，乱愁堆絮。岂必飞腾感迟滞？对此本无欢趣。算一带、荒原古戍。有我征魂抛掷下，倩归人、寻着同他语。十年泪，雨奔注。"

乾隆三十年（1765），吴荪圃改任象州知州，蒋士铨与吴荪圃话别，至驿站方回，足见两人情谊非同一般。其后，吴荪圃治理象州政绩卓著，后改任左州，多有建树。

乾隆三十一年（1766），蒋士铨主绍兴府蕺山书院讲席，没有想到，两位挚友于京城一别，竟于此地相见。蒋士铨早在前次京城离别时，戏言吴荪圃一介书生，何能治州。让人没有料到的是，他的才华在象州得到充分发挥，达才所宜，守官端正，百姓以歌颂扬。可就是苦了吴荪圃，仕途一届，行囊羞涩，两人相见后，"酌酒各倾吐，情愫相缠绵"，"所语出心得，树立期勉旃"，吴荪圃的行止真让蒋士铨可以放心酣然入睡了。

乡谊难忘，云飞海天，有谁知后会是何期？

十四、典裘具殓

蒋士铨一生，继承父亲衣钵，性格豪爽，侠义肝肠，用江湖术语说：可为朋友两肋插刀。早年担任《南昌县志》协裁时，南昌郡守靳大千原本是个清廉好官，政声、民声都有口皆碑，可却遭人罗织，身陷囹圄。蒋士铨得知此事后仗义执言，为其奔走呼号，在江西布政使彭青原的帮助下，靳树椿被解救出狱，随后，又在自己生活十分困顿的情况下，资助路费，送靳氏回原籍。

蒋士铨的骨子里流淌的是父亲的热血，仗义疏财，接济贫困，不惜囊中羞涩。尽管他的生活清苦寡淡，时常炊无粒米，可他只要认定来者比自己贫甚，决不会让困者空手而归。在更多人的眼中，他成了活神仙，有求必应。蒋士铨的安贫乐道奠定了他济世救民的思想基础，也让他乐意接近普通百姓，关心其疾苦，力所能及地给予施舍。乾隆十三年（1748），蒋士铨首次进京参加会试，途经山东黄泛区，只见饥民"流亡络绎，死者塞途"，频繁的水患已使众多百姓陷入绝望，死生由命，听任风侵雨浸，苦无求生之路。于是蒋士铨在《逋逃》诗中写道："荒政可能除积弊，凶年何以救疲民？"看着这样一群生活在水深火热中的下层百姓，看着哀鸿遍野的场景，蒋士铨恨自己愧带儒冠而无力出手相助，只有仰天长叹，凄风苦雨难为穷途人。

乾隆三十年（1765）初夏，蒋士铨自京城南下后与袁枚会聚，略作歇息，再度南下，回到南昌。他将老屋赎回，安顿全家。可是，此时的南昌，饥荒遍野，民不聊生，无尽的雨水造成的洪荒使百姓流离失所，触目惊心。

他的《饥民叹》诗记叙了其时的惨状，表达了对人民疾苦的深切关怀。诗中说：去年的淫雨落了将近半个年头，整片的田地浸没于水中，老百姓面对如此水灾，只有背井离乡一条路。今年的雨水并不比往年少，三个多月无休止的淫雨，又增加了难以计数的饥民。他们在雨中行乞又在水中无助地死去。漂浮的尸体布满河滩，而街市上的饥民又人满为患。那些昔日以蚕桑为业的织女村妇，也只好以卖笑为生，填饱肚皮。就连那些天边飞来飞去、找不到吃食的鸟也发出饥饿的悲鸣，"野鸭浮沉孤雁哭"，水灾过后，广大乡村满目疮痍，举家逃荒。贫富本来就没有什么前生注定，生活本来就无常，只恨这苦雨绵绵到何日才休止。

写完这些后，蒋士铨仍觉不解意，又作《后饥民叹》诗，从官府接济饥民这个角度，为贫民鼓而呼：去年的中丞离职后，雨也停了。今年新来的中丞又逢另一场淫雨，可是，新来的中丞却得了灾民的拥戴，他想尽了各种办法开仓接济饥民。往年官府的粥棚人们要想等到发放的那半碗稀粥，自朝起至午排队等候，最后能到碗中的尽是馊粥、冷粥，官吏可不顾那么多，只要发了，百姓是死是活无所谓。即便是饥民也全然不顾，只图眼前的苟活。那些等待官府稀粥接济的饥民，不少就在长长的队伍中绝望地倒下。难闻的气味很快变成一场瘟疫，死去的人们填满了沟壑。往年发米的官员和卖米的官员都大发国难财，中饱私囊。今年卖米的各种弊端稍有清除。人多米少，僧多粥少，公平对待，中丞大人苦心尽力。不少其他州郡的官府对饥民的疾苦充耳不闻，不管不问，都恨不得能做南昌人。哎，南昌人愁苦就少吗？中丞大人都无以自保，去官回苏州老家了啊！

蒋士铨忧国忧民，憎恨贪官，疾恶如仇。同情贫困百姓而又百般无奈，只有用诗来表达他的愤懑，发泄胸中的苦闷。《禁砂钱》一诗，矛头直指当时江西巡抚辅德借禁砂钱对百姓实行大掠夺，使民不聊生。蒋士铨诗稿中有评语云："先生落笔即成诗史"，可谓十分中肯。

乾隆二十五年（1760），蒋士铨中进士后，散馆授编修，身居京城，闲暇时日，每每将目光下移，关注民间的冷暖。这年他一口气写下《京师乐府词十六首》，诗中所截取的画面，多是依附京城讨生活的各种贫民的生活场景，其中一首《缝穷妇》，把以替人缝补旧衣的妇妪形象刻画得入木三分。诗中描写寒风刺骨的冬日，穷妇坐在冰冷的街檐下，自己的衣服单薄不说，破旧得连胳膊肘也露在外面。雪花扫在那双皲裂出大口子的粗手上。儿女在一旁冷得直打哆嗦，哭号不停。这又有什么办法呢？靠丈夫的气力和那双粗手难以养活这个家，只有靠妇人十指一针一线求条生路。你看她那用针的手，飞快的动作，飞针走线去补好每个补丁，任凭那些风流浪子调戏笑闹，丢下几文铜钱。想那金粉世家的小姐太太，卷着云鬓，身居深院，一双娇手何曾动过针线，却笑那些贫妇性癖习女红，真是强盗逻辑。穷人的命薄，只该补贫缝穷啊！蒋士铨这些诗歌继承和发扬了唐朝杜甫、白居易"新乐府"诗的优秀传统，抨击不平等的社会现实，深切同情劳苦群众，确实不愧"诗史"之誉。

蒋士铨身居士大夫之列，以俸禄养家，紧巴巴过日子，他也觉得困窘，可与这些贫妇相比，依然有天壤之别。

生活给予蒋士铨的生命通道虽然并不宽敞，他在同情之余，却也不遗余力接济那些贫困潦倒的寒士穷儒。

金德瑛在形容蒋士铨京城生活时说："官都下，闭门谢客，日依侍母侧。刻苦齑盐中，且数数拯人患苦，以是日空乏。"可见蒋士铨待人之古道热肠，而且不计后果，以至自己家中时有无米下锅的隐忧。

湖州人沈寿雨秀才，与蒋士铨交谊在乾隆十一年（1746）。其时，蒋士铨陪同恩师金德瑛在江右巡视，沈寿雨作为金德瑛的幕僚，也一道陪行，两人过从甚密。巡视到江西瑞州府时，沈寿雨曾作《岘山读书图》请蒋士铨留诗。其时，才子豪情，诗情画意，倜傥风流，朋友间的相互照应、相互唱和成了佳餐美宴上的一道开胃菜。随后，江西一别，沈寿雨游幕四方，久别无音讯。

乾隆二十三年（1758），蒋士铨在京城编修任上得闻沈寿雨凶讯。其子沈宾前来京城，找到蒋士铨，诉说父亲已于乾隆二十一年（1756）去世。沈宾涕泪俱下，讲述了家中苦寒境地，不要说家无斗米，就连父亲去世至今已两年，亦无钱安葬。沈寿雨的去世，不啻一声惊雷，将蒋士铨击蒙。一时间，泪如雨注。更听闻老友生前贫困潦倒，尤其心如刀绞，他恨苍天不佑寒儒。可是，这样的痛苦又有什么办法得以解脱呢？其时，蒋士铨也家无闲钱，左思右想，为了老友能够早日入土安息，他还是出门借贷俸银二十四两，嘱沈宾归乡葬父，以慰其在天之灵。沈宾感激万分，跪拜以礼。蒋士铨一再安慰沈宾，并让仆人将他送至码头，找到前往浙江的船只，安排沈宾搭乘回老家方罢。如此周到妥帖安顿好老友的后事，他的心才稍稍平静下来。他在诗中写道："不烦于我殡，称贷济君贫。泪洒怜空囊，低头愧古人。虚舟无积麦，转毂是劳薪。愿作风帆健，平安送尔身。"

蒋士铨不仅为沈宾接济银两，而且还为沈寿雨撰写了墓志铭。他出手相援，还在诗中自觉愧歉老友，足见蒋士铨的品格高尚。在他身上，随时处处可以照见父亲蒋坚的影子，只要能解朋友之难，宁愿自家节衣缩食，甚至是停炊断顿也在所不惜。

蒋士铨自年轻时就养成喜交游的习性，他视弱者为心照之点，同情弱者而不分卑微。乾隆二十七年（1762）岁末，纷纷扬扬的大雪将京华大地银装素裹，寒气袭人。街面上行人稀少，就是在这样数九寒冬的年关时日，靳大千携一子一仆，佝偻其形，跌跌撞撞，凄寂无助，龟缩京城，居于一个不知名的小旅店，而且又得了急病，无钱医治。靳大千差遣儿子，冒冒失失闯进蒋士铨家中。年轻人气喘吁吁告之蒋士铨，诉说着自己父亲的病情和生活的困窘。

蒋士铨闻说后，二话没说，顶风披雪，速速来到靳大千暂居之处。靳大千看见蒋士铨冒着严寒前来探视，不禁如孩提般痛哭流涕诉说："我因自己的罪过，毁了原本欢乐的家。自从南昌罢官后，便携了家人在淮南靠乞食度日，暂时将自己寄籍于清江浦，为文襄公祠堂守舍护神。平日有那朝觐、乞愿者，虔诚礼佛者，上供些香火之资，全家仅靠这样一点点微不足道的香火钱维持时饱时饥的生活。幸得皇恩浩荡，年前腊月初，承蒙皇上开恩准许进京觐见。可没想到命运不济，竟一病不起，难展胸怀，甚至将死无葬身之地。眼见京城人地两生，无依无靠，只有你，能够救我于绝地。"蒋士铨闻听，感慨系之。当即安慰靳大千："你别难过，我尽力而为。先找个郎中替你寻医治病。身子硬朗了再谈下一步怎么走，好不好？"靳大千躺在床上，哆嗦着点头称谢。于是，蒋士铨四处延请京城名医，为其垫资侍药，极尽周到。可天不假年，靳大千终因病重，医药无效，于正月逝世。

其时，蒋士铨口袋中的钱角子所剩无几，为了殓葬好友，他只得回家说服妻子，将两件皮衣典出，以资靳大千具棺入殓。

乾隆二十七年（1762），三十八岁的蒋士铨又遇上了一件尴尬的事。旗人董法熹，以顺同发江西试用，补广信府经历。乾隆二十二年（1757）丁丑，其解饷入秦途中不幸去世，旁无亲人。棺柩几经辗转停靠淮河之滨三茅庵内。而董家一门八口尚滞留在南昌赣江边，幸得南昌诸同僚鼎力相助，得金二百两，全家匆匆租舟去淮。可没料到，中途家奴将同僚所捐银两悉数盗窃而遁。董法熹妻子无奈，只得将身上、头上饰物典尽，赶到高唐州。其子董兆盛将嫡母留置于外婆家，董家老奴背着董兆盛的弟弟，相携董兆盛，一路乞讨至京。后来庶母眼见前无生路，也抽身离群嫁与水上人家。由于董家旗籍在北，族中也无能者可助一臂之力，眼看着父死母寡子弱，一家乞食而生。董公一生勤于学业，在其官位上竭诚忠恩，上对得起皇天后土，下对得起黎民百姓。生前与钱粮打交道，不动官银半文，不动粮米半升。押运粮草于朝廷有恩，从无怨声，可其死后却如此惨凄。董法熹的惨淡生平触动了蒋士铨，他将此事入告老母，母取银二两，出来说："我们家仅此而囊罄矣。"蒋士铨将二两银全给了董兆盛。随后蒋士铨给漕运总督书信，请他帮忙。杨总督接信后，即竭力调度，棺柩顺利抵达河北涿州董法熹的老家。

蒋士铨与董法熹的友谊，有着深远的渊源。董法熹的祖上董宏毅，曾任江西奉新县令。值金声桓作乱，他率领士民人等，坚力死守，城池固若金汤，保全了城中千万家臣民百姓。这件事，当地的邑志竟然没有录入。其时，蒋士铨正在编撰南昌县志，听闻此事后，当即让董法熹具状，将董宏毅杀贼军功文檄等一并秉呈江西布政史王兴吾。经当地公请，把董宏毅入祀名宦祠。蒋士铨重史之节烈心肠略见一斑。没想到，几年后董法熹又遭厄难。这一回，蒋士铨本已家道困顿，仍然出手。

蒋士铨不仅接济与其平辈苦寒文人士子，对那些乡中秀才同样有求必应。秀才何在田进京赶考，乘兴而来，扫兴而归，会试落第后，囊中羞涩，前来求助于蒋士铨，蒋士铨不仅供其吃食，而且将他介绍给天津的朋友，请朋友聘何在田为子师。

湖州一位秀才老友沈龙文先生去世后，儿子告贷无门，情急之下，想到蒋士铨，登门求助，蒋士铨倾其所有，解囊相助。

乾隆三十七年（1772），蒋士铨于安定书院主讲。门生洪亮吉的父母去世后，因停棺于外，急葬归里，而自己囊空如洗，万不得已，只好来求蒋士铨。蒋士铨毫不推卸，资助洪家尽孝而归。洪亮吉赋诗感激恩人："忆昨高堂念客寒，蹇驴风雪劝加餐。羊裘奚奴复付质（自注：去冬余急葬归里，太夫人质年裘赠行），鸡黍拜母欣承欢。"

十五、心头兄弟

在京为官期间，蒋士铨广结文友，以诗排解官场的沉闷和无聊，留下了不少诗文名篇。

蒋士铨一生结为莫逆之交的文友甚多，有被乾隆皇帝赐诗曰"江右两名士，汝今为贰卿"的彭元瑞；有共同结社的翁方纲、程晋芳、周原辕、吴锡麟、洪亮吉、张埙等；有"江西四才子"之称的杨垕、汪轫、赵由仪；有称蒋士铨为"奇才"的袁枚。

而在京城成为莫逆的文友，非张埙莫属。

诗人赵翼，素有"诗中云鹤"之称，常与蒋士铨交游。两人煮茶品茗，吟诗作赋，活得逍遥痛快。后来，张埙来京，蒋士铨作长歌纪录此事，同时，也很得意地把张埙介绍给赵翼，三人自此交往甚笃，以诗文自娱。

张埙与蒋士铨共相受业于金德瑛。在济南两人奉随恩师，灯窗以对，朝夕与共，亲如兄弟。

"杏坛花润经重荫，蚕箔春迟已再眠。便觉输君朝气盛，画楼初日较鲜妍。"这是蒋士铨与张埙在济南的秋夜，两人相叙侃侃，无所不谈后，兴犹未尽，所写两首诗中的一段。

说到蒋士铨与张埙的交谊，有不少饶有兴味的故事。张埙的诗词功力过人，京城人称"张蒋"。有一次，两人在一起品茗相叙，笑谈中谈及"张蒋"诗名。张埙打趣地问："我俩共有文声，诗文齐名，应该说，不分高下，平分秋色，可为何大家谈及我们俩时，总是把我放在前面，你放在后面，是何道理？"

蒋士铨听了，不卑不亢，笑而答道："你也别得意，这是人家谈吐时，将张字放在前面，容易押韵上口。"

张埙被蒋士铨的回答笑倒了，连连用手指头点着蒋士铨："鬼精灵、贼精灵，可见你的诗文功力比我强。"

蒋士铨去世后，张埙动情赋诗一首："心头兄弟梦中人，三十年余交最亲。一代奇才无所爱，四肢痼疾鬼偏嗔。戏将张蒋夸先后，果说苏黄愧等论。魂梦九天忆珠玉，诙谐万古出风云。"

蒋士铨的另一位知己文友乃赵翼也。其与赵翼的诗文交往很有戏剧性。乾隆十九年（1754），两人一道参加春闱，一道落第，后来又同时考授中书，相同的经历，相同的遭遇，真可谓是难兄难弟。

蒋士铨在为赵翼的诗集《瓯北诗钞》作序时写道:"余与君相识在甲戌会试风檐中,已而同官中书。先后入词馆。九衢人海,车马喧阗,吾二人时复破屋一灯,残更相对,都无通塞升沉之想。今握别十余年,而大集之序,不以他属,而以属余,盖以酸碱之嗜,两人有同味焉。"

赵翼乃江苏阳湖人,从小文声极甚,他性格爽朗,性情刚直,与蒋士铨异常合拍,两人相识于闱中,每日诗酒文章,大有相见恨晚之感。两人同时进入词馆后,又同租一屋以居,朝夕相处,青灯诗文以对。乾隆二十二年(1757),蒋士铨得中丁丑科进士,可是赵翼却迟迟于乾隆二十六年(1761)辛巳科才中进士,不过赵翼却得中探花及第。乾隆二十七年(1762)八月初七日夜,两人于京城假座酒楼,相叙情怀。蒋士铨有诗:"烟云千里梦模糊,料得鲛人泪点枯。那识骊龙开睡眼,月中相对念遗珠。"蒋士铨认为,虽然赵翼得中探花,但是论文采,应取状元无疑。他觉得朝廷取士有遗珠,很有几分愤愤不平。

同样,蒋士铨辞官南归时,赵翼作《吟苓、廉船皆因交于余》诗替蒋士铨鸣不平:

> 敏捷诗如马脱衔,才高翻致谤难缄(有问之于掌院者,故云)。春归织锦新花样,老叠登场旧舞衫,过眼恩仇收短剑,随身衣食有长镵,归途笑听樯乌响,安稳春流一布帆。

> 经年不晤自情亲,冷暖场中两故人。世谓灌夫能骂座,我援泷吏劝书绅。离庭一别真如雨,浪迹重逢定几春,更忆同时二张子,近来也复少音尘。

得知蒋士铨诗文于京师付梓刻印后,赵翼欣喜若狂,当即赋诗:"谈忠说孝气嶙峋,卅卷诗词了此身,于世仅增仓一粒,诗人已弴弩千钧。三年刻楮成何事,六博呼卢大有人。太息儒冠真自误,可怜无补费精神。"

赵翼将蒋士铨与诸文友的诗文集,堆垒桌间,以示炫耀;后来,蒋士铨的孙子蒋立中前来谒见,赵翼感叹先生有后继者而欣慰:"握手相逢感昔因，依稀下蔡旧丰神（用蒋济事）。曾看乃父荷衣拜，又叹孤儿葛帔贫（昔在京时，立中父仅十余岁耳）。车笠故交欣有后，坫坛同辈已无人。报刘更听重闻老，存殁相关泪满巾（心余夫人尚在）。"

他在怀念老友蒋士铨的同时，也感慨万千："叹我亦将成弩末，比君仍未进竿头。"他觉得自己的诗文至今仍难胜过蒋士铨。生前的游迹只似鸿爪，人到老时方知功名乃身外事了。如今两人的诗文都存于世，有可能流芳千古。

赵翼与蒋士铨一如乾隆时期诗坛的比翼鸟，两人都翔飞云天，让世人侧目。

蒋士铨在京期间交谊颇深的好友还有顾光旭等。清秦朝钉在他的《消寒诗话》云："江西蒋翰林士铨诗笔奇秀，语必惊人。在京与顾侍御光旭为邻，诗酒唱和，一韵至十数往复，僮仆递送，晨夕疲于奔命。曹庶常锡宝室宇相对，亦与焉。未几，蒋请急奉母命归，而侍御出守宁夏。胜事不常，然其一时笔墨挥洒，颖竖飙发，可称佳话。"顾光旭是无锡人，乾隆壬申年（1752）进士，历官户部主事，擢员外郎。顾光旭与蒋士铨在京之日比邻而居，每以诗文唱和，实为挚友。顾光旭乾隆二十四年（1759）任浙江道监察御史，三十三年（1768）授宁夏知府。翌年调平凉。三十七年（1772）入征金川军，金川奏凯，告病回籍，效蒋士铨之志，入主乐林书院。

十六、忠义雅致

蒋士铨进士及第后，被选入庶常馆为庶吉士。按照清律，三年散馆，方可授予官职。在庶常馆忙忙碌碌三年后，蒋士铨总算舒了口气，散馆后钦取第一，授翰林院编修。随后的几年中，他一直供职于翰林院，担任过顺天府乡试同考官，《续文献通考》纂修官。

蒋士铨身居官位，却把诗文的触角伸向社会底层，目光所及，都是下层百姓。他在著名的《京师乐府词十六首》中，每首写一件凡事，记述的都是百姓的俗意百态，关注的是下层百姓的生活，弄盆子、鸡毛房、画眉杨、唱档子、戏旦、兔儿爷、戏园、冰床、开沟、泼水卒、堆子兵、摇铃卒、唱估衣、缝穷妇、唱南词等。这些诗有的反映盛世京城下层民众的痛苦生活，如鸡毛房、缝穷妇等；有的反映了下层吏卒的艰辛生存环境，如泼水卒、堆子兵、摇铃卒；有的反映了民间艺人的生存疾苦，如弄盆子、戏旦、戏园、唱档子等。蒋士铨与普通百姓的距离拉近，也显示了士大夫的高风亮节和诗品、人品。

他充任顺天府乡试同考官，主考官要他重新复阅旁落卷，面对那一摞摞卷页，他感慨万分，同情心泛潮。想起自己曾经三起三落，几度旁落，在阅读每份试卷时都尽心竭力，聚精会神。只要他认为出色的试卷，都会向主考官据理力陈，极力举荐。为此，他曾有诗记之："六千猛士竞横戈，十八霜毫雨点过。不敢轻为红勒帛，明朝辽海哭声多。"

袁枚在谈到蒋士铨分校礼闱，为旁落卷用心时，也引用了蒋士铨的一段诗："再燃丹炬照波心，恐有遗珠碧海沉。记得当时含木石，十年辛苦作冤禽。"也就是说，自己当年志以精卫填海时，也曾受到主考大人的任意宰割。袁枚后来说，自己在乾隆甲子年（1744）与十八房同考官一道，也给不少旁落生复阅过试卷，看着那一堆堆的试卷，自己有感而诗："带入秋闱示同伙，当时落第泪痕衫。"

让人奇怪的是，就在蒋士铨为京官几年后，他竟甩手一辞而归。今天回过头来看这件事，就足见蒋士铨的风骨，他的心性高，诗人的铮铮铁骨和书生意气促使他背离仕途而做了难以理喻的抉择。

蒋士铨这段逆水历程的原因，据传与新建县人裘曰修有关。裘曰修对蒋士铨的了解也由来已久，他看过《西江祝嘏》四部戏剧时，就十分欣赏蒋士铨的文字功力和文学功底以及对昆曲的了解、对戏剧的嗜好。也许裘曰修是出于一片好心，让蒋士铨入皇廷后院景山内廷为后宫内伶填词，用便捷的途径，曲线取悦上知。可是，按照蒋士铨的人格和德行，他倒觉得这样低媚下贱事君，对他来说简直是一种耻辱。士大夫的自怜、自爱、自傲、自赏，使他纠结于正途入仕，以自己的才华求取功名，托庇于荫人，寻找循吏的正途，蒋士铨觉得这样会让所有文人不齿，颜面失尽，甚至授人话柄，千秋万代成为笑谈。他对这样的举荐甚至不屑一顾。入仕为官走歧途，不如回家卖红薯。他的这种想法，也得到了母亲的认同。蒋士铨请求准予事假，回归南方故乡。

促使蒋士铨辞官南归的原因，乾隆之后，有过多种说法。从蒋士铨个性来说，他的刚介率真、直言不讳恐怕是最主要的一点。

蒋士铨耿介廉敏，不谐于俗。官居都下，闭门谢客，日侍母侧，自认甘苦；囚居私宅，而无计较。这样的日子恐怕放在同乡、同科进士彭元瑞身上，他一天也过不下去。蒋士铨的好友袁枚在蒋士铨去世后，为蒋所写墓志铭中叙述道："裘文达公在上前，荐君与彭公为江右两名士，以故上屡问君，赐彭公诗并及君。乃二十年来，彭公官至尚书，而君依然一老词臣如故也。"

同治《铅山县志》人物儒林传有记："当是时，士铨名震京师，名公卿争以识面为快，有显宦某欲罗致之，士铨意不屑，自以方枘入园凿，恐不合，且得祸。钟太安人亦不乐俯仰黄尘中，遂奉以南旋，绘《归舟安稳图》，遍征题咏焉。"以蒋士铨刚介不阿的性情，怎么能与京城中那些贪得无厌、才德不计的官僚生活在同一个圈子中？这里的某显宦指谁，史书均无记载。唯徐珂《清稗类钞》及《清朝野史大观》直言蒋士铨"以刚介为和珅所抑"。然清史实载和珅用事在乾隆四十二三年以后，与蒋士铨并无太多的关联，此说或出于臆测。

蒋士铨既无彭元瑞的驭官之术，又无其媚上的本领。他的选择显然与彭元瑞不同，离开是非之地是最好的归宿。

一直心存离意的蒋士铨，身居官场，却萎靡不振，于任何事情都淡情寡意，有种看破红尘的感觉。真可谓身在曹营心在汉，心不在焉！乾隆二十七年（1762）八月初九日，蒋士铨又触了霉头，这天翰林院榜告，蒋士铨因值夜未及时辰晓归私第，受到罚俸处理。这更加重了蒋士铨离开官场的决心。

蒋士铨在《行年录》中记叙其乾隆二十九年（1764）行状时说："裘师（裘曰修）引荐予入景山为内伶填词，或可受上知，予力拒之。八月，遂乞假去，画《归舟安稳图》。"

一个名冠京城的文人士大夫，屈身内廷，出入霞帐锦帏，强作欢颜，为太后、公主、夫人、小姐、宫娥，用些俗不可耐的文字插科打诨，调笑内宫，获得青睐。做这种丧名失节的近似于太监之类的下作料，岂不是要让世人唾骂，让天下文人小瞧，成为一代文痞么？这种鸡鸣狗盗之术，岂是蒋士铨所为？用如此手段，卖弄文采，取悦皇上，这哪算得上一个文人士大夫求取功名的手段？在蒋士铨心目中，他鄙夷这种人格，也毫不足惜于这种进阶近上的方法。君子坦荡荡，小人常戚戚。真正的文士靠的是自己笔墨的"唱念做打"，而不是用小儿科的方术去谋生求变。蒋士铨的放弃与不屑，正是其骨性与气节的昭示。

裘曰修似乎对蒋士铨这种选择很反感，甚至认为蒋士铨应接受他的建议，感激他的提携之恩。裘曰修对蒋士铨的抬爱是于乡情之重的特别眷顾，他三番五次吩咐门人劝慰蒋士铨，以期其回心转意。可是，这种努力，在蒋士铨身上没有得到回应，蒋士铨婉转拒绝了这种特别的恩惠，毫不珍惜所谓的官场既得利益，打道回府。

换了另一位文人，或许会屈就，或许认为这是一架俯首而拾的登天之梯，或许会为此得意万分，甚至欣然以为自己一步踏进龙廷。蒋士铨在这样的机会面前，全身而退了，换来了铮铮作响的骨气和人格力量。他走了，不屑京城的繁华与热闹，不屑于官场的尔虞我诈、相互倾轧，义无反顾地买舟南下。

这就是蒋士铨的性格，缺了如此一幕，也就不成其为蒋士铨了。历史总是这样写就，有人乐意阿谀，有人选择无畏。前者无需人格的照耀，后者却需要品格的端正和抉择的勇气。蒋士铨选择的是后者。

与蒋士铨一道身居编修之职的王文治，也是一位在官场不情愿折腰的硬汉。周旋官吏间，难伸其志，遂毅然决然，甩手辞职。他与蒋士铨性格相近，志趣相投，在将离京时，临别赋诗一首予蒋士铨："嗟君一生江海客，卧嵩立华天为窄。身长八尺口悬河，挂腹便便济时策。几多寒士待手援，亦有达官遭面斥。中年通籍登金闱，囊粟不疗东方饥。自愿退飞同鹢翼，难免谣诼加蛾眉。"不为良臣，则为良师，难有作为的处境促使蒋士铨不甘沉沦宦海，急流勇退。虽然这种选择给他带来生命的窘境和穷途，但不坠青云之志的尊严得到了彰显。不齿污垢的刚介成就了他于京华的挂帆而去。

蒋士铨离京时，好友赵翼作《送蒋心余编修南归》诗，有"敏捷诗如马脱衔，才高翻致谤难缄"之句，其亦自注曰："有问之于掌院者，故云。"就是说蒋士铨在翰林院因性格孤傲，刚直不阿，得罪了翰林院的掌门人。另一位好友王文治送蒋士铨离京，于码头即就诗曰："亦有达官遭面斥""难免谣诼加蛾眉"。赵翼、王文治与蒋士铨同居翰林院官编修，说他常面斥达官而遭谣诼于掌院之前，绝非无中生有。在这首诗中，赵翼又提到："世谓灌夫能骂座，我援泷吏劝书绅"，引《史记》灌夫使酒骂座而遭祸之事，劝蒋急流勇退并要他牢记此历史教训，以图自保。可见，受到胁挤谗间之事应该不假。

蒋士铨一生秉性刚直，磊落嶔崎。乾隆时期被尊为三朝阁老、九省疆臣、一代文宗的阮元评价他"遇不可于意，虽权贵，几微不能容"，很可能指的就是面斥达官一事。这种于权贵不合拍、不合污的个性带来的直接后果便是长期囿于下僚阶层，久难升迁晋级。蒋士铨曾在《贺新凉·叠韵留别纪心斋戴匏斋》词中说："衮衮诸公登台省。看明时，无阙须人补。不才者，义当去"，"百虫瑾户争衔土，费商量、虎威狐假，鹊巢鸠主"，其激愤之情溢于言表。

以此各种说法归纳，蒋士铨辞官，当为面斥达官而致谤遭谗于掌院，因而长期抑郁困顿于下僚，自觉官场污浊，愤而南去。

十七、江南纵情

乾隆二十九年（1764）四月二十日，蒋士铨执意辞官南归。

又回江南，归心似箭。鸿鹄展翅，倦鸟归林。于京城，他可以舍弃官位，舍弃爵禄。可也有他的不舍，就是那些难舍难分的文朋诗友，那些能举觞而歌、击节而唱的心头兄弟。不就厚诺、君子守节、士可死志不可屈，士可死人格不可辱，蒋士铨把一个不谙世情、不事官亲、不做依附的形象留在京城。

离京前，他很有深意地请人画了一幅《归舟安稳图》，以明心迹。袁枚《随园诗话》云："乙酉岁（当作甲辰），心余奉母出都，画《归舟安稳图》，一时名公卿，题满卷中。"之所以以归舟安稳入画名，蒋士铨似乎意味深长，"归舟"寓意"志去也"，再者"安稳"以风水相宁而已。蒋士铨甚至自得地认为：自己作为一名江湖居士，上有老母，有妻子，下有儿女生生不息，传宗接代，也满足了"无后为大"的追求和完美心愿。再者，在自己返回江南的舟船中有琴、有书、有酒樽、有茶具、有童婢、有鸡犬，自给自足，不亦乐乎。

同时，蒋士铨还以"归舟安稳图"于京城同道同志者中广征同题诗，以此明志，宣泄自己的情怀。这次征诗，深得同道响应。蒋母钟令嘉首出帐下，吟咏六章："馆阁看儿十载陪，虑他福薄易生灾。寒儒所得要知足，随我扁舟归去来。""一艇平安幸已多，胸中原未有风波。团栾出又团栾返，儿颔发长母鬓皤。""一生辛苦备三从，六十新叨墨敕封。得向青山梳白发，此心闲处便从容。""书声才歇笑声连，乞枣争梨绕膝前。自笑老人多结习，课孙不及课儿专。""三十随夫四海游，江山奇处每勾留。谁知老去清缘在，还坐东南软水舟。""手植松楸翠几寻，故山归去怯登临。白云深处焚黄日，可慰梁鸿庑下心。""四十归田可闭门，焚香省过答天恩。三年后更添欢喜，新妇为婆子抱孙。"应声而起为诗的雅士有陆健男、钱载、程晋芳、赵翼、袁枚等。

钱载的诗写得尤为到位："庙堂才不乏，星凤皆世觏。馆职壮盛才，如何去犹愈。有母荷恩勤，无家恐风雨。乃卜傍钟陵，将为始迁祖。述德吴兴郡，避乱铅山坞。"

蒋士铨的举止在京城掀起波澜。街头巷尾，冷笑热议，有颂者、有讥者、有敬者、有鄙者。蒋士铨辞官南归成了茶楼酒肆的热闹话题。蒋士铨不顾也不在乎这一切，断然回乡。文人的个性显露无余。他没有考虑结果，也没有考虑未来，只一味固执己见，毫不犹豫在生命的十字路口掉头南行了。

他与好友汪轫相约南归，汪先蒋后。送别汪轫后，蒋士铨心灰意冷到了极点。官场的唯唯诺诺，让他嗤之以鼻。他似乎看透了官场的逢场作戏，鄙视京城官场的行尸走肉和纸醉金迷，似乎悟出了京城的倾轧和排挤。尤其是摧眉折腰事权贵不是他的性格。文人的气节、文人的刚性驱使着他与那些身居显位的官员分道扬镳。其实他这是向朝廷挑战，向官宦制度挑战，更是对崇尚"富家不用买良田，书中自有千钟粟。安居不用架高楼，书中自有黄金屋。娶妻莫恨无良媒，书中自有颜如玉。出门莫恨无人随，书中车马多如簇"的不屑。

友情难忘，情谊难断，在泪洒江头的难舍难分中，蒋士铨义无反顾地南去了，很有几分壮士断腕的志节和勇气。他还了自己一个自由自在身。他认定人在江湖，身不由己。

由于同事及好友的挽留、宴请，以及乡党的劝慰，使他盘桓京城多时，无法脱身。众好友每日一小宴、三日一大宴，送行者众，牵累蒋士铨难有回旋余地，亦无分身之术。别无良策，只得于秋八月起锚。

送行的友人一拨又一拨，内中一好友顾晴沙侍御，竟差遣门吏陪舟十里，同时拟就送行诗赠蒋士铨。

蒋士铨在回赠诗中答谢：你们话别的情意比这河流还要深远。在百无聊赖中我慷慨别离京城的人海，像一位虔诚的侍佛者一样，求得慈航远渡。说到我此时此刻的心境比江潮还要急于下泄。一心只企望自燕地飞驰而至江西的马当。离别京城的说法都快近一年了，只因盛情难却，友人留客之情让我永志难忘。我们比邻而居于京城官菜园上街，诗酒唱和无虚日。

乾隆二十九年（1764）秋天的京城码头，一群大雁从天空飞过，领头雁发出一声声的啼鸣，呼唤着身后的伙伴朝南飞。蒋士铨怀着一份异样的情愫，告别繁华的京城。立在船头，他与送行的诗友拱手致意。轻别离的文思在这些才子心中发酵，不少人的眼中溢满了泪水。从此一别，尚不知日后相见为何年何月。

船一旦离开京城，伫立在船头眺望南天，蒋士铨的心间又油然而生一丝丝惆怅。京城没有给他带来新鲜灵动的官僚生活和鱼跃鹏飞的腾达。京城的寒气袭扰，勾起他对北方寒冷季节的恐惧，有了说不清、道不明的厌恶感。他的傲骨与气节，使他置身仕宦之外，超脱而又倔强十足。直言不讳使他获罪同僚，官场上的阴云笼罩于蒋家，让母亲钟令嘉担心不已，每每规劝，蒋士铨总以自己天生就这性格为借口，推脱照旧。母亲见无力回天，只有仰天长叹，蒋家只能生此才也，三十六计走为上计，辞官避祸。一阵凉风袭过船头，蒋士铨紧了紧身子，一咬牙，扭身面江，背对京城的人潮、京城的热闹、京城的繁华、京城的卑俗、京城的灰蒙蒙的天地、京城奢侈的宫殿。他要让喧嚣成为心中的记忆。水静静地淌着，蒋士铨恨不能似那南飞的大雁，插翅飞回江南，飞回他魂牵梦萦的故乡。蒋士铨坦然地面对着季节的变化，也坦然地面对着自己的未来。他望了望坐在船舱中轻松自如的母亲，这是他的中流砥柱，是他的坚强后盾。钟令嘉似乎也洞穿了儿子此时的心境，莞尔待之。太安人（钟氏被敕封为太安人）的泰然处之给蒋士铨以力量，暂时让他忘却世间相随而来的烦恼，与母亲相视一笑。看着舱室中全家其乐融融的场景，蒋士铨心间总算舒爽了些。钟太安人和颜悦色，望着自己的儿孙们安详地笑着。陪坐在一旁的是蒋士铨的妻子张氏。小儿子蒋知让绕膝太安人之侧，时而嬉戏打闹，时而讨吃零食。身沉案牍，精心苦读者，是大儿子蒋知廉、二儿子蒋知节。蒋士铨则安然掩卷，随舱倚坐，临江流而若有所思。这一年，太安人春秋五十有八，蒋士铨行年三十九，蒋士铨的妻子比蒋士铨小两岁。其年知让才六岁，知节长于弟三龄，九岁，知廉十二岁。

温缓而平静的水面，一叶轻舟，载着蒋士铨一家，离那激流远远的，只在那平缓些的崖岸边行走。那些在天空中虚张声势的鹭鸶也渐渐地消逝在舟后。舟行岸移，无须借助风的力量，更不要张挂满帆。

一路上，蒋士铨心情开朗，情绪奋发。遇逆水行舟，他怜惜纤夫之苦，自己拢船上岸，与纤夫一道，弯弓屈背，背负纤绳，唱着纤夫曲，与他们一唱一和，忘记了饥饿与疲劳。累了、疲了，方知船家之苦。

顺风顺水时，"天暖放船轻"，蒋士铨又"课子求先业"，在舱中督促儿辈读书，日子过得有滋有味。看着两岸正在麦田劳作的农家，蒋士铨似乎闻到了麦子的香味，丰收年景镶嵌出一幅太平盛世的图画。欣赏着美好的风景，不知不觉，前面已到运河的闸门。

到了夜阑人静时，蒋士铨无眠早起，闻听两岸农家的鸡鸣，贪看天穹一轮清月，他甚至忘却了五更的寒凉。这一夜，他凭栏而思，想起了许多往事。后来，他将这一夜的所思所想用诗呈赠舅父蓬芦公。他自思二十岁醉醒赤壁，三十岁为追求梦想，辗转湖山，夜泊姑苏。至今又是十载，"拔宅浮江湖"，蒋家虽然并没有走到气数衰微的地步，但是他也十分珍惜这岁月的流逝。

母亲钟令嘉已是五十八岁的老人，牙齿开始脱落，头发也白了。蒋士铨从不在母亲面前说她老，嗟叹其盛年留驻，以求母亲舒心惬意。奔走江湖，让家人和母亲受到拖累，蒋士铨只怪自己的禄命之薄，自知与官宦之名号有着异质上的落差。这些年来，文坛中的好友相继谢世，回忆他们在世时的音容笑貌，其文贤志惠的精神无时不在督促生者经世达务。此次回到老家，蒋士铨打算"抱此一束书，日对家人眠。有时课儿童，孝弟为勉旃。不愿去贫贱，但愿无尤愆"。

蒋士铨的舅舅蓬芦公已年过七旬，腿脚仍比蒋士铨矫健。甥舅共同在一起生活九年，共度时艰，寒冷暑热相互问候，饥饿温饱相互体贴。小时候，舅父如塾师那样，教以诗文。想起那些童趣岁月，总会对舅父产生深深的敬意。蓬芦公常常因为自己一生依赖妹妹、依靠外甥蒋士铨求生活，而轻贱自身。作为外甥，蒋士铨只认定舅父的恩典，相携相偕，有福同享，有祸同当。用自己的体贴入微关照舅父，无论贫富贵贱，都把舅父团在自己身边。老人也因为能够与妹妹和外甥在一起，产生了深深的亲情依恋。

乾隆二十九年（1764）十一月，船过淮阴，路过蒋士铨夫人张氏的故乡。蒋士铨偕张氏一道前往张家祖茔上冢祭祀。早在乾隆二十一年

（1756）十月，蒋士铨曾与妻子路过淮阴祭扫祖坟，这次再备乐奏、牲醴、纸钱，来到祖垄，尽心祭奠也是蒋士铨于张氏的一份情，于张家祖先的孝悌之心。张氏一门听说女婿上门祭祖，男女欢声雷动，热情倍涨。"堂前重布主宾席，灶侧乱开鹅鸭庖。"只可惜与上次祭祖不同的是，那些老者病者都已经相继谢世，原来的幼子壮者都抱着子孙来见。儿童相见不相识，笑问客从何处来。原来接待的主人，现今有的已两鬓斑白。相互应酬时，悲喜之色显形于脸。那些已成年的子孙，不仅承担田地的耕耙劳作，而且承受着待征徭役的痛苦。翻开他们家中的粮柜，几无积麦，可门外却时不时传来胥吏征粮要款的吆喝，让农户担惊受怕。

留驻清江浦的漕运总督杨锡绂听说蒋士铨船泊码头，当即遣吏迎蒋入府。两人叙旧话别，十分热络。杨锡绂一直十分看重蒋士铨的才华，设盛宴款待蒋士铨全家。蒋士铨心存感激，即以诗回赠。蒋士铨称颂杨锡绂："视国如家事，宜民报主恩……公余尚勤学，一榻古人情。五夜吟声朗，三霄鹤唳横……偕老双乔木，趋庭列玉柯。琴尊留古淡，花木驻春和。"蒋士铨此行一路，受沿途文士官吏招饮不少，一路酒色，一路诗文，一路讴歌。如在扬州将渡过长江时作的七绝《瓜洲》："蟹舍渔庄碧玉环，茅檐青露隔江山。渡河而后征裘减，画断轻寒是此间。"景色意象优美，炼字精妙。诗人的灵感于酒后多了成色，也消减了路途的劳顿和寂寞。

船至金陵，已是十二月初，风寒雨冷，蒋士铨驽妻携母，告别舅父蘧芦公，泊船上岸。这之前蒋士铨也有自己的心头之难，莫可名状的烦恼，无时不像小虫子样蚕食着他的心。

是的，回到南昌，或回到铅山，上无片瓦，下无寸地，几无立锥之所，一家人如何生存？

蒋士铨辞归后，没有返回江西老家，而是选择了虎踞龙盘的金陵作为自己的第二故乡。

蒋士铨几番考虑，化解居食纠结，立定驻足金陵，一则可以与他所敬仰而神交之文友袁枚昼夕论诗；二则回到南昌或铅山，家无方寸田亩之地可供耕种，奉母栖身白下，也许是上佳的选择。

蓫芦公年迈，有意回籍。蒋士铨却欲于金陵筑庐。甥舅为之一别，聚散两依依，金陵码头的泪水与江水交融。钟令嘉兄妹自成泪人，相依对江天。"当时同室心，岂云中道别？"其实，这个离别，仅是小别而已。蒋士铨意欲在南京选定居所，即举家往奔江西，到时兄妹再晤有期。可老人的心情总是可以理解，谁知如此一别变故何如啊！

蒋士铨幼时得钟蓫芦的教育良多，生活照料如同父亲。这样的养育之恩，无以回报。蒋士铨于京官中书，举家迁京时，没有忘记携舅父一程，迎养老人是应尽的报答。随后的生活中，酒肉亦筋，粗茶淡饭亦尝，舅父与蒋士铨一家共忧患、同享受，甘亦甜。这样做，令钟太安人慰藉。一大家人拢在一起，其乐融融。这次南下，为了计舅父在南昌有个安身之处，他事先修书请堂兄代其将原东街水巷口中的立餐堂重新赎回，供舅父居住。"南昌一椽屋，可奉舅氏居。"然后将自京城结余的俸禄钱粮分拨一部分给蓫芦公，以图舅父安顿之资。即使是这样安顿舅父，蒋士铨心下仍有几分不安。他承诺舅父，待其将南京一应事务料理妥帖，即尽快挂帆江右，将赎屋之资给付原典赁房主，让舅父尽快吃上安心丸。钟令嘉闪着泪眼，看着儿子将其兄之身后事一应安排妥帖，也不由得安慰兄长："外甥尽心了，你就一路走好吧！"

第四章

道行的驱使

十八、红梅雪楼

他在船头，迎风而吟：八年乍见官程柳，不觉攀条亦泫然。

此时，他想到了赵翼，他想到了好友袁枚。他要用美妙的诗文做"投名状"，去南京……

蒋士铨人没到南京，心早已飞到了南京。在船上他便急就一诗："未见相怜已十分，江山题遍始逢君。……得到灵山才见佛，偶趋公府亦登瀛。拈花旨妙人同笑，立雪门高地益清。谁识寒宵方丈里，一镫围聚老书生。"蒋士铨与袁枚以诗结缘，两人的神交是一则传奇。蒋士铨谓袁枚为"诗佛"，而自谓为"诗仙"。十年前袁枚因见士铨弘济寺壁题诗而心折，访得其人，遂通音问。可是真正相见还是乾隆二十九年（1764）十二月，在蒋士铨这次辞官南归之后。

袁枚，字子材。荐乾隆元年（1736）鸿博，中乾隆戊午（1738）乡试，次年成进士，改庶吉士。散馆发江南为知县，最后调江宁。年甫四十，绝音仕宦，尽其才以为文辞歌诗，古文、四六体皆能自发其思，于诗尤纵才力所至。后人将袁枚与蒋士铨、赵翼并称"乾隆三大家"。清尚镕有《三家诗话》专论三人之诗。

袁枚于江宁辞官后,即购随园自娱。袁枚描述自己的爱巢:"随园四面无墙,以山势高低,难加砖石故也。每至春秋佳日,士女如云。主人亦听其往来,全无遮阑。惟绿净轩环房二十三间,非相识者,不能遽到。"因摘晚唐人诗句作对联云:"放鹤去寻三岛客,任人来看四时花。"

蒋士铨早在与袁枚神交时,从袁枚的诗中就了解到随园的风光无限,对其产生深深的向往和眷念,一睹芳容的情愫油然而生。他十分向往袁枚这种闲云野鹤式的生活。精神的享受,精神的追求,也是蒋士铨冲破官场桎梏的另类原因吧。囤身金陵,与袁枚比邻而居,两人共享诗文,这是何等舒畅甜美的生活啊!

蒋、袁两人一见如故,十年神交终谋面,有朋自远方来,不亦乐乎!袁枚的眼眶都湿润了。在袁枚的引领下,蒋士铨遍游随园,只见园中亭台楼阁错落有致,花草树木相间,恍如人间仙境,蒋士铨看得眼花。人的活法千万种,活得如此逍遥自在,袁枚算是独得天地之精华,寻找到一片"世内桃源"了。

蒋士铨在挑选自己的"世内桃源"时,也效仿袁枚,于白下鸡鸣山之十庙旁,得一楼。因窗外时见红梅,蒋士铨因之名为"红雪楼"。

南京的鸡鸣山,是个幽雅的地方,也是文人墨客聚集的地方。蒋士铨寓居于此,以红梅之骨性,寓意自己的生存处境,寓意自己倦鸟归林落寞憩息的居所。

诗人袁枚就住在附近,两人比邻而居,蒋与袁诗文往来,袁母与蒋母两位老人也居相邻,性相近,志相同,游相得,两家相互走动,其乐融融。

"半窗红雪一楼书,廿载辛勤有此庐。不肯被他猿鹤笑,移家来就北山居。""钟山真作我家山,拣得行窝静掩关。洗去六朝金粉气,展开屏幛画烟鬟。""檐端十亩古坛壝,屋后台城坏殿基。让与争墩两安石,家门只傍蒋侯祠!""寓公庭院四时春,酿酒栽花媚我亲。藏过头衔署新号，鸡鸣埭下老诗人。"这是蒋士铨题咏红雪楼的《卜居》四首。

蒋士铨于红雪楼留下了一辈子的记忆，他的戏曲剧本后来集成时亦以红雪楼传奇冠之。他对这个新居十分满意。更为重要的是，他在这里找到了家的感觉。将钟山（鸡鸣山）称为家山，可见蒋士铨钟情于此已溢于言表。也还有其他的缘故，即该山原有蒋山别称。据《金陵古今图考》记载鸡鸣山有城隍庙、帝王庙、真武庙、卜壶庙、蒋忠烈庙、刘越王庙、曹武惠王庙、卫国公庙、关羽庙、功臣庙等十座寺庙，蒋山上有蒋忠烈庙也是理所当然的事。广陵人蒋歆，汉末为秣陵尉。有才气，亦嗜酒好色，但他认为自己骨相清奇，死后将会通神道，成为神仙。蒋在平乱中殉职。三国时，果然如蒋歆所言，其多次以仙显灵。东吴初年，孙权率士卒追逐强盗，看见蒋歆在大道上乘坐白马，手执白羽扇，有侍从左右相随，相貌和生前一模一样，相助孙权一臂之力。由于蒋歆逝世后仍神威显著，后来又在淝水之战中露迹，并多次显灵解救旱灾。吴帝孙权为蒋歆在钟山立庙堂，并将山名改为蒋山。到了南朝时，蒋歆屡受封赠，南齐东昏侯时期，甚至被封为帝。蒋士铨以蒋歆为姓氏祖先之傲，得意自己枕卧家山，倚重神灵，必有厚报。

在诗意的田园中，孕育诗的种子，蒋士铨进入了诗意的又一重意境。其不仅与袁枚相互诗文唱和，更多的时刻是品茗谈诗论诗，表达自己对诗的看法，对诗的感受。袁枚谈及于此时说："蒋苕生与余互相推许，惟论诗不合者：余不喜黄山谷，而喜杨诚斋；蒋不喜杨，而喜黄，可谓和而不同。"两位诗仙、诗佛于诗，擅专而又才华横溢，于诗道之法，却各有己见，和而不同，足见两人于诗之悟深邃独到。一次，袁枚在随园请来几位梨园女子，于园中唱加官。女子唱到高潮时，气急微喘，双颊绯红，真可谓风情万种，妩媚放纵。蒋士铨的才子风流于这种场合是顾不上有辱斯文的，耳热心动，急切登场。让袁枚感到惊讶的是，蒋士铨的唱念做打，十八般武艺，样样都会，而且是那样娴熟。袁枚不禁打趣道："看来苕生所谓的性灵诗说原来还有如此一招！"蒋士铨大声笑着回敬道："随园兄此话差矣。我在随园歌唱，附庸风雅，是在为尔之性灵之说诠意释义罢了。"梨花带雨，园禽如歌，蒋士铨与袁枚就在这种插科打诨中相互调侃，相互表达中接受彼此于诗论的异同。蒋士铨主张直抒胸臆，袒露所见，不傍古人，厌弃抄袭，以自己的性情感受为诗，推崇"忠孝义烈之心，温柔敦厚之旨"。可恰恰就是在这一点上，袁枚却表达了不同的看法和观点，他不主张诗文应"温柔敦厚"，而应充满灵性。不过两人虽然论诗观点有差异，但这并不影响友情和相互切磋。两人交往的基础牢不可破。

　　蒋士铨与袁枚初始相遇，即以诗互慰。袁枚在《题作寄蒋苕生太史诗》中写道："荳蔻花开月二分，扬州壁上最怜君。应刘才调生同世，稽吕交情隔暮云。大礼赋成南内献，清商歌满六宫闻。为他萧寺题诗者，曾把纱笼手自熏。""回首蓬莱廿载遥，喜闻词客续金貂。云仙旧梦都陈迹，才子新诗正早朝。江上书来三度雁，青山人老一枝箫。何当置酒旗亭雪，乞与吴趋送晚潮。"蒋士铨读了袁枚的诗后，即以原韵奉和："未见相怜已十分，江山题遍始逢君。荣枯总是同岑树，舒卷俱成入岫云。花墅留春知冷暖，宰官藏影悟声闻。微输彩袖承欢后，消受金炉换夕熏。""池馆清华喜未遥，定从沽酒典宫貂。导师力可超群劫，仙吏才堪挽六朝。翡翠帘遮青玉案，水晶屏护紫云箫。英雄儿女何分别？奇气还生醉颊潮。"

　　彼此的心照不宣，彼此的以诗换心，袁枚与蒋士铨的诗话交流成为乾隆时期文坛一段轶闻趣事。袁枚与蒋士铨也成了乾隆时期诗坛的比翼鸟，自此两人诗文往来不断。袁枚于《随园诗话》中说："心余未入翰林时，彼此相慕未见，寄长调四首来。其《贺新凉》云：'记向秦淮水。问何人、小楼吹笛，劝人愁死？雨皱岚皴多偃蹇，我与蒋山相似。白下柳、又添憔悴。却到江山奇绝处，遇双鬟、都唱袁才子。情至者，竟如此！　　罗衫团扇传名字，比风流、淮南书记，苏州刺史。常听东华故人说，肠断江南花底。何苦较、天都人世？楼阁虚无平等看，谪尘寰、终是神仙耳。花落恨，莫提起。'"正如蒋士铨所描述，袁枚诗酒文章，倜傥不羁，才子风流，诗佛之情陪伴着袁枚丰富多彩的随园生活。蒋士铨有词《百字令》云："才人为政，羡宦成、三十居然不朽。五听参观如善射，转侧皆能入彀。游戏奇情，循良小传，千里传人口。西清余子，旁观且袖双手。　　底事抛掷西湖，勾留南国，展放林端臑？六代青山横浅黛，都作袁家新妇。酒客清豪，名姬窈窕，小令歌红豆。香名艳福，几人兼此消受。"随园成了袁枚的梦境天堂，他迷醉其间心旷意舒，闲如云中鹤。蒋士铨以词《梦芙蓉》描绘了袁枚这尊诗佛鲜灵活泼的私生活场景："忽拜鱼书觊。有十分思忆，十分惆怅。不曾相识，相识如何样？泛词源春涨，十队飞仙旗仗。情至文生，纵编珠组绣，排比亦清旷。　　眼底金刚纷变相，问谁能寂坐莲幢上？低首前贤，焉敢角瑜亮？几人怜跌宕，难觅酒楼歌舫。一卷新词，待求君按节，分遣小红唱。"蒋士铨还以词《迈陂塘》相赠袁枚，表达自己对这种生活的异样情怀和认同："拣乡山、绝无佳处，躬耕又乏南亩。尘容俗状真难耐，待觅灌夫行酒。寻犀首。奈泪洒黄垆，渐失论文友。小人有母，但北望京华，徘徊小院，寂寞倚南斗。　　食肉者，俊物粗才都有。半是望秋蒲柳。东涂西抹年华改，说甚色丝虀臼？牛马走，约丁字帘前，共剪春园韭。故人归否？唱'山抹微云'，'大江东去'，准备捉秦九。"

　　蒋士铨于红雪楼的日子过得紧巴巴但还算顺遂，有书可看，有诗可吟，有酒可呷，不过这酒不是家酒，袁枚常相邀蒋士铨等于白下与诸文士赴会招饮，蒋士铨也因之结识了不少文朋诗友。尹继善就是其中之一。

　　尹继善即尹望山，满洲镶黄旗人，世居辽东。大学士尹泰之子，雍正元年（1723）进士，入翰林，历官广东巡视史，江苏巡抚，河道总督，云、贵、桂三省总督。乾隆中，官刑部尚书，川、陕、两江总督，文华殿大学士。乾隆三十六年（1771）卒，年七十七，谥文端。尹继善爱诗，常吟不断。早在蒋士铨于京城任续文献通考馆纂修官期间，尹继善逢七十寿诞，蒋士铨有祝寿诗奉和。尹继善对蒋士铨极为赏识，甚至题写"文章气节"四个字题额赠蒋士铨。因此，两人的诗文往来常常反复叠和。

　　乾隆二十九年（1764）腊月初五日，尹继善于南京制府署之平泉楼宴请蒋士铨编修、袁枚太史、秦大士学士等。文人雅集，银烛摇红，弦音琴语，梅落盅香，诗情画意，蓬荜生辉。

　　袁枚在《随园诗话》中讲叙了这一场景："尹文端公在制府署中，

冬日招秦、蒋两太史及余饮酒，曰：'今日席上皆翰林同衙门，各赋一诗。'蒋诗先成，首句云：'卓午人停问字车。'公笑曰：'此教官请客诗也。'秦惧不肯落笔，余亦知难而退。"可是，这件事之后，袁枚其时所吟之诗亦刊载于自己的诗集中。其所云"知难而退"，或许是他收敛了狂放的本质，也或许是他江郎才尽，一时哑口所至。不过在他的诗集中所出现的这首诗，仍不愧于"诗佛"的称号。袁枚的诗一开头便将雅集之所点出"小集平泉夜举觞，春风座上不知霜。偶然元老开东阁，难得群仙尽玉堂"。诗的最后称"明日江城人侧耳，词林典故共传闻"，这也足见袁枚不可多见的诗人豪爽情怀了。

蒋士铨与尹继善相交甚笃，过从甚密。有时候尹继善亲历蒋家窘困，也会用各种不让蒋士铨丢面子的办法，有意无意地接济点银两，帮其渡过难关。蒋士铨自视清高，心知肚明却也装聋作哑，用尽诗的技巧投桃报李。尹继善常让儿子带着诗文向蒋士铨讨教。蒋士铨于此路买卖可谓轻车熟路，乐意为师。精心指点之余也不忘恭维尹公的儿子尹似邨："书田传世寸心耕，家学还专五字城。公子才高习诗礼，仙郎地迥隔方瀛。"

袁、蒋这样的雅集招饮何止于此，几位文友每每相邀，诗文叠和，甚得其乐，传为佳话。后来，无锡籍画家吴省曾因之绘《随园雅集图》以记，该图中绘沈德潜、袁枚、蒋士铨、尹似邨、陈熙五人。不少其时的文人雅士为该图题诗，山阴梁相国因之记。

蒋士铨与袁枚似如云中之鹤畅游金陵不得歇，留下了不少荡人心魄的诗句。只可惜，其时，蒋士铨因家贫甚，难以为继。刚介无羁的性格，注定了他的生存定势。与袁枚的交往固然情重，可无米之炊也深深地困扰着蒋士铨，有时他也不免自叹："风水由来未可齐，来船飞渡去船稽。平生不合时宜处，江向东流我向西。"

十九、江船泛宅

乾隆三十年（1765）二月，蒋士铨作别袁枚，迳回江西。"新巢泥湿罢经营，又买江船泛宅行。"依依不舍的不仅仅是与袁枚结下的深情厚谊，还有自己的新居红雪楼和梦中情人般的金陵。"难别红梅向人笑，归来应是绿阴成。"

蒋士铨溯大江而上，逆流而行。伫立船头，若有所思。四十一岁的他，行囊空空，皓首穷经，固守着砚田力耕，得失只有寸心知。生命何尝不似这逆水行舟，不进则退。蒋士铨不知于舟中有过多少的人生感慨，也不知在心间留下过多少自我承诺，愿以意气求君子之道，"挂席争中流"。

舟中的生活枯燥无味。常居舟中，蒋士铨自我解嘲，这番阅历，积累了不少丰富舟中生活的门道。读书成了耗时的良药，既有知识的涵养，又能排遣沉闷。每次出行，书箱上船，琴弦入舱，唐诗、宋词、经史、文献，不一而足。这一回，也不例外。他要好好地读些喜爱的书，抒写内心的感受，有新的积累。"逝川淹华景，含意伤蹉跎。"京城的热闹、金陵的繁华已是明日黄花，他要寻找生存的真谛。失意、无助，老天给了一杯冷羹。"读书心久死，每被酒力活。"他在醉酒后，似乎多了几分轻狂。他想到了少年时，不谙世故，愤懑之情似如女子，斤斤计较穷达。想过了，搏过了，可又无法到达理想的天堂，其稚愚的见解要说卑鄙也不为过。

端着书，迎风而朗，听涛而读，自得其乐，只有醉后才有这份真味吟出。"游艺属余事，通儒无不能。用之庙堂上，巨细皆克胜。"蒋士铨真的醉了。醉而不癫，醉而自狂。他认为，为拼富贵，为拼利禄去读书，这样患得患失，终将身败名裂。所以要教育后辈，多读周礼、孔孟之书，方能增强见解，获得深度的思索。

船过淮西，蒋士铨读史多日，心有所出，对文字多了一层理解。"心与文字会，飘飘起春云。又如春江流，波澜了无痕。"一旦文字成篇，又颇觉微妙，其中原委亦又很难用语言解答。畅心惬意的是涓涓细流，融入江河，似能成就文字的大势。平时努力用功于书，似如制酒一般，经过酝酿渐渐地便醇香扑鼻。这样的意境不是随意所能达到，只有真正沉身进入才会体验得到。他还认为："文章本性情，不在面目同。

李杜韩欧苏，异曲原同工。君子各有真，流露字句中。"蒋士铨还教育自己的儿子：一个人的才华和素养多半出自天性和禀赋，但根源还在于个人的兴趣与爱好。诵读先人的著作，不能单纯依傍于原著，绝对不可模仿抄袭。应博采众家所长，补己之短，自成风格。蒋士铨主张文章的至情和雅正，将个人的心志与情趣、悟道融为一体。他认为这样的文字才会精美无瑕。

雨打篷帆，淅淅沥沥，伴着船舱中的读书声，拨动了如水的琴弦，成为水上交响。蒋士铨给儿子讲李杜、叙昌黎，唾沫横飞，豪气如诗。他叹息韩昌黎："岩岩气象杂悲歌，浩气难平未肯磨。自古风骚皆郁勃，人生不得意时多。"他为儿子讲述宋朝才子王安石："千钧笔力气嶙峋，一代文章侍从臣。""商鞅弘羊何足贵，由来贤者系春秋。"

蒋士铨启示儿子遣词造句之功："格调苟沿袭，焉用雷同词？"可见其文风率真与执着。倡导如此诗风，蒋士铨的雅正与气节便有别于众了。他在引导儿子为文的同时，也不忘提示同道者："寄言善学者，唐宋皆吾师。"

乾隆三十年（1765）二月底，正是江南雨迷风急的春汛期，在如此时日下湖出行，风险很大。蒋士铨却"明知水有龙，偏向龙窝行"，"半日疾行内白里，两日一步不得移"，紧赶慢行，弹尽粮绝的蒋士铨一家终于在担惊受怕、忍饥挨饿中迈上南昌码头。

舅父蘦芦公早在码头等候，大家寒暄一番后即行归里。

蘦芦公急于得到蒋士铨的承诺，因为这之前，他已经典家同意，住进蒋家老宅，而赎金至今未付。典家一再催促，蘦芦公急待蒋士铨归来还账。望眼欲穿的等待，终于让他看到了曙光。蒋士铨的到来，无疑给他吃了颗定心丸。

当初典宅是为了买舟而北求仕，至今倾囊赎屋是为了舅父家居。以德报恩，这是人之伦常。坐落东街水巷口的这栋蒋家老宅，已经很有些年份，几经典质，现在再度赎回，这也洗刷了蒋氏先人脸面的耻辱。故巢重游，房破屋漏，檐塌椽损，颓废凋敝。幸得舅父及堂兄长在蒋士铨到来之前已经将堂间内屋做了一些简单地修葺，柱正檐高，厨盈灶新，窗明几净，古井甘甜。

按照乡俗，安居先祀祖。蒋士铨安居西之楹，于中楹设祖考庵，二十四栗主分列九函。蒋士铨率全家素斋沐浴熏香，执孝礼祭祀列祖列宗，告慰先人在天之灵，祈求荫庇，以图吉祥安宁。

蒋士铨亲自撰写"安乐"二字门匾，悬挂于祖堂门额。

一宅老屋，虽然几家同住，幸得井近厨宽，方便宜居，大家相互关照，其乐融融。不想去争得乡邻的夸耀，博一个荣宗耀祖的名声，只要自家活得有滋有味就罢了。再者也断了那些豪强的贪婪霸占之念。房子终归还是回到自己手中。

乾隆三十年（1765）夏，闲居南昌小住逗留不久，在母亲的催促下，蒋士铨遂率家人赴铅山。船过瑞洪，全家去外祖父母的墓地祭扫。"平生盛德传闾史，他日皇宣表墓门。"蒋士铨看重两位老人，盛赞其德，足见其孝心端正。

此次铅山之行，是为祭祀之旅。来到铅山后，蒋士铨陪伴母亲，先往祖父蒋承荣墓地梅山塘祭扫。"丰碑改华秩，隐德垂斯裕。煌煌诵天章，泉台泪如注。"孝之深，祭之切。

随后又去祖母墓地高坞祭扫。"未荷含饴恩，生晚每自尤。脆质任重难，仰冀垂慈庥。"懿德之恩，铭记于胸。

来到父亲蒋坚的墓地，一家人悲情泪飞，蒋坚的墓地立于铅山县永平镇城东，一个名叫古蒿里的地方。"我母率妇孙，再拜醉清醴。三稚解伤怀，天性良有以。"怀念父亲的养育之恩不仅让蒋士铨伤悲，连他的几个儿子也伤感泣血而啼。

蒋士铨先祖的墓地葬于鸡冠山边的蛇龙坞，四百年来，远祖及高祖，聚集灵气，佑护着蒋氏一门，享受着家族的荣华。"樵牧虽未扰，豪右或侵侮。起衰愧难任，徘徊莫能去。"祭祀完先茔，蒋士铨仍耿耿于怀，为自己祖上茔墓受到当地豪强的侵占感到愤懑。可又自叹鞭长莫及，难以担当维护的职责。

铅山县城静静地躺在山水云烟间，静谧，恬淡，葱茏，幽寂，成就人的缱绻，让人心猿意马。远处的山峰间，朝阳分外灿烂，望城中炊烟袅袅，车马喧闹，出入城门的乡民熙熙攘攘，煞是个热闹去处。信江上舟船穿梭，田野上，禾黄麻绿，又是一个丰收年景。好一幅长卷立轴静美乡村图。蒋士铨不免叹息，真想回乡种几亩薄田，效仿陶渊明躬耕田亩、收获稼禾，过一辈子男耕女织、挑水浇园的诗意生活。

听说蒋士铨回乡，不少乡中士绅、族中长老，以及县府衙门官吏等皆来拜访，每天接洽，应酬赴宴招饮，络绎不绝。蒋士铨沉浸在乡情的温暖中。县令、县丞把蒋士铨当作座上宾，讨教乡策，诚恳至极。蒋士铨几次铅山行，眼见铅山文荒书匮，早就存有念想，一旦时机成熟，即为家乡变化出谋划策，尽己之绵薄之力。铅山在历史上以铜业兴县，财力雄厚，官府、民间都有实力，办些实事，能得蒋士铨牵头谋划，可谓珠联璧合。

铅山县衙门，人们听着蒋士铨妙趣横生、抑扬顿挫地讲述铅山的历史渊源，历代兴废，听他讲述铅山的人文胜迹，听他讲述关乎铅山政局、民生，亟待修复的诸多事项，听得出神。蒋士铨也讲得头头是道，津津有味。他扳着指头如数家珍列了一大串：倡建本县状元峰佛母岭凌云塔、开焦溪坝、建试院、修县内署、开黄柏坂水利、开县东门两耳门……蒋士铨的说辞鼓动得众人面热心动，大家齐声叫好。蒋士铨又分轻重缓急，依次列序，将所要建项目细细划分，众人听了很得要领。

县令得蒋士铨如此提纲挈领的手教面聆，不由得连连赞叹："听编修如此真挚之言，真可谓：听君一席话，胜读十年书，如雷贯耳，深得启示。"当即表示，举县之力，倾心谋划，以促事成。

蒋士铨在酒至半酣之际，举杯邀众士绅。他激情提议："今日，我们得家官一诺，为乡梓奔忙，成全好事。我等也当尽一份心，以响应官府衙门之倡。饭得一口一口地吃，事得一件一件地去做。先易后难，先简后繁，分轻重缓急，一步步实施。我提议，吾等诸君乡贤，同心协力，按照财力大小，劝捐些许银两，先于状元峰建造凌云塔，以飨风水，对接地气，抒志嵌云，余事在往后天时地利人和时再从长计议。"

状元峰位于县城永平镇西北五里，山上有清风洞。相传宋代状元刘辉曾在洞中读书。

蒋士铨此议得到在座众绅响应，一月不到，建塔所需费用千余两银子即行到位，众人商议于七月望日开工。

原本是一次单纯的祭祀之旅，因了铅山建塔一事的顺遂开局，而有了眉目。蒋士铨有《重建邑西凌云塔记事》诗作证："乡人各抱凌云志，匝月同输布地金。高处一呼声四应，劳时相佐力分任。云霄珥笔非难事，柱石擎天共此心。不负胡公培养意，廿年遗迹未消沉。"

故土给予蒋士铨一片热情，也让他收获了乡情的快慰。七月初，他为次子知节张罗婚事，礼聘铅山进士张素村的三女为媳。张素村在蒋士铨中进士的那年，即乾隆二十二年（1757）去世，孤儿寡母，全因族人照应，家境十分惨淡。两位穷编修结为儿女亲家，也算是惺惺相惜。

蒋士铨的族弟蒋仲宣，一直陪伴着蒋士铨一家应对谋划，虽然捉襟见肘，穷得丁当响，他还是念着兄弟情谊，照料蒋士铨一家的起居，尽力而为。蒋士铨也十分同情六弟的穷困生活。他在给六弟的诗中描绘了仲宣弟家的家境及生活场景：一栋陈旧而破败的老屋，庭院中栽满的菜蔬却绿意盎然。我这个穷官长年在外，与尔等难得相聚，也没有给予过任何帮助。真正清廉的官吏都应该会有作为，不为金钱所动，我也一样，本身的收入仅够维持自家的生计。要谈帮助族人，又该从何做起啊。祖上传下来的产业私田多半丢失，可怜的六弟仅靠在信江监河一点微薄的俸米以补饥渴。这样一个家的操持幸得一位贤惠的弟妇。每天仲宣前往西畔耕种，她煮熟饭后，还亲自送往田亩，既给丈夫送饭，又给丈夫帮手，像个男人一般，扶犁打耙。蒋士铨的六弟，虽然没有记载与蒋士铨的嫡传关系，但从诗中所承继蒋氏家族家产情况，似乎应是蒋圣宠嫡子蒋恭伯的后代，蒋皇平或蒋皇岌抑或其他叔伯的儿子。

蒋士铨在铅山的日子过得清闲自在。母亲钟令嘉晚年事佛，到铅山后，也不例外，蒋士铨陪着母亲遍游铅山佛庵。在西山庵他巧遇秀才程烺，母亲事佛，他正好凑着空档，与程秀才饮茗论诗，相叙别后情谊。

夏天，蒋士铨陪伴母亲前往观音石避暑。沿着蜿蜒的山中小径，天幽地静，山碧云淡，暑气也不知何时开始消散，人也清爽了许多。就连钟令嘉也精神抖擞，虔诚跪拜莲花石。举家来此作散仙，蒋士铨在山中好像于冥冥中得到某种启示。

断雁声声呼秋临，寒江流岁月，乡间的日子将蒋士铨一家送到了河口镇。"倚篷秋思苦，入梦母身安"，这种过客的日子久了，就不知家在何处。虽然自己置身桑梓，还是有种异样的感觉。从鹅湖书院出来，伫立鹅湖主峰的峰顶庵。在这峰顶俯视鹅湖万顷绿涛，仙风道气掠过，很有几分让人心猿意马："讲堂负山阳，朱陆手亲辟，郑公立祠田，遗制已陈迹。"由于官吏们的吞掠，书院的文迹虽在，可祠田的收入所剩无几，真可谓有辱斯文。

蒋士铨是个个性刚介之人，眼中容不得半粒沙子，游走乡间，遇不平事，见乡农受冤，以至县府衙门执法不公诸案，他都会直无顾忌地训斥，甚至用其特殊的诗歌对联形式鞭挞那些胡作非为的官员。

二十、一灯红雨

乾隆三十年（1765），四十一岁的蒋士铨再度回返江西南昌后，遇上了刚从岭南归来的表姐胡慎仪，这是表姐弟一别十载后的又一次重逢。世事沧桑，离愁别绪化作诗句从心间涌出。胡慎仪是一位才女，诗文功夫了得。她一生别无其他嗜好，治家理事之余，释怀品茗，静心侍佛，偶有心得，便以诗文陶冶心胸。风送雨声、鸟啼莺唱，都有感怀，化为诗句成就一页页红笺。蒋士铨对表姐慎仪的诗十分看重，认为她的诗很得诗的个中三昧，并评论说："清雅激宕，歌泣相仍，无模仿蹈袭雕绘纤巧之弊，类皆寓目疾书，性情直达，浩浩然如天马之奔逸，海波之汹涌，铿然如晓钟，凄然如暮笛，郁若盘涧之松，洒若翔风之鹄。其登临凭吊，则横槊据鞍之豪也；承欢举案，则怡顺静好之恭也；评花坐月，则安详闲雅之和也。若夫历死生患难，悲哀困乏，则郁勃忼爽、悱恻缠绵之旨也。及挥金脱珥、扶危持颠于仓卒变生之际，则又按剑击壶、斫地断裾之侠也。"（《石兰诗传》）此番评价之高，评论之切，十分精彩。表姐弟两人互叙离别之情后，稍事歇息，胡慎仪即将自己十几年间所撰诗稿全部捧出，请蒋士铨馨览。蒋士铨接过诗稿，似乎觉出了页纸的厚重，也接过了一颗滚烫的心。他分明看得出，表姐胡慎仪眸子中射出的是火焰，好像要将蒋士铨融化，好一阵，两人都无语以对。蒋士铨心知表姐拜托的分量。当天晚上，清油灯下，蒋士铨迫不及待地展开诗笺，开始了认真阅读。娟秀清丽的诗句在蒋士铨眼前滑过，蒋士铨不禁暗自叫好，对这些诗文爱不释手，很赞赏表姐的才华。

胡慎仪字采齐，号石兰，亦号鉴湖散人。祖上是绍兴府山阴望族，入籍直隶大兴，遂为北人。祖父胡文彦，历任广文、大埔令，为人公道正派有廉声，后宰广东大埔。胡夫人于任上逝世。胡文彦罢官后，载夫人棺枢，自岭南寓居南昌。胡文彦生两子，长子名胡世绎，次子讳某公。某公夫妇在胡文彦宰广东大埔时去世，膝下两女，长为胡慎容，号卧云，适绍兴冯垣。慎容有诗名，人称红鹤诗人。次为胡景素，适谢氏，九个月夫亡，时年仅二十岁，砺志苦节，生一女。胡世绎亦生一女，乃名胡慎仪，其自幼聪颖，随祖父胡文彦宦游岭南，见识增广，诗文大有长进。胡慎仪的舅舅骆司库此时亦在岭南。胡文彦爱骆司库之子骆仪仙，将孙女慎仪许配仪仙。后胡世绎闯荡江南，骆仪仙的父辈亦侨居豫章。胡慎仪随夫来到南昌。后来骆仪仙任广西贵县盐埠事，胡慎仪又携堂姐胡慎容一家一道前往。胡慎容无生育，促成丈夫连娶三房。乾隆二十三年（1758），胡慎容抑郁而逝。胡慎仪在悲痛之余，担起抚养胡慎容女儿之责。不久，慎仪心痛未定之际，又传来丈夫骆仪仙凶耗。慎仪"目枯心死，几于殉。顾念旅榇孤悬"，勉强进食，一病濒危，稍愈即前往贵县迎夫君枢而返。中途经容县，遇滩石触舟沉，于奄奄一息中攀爬上岸，僵卧冰雪。次日，方才得救，易舟前行。随后到广州，再历万般艰辛，穿千般险阻，行三千里路抵达洪州。

蒋士铨打心眼里佩服表姐的人品和德行。他为表姐摆酒接风，有酒有诗，相吟相和，甚是舒心惬意。

胡慎仪也终于露出了几年来的第一次笑脸。她喝着钟太夫人递来的茶饮，笑谑地说："今日能得见太夫人，算是我石兰运不当死。"钟太夫人将胡慎仪揽入怀中，一再安慰道："大难不死，必有后福，别把过去的苦放在心上。抬眼前路，善报有成。"蒋士铨也执酒相慰："千里扶柩，历险苦死，实属不易。就是天下君子，也难找出几个这样硬朗的男子汉。况一女子，指挥笃定，条理井然，平安归来。此乃归结于你天性过人，处事周密细致。真才略女性也。"

胡慎仪听表弟如是赞美，破涕为笑，叹息："老天注定，让我做一个苦命之人。天意所为，也是万般不得已啊！"

钟太夫人扯着胡慎仪的手，亲热地安慰道："好啦，不用再说这个话题了。好不容易相聚，说点开心的。别净做扫兴文章。"

江南的秋天来得迟，乌云涌动，几个滚雷响过，暴雨倾盆而下。渐涨的秋意随秋风潜入屋内，激起了诗人的秋兴。蒋十铨挚不住与胡慎仪你一句，我一句，凑起秋的诗文来。

胡慎仪热切地说："眼前的情景，又让我回到了十年前。那年也是在如此一个秋日，太夫人于滕王阁设宴款待我。太夫人的诗是一盆炽烈的火，焐热了我的心。滕王阁外悠然北去的章贡之水，交汇成清流一泻而下，鹭飞霞红，我就像一位金色的公主，披上霓裳，与太夫人一道高歌吟唱，翩然起舞。那是多么的尽兴啊！"

"没想到你还记住了那一刻。"钟令嘉欣慰道，"虽然我们有辈分之分，可到了诗的台阁之上，那就是诗友了。"

胡慎仪也动容了，她眼圈红红道："知我者太夫人您了。我一生于母爱少有天分，今天您就受晚辈一拜。您比我的娘还亲啊！"

"好，我又多了个闺女了。"钟令嘉得意地搂着胡慎仪，两人紧紧地拥抱在一起。

胡慎仪得意地吟咏出她于十年前太夫人滕王阁设宴时即兴之诗："章城何幸遇仙俦，会向江楼纪胜游。一片夕阳红蓼岸，数声渔笛白蘋秋。西山雨过烟光碧，南浦风翻雪浪浮。自愧暂依乔荫下，敢同兰桂占先筹。"

钟太夫人听着，禁不住眼眶也有些湿润了。

蒋士铨也不由得吟咏出当年的《和采齐姊诗韵》："天风吹到上清

俦，翠辇霓旌结队游。画槛初凭群玉影，珠帘斜挂一江秋。樽前阿母颜常驻，镜里双姑鬓对浮。高阁不嫌称海屋，径烦添取十千筹。""笔花灵颖自天开，曾作西池长女来。小令酬夫青玉案，闲窗饮妹郁金杯。清言步障围能解，香草宜男手自栽。若似昭容持玉尺，也应量尽世间才。"

胡慎仪击掌以歌，表弟的惊人记忆拨动了她的心弦，她动情地问蒋士铨："你还记得当年我赠你的那句诗文吗？"

蒋士铨喝下口酒，连连答道："记得、记得，何敢忘怀。"他不由得摇头晃脑哼了起来："沽酒每闻捐玉佩，济人时复典宫袍。"

"正是此诗，这可是表弟你的写实啊！"

蒋士铨谢道："蒙表姐高看。"

胡慎仪又说："要不要演奏一番你给我的赠诗？"

蒋士铨戏谑道："恐怕表姐早忘了。"

"你小看人，"胡慎仪不服气道，"我还会忘了弟师的褒奖？"说着，她翩然离座，似仙女般舞动水袖，边唱边舞起来："曾以高才压词客，尚将余事作针神。彩鸾仙去南昌寂，写韵轩南要替人。"

"哈哈，你倒是自吹自擂起来了。"蒋士铨用手指刮着表姐的鼻尖，"也不羞。"

此时的胡慎仪耍起小性子来了，绣花拳在表弟的背上乱擂，嘴里一个劲念叨："羞，就是不羞，这命是别人给我的续客。我不羞，不羞。要说，咱们再打擂台，来一回填词和诗的大锅烩，说不定，表姐我于这南昌，打遍江右无敌手呢！"

蒋士铨笑了，附和道："表姐有气量。"他再度以诗誉姐："佩声偶随大江边，吟就风云月露篇。嘉会别留滕阁话，香名早播益州笺。"

"过奖了，过奖了。"胡慎仪的脸上显现出难得一见的红色来，"我的诗集还望表弟多与点拨。"

蒋士铨坦然说："点拨可就另请高明。"他又爽快地道："读你的诗，胜读神仙书，能不用心。其实从那些女人味极浓的诗句中，我也看到了一颗灵动的心哩。"

钟令嘉在一旁看得眼热，对蒋士铨打趣道："你就喜欢表姐的诗，老女人我的诗难道就不堪卒读?"

蒋士铨一愣,笑了:"母亲的诗,何时敢忘。'音书差慰我,文采莫骄人。失路皆由命,安贫即报亲'。"

蒋士铨母子陪着胡慎仪午餐后,几人出门,畅游东湖,只见湖上荷收花萎。胡慎仪触景生情,不由得问蒋士铨:"听太夫人说,此次归昌,你们即是小住,很快将要去会稽?"

蒋士铨感慨良多,长叹道:"栖身只为稻粱谋,这也实属无奈啊!"

"不,你们去我的故乡,也许是时来运转,家道兴隆的机缘。老家那地方乃江南富庶之地,量我的父老不会屈就我家表弟。可惜,表姐我不能分身同往,只有于这滕阁之下,故乡依稀入梦,做一回逍遥游。唉!"胡慎仪此时似乎又有几分悲情伤恸,泪流满面,难以自制。

钟太夫人紧走一步,上前拍了胡慎仪的秀肩热切地说:"前路遥远,各自珍重,一切尽在不言中。"

远处,一群白鹭滑过湖面,时而贴水翔飞,时而展翅长空。钟太夫人感慨道:"人生大势,忽高忽低,不骄,不馁,足矣!"

三人此时不由得都打住话头,翘首灰沉沉的天空,似乎在寻找宇宙中的那星亮点。

蒋士铨不仅与胡慎仪交好,与胡慎容的交往也见证了一代风流才子与才女的热络情感。一个是"犹抱琵琶半遮面,此时无声胜有声",一个是"正是江南好风景,落花时节又逢君",两人心照不宣,诗情画意,留下了令人称美的千古绝唱。袁枚曾对蒋士铨与胡慎容的热络交往做过详细的记叙:蒋苕生 太史序 玉亭女史之诗,曰:《离》象文明,而备位乎中;女子之有文章,盖自天定之。玉亭名慎容,姓胡,山阴人,嫁冯氏;所天非解此者,遂一旦焚弃之。然其韵语,已流播人间,有《红鹤山庄诗》行世。其女兄弟采齐、景素,亦皆能诗,俱不得志。玉亭尤郁郁,未四旬,殁矣!"其《病中》云:"惚惚魂无定,飘飘若梦中。扶行惊地软,倚卧觉头空。放眼皆疑雾,闻声似起风。那堪窗下雨,寂寞一灯红。"《窥采齐晓妆》云:"徘徊明镜漫凝神,个里伊谁解效颦?

一树梨花一溪月，隔窗防有断魂人。"《女郎词》云："相呼同伴到帘帏，偷看新来客是谁。又恐被人先瞥见，却从纨扇隙中窥。"《残梅》云："才发疏林便褪妆，冰姿空对月昏黄。东风只顾吹零雨，那惜枝头有暗香？"采齐，名慎仪。《早起》云："一番花信五更风，那管春宵梦未终。起傍芳丛频检点，夜来曾否损深红？"《夜眠》云："银蟾朗彻有余光，静坐庭轩寄兴长。地僻不知更漏永，瞥惊花影过东墙。"《赠苕生》云："沽酒每闻捐玉佩，济人时复典宫袍。"殊贴切苕生之为人。余问苕生："玉亭貌可称其才否？"苕生乃诵其《菩萨蛮》一阕云："人言我瘦形同鹤，朝朝揽镜浑难觉。但见指尖长，罗衣褪粉香。若能吟有异，不管腰身细。清减肯如梅，凋零亦是魁。可想见风调，使人之意也销魂。"（《随园诗话》卷二）

玉亭作词谢云："多谢诗人，深蒙才士，不憎戚末堪因倚。吴头楚尾一相逢，白云红鹤传千里。　南浦悲吟，西窗闲技，居然卷附秋香里，寸心从此莫言愁，人间已有人知己。"（《随园诗话》卷一）

二十一、蕺山论道

饥而以典衣饱母，情何可堪。六载于越，三载十扬。诗文之外收徒授业，成就学问，蒋士铨于官途之外，寻找到了一条自慰之路。

在南京期间，蒋士铨承受生活的重压，贫而不嗟，日子过得十分寒碜。同乡熊本见状，欲以金钱助之，被蒋婉谢。

熊本的儿子熊学鹏，时任浙江巡抚，听父亲谈到蒋士铨的高深学问和良好品行后，心甚敬慕。听闻其生活困顿，面临窘境，遂生心愿，如此高人理应获得与其地位和学养的同等待遇。浙江治下，书院遍布，能得蒋先生这样的学问者主持，也是浙江文人士子之福。

这样的信息传递给蒋士铨，正中下怀。播扬文化、传扬正道，又能解无米之炊，为文之道总算有了用武之地。蒋士铨欣然重返浙江，在蕺山书院栖身，家居蕺山天镜楼。

山不在高，有仙则名。位于浙江绍兴市城区东北方的蕺山，是一座名人梳理过的书山。山色隐隐，隽秀奇丽。相传越王嗜蕺，采于此山。越王勾践曾用蕺草为吴王除病，故名。此山又名王家山，只因晋代书法家王羲之曾栖居于山南戒珠寺。进入明代，蕺山书院的书香味升腾弥散，又飘向了另一个高度。"浙东学派"的创始人刘宗周于此讲学论道，他缜密有度，教风严谨，书院习文之士子，苦研"真经"蔚然成风。蕺山书院因之名动天下。

清初，蕺山书院曾被伶人改为戏院，清康熙五十五年（1716）年，绍兴知府俞卿以俸五十金，赎回书院房产，重新设立书院。

蒋士铨信心满满，开始翻开属于其个人篇章的新一页。他憧憬着十年树人的美好未来，也深知千里之行始于足下。沿着弯弯曲曲的山中小路，他走得大汗淋漓。曲径通幽的景色衬托着他的心境，让他未雨绸缪，深感肩上担子的分量。他想到了严师出高徒，他想到了青出于蓝而胜于蓝，他要竭尽全力，教学扬名。他缓缓迈进蕺山书院的大门，深深地呼吸了一口悟道的仙风，发散无限的遐思。他的诗意顺着思绪跃然而出，写出一首严整流畅的五言排律：

米蕺人何在？当年内史家。

桥存题扇迹，池剩浴鹅洼。

万井当楼见，群山抱郭遮。

地从人境别，心到上方赊。

讲席依峰拓，名贤接踵夸。

吾怀本空旷，此座实高华。

阶级千寻迥，云霄尺五拏。

俯窥诸象得，横览万涂赊。

位置天公择，经营古哲加。

俳优迁列肆，钟虡设崇牙。

俎豆汤刘永，仪型孔孟嘉。

饬躬惟不苟，澄虑在无邪。

敢立名山业？先攻美玉瑕。

修途相砥砺，疑义共梳爬。

伪体搴群帜，游谈绝众哗。

寻诗偕展齿，漉酒藉巾纱。

悦性何潇洒，敷言则正葩。

育贤吾道长，养士国恩奢。

仆病归无用，人才信有涯。

愿书忠孝字，朝夕语侯芭。

（《蕺山书院》）

任教伊始，讲堂开课，他便旁征博引，谆谆善诱，鼓励学者应该学有所长，致力德行，砥砺名节，做到德才双收。他在讲经悟道时，总是以史为鉴，以明心迹，教育弟子不以虚浮度日。他认为君子之耻，在于名节不保。同时，教育生徒应兼收并蓄，"识足以超吴会，智足以知圣人。""土有豪杰，岂必待文王而兴？世无仲尼，不当在弟子之列。唯纯儒乃成循吏，本文学以被弦歌。"蒋士铨任山长时，看重的是饱学之士。他认为要想成为一名称职的官员，就必须既懂人情世故，又得潜心儒学，学以致用。蒋士铨这种重德行修养、重生徒内在品质的教学观，对蕺山书院人才的培养和成长起了定海神针的作用。桃李不言，下自成蹊。蒋士铨以身示范，守道安贫，在蕺山孜孜不倦，育人成器，为蕺山书院开创了一代新的严谨学风和书院课读模式。在此期间，体现蒋士铨书院办学理念的一个明显例证，就是在他后来为杭州崇文书院写的院训。在这篇训示中，蒋士铨从七个方面做诠释：

他认为书院为讲习之所，应当以宣讲明圣贤身心之学，效法先贤，让生徒走致君泽民之道，为朝廷培养优秀人才。一个书院有了良好的读书氛围，大家都成为饱学之士，通儒达人，异日自有名宦入世，书院也因之扬名。所以说师与徒之间一脉相承，德业相长。大家相互切磋，相互砥砺，相互观摩，相互比肩，这是一幕何等理想的景象啊！他同时又针砭时下书院之风气，认为那些不学无术、视会课如当差、重膏火如财利的不良品德，都应该是君子所鄙视，这也是天下书院之陋习。同时他还语重心长告诫生徒：不要以庸愚待己身，不要以市井之见、市井之行待师长。只有这样做，才会志气清明，德器日重，不愧于一个文字之士的称号。而所为师者，也会于"掌教"两字，无汗颜了。蒋士铨还特别提出：一个生徒应知为学之本，注重文字的内在功能，与义理相结合。那些不知为学之本的生徒，是把自己等同于民间工匠，只不过为追逐名利而已了。

蒋士铨认为书院教习首先要让生徒有远大的志向和抱负，当然，实现志向必须脚踏实地，专心致志，夯实基础，夯实治国平天下之学。在兵、刑、钱、谷、水利、河渠、象纬、算数等学问中取一技之长。这样为世经务，尧、舜之道得之，孝悌之伦常而有之，圣贤之志可夺之。

蒋士铨要求生徒洗心革面，心地光明，这样，智慧日长、见识日远，胸中的猥琐荡然无存，笔下的文思就会泉涌，出现高超的气象。一个人的心胸，也如一面镜子，不去除镜面的灰垢，不进行清洗，就会昏暗无光。只有认真熟谙经典，以正自身的志趣，在史书经典中得到醒悟；只有知顺逆吉凶之理，自己的行为才有所忌惮；只有明祸福得失之机，才会浅淡自己对生活的奢求。

蒋士铨在谈到为人之道时训示道：入则孝，出则悌，不损人利己，不幸灾乐祸，光明磊落，方显自己的率真本色。必信必诚，不必规泥于道学原说，有所发扬，有所创新，才是对道学的真正理解。

君子喻于义，小人喻于利。蒋士铨用古训告诫生徒，在人与人之间的交往中，要注意留有底线，对世候物象、对他人的所作所为，要视所以、观所曲、察所安。对那些见利忘义、乐此不疲者，对那些贪欲无度而津津乐道者，交游千万轻漫远避，因为其人的本性已经暴露无余。

蒋士铨亦要求生徒不要妄自菲薄。人的能力有大小之分，有能有不能，有幸有不幸，对任何事情，不能一概而论。自古以来，君子待人接物，隐恶而扬善，不尸位素餐。如果随犬吠声，附庸风雅，不知天高地厚，高谈阔论，感慨世风之不古，这样，很容易招惹是非，祸期不远。

　　蒋士铨还告诫生徒要精诚团结，三党九族之亲，邻里乡党之谊，应精诚抱团。一旦出现波折和危难，理应扶救。富者布惠本不难，贫士尽心亦当勉。如果今日见孺子掉入井中，不生恻隐之心；如果他时听小民呼天，装聋卖傻，天地何必生你这样一具顽躯，国家何赖如此一司牧。因此读书人得了书中文字的涵养，就应当时时抱拳拳赤子之志，仁爱之心，精心报效国家。

　　蒋士铨用心良苦，为戴山书院、崇文书院提供了一整套的道德规范和行为准则，这些训诫成了生徒用心经文的约束和规矩。也使戴山书院在很短的时间内，养成了良好的教学习性和学习习性，领其时风气之先。

　　蒋士铨在对学生进行训示的同时，也按照自己的思路为学生灌输自己的处世观："竭忠尽孝谓之人，治国经邦谓之学，安危定变谓之才，经天纬地谓之文，海函地负谓之量，岳峙渊渟谓之器，光风霁月谓之度，先觉四照谓之识，万物一体谓之仁，急难赴义谓之勇，遗荣远利谓之廉，镜空水止谓之静，槁木死灰谓之定，美意良法谓之功，媲圣追贤谓之名，安于习俗谓之无志，溺于富贵谓之无耻。"（《揭戴山讲堂壁》）一个从小受孔孟儒家理论学说熏陶的士大夫，用自己对世情的认知，用自己的德行修养做示范，在现实生活及教学实践的每个环节都倾注了自己的入世观，使生徒接受其一以贯之的传统道德观和儒家思想，这或许就是蒋士铨的另类启蒙。他用完整的信念、完整的思想体系在生徒间建立起崇文悟经的氛围。众多生徒因此厚看先生，对蒋士铨崇仰备至。蒋士铨在戴山的日子里，几乎完全按照自己的办学思路、办学理念，贯彻于教学实践中。在这座静谧而幽雅的书院环境里，谆谆教诲，因循利导。他用古人的思想和道德观引导后学弟子，"天将降大任于斯人也，必先苦其心志，劳其筋骨，饿其体肤，空乏其身，行拂乱其所为，所以动心忍性，增益其所不能"。孟子的这番教诲成了蒋士铨在为生徒传习时常挂在嘴边的口头禅。他教育弟子们谨记：生于忧患，死于安乐。真正做到"富贵不能淫，贫贱不能移，威武不能屈"。蒋士铨的教育理念得到生徒的认同，其率先垂范的德行也得到生徒的爱戴，短短的时间内即与生徒们结下了深厚情谊。这种师生情谊在蒋士铨于乾隆三十一年

（1766）十一月下旬自绍兴前往南京接家眷时所写的诗中得到印证："结束归装五两轻，暂抛楼外越山横。平分小别关河意，一种斯文骨肉情。终岁勤劳归雪案，寒宵攻苦仗灯檠。依依定有相思梦，还逐江潮早暮生。"师生之情，溢于言表。蒋士铨为人正直，虽然身骨瘦长，却矍铄精神，谈吐倾情，嬉笑怒骂亦文章。几杯热酒下肚诗文即出，个性刚毅不迁就，士大夫的傲物情怀让生徒景仰和敬畏。

在侍弄书院香火之余，蒋士铨的心间常存另一份念想。这也是他自幼所追求的人生目标的又一个支点。会考中试后，这种愿望愈发迫切。他总想以循吏的身份出现在一方百姓面前，凭自己的才干，按照自己的理想，去造福子民。尽管这份愿想折载，朝廷没有给予其施展拳脚的机会，没有给其提供改良世情的土壤，他仍然在等待、寻找这样的机会。

浙江巡抚熊应鹏对蒋士铨十分看重，每于谈吐文章之余，常将自己为政所遇到的难题，搬出来与蒋士铨探讨。熊应鹏在听了他对越地治理的不少建议后，很是折服，随即将其介绍给绍兴太守张椿山。

张椿山在与蒋士铨几次酒宴饭桌的交流后，对蒋士铨佩服得五体投地，很快两人便结为至交。蒋士铨向张太守提出治越应先根治越中河流商船拥阻问题，改变越地形象，使八方商客入境如入家，心舒意畅。他不仅口头提议，而且行文上书。有时不仅在建议中提出问题，而且有很多实实在在的解决措施、方法。越州这地方，自古便是泽国之地。城内城外河流纵横，河界汊口星罗棋布。不少河道，阔处可并行三艘商船，促狭地方仅一艇可过。自城边昌安门往内，由斜桥至小江桥数十武，多为护城河，依桥孔穿行。护城河两岸，街市商肆林立，货船麇集，有装载上船者，有卸货于码头者，拥挤不堪。而来往穿行的舟船似如激箭，大家为抢时间，争先恐后，其中阻船的主要原因，就是白篷空船，叠泊不散，以致拥塞。这些日夜聚群不散的白篷船，主人多来自当地乡中地痞流氓，他们操舟聚群，一溜十几舟并列泊于崖岸码头，一艘艘地搬运，于是众船等的等，待的待，积压在一起。一旦这批白篷船装载完毕，他们又将自己的空档让给其后的一批白篷船。这个样子，船何能散？造成不少外地商船难寻泊位，阻挡在河中流。如果有谁的船只与这些白篷船较真论理，这些白篷船主便群起而攻之。这样就造成河道终年不畅，水路阻绝。为什么白篷船敢如此胆大妄为，肆无忌惮？就因为白篷船主与船埠头之牙侩及总甲都于私下相互授予，有泊船常于暗地无厘头按例收受黑钱。府县衙门佐杂巡查河道大小官吏等，也私下接受埠头总甲的贿赂。这样就形成了河道的现状，犹如牢笼，难以冲决。偌大五丈宽的河身，被这些白篷船占据得仅仅剩下五尺不到。所以，河中常常出现行舟相互碰触事件。尤其是一些狭仄处，两船相抵，各不相让，大家终日坐困，既贻失商机又费事，民间怨声载道。

难道这等大事要事不该太守您出面疏通？蒋士铨认为应该挑选一位有正义感、有责任感、忠诚踏实的官吏，重新查勘测量河宽河身，在河身宽畅的地方，押令过往空船及待装待卸船只先行泊于此处，严禁白篷船像以往那样叠泊。时时巡查，严查严处。对违例者，不仅要处罚船主，而且要惩罚那些负责该河段的船侩总甲。同时在河沿岸，竖禁碑，大书深刻，嵌立小江桥下，永为禁守，以严戒不怠。倘嗣后日久天长，执法松弛，又重新出现阻塞，可允许绅士人民前往有司申诉。这样或许可以杜绝其弊数十年。自古以来，人们观察官员处理政事之得失，这就是一个很重要的方面。

蒋士铨洋洋洒洒，不惜以笔墨于张椿山，使得张椿山言听计从，旋即按照蒋士铨所谋划的方略，细细办理，才几天即显奇效。河道开始顺畅，物尽其卸，货尽其流。商绅船主无不拍手称快，赞颂蒋士铨不是循吏而谋循吏之举的恩德。

乾隆三十二年（1767），蒋士铨携儿子蒋知廉回江西，从水路经浙江衢州和金华，又做了一回循吏勾当。一路上，舟船横行，拥塞无序，眼见此情此景，他不由得又书札衢州太守和金华太守。他在信札中陈述：我昨日从义桥登舟，经过庐江、富阳、桐江，一路上倒也平顺。客船抵达兰溪，则客船叠泊，江中喧嚣，人声嘈杂，商船船主尽皆切齿。其间，有几人盘踞岸头，指使数人操小舟拦截客船，口口声声威胁上司将要到来，需征用你们的船只当差。几个痞子则抢夺客船上的货物，抛弃于岸。更有几个恶劣之徒干脆将客船上的桨橹夺走。我听邻船船工说：如此借称拿差，实是索要买路钱。那两位盘踞傲坐岸边者，乃县官管家也；那些去商船上的抢夺者，都是船埠牙人。我不由得问：今天将要来船埠用船当差的上司是什么人？邻船的人笑着神秘地回答：哪有什么上司，这仅是拿来要的由头。终年来此拿差道路的官员，每月也许就二三次。我们正说话间，那些商船船主在与牙人等理论一番后，又悄无声息上船。我又问：这是何故？邻船人回答道：这是那些官奴和牙人收足钱了，船家于是得以扬帆脱身而去。我问：难道官衙不来此令行禁止？邻船答：官衙或许不知情，也许睁一只眼、闭一只眼，只因为这些人平日都是官家鞍前马后的跑腿者。我再问：那为何不动我这条船上财物？邻船笑道：因为公乃官员，船乃官船。一路上，我乘船过严州、衢州、龙游，景象无二。江湖如此，我在愤怒的同时也有几分畏惧啊！

没想到，王道乐土，却鬼魅横行，横征暴掠，让过往商船困扼行旅。而这些内鬼，私踞津梁，互征船税，避规于朝廷榷关之外。使商民望此数处，如畏途鬼国，只好忍气吞声掏腰包，心中的愤懑不平、怨屈苦衷，随同江中的波涛一道淹没。难道这一切都不应该你们这些主政官员省视巡视处理吗？拿出何种办法坚决禁戒杜绝这些官奴船牙，让其不能蒙蔽你们？商民船户有什么办法，只有听凭他们的盘剥，有谁能为他们伸张正义，少丢这样的冤枉钱？恳望你们这些济世安民、为民做主的官员，能够施行良法，务求禁绝。尽管蒋士铨也说自己是多嘴饶舌，但是历历在目，是他亲眼所见。而且这些龌龊事竟无人问津。眼睁睁看着这些官奴船牙恣意妄为，逍遥法外，蒋士铨有如切齿之痛。他就想如果有那么一日，能够亲历亲为，处断通畅，除暴安良，岂不是做了件使朝廷安心、百姓称心的快事！

乾隆三十五年（1770）年初，蒋士铨陪同绍兴太守张椿山前往杭州，两人于船中灯下谈论着萧山富家池海防修缮事宜，多有同感。这萧山富家池既有堤防又有水闸，堤毁则闸废。这道闸原本于康熙二十一年（1682）由经制府姚公捐款修建。乾隆二十年（1755）前，原绍兴太守舒宁安，兴德、山阴令万以敦在士民百姓吁请之下，续修两次，几位官员都因之擢升而去。可是这富家池海防堤闸延续至今日，溃毁十分严重，平时也有不少士绅捐款维修，但仅仅是小打小闹修修补补，解决不了根本问题。这样因陋就简，仅是杯水车薪，非一劳永逸之策。经历这么多年，裂毁每年急剧倍增。如若能建石堤三十里，方圆百里数邑田庐，将万年安定。

第二天，蒋士铨去院署，拜见中丞大人，恳切提出自己的看法和主张。他恭维中丞："公于公事操劳，闻鸡则起，寝食无安，食不甘味，卧不解衣，沉溺书海，谋划万全之策，忠勤可嘉。"说到此，其话锋又转："然而朝廷大臣之职责在于保百姓平安，体恤百姓，为其排忧解难。我认为，每临大事，审时度势，必先行谋划，谋而后定。"蒋士铨情词恳切道："萧山富家池土堤千百丈，距大海数十里，遭海水侵蚀，浪冲沙刷，海岸近堤仅数里。一时海风猖獗，这连狗都跳得过的矮堤，登时便被海水吞噬。越州之地数邑尽皆遭灾，损失殆尽。与其等到百姓遭灾时前往抚恤救济，不如现在先行修堤预防。当今圣上关念民生，每年都由朝廷下拨海塘岁修费银不少，我看，中丞大人如能以此议奏明皇上，必能得到皇上的首肯。如若得到皇上恩准，获得施行的御批文书，那些院部官员也无法从中作梗，这样也伸张了你的用意和举措，完全按照自己的意图去谋划、筹备，妥善完成这项盛举。"

中丞大人听了蒋士铨的建议，当即表态，认为可行。他还补充道："此议还当以借帑方式向民间开征捐税，弥补不足。明天我即索地图观看一遍，便可酌办。"

这之后，蒋士铨从张椿山太守处得知，中丞大人确乎应允如前所说，而且吩咐以观察掌管三郡海防，只待中丞大人筹划谋定即行动工。

蒋士铨听闻自己的建议得到中丞大人的看重，即将施行，十分得意。他再度用心，来到三江应宿闸附近，听此处一些老年人谈到闸边石脚松弛，墙间缝隙裂剧，虽然闸板聚层叠加堵蔽，而海浪似箭，透漏溅泄已成喷涌。如再不加以重修，他日之祸将不远了，而且烈性程度不可预测。

蒋士铨问众人："这件事，谁能力扛此任？"有人答道："此前，曾有一位名叫刘景木的老匠人,一向由他任小修之役。他既画有图样,又清楚闸间底细,知根知底,熟门熟路。原来所用的工料器具应有尽有。这个人公正缜密,家中小康,不会贪利,只要利用他的智慧和财力方可以尽心尽责做好修缮这件大事。如今这四里八方,非此人莫属。一旦等到这位老匠人寿终正寝,以后就是官衙有美意,也无良法可行啊!"

蒋士铨又问:"让他担纲开建,需要费用多少?修建需要多少时日?"

人们又回答道:"听刘老匠说,建闸需金二万两,费时两年即可。"

"为何需要两年?"蒋士铨又问。

人们答道:"遇寒冬腊月,滴水成冰无法动工,水涨潮起时也无法动手。只有水退滩露时方可。"

"滩干又如何操作?"

"这你就不知了,"人们笑蒋士铨文儒不知术事,"一时潮落,先围月堤,以护施工现场。月堤成,堤闸之缮便有过半的指望。这样几番努力,也就大功垂成了。"

"刘老匠人已近耄耋,还能出山主持如此重大修建工程么?"

众人又说:"只要你们这些官员以礼相待,像三国时刘备三顾茅庐请孔明出山那样诚恳,他应该有能力也有精力担纲。"

蒋士铨细致入微地探究内中情由,不是循吏胜似循吏。他在实地考察后,激动不已,夜不能寐。

这之后,蒋士铨一直处在亢奋的等待中。可是,一卯不见天亮,院署衙门干打雷不下雨,迟迟没有动静。后来,蒋士铨再度来到院署,尽力游说中丞大人:"我前日去闸间村落,众人的说法与我在闸上所见,都很吻合,而且建闸修堤已是迫在眉睫。人存则政举。有刘老匠人健在,修闸建堤怎么可以缓行不议啊?等到他日,闸堤裂隙溃毁,所谓两万金去修缮,也许远远不够支付。到时候恐怕中丞大人也无法向皇上奏明!何况,时过境迁,在主政的监司、太守等官吏中又能找到几个如潘兰谷观察、张椿山太守这等尽心民事的好官啊?如果我上次呈的札子倘或未能奏上,这一次则连同建堤、修闸两议共一事奏上。聚三邑贤达士绅之议,所有的贷款,分年完纳,了此好事。岂不是件万民悦、万户安的地方盛举么？平民百姓一定会颂扬中丞尔等诸公匡保黎民百姓，未雨绸缪、勤政为民的盛举，这难道不似历史上商汤王的功德么！"

蒋士铨在给宁绍台道潘兰谷观察的书信中自叹："我今年已经四十六岁了。一生不能为天子守吏，窃尺寸之柄，以鞠躬尽瘁于一方百姓，又不能上奉朝廷。可这份拳拳利济之心可不能与那些倾慕富贵者同一种情怀。机不可失，时不再来，人生数十寒暑，既为朝廷命官，食人之禄，为民仰瞻，唯有替百姓作主，替他们谋划平安幸福才是正道啊！"

就在蒋士铨竭尽全力奔走呼号之际，这时，也有不谐之音出现。萧山地方有一位蔡某，忽然持了本邑一位前翰林毛甡所写的一篇文章，以"三不修"之说，力梗众议："不必修，不能修，不可修。"一时，甚嚣尘上，混淆视听，修堤之议，陷于停滞。为此，蒋士铨又再度给兰谷写一个札子："毛甡三不修论据理于原姚制军修闸半途而废。毛甡所著之书，所言虚伪而狡辩，只记其坏处，而不宣扬其好的结果。这个人平生以诋毁先儒为能。其视朱子学说竟同仇敌。这是他病入膏肓自嚼舌根而后快，舌尽乃死。其人刚愎自用，实乃无赖之辈。可知其所言偏执狂妄，何谈自重？说到姚公之前修堤建闸因水毁而无成，这也不能迁怒于姚公。姚公本是山阴人，当时召集各路人等、商贾士绅一再商议，才开始动工，那么多人的智慧和议证能力，难道不如毛甡？即使其时姚公将堤闸修坏，而后人补救，更不可以缓修。这就好比庸医误用刀术，血扁鹊再重新操刀补救，方能免死。并未有责怪庸医动刀用药的过错，而坐以待毙。这样的道理不辩自明。

"此前萧山人总以修建这一闸而切肤山、会稽两邑，好像不会牵涉上游的利益，所以吝惜财力。何曾想到，水性无分东西，难道海潮就不能西倒灌而上溯吗？真是小人之见，鼠目寸光，哪里还有深谋远虑啊！今有尔等明公慨然承担此役，岂不是越地苍生之大幸啊！

"一个避外迂腐生儒，无关己之痛痒，卑鄙食禄越地之粟已五年之久，理应与越人共处视如一家亲，可其却不避嫌疑，散布谣言，蛊惑人心，混淆视听。要说刘景木虽然年迈，可他耳聪目明，处事有度，行之有方，况其徒弟中不乏有用之才，堪担重任。越人因此闸未修深受其苦已时日久远，后代子孙也将为鱼鳖而万般无奈。如果能得尔等明臣能吏复苏他们已经灰死之心，转其行将泯灭殆死之症，就会像那些伊尸的执事那样，得到逝者家人的尊重。难道不是这样吗？如果认为我是狂言谬语，请尔等官员广征舆情，听听老百姓所关注的，也是与他们休戚相关的是什么！多嘴嚼舌，死罪，死罪！"

蒋士铨义正词严，有理有据，甚至有几分不满，口气强硬而张狂，一改其温文尔雅的文士风度，真有些迫不及待的情绪夹杂其中。这封书信送达潘兰谷观察后，潘观察当即赴吴中勘察，但不久潘观察迁嘉湖道，这事又行搁浅。

当年（1770）七月二十三日，飓风骤至，越地如搅黄汤，萧山沿海居民，顿成鱼鳖。兴利除害，本是官员本分，触怒天意，蒋士铨只有仰天长叹了。

此事原本不是蒋士铨的分内事，也不是蕺山书院山长之责。蒋士铨却急越地民之所急，想越地民之所想，欲解越地百姓之灾苦，拳拳之心，足以天证。

在蕺山的日子，蒋士铨一改贫穷潦倒的困扰，生活变得既有规律而且有滋有味。与文士的交游也频繁了许多。他自拟的《行年录》中说：乾隆二十一年（1766），浙江巡抚熊廉村学鹏以书来，延主绍兴府蕺山书院，得交任处泉（应烈）前辈、诗人刘豹君（文蔚）明经。山川如画，诗酒周旋，甚乐也。可见蒋士铨的心境舒惬爽意。与任处泉、刘文蔚等文士的交往充实了他的生活，美好的山水风光也让他沉浸在诗画般的意境中。

任处泉名应烈，杭州钱塘人。雍正七年（1729）举人，第二年成进士，改庶常，授编修，乾隆四年（1739）以忧归里，服阕后任南阳太守，后买山阴陆游快阁遗迹建宅，以诗酒终老。任处泉与蒋士铨皆酒性文章，两人习性相近，不恋衙府之役，甘啸山林。蒋士铨曾在他的《快阁十赞为任处泉太守作》中描述："山谷创之、放翁效之、处泉广之。其阁不同，其快相同。呼我山谷，呼我放翁，则吾岂敢？盖处泉之宫。"

对任处泉的钦佩和对挚友的看重，让我们看到了蒋士铨的古道热肠。乾隆三十三年（1768）九月十六日，任处泉逝世，不巧的是蒋士铨正好离开绍兴，不及吊唁，乾隆三十四年（1769）春，蒋士铨闻讯，当即以诗悼友：

> 不道扶床成永别，两行清泪落哀鸿。
> ……
> 门高士尽师元礼，道广人争识太丘。
> 一郡江山屏上画，廿年丝竹镜中游。
> 青冥忽报神仙死，万壑千岩黯对愁。
>
> 自营茧室喜初完，快阁飘然坠玉棺。
> 逝者精灵原解脱，族人筋咏孰盘桓？
> 得交前辈缘非浅，但见狂奴意辄欢。
> 今日重来赍镜具，嵇琴捶碎不须弹。

对亡友的追思和对友情的回忆，令蒋士铨陷入深深的悲苦中。失去一位良友的切肤之痛，在诗中展露无遗。

蒋士铨与刘文蔚的友情更是珍贵。蒋士铨到蕺山后，听闻刘文蔚的文声，又见阅了其不少诗文，他对刘文蔚的认识又深了一层。

刘文蔚字伊重，又字豹君，号柟亭。髫年工吟咏。及长，与里中商盘、周长发等结十子吟社。补博学弟子员，以优行贡太学。有《石帆山房集》八卷。

乾隆三十一年（1766）八九月间，蒋士铨罹足疾，刘文蔚亲自将家中早就收藏的膏药送给蒋士铨敷贴。刘文蔚人高马大，却一副学者模样，腰脚矫健，行走如风，真可谓地行仙。他说话声若洪钟，足见其久具内养之功。谈诗论道，与蒋士铨心息相通。他也喜啖杯中物，酒肉穿肠过，诗文心中留。两人一见如故，成为莫逆。他给蒋士铨的膏药真如灵丹妙药，甚是奏效，几贴过后，蒋士铨的脚疾旋即好转。蒋士铨异常感激，一再称谢。可惜刘文蔚耳背，听过蒋士铨一再表示谢意，也只是颔首笑笑而已，蒋士铨看着无可奈何。其实他也无法用拿得出手的礼物回馈，更不用提回报金钱了。他只有用文人特有的方式吟诗谢友。看着蒋士铨饱含激情、热烈明快的滚烫词句，刘文蔚心花怒放。刘文蔚很得意自己交上了这么一位重情义的诗友。每有诗意，吟出抄就，蒋士铨即是其第一个读者。而且每读一诗，蒋士铨总有诗作唱和。一日，刘文蔚读史后成《诗史小乐府》一首，送给蒋士铨浏览，蒋士铨当即赋诗一首：

> 三千三百年中事，归此四百八十字。
> 探喉出声满天地，断狱平反真老吏。
> 诛心复见良史才，大海作眼时一开。
> 乾坤万古无终极，后世凭谁尚论来？

刘文蔚一首小乐府，断论三千余年历史，精辟独到，不泥古论，见解与众不同，被蒋士铨誉为论史良才，可见蒋士铨对刘文蔚的看重。

江南夏秋三交，酷热难当，像蒋士铨、刘文蔚这样的文人雅士，其时皆隐形藏骸，埋头万卷书中。天各一方，相思之苦，只有梦中相见。蒋士铨描绘两人的梦中情境："聚之作魂魄，瞑则随飘风。寸心所固结，刀物不可融。"漆黑香甜的幽幽幻境，两人相见如初，诗文契合，好不得意。两人在夜梦中叙情，似如小别新婚的年轻男女，梦把两人的距离拉近。熬过一个苦夏，两位挚友终于在初秋的一个清晨相晤。真可谓，一日不见，如隔三秋。诗人的独特感觉弥漫在晨曦中，刘文蔚爽朗的笑声，打破山谷间的寂静，让这友情与松竹一样地久天长。"因叟守吾梦，有梦当叟从。觉亦非真觉，一笑听晨钟。"

乾隆三十二年（1767）十二月四日，蒋士铨与刘文蔚等有过一次特别的旅行，这是距其时千余年，兰亭诗人会集后的又一次会集。蒋士铨有诗记事："维永和癸丑，至乾隆丁亥。历千四百年，更十有四载。嘉平越四日，诗人舣舟待。招我游兰亭，晨光弄寒影。"

蒋士铨在乾隆三十四年（1769）的另一首诗中，更是将其与刘文蔚的诗人情怀、友情至笃描绘得深入灵魂。他把刘文蔚比作酒浆,自比姜汁,供人飨食,同业同性。他安慰刘文蔚,读书好比汲古井,其中的甘苦得失只有我们两人心知。比起雍乾时同期众多的所谓诗人,大多金玉其外,败絮其中,呓语虫唧,俗不可耐。在这鬼魅魔影变幻的时空内,只有刘兄双眼似如明月,幽暗之夜发了出洁白的光芒。"谁作行诗图,绣君长庆集?"

刘文蔚仰慕蒋士铨文章老道,于生前求蒋士铨为其作《刘豹君生圹铭》。在铭中,蒋士铨祝词以记:"君将七十,健而神王。载酒赋诗,乐哉斯圹。人生百岁,尚余卅年。"刘文蔚能于生前读到蒋士铨为其所撰神道弹铭,也是有福之人了。

蒋士铨于年长于他的诗友交谊情深,对后追者也常以诗文激励。浙江武康人高文照,少年韶秀,巍然自立。其父高植,宰德化,有贤声。文照年未二十,诗已千首,目空于世。在高文照心目中,众星闪烁中认定能散发璀璨光芒的星仅有两颗,前辈诗人中心诚折服者只有袁枚与蒋心馀(即蒋士铨)。高文照十三岁随父宦江西彭泽,即名吟咏。乾隆十七年(1752),乾隆帝圣驾南巡,召试行殿,赐缎二匹。乙酉(即乾隆三十年,1765)以拔萃科贡入成均,因守父丧归里,乾隆三十九年(1774)甲午,中乡试。他在谈到与袁枚和蒋士铨的交谊时,即谓自己诗风之变,起自袁、蒋。他说:"自乾隆二十八年(1763)至乾隆三十年,在南京相继得袁太史简斋、蒋太史苕生晨夕切磋,而予诗为之一变,昔杨诚斋自言其诗始学江西,既学后山、半山,晚乃学唐人。予虽不逮诚斋,而于此事固不敢谓非师资力也。"高文照在蒋士铨驻足京城为编修期间,即与袁枚往来热络。蒋士铨来南京后,与蒋亦过从甚密。乾隆三十一年(1766)夏,蒋士铨赴绍兴蕺山讲席,高文照附舟而行,至苏州后分袂。蒋士铨赞美高文照的诗才,多有溢美之词:年少的高东井(文照),读书破万卷,智慧超群绝伦。就像那白玉所琢雕的伟岸身姿,潜身于庸庸众生。与之娓娓相谈,古今兴废,纵横捭阖,文章千古,论说有据。他的父亲本是廉吏,为数不多的俸禄,都用来为高文照添置书籍。因父之关照与督促,高文照的才华便可想见。他本已励精图治，吏习有时，却不料，身系幕府，为了政事的平衡，不遗余力奔走。蒋士铨提及自南京来越地时，其与高文照两人一舟两楫，皎月袭怀，水暖窗温，那是何等温馨的情境。这年除服后，他即入秋试。文章写得纯粹精美，没想到在乙科出现非难而放。蒋士铨为高文照叹息不已："我无春风力，吹之上青云。但作《高生诗》，叹怆席上珍。"

在蕺山蒋士铨对教学与管理要求严格，行事讲原则，对生徒谆谆教导，平易近人，和蔼可亲，师生间情谊深厚。钟锡圭是蒋士铨在蕺山讲席时十分看重的后起之秀。蒋士铨给钟锡圭讲为文之道，处世之道。两人在讲与学的过程，没有师徒之分。所讲内容，相互探索分析，各执己见，求同存异，以致蒋士铨有诗："延为孺子师，三雏羽毛短。"有时钟锡圭还会上天镜楼蒋家讨教，蒋士铨在与钟锡圭切磋的同时，他还让钟锡圭给儿子主讲经文。

蒋士铨在蕺山颇为器重的弟子还有李尧栋、余霖之、宗圣垣等，这些弟子，虽出寒门，衣衫褴褛，可蒋士铨只重才华，不问出身，从无歧视。

上虞人李尧栋，是蒋士铨的得意弟子。他背诵六经如大江泄水，动手写字就像春蚕食桑叶。为了嘉勉弟子，他亲手为李尧栋付诗一纸："紫禁谁呼小太白？明年身惹御炉香。"

李尧栋（1753—1821），字东采、松云，号松堂，浙江山阴人。清乾隆三十七年（1772）进士，入翰林院，为庶吉士。出为江宁知府，捐俸修葺莫愁湖；又作棹歌二十首，传诵一时。后官至湖南巡抚。因仁宗（嘉庆）皇帝召见询及其试帖诗，颜其斋曰"新雨堂"。有《写十三经堂诗集》。李尧栋生性勤勉，攻习致力，孜孜不懈，学有积成，蒋士铨对其素有深望，厚爱有加。

在蕺山的日子，应该是蒋士铨经历前半生的江湖颠簸后，生活相对稳定的时期。他于乾隆三十一年（1766）夏，离开南京，受聘蕺山时，心情并不清爽，也并没有对蕺山之途抱有更大希望。"老怀重骨肉，贫家轻别离。饥来携子出，低头拙言词。我肠转车轮，母泪落绠縻。牵衣不成语，但道勿我思。垂老别儿孙，感伤唯自知。我生无弟兄，亲戚况生涯。馨膳托家人，痛矣南陔诗。"

蒋士铨临行时，自己的妻子卧病在床，大儿子知廉才十五岁，三子知让才作调勺，四个儿女无一人能独立于家，挑起维持家庭生活的重担，支助家用。看着一个愁家，蒋士铨思虑再三，还是自己将大儿子带于身边，一来可为知廉在书院感受文气，有条件时，为其寻找经师补教；二来也可以减轻母亲和妻子在南京的生活压力。

群山高耸，双塔依依，推开窗扉就能看得见诗情画意的场景。只见一抹朝霞辉映，晨熹微凉，雾霭漫卷舒云，撩帘便得新意盎然。主人将蒋士铨安顿在蕺山书院的天镜楼中，独享着这人间美意。"吾怀本空旷，此座实高华。"如此待遇就连蒋夫子自己也未免有几分受宠若惊。在这空灵幽寂的境地，主讲之余，敦促儿子读万卷书，成了常态。他在这寂寞中无助地经受离家独处的煎熬。他想到了母亲和妻子，还有幼小的儿女。

乾隆三十一年（1766）六月间，蒋士铨中暑染疾。本已纤弱的蒋士铨，经此病扰，身心俱损。"儿躯本脆弱，慈心倚为命。甫离困疧疟，感伤出天性。竟夕呼祖母，百呼祈一应。岂知隔千里，梦寐失归径。"蒋士铨真有叫天天不灵、呼地地不应的感伤。幸得僮仆的左右侍候，还有朋友送来的药草，让他心际稍安。"一灯对呻吟，空楼月光定。"他担心的还是远方的病妻："欲遣双鱼问消息，江河横隔几重津。"

病情稍稍好转后，他总会置身窗前，望着远方出神，思虑着远方家眷的困顿与不堪。"心到中年知分定，秋来孤馆怕魂销。"渐渐地，秋风不知不觉中潜入窗内，安抚着他那炽烈的情绪。"悲秋意逐群声沸，病暑身随一雨凉。"江海烟云掠窗而过，只有将那无尽的愁绪酬寄天外，方是自己的最好解脱。其实这蕺山也真是个避暑纳凉的好地方，置身于此处多少比城里更能早些领略秋声一片。

他的酒兴也越发泼辣了，与朋友交谊时，于酒桌上，他总在杯觥交错中寻找一醉方休的感觉。酒助诗兴，诗因酒得，蒋士铨总是带着几分童稚般的率真看待鲜活的生活场景，笑迎岁月送给他的酒香诗畅。

为了根治心病，免除自己的担忧和焦虑，蒋士铨打发儿子知廉下山，去白下（南京）看望病妻。也许儿子的出现，会给他们带去好的兆头，得到一份安慰，送去家用之资聊解无米之炊。见到孙子归家，想必母亲一定会开怀吧？他对知廉说：你这一趟回去，祖母见了你心中平添慰藉，你的慈母也会病情减轻。他还教育儿子，你和你的姐姐，还有两个弟弟，都是我的骨肉之亲，百事孝为大，事事应讲亲情。你是男儿中的老大，要以身示范。为祖母分忧，为母减负，殷殷教诲，情词恳切。

乾隆三十一年（1766）八月十五日中秋夜，蒋士铨置酒天镜楼，遥对白下方向，慢饮忆老亲，还有念念不忘的妻子。他想：妻子病体畏寒，这样的凉风，是不是让她心怯？也许这时娇川正在频频呼唤父亲啊！借酒消愁，无尽的思念，只能对月畅诉衷肠了。

独居戴山期间，蒋士铨几乎每旬一封家书，对家的眷恋和牵念时常萦绕于怀。他给儿子知廉写信，期望两个儿子，隔帘相和读书声。只要阿婆康健阿娘喜，胜似你聊赋新诗思念老夫我了。

中秋节后，蒋士铨动身前往嘉兴，他想到了该去探望恩师钱香树。风帆既出，心驰神往，蒋士铨身未近而心早至。已近耄耋的钱香树，见蒋士铨造访，真可谓有客自远方来，不亦乐乎。明远楼间，怀旧的情绪洋溢在宾主之间。钱香树谈起蒋士铨参加乡试的情景，蒋士铨回忆谢师宴于南昌百花洲酒楼逸兴赋诗的感人场面，两人重新找回了难忘的岁月，找到了知音。师生之谊与相离相别之苦叙述得酣畅无余。在嘉兴的日子，蒋士铨始终在感恩的心境中度过。蒋士铨倾尽笔力为钱夫人作挽诗，又为钱香树的父母诗画册作记事诗。随后，师徒恋恋不舍，依依惜别。蒋士铨眼望着倚门而立、拄着拐杖的恩师，泪湿青衫，只有以诗相慰。相见时难别亦难，别离的纠结挽留着蒋士铨前行的步履，最后，他还是咬咬牙，回舟绍兴。

在戴山送别晚秋，这年十一月中旬，蒋士铨告别诸生，前往南京。十一月二十四日，船泊京口，这天是蒋夫人张氏的生日，蒋士铨对妻子的惦念尽在诗中。张氏相伴蒋士铨风雨一路，已是廿一年，中途聚少离多。现在也是四十岁过头的人了，路途遥长，甘苦只有心知。"来苦匆匆去苦迟，此心只有道神知。"事情总是这样，越是急迫归家，老天却不作美，连日的风雨将舟船阻隔于镇江码头，每天栖身船中，无眠之夜将书本翻阅殆净，可心仍随着归鸟向白下疾飞。

一路时走时停，船终于在十二月初到达南京。

母亲钟令嘉得见儿子归来，喜极而泣。妻子张氏病恹恹倚门相迎，四个儿女也高兴得欢呼雀跃。家的温馨很快就感染了在场的每一个人。

儿子不在身边的日子，钟令嘉每天都掰着指头算计柴米油盐的开支。不过蒋士铨对这种贫寒倒不在意很多，他仍认着死理："富贵本时命，愚昧讬权要。君子德难受，酬知恐莫效。小人惠偶加，责逋岂由道。谁能堕名节，数为博欢笑。欲上宰相书，惧伤忠与孝。"蒋士铨的名节观丝毫也不容玷辱，君子固穷的理念根深蒂固。他毫不理会人们在背后对他守穷的议论，甚至对他刚介的讥笑。闲言碎语只当充耳不闻，他认为把世俗的观念弃之不惜，成就的是人格。

蒋士铨到家后，开始以一家之主的身份料理家事，让这个家充满了生机。他首先想到的就是开始张罗儿子知廉的婚事。

说到蒋知廉的亲事，应该从蒋士铨之前居南京未赴戡山之前，就有媒妁之言作伐。蒋士铨的亲家为安徽天长人林师，字承政，时官北城兵马司指挥。蒋知廉所配林氏，名道淑，字宜君。为了将这门婚事笃定，按旧俗，蒋士铨带了知廉亲自去安徽天长下聘书、行聘礼。在天长盘桓旬余，将知廉婚事约定在当年秋天举行。

回到南京，已是阳春三月，春江泛涨、春暖花开，江南的和风拂熙着绿柳，燕子衔上新泥筑垒新窝。蒋士铨也携家人迁居绍兴，去寻找自己理想的家园。

船过燕子矶永济寺，蒋士铨有意识让船家泊岸收篙。他要在此再领略一次新的感悟。二十多年两度过永济寺，时过境迁，他想寻找寺中的铜钟，还有那几棵桫椤树。因为寺中缺了老衲（和尚）倚弄香火显得佛冷禅枯。寺壁上原有的那些诗句虽然留存，可其中的诗者却逝去不少。蒋士铨也自嘲虽然穿上朝衫宰官身，却身泛江湖苦作舟。旧地重游，此情此景，他想起当年与袁枚结交时，自已于此壁所题诗句，现在重新看来，其时不仅多了少年轻狂，而且显得那样缺少深意。亏了袁子才因此诗寻访蒋士铨而神交达十年之久。后来，两人相识于白下，从此订交又十年。"旧句真惭少年作，才知深感令君求。烦师洗去东墙字，说道诗人渐白头。"岁月厮磨，人生的志向与理想渐行渐远，重回永济寺，已是白头翁。蒋士铨与袁子才走上了同一条路，有官不做，虽然没有卖红薯，可也不比卖红薯好到哪里。文章千古事，把两个文痴抬举到同一座城。

当蒋士铨自觉身心疲乏老之将至时，他把目光聚焦在儿子身上，"天镜楼高影未孤，支持门户赖儿躯。"他为儿子知廉挑选了业师刘文蔚。刘文蔚既看重与蒋士铨的交谊，也很乐意施教于士铨之子。蒋士铨对刘文蔚的施教也很满意，经常关注刘文蔚对儿子诗文的批改。甚至看了刘文蔚的批改后以诗答谢。在诗中他认为自己儿子的诗仅仅是鹦鹉学舌，八音乱奏，听不到贯穿始终的调门。他把刘文蔚比作诗坛叟，相信儿子经业师的精心指点和鼎力调教，一定会有长进的。

当刘文蔚将蒋知廉写的诗呈给蒋士铨看，并一再夸奖蒋知廉的诗写得好时，蒋士铨心中欣慰，却在回复时对儿子进行敲打。儿子的进步，是因为酿蜜者的功劳。儿子虽说诗有所成，但诗的意境还不深，有急功近利之感。未经深思熟虑写出来的诗，看上去华美，但要登大雅之堂仍有很远的距离。

蒋士铨对刘文蔚苛严蒋知廉苦诵经文的做法很是赞成，他认为，写诗也好，诵经也罢，这都是需要长期的苦诵苦读，认真咀嚼。有扎实的基本功，才能得诗文之妙。譬如山中清泉，昼夜腾流，永不停息。三更灯火五更鸡，只有竭尽心力，"他日领一军，或夺汉帜赤"。只有百炼之钢，所铸之刀，才能削铁如泥。蒋士铨将自己的诗文观阐述得透彻无余，同时也为蒋知廉正读书之道。再后来，蒋知廉能以乡试入闱，正是得刘文蔚严格教导、蒋士铨护犊情深和自身发愤攻读的结果。

二十二、烟墨幽香

蕺山，给了蒋士铨家的温暖，也给了蒋士铨事业的成就。岁月的风雨洗刷了他的灵魂，也使他得以在仕途之外寻找到了生命的另一通途。在蕺山的日子，似梦非梦，沉浸在弟子的尊重和院友的交谊中，生发了蒋士铨的得意，也激发了他的酒兴。蕺山之下，文脉兴盛的越地，多少文士慕名集合到他的麾下，感受着他指点迷津的文字之功。众多的艺术家带着书画作品前来求他以诗文点睛。应酬与欣赏，将蒋士铨引入了翰墨丹青的七彩世界。蒋士铨对书画的酷爱由来已久，早在乾隆三十三年（1768），蒋士铨便与扬州八怪诸位画师关系十分热络，经常在一起切磋评判，以诗为娱，以画为乐，颇得个中三昧。在八怪人物中，他尤其看重郑板桥先生的画。他的《题郑板桥画兰送陈望亭太守》诗云："板桥作字如写兰，波磔奇古形翩翻。板桥写兰如作字，秀叶疏花见姿致。下笔别自成一家，书画不愿常人夸。颓唐偃仰各有态，常人尽笑板桥怪。花十一朵叶卅枝，写于何年我不知。丛兰荆棘忽相傍，作诗题画长言之。板桥当初弄烟墨，似感人情多反侧。举以赠君心地直，花叶中间有消息。君生兰渚旁，熟精种艺方。叶虽欹斜具劲力，花却静好含幽香。君今一麾仍出守，长挹清芬怀旧友。板桥不作花不言，题送君行当折柳。"

郑板桥又名郑燮，江苏兴化人。乾隆丙辰（1736）得中进士，授范县知县，调潍县，因病赐归。善书法，亦善画兰草竹石，俊俏别致。

蒋士铨在郑板桥所画兰花送给绍兴太守陈望亭时，见画而兴致勃发，灵感所至，欣然命笔，以诗笺画，揭示了郑板桥书画超尘脱俗的独特风格，表达出书画相通的艺术见解，又抒发了对陈望亭的友情与期望。

乾隆年间，江苏扬州最为活跃的一个新的画派就是"扬州八怪"，人物为：金农、黄慎、郑燮、李鱓、李方膺、汪士慎、高翔、罗聘。这些人，有共同的个性，那就是自命清高、不愿做官，对封建社会现实不满。他们不泥古，无形式主义画风。选择文人士大夫喜欢的"四君子"——梅、兰、竹、菊，亦画，亦诗，亦书、亦印。既不失之于传统，又显示出自己的叛逆，于艺术追步徐青藤、石涛、朱耷等，用诗画反映民间疾苦，发泄内心的郁闷和愤懑，倾吐自己的真实情感，体现自己的艺术思想。

蒋士铨与扬州八怪之一的罗聘（即罗两峰）交情颇厚。乾隆四十一年（1776），蒋士铨撰杂剧《第二碑》再度讲述江西地方官员为娄妃迁墓的故事，罗聘为其题词，内中有句："一片新碑如玉滑，如椽笔健抵松楸。"

乾隆三十九年（1774），蒋士铨撰传奇《香祖楼》，罗聘读后，连写诗八首，极尽赞美："百堵关楼六种情，人天消息太分明。个中多少无情物，一例和他蚁虱生。""小妇聪明大妇贤，柔情生爱爱生怜。兰花不卸香楼暖，织就流黄是枉然。""丹砂玉札杂牛溲，暮鼓神钟响未休。不论文章论文字，定知磊块积胸头。"

罗聘善画鬼，而且鬼姿鬼势有模有样，无有重复。

在扬州期间，一次，蒋士铨请罗聘帮忙画一些床檐帐帏，罗聘夫妇与子女一齐上手，翌日即成。蒋士铨见此床檐画得惟妙惟肖，很有功力，笑不绝口，当即赋诗致谢，该诗中一句"云是一家仙人墨"，把罗聘着实赞美一番。后来，罗聘画了一幅《钟馗醉酒图》请蒋士铨欣赏，蒋士铨看了，觉得很不错，题了一首诗于画轴上，诗中有句"一语赠君南浦上，但逢诸幻不宜真"，既有对朋友的真实情感，又暗笑这种打鬼勾当何足当真。在诗后，有蒋士铨留下的款识："两峰先生相于一载遽买归棹，卒成二首志别"，送别友人时的伤怀、销魂，溢于言表。款后具名：士铨拜首。可见蒋士铨与罗聘关系非同一般，朋友情谊不掺沙子。蒋士铨下笔如有神，诗画一体珠联璧合。

罗聘不愧被蒋士铨呼为怪才，画鬼身手不凡，笔下的鬼形形色色，魑魅淋漓。他画的《鬼趣图》共八幅，每幅身姿各异：第一幅一鬼硕腹，一鬼半身；第二幅一鬼鲜衣科头，一鬼奴赤体着帽相随；第三幅男女两鬼相谑，旁立无常使者；第四幅一鬼植杖而坐，一鬼以巨觥进酒；第五幅一巨鬼长身绿毛，口眼喷血；第六幅一鬼长头鞠躬，二小鬼惊避之；第七幅群鬼冒雨惊走，一鬼张伞蔽之，伞甚破；第八幅背仰两骷髅。蒋士铨看了这些画后爱不释手，欣赏之余，不由得奋笔疾书，为这八幅《鬼趣图》连写八首诗，每一幅诗，既讽且讥，嘲傲人世。

第一首有句："防他笑出腹中刀，相逢莫骂彭亨豕。"

在第二首中蒋士铨干脆不用隐语，和盘托出自己对时弊的不齿："王家僮约太烦苦，鬼奴嘻嘻随鬼主。主人衣冠伟且都，如何用此尪羸躯？……吁嗟乎！饿鬼啾啾啼鬼窟，不及豪家厮养卒。但能倚势得纸线，鼻涕何妨长一尺。"

第三首一针见血，以鬼类人："君不见南山进士且嫁妹，河伯娶妇鬼择配，男勿避娄猪，女勿羞金夫，地狱虽多有若无。"

第四首亦相类似："侏儒饱死肥而俗，身是行尸魂走肉。"

第五首蒋士铨干脆剑指焦山府衙的不作为，抨击某些官员置人民疾苦不顾，贪图享乐。这之前，他曾为修筑焦山防洪堤墙、泄洪闸建言，而被官僚推脱不曾动工，适逢风至民苦，灾害百姓，他在诗中戏言："焦山有鬼长十丈，每借飓母吹防风。"

第六首蒋士铨笔锋一转，由鬼及人："可怜贾逵范岫称博学，死去修文未为乐。不及阴山树上通臂猿，楮锭飞来随手攫。"

第七首蒋士铨对自身曾经所处的翰林院也发泄了一通不满："乘轩张盖慎出入，别有鬼官分等级。穷者贱者走汲汲，九幽寒重鬼呼吸。"

第八首他仰天发问："生王死士辨者谁？儿女英雄吾与汝。乌鸢在天蚁在地，五尺丰碑一抔土。"最后叹息："生人苦海自浮沉，不须普给瑜伽食，画者真存菩萨心。"

蒋士铨赞誉罗聘的菩萨心肠，也对朋友的心境做了最好的描述。罗聘的《鬼趣图》经蒋士铨如此激赏一番后，演绎了好一出"人鬼论"。随后的日子里，他经常与罗聘在一起谈诗论画，两人过从甚密，时不时在一起饮酒赏画吟诗谈鬼。蒋士铨有酒后诗兴浓的特殊心性，因之诗酒朋友亦多。一日，袁枚家来了一位熟客，蒋士铨正好客座，袁枚当即将这位熟客介绍于蒋，乃两淮盐运使卢见曾的儿子卢谔亭。卢见曾一生勤于吏治，是位很有政声的循吏。在做好官员本分的同时，爱才好士，擅诗能文，力主东南文坛，为海内宗匠，在清代是位有影响的文学家。著名才子纪昀（晓岚）因之将其长女嫁给卢见曾的长孙卢荫文。卢见曾一生著述颇丰，有《雅雨堂诗集》《雅雨堂文集》《雅江新政》《出塞集》《感旧集》《金石三例》《雅雨堂石集》《山左诗钞》等共十一种一百二十八卷，他又是校勘家、金石收藏家。可惜晚年不保，卢见曾于乾隆二十八年（1763）七十三岁卸任（清代高官年龄上限七十岁卸任）。后尤拔世接替，上任伊始即发现历年盐政亏空严重，随后由江苏巡抚彰宝上奏朝廷，乾隆大怒下旨按律治罪。

据传该案由东阁大学士兼军机大臣刘统勋审案，刘有意无意将此案告诉刑部右侍郎王昶，王昶又有意无意地将此案透露给纪晓岚。纪晓岚得此讯后急得如热锅上的蚂蚁，因为自己的女儿已经许配给卢见曾的长孙，亲戚有难，岂能不救。可这样明目张胆地去救，一旦被皇上得知，弄不好将殃及自己的女儿，甚至自己也要受到牵连。于是他左思右想，终于想出个万全之策。他给卢见曾捎去一信，信中包有一包盐，一包茶，信封上没有一个字。信到了卢见曾手上，卢见曾十分纳闷，百思不得其解：我曾为盐官，既不缺盐，又不缺茶，嘴中念叨"盐茶、盐茶"（严查、严查）……卢见曾是个明白人，连叫大事不好，赶快让家人转移家产。等到朝廷来查，却扑了个空。前往抄家的官员将结果上奏朝廷，乾隆沉吟半响，料定内中一定有人通风报信，当即下旨严查。后来证实，乃纪晓岚做了小动作，于是将纪晓岚发配新疆达三年之久。

卢见曾被逮下狱，后来死于狱中。卢见曾死后，他的几个儿子也便流落江湖，隐身山林。其长孙卢荫文很有才学，一七八九年中进士后，终生不愿为官，告归故里，隐身山林。他的二儿子卢谔亭也行走江湖，在扬州靠人接济酒食度日。

卢谔亭便成了袁枚和蒋士铨的座上宾。落魄的生活曾让卢谔亭悲观厌世，得了袁枚和蒋士铨的看顾，心生勇气，直面世情，人也鲜活多了。

蒋士铨将他引荐给浙江巡抚熊廉村。眼看能臣干吏的后代落拓江湖，熊廉村也骤起同情之心，并给予了相应的看顾和接济。人在危难之时得到的恩惠最珍贵，卢谔亭对蒋士铨佩服得五体投地，把蒋士铨视为知己。他也以诗文和字画爱好融入蒋士铨他们的都门诗社圈子。诗社中的同人共同的爱好成为酒席宴上评画题诗的极好平台。罗聘也对卢谔亭的遭遇十分同情，常以画赠之。一日，卢谔亭抱了一捆画来见蒋士铨，蒋士铨即问其画自何出。卢谔亭笑而不答，只以手指着诗，示意蒋士铨览赏。蒋士铨痴迷画作在圈内有名，加之他的急性子，怎由着卢谔亭这样卖关子。他不由分说，当即解开包囊，打开细看，不看不要紧，一看惊呆了，原来是罗聘之画。蒋士铨语气急促问："这是两峰为你所画？"

卢谔亭颔首，点头称是。

蒋士铨展画观看，原是条屏十幅，各画蟏蛸、蚁、蜈蚣、牛牧、蛤、蜗、三猿、蜻蜓、子母鸡、虾蝌蚪。神态各异，煞是热闹。

卢谔亭问："蒋兄看后意下如何？作何感想？"

蒋士铨不以为然道："两峰所画，当为珍品。他能给你如此之妙的画屏，难道就不能为我妙笔生花。"

"此话虽说在理，可我敢说，两峰此画乃为心存怜悯，同情我的遭遇所作，是他济世利人的作为。遇上你这蒋翰林，恐怕他未必肯如此上心用劲。"

"你说的？"蒋士铨不乐意道，"屁话，他与我的交情能个比你深？不信咱俩打赌，不出一旬，我的门上必有两峰画到。"

"好，等着瞧，谁输谁出下次诗会的酒席钱。"卢谔亭信心满满，很有几分自得地扬开手掌。

蒋士铨也扬出手，乐滋滋道："接招应招，有肉猪头，杀血成谶，银子过桥。"蒋士铨念念有词，随后一清脆的掌声，两人都不由得捧腹哈哈大笑起来。

果不其然，不过半旬，罗聘竟亲自前来蒋府幸会，这一回，他为蒋士铨画的是《群鬼变相图》，通卷一共竟是十五帧：鬼谐、鬼昵、鬼诣、鬼貜、鬼操、鬼舞、鬼梦、鬼游、鬼戏、鬼搏、鬼贪、鬼博、鬼醉、鬼骄、鬼死。

蒋士铨差人将卢谔亭寻来，将罗聘的画作铺在其面前，戏言诘问道："如何？是我有先见之明，料事如神？还是你失算？"

卢谔亭愕然无语。好半晌，他傻笑道："认输受罚是君子，我做东请客便是了。"

罗聘见状凑到卢谔亭耳边，窃窃私语一番。卢谔亭不听犹可，一听又来劲："好啊，原来是嗟来之食。脸上无光啊！堂堂翰林院编修，竟做小算计。应该是你蒋大人认输受罚哩。"

蒋士铨哑然失声。他微微一笑，拍了卢谔亭的肩，指着罗聘笑斥道："都是这该死的反水，令我身处下风。要罚得罚罗聘才是。"

罗聘连喊冤枉。他飞快将画作收拢，做出个要抱画出门的样子。罗聘这一动作不要紧，可急坏了蒋画痴，他慌了："得、得、得，算我没说。我心甘情愿受罚罢了。"袁枚和几位画痴不知什么时分早在门外候着，见状也连连击掌。袁枚高兴地叫好："好、好、好，这等好事，不凑份子的饭局，怎就没有我等的位置？搭双筷子占个座，算我们迟到如何？"

蒋士铨几个见袁枚等进来，皆起身相迎。蒋士铨说："随园兄来此，请之不及呢！你们是闻着肉香，便做抢份儿的主。"

众人听后，都笑了。

一阵寒暄过后，袁枚重新展开《群鬼变相图》画作，细细浏览一番后，也不由得竖起大拇指："如此丹青妙作，不可多得。似鬼状人，鬼性天真，似人犹鬼，鬼人相惑。此画既出，前无古人，后无来者。就冲这一点，我有个提议……"说着，他顿了顿，双眸如电，扫了扫众人。

蒋士铨是个急性子，见袁枚有意打住，催促道："随园兄你别卖关子。有话快说，有屁快放，我都急不可耐了。"

袁枚有意地慢吞吞道："这样吧，今天这桌酒席我领了，不过这画……"说着，他将画作卷状。

"你想夺人所爱？"蒋士铨匆匆上前，欲将画作夺进怀中。

"且慢，"袁枚用手臂挡住蒋士铨，又一字一顿道，"此画虽好，红花还得绿叶衬，有画无诗，今天这罚嘛，我看就定在这个'诗'字上，不知大家意下如何？"袁枚说完，迅速将画作展开在蒋士铨面前。

"高见，高见。"众人齐声喝彩。

蒋士铨眼见袁枚设局，也是激情迸发："算计我蒋心馀，随园兄你的韬略果真胜人一筹。我这个文字中的'弄臣'喜的就是酒后诗。随园兄，打道酒家便是了。"

袁枚却不相让，他娓娓言道："今天大家兴趣所至，现在就当着大家的面，即兴而就。大家说，老夫言之何如？"

"好，士铨兄听罚！"众人齐声附和。

蒋士铨眼见众人捧局，他乐了："你看，原来你们都一个鼻孔出气。既然大家都抬爱我蒋心馀，我就接招拆招，来个四言八句……"

"不，"袁枚打断蒋士铨的话头，摇头晃脑道，"按老规矩办，一屏一诗，不得偷懒。"

卢谔亭也说："是啊，蒋兄你出口成章，既然应招，这几首诗又何在话下。"

罗聘也很高兴，催促蒋士铨："虽是我的馈赠之物，日后也是你受用，题个诗款，也给后世留个笑谈啊！"

一旁的洪亮吉感慨道："丹青之会，诗文助兴，好一回诗酒文章啊！"

蒋士铨再不说什么了。他对着画作，双眉紧蹙，沉吟片刻随即妙语连珠。在为首画《鬼谐》题诗时，他低吟浅唱："漫乞返魂汤一盏，卖浆人也到黄泉。"洪亮吉听后，当即研墨递笔，请蒋士铨题款。袁枚点点头，评说道："有些意思。"随后蒋士铨又提笔一气呵成《鬼昵》《鬼诎》《鬼觑》《鬼操》诗各一首。在《鬼舞》一首中，当他笔下出现"白骨依然红粉尽，生前原是两惊鸿"时，人们好一阵惊呼："哇，如此佳句，千载难得。"与袁枚一道进屋的淮北盐制同知张乐斋啧啧称赞："画好、诗隽，点睛之笔，点睛之笔！"

洪亮吉连忙拦了众人的话头："别急，好诗还在后头哩。"

蒋士铨口吟笔出，文字如江河之水，滚滚奔泻。在写到《鬼贪》时，蒋士铨又开始以鬼讽人世了："几回铜穴葬金夫，心计依然掌灌输。穷鬼低眉伺颜色，哀号能乞一钱无？不道金银气化烟，黄泉一线接贪泉。

由他包老嫌铜臭，卜式巴清自有权。"

人群中，大家议论纷纷，有人说："这何止是诗，简直是斗士的檄文。字字铿锵、句句箭镞，指斥贪欲，锋利如刀枪。"

写到最后《鬼死》一笔，蒋士铨意犹未尽，遒劲疾书一行："轮回疾似车旋毂，笑把彭殇戏尔曹。"随后，抛笔于桌，瘫坐于竹椅中。

众人疾声惊呼。袁枚狂笑着评价说："蒋士铨不仅是人才，而且有鬼才。把鬼写到了极致。才人有路心底宽，做鬼也风流。哈哈。"

卢谔亭此时把话题恰如其分引向袁枚，戏言道："随园兄，敢说你不会食言吧。"

"那当然，请便，老夫我从不玩小人伎俩。你们挑白下城最好的席面，各点自己所喜欢的美食，一醉方休，为这十五首诗，我的银子掏定了。"

蒋士铨爱画，尤爱郑板桥的画及扬州八怪之画，这是路人皆知的事。其中，罗聘的画更是蒋士铨的珍藏。他每每于静夜寂然时，或于细雨烟云的江南春晓时分，将这些画卷拿出来，细细地品咂，聊解孤苦愁闷。时长日久，这些画也就成了蒋士铨以诗歌抒心志的一个源头。罗聘画作《群鬼变相图》在他的心目中最重，每打开一次，总会有许多感慨。就连年末守岁时分，他亦将此画作为自己袒露情怀的对象。

蒋士铨爱画，对画家是有求必应。有不少朋友得了画家的画作来请求蒋士铨赐诗，蒋士铨从不计较来者身份的高低，家境寒酸或高贵，来者不拒。甚至一些无名之辈，听闻蒋士铨的诗名，也登门访求。在扬州期间，蒋士铨自己也记不清曾为多少画家的画作赋诗题款。一时间，蒋家阶前，门庭若市，人们络绎不绝，一诗难求，真可谓洛阳纸贵。蒋士铨成了江南名人。

说到罗聘与蒋士铨亲密无间的交往，在随后的岁月，也出现过感天动地的事。乾隆四十年（1775），"太安人（钟令嘉）以疾终于安定书院，时正月二十四日也，呜呼！越二日，五子知白生，妾王氏出。六月，抉榇溯江归（回到江西南昌）"。其时，蒋士铨孝心急迫，院事繁杂，自图解脱，亦是老母应其心图矣。友朋淡聚，日冷心灰。可就是在这当口，罗聘不惜路途之遥远，不计旅途之劳顿，专程赶到南昌，探视蒋士铨。他不仅仅局限于口头的慰藉，还给蒋士铨带来了画作。蒋士铨喜出望外，朋友的真挚情感如一场及时雨，滋润了他那枯槁的心田。

罗聘给他送来了《卖牛图》，这是一幅精美的画卷。蒋士铨看后拍着罗聘的肩，高兴地长叹道："罗兄不负我之情，而我却欠你之情啊！"朋友的真情他无以回报。两位好友在绳金塔旁的酒家开怀畅饮，细叙离别后的思念之苦。随后回到藏园又作彻夜长谈，回忆以往的交情，回忆在冶春诗社度过的美好时光。蒋士铨带着罗聘畅游东湖，把酒临风滕王阁，大半个南昌都留下了他们兴冲冲的足迹。罗聘被南昌优美风光所折服，更被蒋士铨居所藏园的亭台楼榭所吸引。他连着竖起大拇指夸赞蒋士铨营造了一个上好窝巢。蒋士铨兴趣所致，陡然心生一愿，提出一个特殊的请求："若蒙罗兄抬爱，蒋心馀我冒昧以求，能否借此机缘，为藏园留下先贤图及名媛图，以资家范，当不胜感激。"

罗聘一听，乐了："区区小事，何足挂齿。画几幅屏条，对我来说乃举手之劳。更何况是为清容先生的祖先留遗，这是庄重之事。只怕吾笔力不至，难尽表达，让你失望。再说，我的画，能够于藏园有一席之地，让南昌的文人雅士欣赏品评，这是我求之不得的美事。我当竭尽全力而为之。"

蒋士铨一听乐了，当即吩咐下人、儿子，将文房四宝摆上桌面。罗聘自江右来的路上，途见牛市中，牛农愁为卖牛，心下甚苦，牛被富户买走后，又痛哭流泪。来到藏园之初，即有感而发，为蒋士铨画《卖牛图》。蒋士铨得此画后，视如至宝。

如今，罗聘又诚为祖先着墨，真挚的友情凝聚于笔端，几天下来，罗聘的十六幅屏画便完整地展现在蒋士铨面前。

蒋士铨左端详、右细察，不要说看不出一星半点瑕疵，重要的是这些先贤名媛是何等的神姿美容，活灵活现，庄重大方，罗聘画得惟妙惟肖。蒋士铨很满意，当即从袖中也掏出自己为《卖牛图》所撰诗稿让罗聘过目。

罗聘不看则已，一看激动万分。他饱含深情地说："清容先生知我心也，我画《卖牛图》就是为百姓唱忧啊。"

他开始念着蒋士铨的《卖牛图歌为两峰作》：

> 田干无处用牛力，田家不忍杀牛食。
> 完粮要钱不要牛，卖人不及牛身值。
> 人牛饿死争蚤迟，且换死别为生离。
> 牛别牛官不复返，全家哭送牛何之？
> 相依日久同留恋，虽受鞭笞牛不怨。
> 杀身有补拌酬恩，奈何只卖钱三贯？
> 皇天生牛任至劳，饿鬼劫到不可逃。
> 鬼神岂不惜牛命？凶年弃去同秋毫。
> 菩萨心肠圣贤手，画之咏之亦何有？
> 君不见，
> 安居骨肉每化离，何况饥寒难共守。

"畅快淋漓，长泄胸闷，这是何等的忧民情怀。"罗聘感慨万千，他略略思忖后，笑着说，"不如我们为耕农留下一线光亮，干脆我再来幅《典牛图》，你再以诗文为乡民百姓出口气，如何？"

"行啊！"蒋士铨一听，拍手称快，"这可是珠联璧合的好事，何乐不为？！况是为牛家出头，诗画两为之，这主意好。"当下，两人便分头行动。如此二位，一诗一画，皆是快手，不出一昼，罗聘落笔，一幅《典牛图》尽抒牛农之苦，蒋士铨亦见画即诗成。诗云：

> 卖牛图就延牛命，富家忽下收牛令。
> 牛来便给典牛钱，有钱来赎牛便还。
> 长者之门万牛托，穷鸟投林水归壑。

可怜觳觫得全生，牛侩眈眈不能夺。

无心转处雨旸时，农夫称贷争赎之。

离妻归室逐臣返，再服犁耙游东菑。

一家典牛万家笑，积谷如山不肯粜。

宁将剩饭饲鸡啄，未许饥鸿乞粱稻。

吁嗟乎！

尔曹自作多牛翁，岂识铜山转眼空？

从来水牯能成佛，何苦轮回牛角中？

蒋士铨与罗聘的交谊甚深。对罗聘的才华也很看重。后来他在乾隆四十三年（1778）应彭元瑞信札之邀，奉旨入京，路过扬州，得见罗聘。两位老友再度重逢，相拥而泣，大发悲声。罗聘设家宴款待蒋士铨一家。酒席筵上，老友情谊，十分热络。待到两位老友酒酣时分，罗聘从内室捧出画幛额。蒋士铨热泪盈眶，当即赋诗以志，感谢罗聘和其贤妻白莲的盛情款待："两峰为夫，白莲为妻。男能绍诗书，女有芳淑仪……两峰写梅花、白莲画牡丹，梅花横卧牡丹立，恍若天女下偎高士寒。女为黄菊子幽兰，意态淡淡秀可餐。"

罗聘的妻子婉仪，又名白莲，亦能画梅竹石，功夫于女子中实属鲜见。得了蒋士铨的赞美，罗聘夫妇更尽地主之谊，双双举杯，敬上美酒，以飨诗画之会。

乾隆三十二年（1767）冬日，曾任浙江嘉兴知府，擢运河道、淮徐道的李清时，迁山东巡抚。李清时本康熙朝大学士李光地重孙，他十分重文兴教，山东任始，便执意相邀蒋士铨出门，前往山东主持讲席。蒋士铨与李清时的兄长李清芳友善，盛情难却，身不由己，只觉意犹未尽，苦于两难，思虑再三，终于定夺。辞别蕺山书院山长一职，前往山东。

初任蕺山书院山长时，蒋士铨与生徒的情分似乎还显浅薄，随着岁月时日的流逝，相交日久，方知情谊之深厚。一旦彼此分手，总觉难舍难分。钟锡圭就是这些生徒中的佼佼者。蒋士铨将要离开蕺山的消息在书院传开后，其时未满三十的钟锡圭，涕泪湿汗巾。蒋士铨欲赴山东应聘，也打算将钟锡圭带上，一道同行。蒋士铨在留别诗中对钟锡圭说："我欲挟君去，汗漫历东兖。岂无四方志？恋母心莫反。别君吾迟迟，送我泪潜潜。"蒋士铨看到弟子们伤心的样子，自己也恋恋不舍。"我子君弟子，对泣废餐饭。壮夫禁离声，一笑乱愁剪。天有扶摇风，地有吹律管。愿君整健翮，云海力横展。小别期未展，良会约当践。"

在蕺山书院的快阁饯别酒宴上，老友新朋，师生济济，共话离别情，一个个喝得似如周郎醉东风。越地的君子交谊，漾起蒋士铨的缱绻。

十里相送也随心，君子一别情幽幽。众多的蕺山书院生徒，沿着山阴道，依依惜别。诸生步履踉跄，忧结中肠，泪湿青衫，依依不舍，众人阴云满面，就连刚始发芽的绿柳也顿失颜色。

已是暮年的刘文蔚，闻知蒋士铨即将离别蕺山，也跌跌撞撞，步行十余里，前来送行。再拜无一语。可跟在他身后的六七个弟子，却突然大放悲声，号泣迭起。蒋士铨心有千千结，只有再三拱手辞行。他想起了饯行宴上沈月波秀才、金友鹤进士的欢送致词。想到热切处，蒋士铨泪如泉涌。"但期天镜楼，梦里相往回"，他在心中默默相许，只要有可能，他一定会再回蕺山，为越人效力。

乾隆三十三年（1768）正月，蒋士铨居杭州。从山那边传来信息，山东巡抚李清时病重。而在这同时，浙江巡抚熊学鹏听闻蒋士铨辞去蕺山书院山长，也极力挽留。

蒋士铨欲去不能去，欲归不得归。巡抚熊学鹏一再以蒋士铨母亲年迈，家小人众，不宜远涉为由，从侧面击中蒋士铨的软肋。蒋士铨百般无奈，只得在崇文书院栖身。

崇文书院坐落杭州西湖跨虹桥西，院静水幽，也是修身养性的好去处。蒋士铨在崇文书院更加重视生员的人格与素养的相辅相成。他认为生员的诗文成就与本身的人格特征有很大的关联，据此，他在崇文书院创建了一整套学院规制，形成了独特的书院办学理念，成就了一大批文声尤佳的生员弟子。

二十三、桂林霜雪

翻开中国戏剧史，清乾隆年间应是戏剧繁荣的一个高潮时期。乾隆帝喜好戏曲。因此，无论宫廷还是民间，人们对戏剧的热情空前高涨。民间的戏剧创作和演出非常繁荣。社会上，看戏成风。爱好戏剧潜心戏剧创作的蒋士铨应运而生。由于自幼养成的欣赏习惯，蒋士铨对戏剧情有独钟。在肥沃的土壤里耕耘，自然会生成丰硕的果实。在创作大量诗词的同时，戏剧创作成了他对乾隆时期这一艺术领域的特殊贡献。

纵观蒋士铨的戏剧作品，可用忠、义、节、刚四个字概括。忠是对家的忠，对丈夫的忠，对朝廷的忠，对皇帝的忠；义是兄弟之义、家族之义、民族之义、国家之义；节是为家守节、为朝廷守节、为民族守节、为国家守节；刚是男子汉的阳刚之气，人的生命正气，为民族不屈不挠勇于献身的刚道不阿。

蒋士铨萌发撰写《桂林霜》，源于他的一次旅行。

乾隆三十六年（1771）夏，蒋士铨在蕺山书院主讲期间，有一次前往嘉兴途中路经西兴古驿。古驿狭隘，只能相随着牛马驮队行走。"官斯者猥俗自厌，过客弗顾焉。予栖越州六载，涉罗刹一江如履阈。"驿有丞，马君宏埙所任。"予辄止行李驿门，数与语，初以为驯谨儒士也。及君出扶风谱系相示，始详其家世。吁戏！忠义之门，顾亦官此耶！君曰：某家以文毅公难荫，世叨恩袭。某兄今列佐领，固如旧。惟某久困一衿，鳏居二十年，家壁立，乞升斗微禄养子女耳。岂得已耶！予闻而悲之。"蒋士铨听后，既同情马宏埙的遭遇，又为其父马文毅的忠、义、节、刚所动，断然奋笔，欲以此褒扬这位民族英雄。他亲自动笔，先写《马文毅公传》。马文毅于康熙九年（1670）出抚广西，在任上削乱平盗，惠政深入人心。康熙十三至十七年（1674—1678）期间，吴三桂在云贵拥兵叛乱，广西之地风云突变，守将孙延龄私与相通举旗附应，挟夙怨杀都统孟一茂等三十余人。广西巡抚马雄镇（马文毅）在省城桂林得知吴三桂叛乱，孙延龄附逆，十分愤慨，坚决反对分裂，维护国家统一，可惜手头无兵，被叛将孙延龄执拿，马雄镇巡抚"詈骂不屈"。后全家三十余口及幕僚被杀害在乌金铺。

这年夏天，蒋士铨正患疟疾，百事俱废。病稍好，"辄采其事，填词一篇。积两旬，成《桂林霜》院本"。

全剧分上下两卷，二十四出。剧本写：马雄镇承恩命提封广右，授广西巡抚。康熙帝特赐御衣一袭，用昭宠任。马文毅初膺重任，出掌封疆。广西将军孙延龄暗通吴三桂，先杀两位都统，随后又派兵包围巡抚衙门，许愿敕封马文毅为两广总督。马文毅不动声色，将假造关防诳敕付去应对，抵挡吴三桂一阵。暗中差遣大儿子马世济前往京城告急。孙延龄将马文毅全家困于土室十数间，四面高筑围墙，严加守禁达四年之久。

后来，吴三桂之孙吴世倧收两粤，斩延龄，用尽伎俩诱马文毅降。吴世倧将马文毅押至乌金铺，杀马文毅两幼子，马文毅夺两幼子头击贼。马文毅遂被害，年仅四十四岁。马公之妾顾氏、刘氏，女二姐、五姐，大儿子马世济之妻苗氏皆自缢。夫人李氏待众人了结后，面北九叩，从容自挂，时年三十九岁。家中仆婢十八人皆殉难。康熙二十三年（1684）朝廷敕建双忠祠于桂林府治，封赠马氏全家。

在《桂林霜》中，蒋士铨用饱满的热情讴歌了马文毅忠义、壮烈的动人一幕。剧本完全按照史实线索脉络纵横用笔。

马文毅遭囚，派出贺征星驰京城，携奏疏向朝门递上，上达天听。可贺征一去，杳无音讯。马文毅身居土室，心情迷惘，一筹莫展，长叹嗟吁。在讲述这一情节时，蒋士铨写道："闷沉沉叫不应的天地，恨悠悠盼不来的兵卫，急煎煎掐不破的网罗，怒吽吽展不出的蛟龙势。"蒋士铨将马文毅急盼救兵，破贼擒逆的急切、悲愤情感写得催人泪下，其忠于朝廷的心境展露无余。

前后三本上奏，朝廷无动于衷，这应该是撼动马文毅忠义之心的毒药。马文毅陷贼罗网而无法脱身，又得不到朝廷援手，就连马文毅的上司也坐视不管，听任叛逆之贼做大。不过，马文毅对自己的生命毫不足惜，气血潮涌，面对孙延龄的威逼利诱，坦然道："只不过头颅一颗，准备你'将军'来割。十担轻装值甚么，男共女性命无多。全杀却，其如我何。不必怭惺惺个。"马文毅已经豁出去了。为了国家的利益、为了朝廷的利益，马文毅置身家性命不顾，为了民族大义，死不足惜。在这同时，马文毅还在自责："不能为朝廷荷戈，却转为封疆贻祸。偌大乾坤何用我，死得陋书生真懦。"马文毅在回斥吴三桂孙吴世倧时，断然道："我马雄镇，但识尽忠，焉能作贼。真可谓：长歌激楚，正气文山节。高吟跌宕，浩气椒山血。天地闻之，鬼神听者。"他甚至痛斥吴世倧："尔祖乃先朝一个武夫，骤分茅土，既事二君，复萌异志，死无面目以见先皇。生丧天良而干重典。尚敢借延揽英雄之说，诱人作贼乎！流寇之遗，乱贼之魁。"你看马文毅骂得淋漓尽致，爽快无余。只骂得吴世倧脸面尽失，无地自容。

蒋士铨在赞叹马文毅忠烈的同时，也不由得谓叹："人怜离母燕，鸦护落巢儿。苦做忠良何所利，君不见走正派的人儿吃尽亏。"自古以来，忠烈志士总是得不到厚报，这也是不争的事实。可蒋士铨笔下的马文毅其时似乎毫不计较生前身后名，守节穷志。他字字铿锵，铮铮铁语："你吴三桂舍得父亲，难道我马雄镇反舍不得儿子？！"

可怜了马文毅两个幼子，其头颅也被马文毅用于击贼，大义之举，光耀日月："四双眼看爷不闭，两颗头击贼双提，小身材忠臣贤裔，小性命童年厉鬼。"看如此文字，真可谓字字剜心肝、刺心肺。天下有几人能轻易将儿女抛弃，有谁能不顾儿子性命而侈谈民族大义？马文毅之举，无疑是极端的个例。

"养士气文章德行，周全忠孝天性，笑群公争恋荣华，几人不愧利名。"在混混沌沌的天地间，有多少人追名逐利，何曾想到忠义两字，骂名千载，永远钉在历史的耻辱柱上。疾风知劲草，板荡见忠臣。马文毅用合家受死慷慨赴义，成全了自己的名节，这远远不是忠义两字所能概全。

在剧本中，蒋士铨还将附逆追随吴三桂的孙延龄之死用心渲染了一番。这孙延龄本为清廷定南王孔有德之女婿，官居广西将军之职，就因为他所统领的军队与都统发生矛盾，便杀了都统大人，依附吴三桂叛乱。殊不知如此叛臣逆贼，最后也死在吴世琮刀下。临死之前，自叹后悔莫及，未能杀贼。他大骂吴世琮："俺乃天朝名将，上国大臣，不惜遗臭之声名，欲保从龙之富贵。蜡丸偷献，可怜秦桧丹心；云梦伪游，反用陈平诡计。不知巫臣之尽室难行，待把赵括之全军都害。看你祖父行为，岂是帝王度量。可叹我孙延龄，骂名枉垂万代，冤死不值一钱也。"死到临头，人之将亡，其言也善，悔之晚矣！他痛心疾首，知耻自嘲："罢了！罢了！背主通番，不忠不义的一班朋友，请看榜样呀。功名富贵都丢掉，全家瓦解冰消。"背叛国家、背叛民族、背叛朝廷，这个孙延龄之死也真算得上一个"榜样"！这种不忠不义之人，死无葬身之地，也算是恶有恶报。

蒋士铨在《桂林霜》中所体现的家国情怀、民族大义，正是蒋士铨意识深处的正义感和封建伦理道德的认同感。对叛臣吴三桂祸国殃民的谴责和鞭挞，揭示了剧本的内在灵魂，让人隐隐悟出蒋士铨对吴三桂这样一个反复无常的背主叛逆贼子的无情揭露。同时，对其引清兵入关所背负的民族情债也吐露了其内心的不认同。他隐喻其所处时代的民族认同，埋藏在心底的压迫感和反抗意识在剧本中也若隐若现有所流露。

剧本用众死烘托一人死，用壮烈的场面描绘马文毅一家面对死亡，置之度外的无畏气概，抒发了舞台上正气的倾泄，也展现了英雄的凛然与无畏。舞台效果、人物形象随着马氏一家及仆婢人等含笑赴死而惊心动魄！可见蒋士铨于舞台形象和场景设计调度也有其高超的功力。

剧本的结尾，蒋士铨对清廷褒奖马文毅的具体做法也流露出自己的不满："马氏世笃忠贞，备邀恩礼，惟同殉之子女、奴婢等三十五人，未叨矜恤。想国初功令，例未及此。或以慎重勋劳，提防冒滥，未可知也。……呜呼！彼三十五人者，时命事会之遭耳，奚敢稍存遗憾欤！"蒋士铨长叹："叹文毅孙儿官职蹇，只愁他哭倒西兴破驿前。"忠烈之士的后人，落得如此凄凄惨惨戚戚，让人生悲啊！

二十四、安定掌教

"万马西来野色宽，莲华开出古长安。仙人云卷为衣好，秦地鞭驱入海难。"也许就因为这样一片美好的梦境，乾隆三十七年（1772）三月，蒋士铨携全家离开绍兴蕺山，又开始了他的新生活。尽管不知前景若何，蒋士铨还是心怀憧憬，做着美好的想象，前往扬州故地。从蒋士铨的字里行间，我们可以看到他既有留恋蕺山的依依不舍，也有欲借主讲安定书院之机，能与好友袁枚时常约聚之心。

安定书院是江苏扬州一所著名书院，始建于清康熙元年（1662），位于扬州旧城三元坊附近，也就是现今的文昌中路文昌阁之东南。

安定书院为纪念宋代杰出的教育家、思想家大儒胡瑗而建。因其世居陕西路安定堡，人称其"安定先生"。书院动工时，适逢朝廷监察御史来扬州巡视两淮盐政。因其十分推崇胡瑗，将胡瑗木主置书院正堂，并题写"安定"两字，为院额高悬于门楣之上。清康熙四十四年（1705），康熙帝南巡时，曾驾临安定书院，并赐"经术造士"匾额，使安定书院名极一时，享有很高的声誉。

蒋士铨赞美胡瑗："富包与欧阳，贤者各当位。乃有贞先生，教授苏湖地。治平赖醇儒，体用必兼备。两斋对峩峩，治事根经义。人才蔚然兴，纷纭台辅器。三秦说师承，刘彝信高弟。佛哉太平业，一一于斯肆。"这首诗是蒋士铨在前往扬州途中，路过归安县胡安定祠时的感想。

蒋士铨在《行年录》中记叙："乾隆三十七年壬辰三月，扬州运使郑公大进（丙戌进士，潮州人）延主安定书院，遂去越至维扬。太安人从此嬉游画船箫鼓间，消受平山风景多矣。"自己即将前往安定书院主讲，在途有意识地拜谒胡安定祠，可见，蒋士铨于此行的重视和珍惜，同时也是对胡瑗的敬重。

安定书院自建成授业始，便成为藏龙卧虎之地，在其麾下，聚集了王步青、陈祖范、杭世骏、赵翼、吴鼎、吴锡麒一大批通儒经士，也培养了为数众多的士子才人。

来安定书院求学后成名的有：洪亮吉，乾隆五十五年（1790）恩科庚戌榜眼，任编修。著有《补三国疆域志》《乾隆府厅州县志》《卷施阁诗文集》。主要著作有《爱日堂诗文集》。

洪亮吉是蒋士铨的得意门生。蒋士铨走进安定抬眼见到的第一个人就是洪亮吉，尽管这个衣衫褴褛的小个子男孩，闪着一脸稚气，那双灵慧的眼睛透出的能量，给蒋士铨留下了深刻印象。他有意识地翻看了洪亮吉所写的诗文，文字中沁出的情感似一泓清泉，细细流淌，泻入蒋士铨的心田。

安定书院安定的读书环境，成全了蒋士铨与洪亮吉的师生交谊。伯乐与千里马相辅相成。洪亮吉这匹千里马得到了蒋士铨特别的照看。穷困的生活是压在洪亮吉身上的一块巨石，洪亮吉四岁时，父亲年三十八早逝，靠母亲拉扯两子三女生活，家贫如洗。可洪亮吉天生异质，喜好诗书，穷究不舍。为了求学，他孑然一身，遍行乡里界外，只求文字为乐事。也许是老天眷顾，来到安定书院，他遇上恩师蒋士铨，不仅在生活上多方看顾，在学业上也督其有成。

乾隆三十七年（1772）十二月，洪亮吉家道窘困，上代两世之棺未曾举丧，急葬归里，而其时的洪亮吉举目无亲，囊空如洗，万般不得已，遂于安定书院恳求蒋士铨资助。看着如此才子，沦为乞丐，实在可怜。蒋士铨在自身仍处困境的情况下，解囊相助，并为其父立传。后来，洪亮吉以诗《寄铅山蒋编修士铨》答谢："忆昨高堂念客寒，蹇驴风雪劝加餐，羊裘奚奴复付质，鸡黍拜母欣承欢。"洪亮吉在诗后注中说："去冬余急葬归里，太夫人质羊裘赠行。"

洪亮吉与蒋士铨的人生经历相似，脾性与蒋士铨相通。同样，他也效仿蒋士铨，在其后的人生经历中，只要在朋友急难的时刻，总能见到他的身影。

在安定书院让蒋士铨赏识的门徒还有：

孙星衍，乾隆五十二年（1787）榜眼，任职刑部。尝入毕沅幕，助毕沅校定其著。嘉庆六年（1801），阮元聘孙星衍主诂经精舍。

段玉裁，乾隆庚辰（1760）举人，官玉屏知县。受业于戴东原（戴震），与王念孙齐名。著《六书音韵表》《古文尚书考证》《许氏说文读》。弟玉成，丙午（1786）举人，亦为训诂大家，受知于李因培，肄业安定书院，同学称为"二段"。

裴之仙，以举人肄业安定书院。

杨伦，字西禾，进士。著《杜学指南》行于世，他的《杜诗镜铨》是研究杜甫诗歌的重要著作。

扬州给了蒋士铨另类的感受，也给了他不少诗歌创作的灵感，写出了许多美妙的文字。更为重要的是，他用自己的言行举止写就了更为完美的人生文字，他的文声远播。

乾隆三十七年（1772）十一月浩繁的《四库全书》开馆。《四库全书》编纂起因是安徽学政朱筠向乾隆帝提出《永乐大典》散失严重，建议朝廷应重新搜集整理。这个折子得到乾隆皇帝的认可，于是便诏令将所辑佚书与"各省所采及武英殿所有官刻诸书"，汇编在一起，名曰《四库全书》。这样，由《永乐大典》的辑佚便引出了编纂《四库全书》的浩大工程。

《四库全书》开馆后，随即在全国展开图书征集，在民间寻找文章奇异、诗文成就卓著、著作丰厚的文士。这样的号令，无疑是一石激起千层浪，各省府州县无不响应。众多文人才子更是精神振奋，纷纷献出自己的著作供朝廷挑选。扬州入选者就有钱大昕、王鸣盛、卢文弨、孙志祖、王念孙、段玉裁、戴震、王昶、袁枚、蒋士铨、姚鼐、汪中等。蒋士铨以其《忠雅堂集》入编。

扬州是个好地方，有李白诗为证："故人西辞黄鹤楼，烟花三月下扬州。"有清一代，扬州成了繁华的代名词。商贾云集，街衢热闹，市井繁荣，民众富庶，扬州恍如人间天堂。

乾隆三十七年三月初，蒋士铨初主安定书院讲席。这里新鲜宜人的居住环境和如诗如画的风景深深地吸引着蒋士铨，他迷上这仙境般的所在，身心完全沉浸其间，心情舒畅，诗也随心所欲，写得酣畅淋漓。

他刚栖居扬州不久，便按捺不住激情，一头扎进冶春诗社游历。"济南久荒名士轩，如皋已废辟疆园。冶春犹是风骚地，粉蝶黄莺莫闹喧。"随同蒋士铨游春社的文士有探花王文治、御史鲁赞元、风流太守陈用敷、观察边廷抡和袁鉴，以及夫子先生金兆燕等。一行人走过二十四桥，又过十三楼，只见杨柳依依，绿水萦绕，此情此景，撩拨人的诗性。大家兴致勃勃，坐上箫鼓弦声的画船，漂在水面上，聆听歌伎的演唱，身心陶醉。冶春园的园主田先生听说园中来了这么一帮"诗酸文臭"的"文豪"，立即屁颠屁颠地赶来应酬。他把大家请到茶楼，拿出西湖龙井，让一个个妆扮得如美人坯子、似出水芙蓉般的茶女，为这些茶客表演茶艺。文人聚集在一起，话题便有"声"有"色"了。姹紫嫣红，大家评点茶女品尝茶味，兴趣所至，甚是热闹。田先生是个懂得场面的人物，听了大家的身份介绍，更是精心侍候，事事在意。果品糕点摆了一桌子，三道茶上过后，接着就是酒菜上桌。丰盛的宴席，充溢着酒香，让人垂涎欲滴。文人的骚情上来，便是诗文唱和。为冶春诗社送上几幅诗轴，大家也是义不容辞。蒋士铨吟完诗，借着酒性，展开手笔，便在书画桌上展纸挥毫。诗佳、字美，冶春诗社"赚"了个盆满钵满，主客皆欢。

大家顾不得午间休息又再度上船，谣娘的歌声再度响起，带着酒味的喝彩声，震撼得满湖碧波荡漾。云嗔柳娇，水软浪呓，不似仙境，胜似仙境。身在其间，能不舒心展腹，尽情吟唱。湖上游够了，众人再度上岸，迈进三贤祠，消受先贤的黑陶，欧阳修的老练文笔，苏轼的轻快诗文，王文简公的睿智政声。文人们各尊心中楷模，浏览一番后，议论彼此，自认偶像，崇仰旗帜，高潮迭起。最后一行人来到红桥。只见一盏寒泉似如水仙，正在舞云弄烟。

夜灯初上，湖上又是一番景象："仕女倾城秉烛游，人生只合醉扬州。"诗入梦中，梦入诗中，诗中泛情，情中幽梦，荷塘月色，仙风酿情，人间的诗情画意，只有扬州，别有洞天。

蒋士铨的七绝诗云：

柳陌花溪过眼空，苦将泥雪印飞鸿。

几人闭户眠春昼，梦入千岩万壑中。

苦道今人忆古人，酒阑歌散亦伤神。

田家园子无多地，占断红桥一角春。

原来这些文士游完、玩完、唱完、舞完，仍觉游兴未尽，还嫌这田家主人的园子太小，还没过瘾，还没尽诗兴。不过，蒋士铨也有他的想法，揶揄众文友："衣香鬓影年年换，只恐看花易白头。"这倒是实心话，人生有今日，足矣。

蒋士铨在冶春诗社度过了难忘的一天，他回忆在园中赏牡丹的情景，煞是快慰："花开一品丛仙髻，歌昵双鬟记锦裙。"牡丹实在是太美了，连诗社的美女都难以媲美。他叹息："几人名宦生前酒，满眼欢场掌上杯。能趁芳辰文字饮，苦吟君是出群材。"

安定书院让蒋士铨过上了相对安定的生活。

用老当益壮形容蒋士铨其时的状态再合适不过。闲云野鹤，从容度日，两淮盐运使郑大进为他成就了一片小天地。乾隆三十七年（1772）六月，蒋士铨饶有兴致地从扬州回到南京小憩，偕妻子张氏登上南京栖霞山，远山隐隐，云霞耀彩，飞莺啼啭，猿鸣涧泉；夫唱妇随，花绽情牵。这也许是蒋氏夫妻有生以来最为开心浪漫的私生活情节。蒋士铨有诗："松涛石浪坐低回，展放愁眉笑眼开。偕老烟霞最宜称，累他猿鹤屡惊猜。游仙境迥凭肩过，采药图新把臂才。归写夫妻改装像，布衣休浣摄山苔。"

张氏受到蒋士铨的感染，也对丈夫充满爱意，注视着丈夫日益消瘦的身体，她为自己多年未能追随丈夫，为他洗衣浆衫、为他蒸鲜煮肉而深深内疚。蒋士铨太需要女人的温存，太需要一个妻子的关顾，她来迟了。她在丈夫执掌蕺山书院后，来到南京，之所以一直未走出红雪楼半步，就是要尽心尽职，弥补离情别意，成为一位真正的贤妻良母。她依偎在丈夫的怀抱，听泉水淙淙，看林涛起伏，她小声对丈夫说："你我能有今日，也算是岁月没有薄待啊！"

“不，应该是我薄待了你，是我……咳，我纳妾，我……”

“你……”张氏捂住蒋士铨的嘴，“不许你说这些，我不嫉，也不妒……只要你舒心。”

“文人骚客都把美文留给了妾妓，而我经历以往，深觉‘夫妻还是结发好’。我看重你的贤德。一家老小，一应大小事务，尽数付诸你支撑，多少年了，真不易啊！”蒋士铨端详着妻子，给了老妻一个由衷的吻。

张氏娇嗔道：“都七老八十的，不正经。”

“我就是不正经，在自己妻子身上不正经，何罪之有？”

“你就多了这三寸不烂之舌。”张氏戳了蒋士铨一指头。

栖霞山聆听着呢喃细语，山风放开喉管子，召唤着人们前来细察这对夫妇的别致温情，羡慕这天长地久的岁月情歌。

有趣的是，第二天的南京城里，市井奔走，男女相告，说栖霞山的小僧与山中砍柴的樵妇，见证了一对挚情夫妇的卿卿我我……

就连蒋士铨的好友袁枚耳畔也多了不少传闻，痒痒不已。他止不住好奇，前来红雪楼探究个分晓。

蒋士铨乐了，他得意地说，南昌人有句俗语，朋友面前莫说假，老婆面前莫说真，老婆面前说了真，放牛娃娃打单身。真人面前我就不说假了，与老婆于山野放浪形骸，成就一片风景，也是人间乐事啊！说罢，蒋士铨嘻嘻哈哈，当即展纸疾书一诗：

田夫汲妇互穿云，老佛低眉苦不分。
客路偶然携眷属，游踪未必感星文。
漫劳史笔传遗事，却被山灵识细君。
谁与洪厓描小影？鹿皮冠畔著青裙。

袁枚细品慢嚼，笑着将文字吟咏一遍，不由得击节而呼：“好诗！”

蒋士铨意犹未尽道：“昨日之行，让我灵犀一点通，真可谓触类旁通，让我想起写几出戏文。”

"不愧是诗文达人，三句话不离本行，又恋上戏了。好，我等着你的精彩登场。"

友情牵扯进乐事，也让红雪楼多了些文情诗意。

二十五、四弦悟秋

王文治将其与蒋士铨喻为一丘之貉。

同为翰林院编修的王文治仕途无望，仿效朋友，请辞解职，与蒋士铨一道，落脚杭州谋生，被聘为崇文书院主持。满腹经纶为后生，王文治找到了一条仕宦之外的光明道。

同病相怜，更可谓是"臭味相投"，让蒋、王两人惺惺相惜，两人同游共语，出入西湖，特有文人情怀，也多有生活情趣。到了立秋的那天，王文治相邀蒋士铨等文士一道，听王姓、范姓两盲女弹词。两女如泣如诉，亦歌亦泪，凄婉悲壮的故事触动了蒋士铨的心尖，他沉溺于情节，不能自拔，在两位女歌伶的弹唱中身心震颤。

红楼窗口那盏豆油点燃的光，虽然微弱，却在夜色中固守着自己的寄托，不能光耀大地，总还能为世人点燃文字、点燃激情，去为那些长歌当哭的雄绝人物献上心香一瓣。

蒋士铨哆嗦着从抽屉中掏出《桂林霜》重新审读。

他一生的戏剧创作掀起三个高潮。《桂林霜》是第二波中的第一曲。为马镇雄这样的忠臣树碑立传，蒋士铨认为这是他的个性使然，也是他为人的气节。听了两位盲女的演唱，蒋士铨的心胸又起波澜，他挥笔疾书，一气呵成《四弦秋》。

再过一年，他又完成《香祖楼》和《临川梦》。

乾隆三十八年（1773）春，康山宴聚集众多文人墨客，在刚刚修葺一新的秋声馆中，上演杂剧《四弦秋》，丝管清音，清词丽唱。白居易与歌女之间的情义成就了舞台上的歌者，众看客赞不绝口，喝彩四起。

唐代诗人白居易怎么也没有想到，他所写的《琵琶行》能在后世引起多位戏剧家的关注，为这首诗填词为戏。元朝的马致远以杂剧《江州司马青衫泪》讲述了唐宪宗时期，吏部侍郎白居易与长安街头名妓裴兴奴相善。后来白居易以事左迁江州司马，两人依依不舍，道别时两人相约，但等安顿便来娶裴。白居易走后，江西茶商刘一郎羡美，以重利打通裴母关节，两人合谋伪造白居易书信，信中只说居易病重即死。以此计绝裴兴奴的念头。裴兴奴得了凶讯，悲痛欲绝。刘一郎乘虚而入，强娶占之。刘一郎得了裴兴奴，高兴万分，旋即买舟南下，其船经长江进入鄱阳湖，夜泊九江码头。裴兴奴百无聊赖，悲情难解，月下拨动琵琶，自宽自解，消忧遣愁。其时，正好诗人元稹下江南，与白居易泛舟江中。两人听闻琵琶声，似曾知音，即拢船探视，没想到舟中弹琵琶者竟是裴兴奴。似梦非梦。白居易听裴兴奴讲述走后经历，心似波浪翻腾，借刘一郎醉卧之际，迅即将裴兴奴接下，转舟至白居易船上，白居易总算抱得美人归。元稹回京后即面奏皇上，恢复白居易侍郎官职，并诏以裴兴奴赐与白居易，同时严惩刘一郎。白居易因之作《琵琶行》以记。

明代戏剧家顾大典于白居易的《琵琶行》又是一番改编，名曰：《青衫记》。在元杂剧《江州司马青衫泪》的基础上另行构思，描写白居易中式登第，与刘禹锡、元稹前往名妓裴兴奴家一游。裴兴奴兴奋异常，弹琵琶助兴。白居易最后以青衫质酒，醉卧裴兴奴家。随后，长安兵乱，裴兴奴怀抱白居易的青衫至白居易老家避难。白居易的妾小蛮樊素，见青衫如见故人，知裴兴奴乃白居易旧好，遂善待之。后来，白居易遭贬放江州司马，遣人归乡迎接二妾来江州。裴兴奴受母逼迫，嫁与商人为妾，也来到江州。白居易于江边送客，闻听邻船琵琶声，两人意外相逢，情何以堪，白居易不禁泪湿青衫。后皇上得知此事，召还居易，促其重娶裴兴奴。全剧以喜庆场面终结。

蒋士铨似乎于这几个剧本皆不屑，他认为前朝的本子"以香山素狎此妓，乃于江州送客时，仍旧归于司马，践成前约。命意敷词，庸劣可鄙"。他以《四弦秋》入题，于情浓处着墨，一扫前朝剧本才子佳人大团圆的俗套，追从白居易之笔，剔除脂粉气息，以《琵琶行》之原旨"同是天涯沦落人，相逢何必曾相识"作为自己创作立意，行文之结点。通过讲述琵琶女沦落风尘，人老珠黄；白居易直言获罪，无端受贬，随后两位沦落人于浔阳江边相遇，同病相怜，相拥而泣，青衫泪下，从而演绎了白居易与琵琶女的另类风尘故事。

蒋士铨在《四弦秋》中，刻意突出白居易直率、敢言和无畏。由于几位与白居易不合之士宦，恶意中伤，欲加之罪，何患无辞？白居易因言获罪。这种得不到上恩庇佑，居循吏而难伸其志的生活际遇，与蒋士铨的经历多有相似之处，借一曲《四弦秋》，畅泄心中郁闷和愤懑，这也是文人士大夫的真性情所至。蒋士铨借古讽今，隐声声讨盛世衰情。蒋士铨有志难伸，用戏剧一吐心曲，算是找到一条绝妙途径。不过，蒋士铨这种做法，如此写作技巧，瞒天过海，暗度陈仓，瞒得过皇上老儒，却瞒不过那些与他相知相识、知心知肺的文朋诗友。他的好友王文治题词道："堂堂蒋侯起豫章，奇句惊天卓天骨。余技能为乐府辞，宫徵咀含发古质。"苕溪文士陈文煜写道："知音忽来千载，听翻弦上曲，顿教心醉。身在江湖，志存廊庙，脉脉此情遥寄。"蒋士铨自己在序文中也提到："人生仕宦升沉，固由数命。若刘梦得、柳子厚、元微之辈，戾由自取，岂得与江州贬谪同日而语哉！填词虽小道，偶连类而论次之，俾知引商刻羽时，不仅因此琵琶老妓浪费笔墨也。"此话说得再明白不过了。如果这声琵琶，不为白居易知音，怎么值得词人挖空心思谱新曲呢？直白而说，蒋士铨为白居易叫屈的良苦用心，何尝不是自己向朝廷隔空喊话？皇上为何不识真才子，任贤举能，成其施展拳脚，做一名循吏，去经世济民。

蒋士铨才思敏捷，久已声名斐然。《四弦秋》出手后，其反响不亚于惊雷，人们不约而同喝彩。扬州戏台上出现了白司马与琵琶女的缠绵，蒋士铨的良苦用心终得回报。如此盛况情境，就是白司马于九泉之下也觉慰藉。人们哼着富有旋律的曲调，和着富有韵律的文词，醉倒在江南的诗境。

值得一提的是，蒋士铨的剧作能够搬上舞台誉满扬州，得益于一位重要人物江春（即江鹤亭）。江春原为安徽歙县人，后因经商迁徙扬州，江春早年也想通过科举及第取得功名，可是事与愿违，一直未能中试。于是弃文经商。他精通盐务，靠贩盐起家，成为"两淮盐业总商"。乾隆帝对他十分赏识，先后赏赐内务府奉宸苑御、布政使等头衔，荐至一品，并赏赐顶戴花翎，在当时的盐商中仅此一例。乾隆六下江南，均由江春接待，以致民间有"江春大接驾"之说。

江春富可敌国后，在扬州广筑园林八处之多，有康山草堂、退园等。他对戏剧有特别的爱好，尤其是徽剧，自己还组建徽剧演出班子"春台班"自娱自乐。尤其值得一提的是，江春家的"春台班"曾于乾隆五十五年（1790）与"三庆班""四喜班""和春班"一道，奉旨入京为乾隆皇帝八十大寿演出，演绎出历史上非常著名的"四大徽班"进京盛况。

江春一生广结朋友，招集名流，长年酒赋琴歌，达旦不歇。蒋士铨在扬州期间成为江春家的座上宾，经常与袁枚等出入江家，消受宴请，看戏吟诗快乐逍遥。蒋士铨与江春结为好友，还与戏有关。蒋士铨爱听戏，是个戏迷，其所写的戏剧作品希望借"春台班"登上舞台，这才是蒋士铨的终极想头。

江家的秋声馆是个热闹的地方，梨园人把此地唤作大排当。馆中流管清丝韵乐纷飞，让人心猿意马。这年春日，秋声馆彩排上演蒋士铨的剧作《四弦秋》，大排当中，弦乐飞扬，女声如云，丝管清音，彩词丽唱，煞是热闹。白居易与歌女的不渝情义成就了舞台上的歌者。众看客赞不绝口，喝彩四起。在看了蒋士铨的剧作《四弦秋》后，袁枚情不自禁吟道："梨园人唤大排当，流管清丝韵最长。刚试翰林新制曲，依稀商女唱浔阳。"袁枚并注：苕生太史新制"秋江"一阕，演白司马的故事。陪同袁枚观看的边延榆、陈用敷、蒋宗海、袁春圃、江建泰也不由得击掌欢呼赞不绝口，众人一齐祝贺蒋士铨的剧作成功登台献唱，吆喝着要蒋士铨酒宴侍候。袁枚见状，有意来解蒋士铨之围，他摇着手连连说："别、别、别坏了老规矩，我看这顿酒食要么鹤亭出，要么我掏银子，还是让苕生先生以诗文侍候如何？而且此番作诗得守个规矩，脚不能迈

出三步，一旦过了三步，挨罚自作自受。诗要吟，酒食照样还得花银子
侍候'消灾免祸'。"

众人一听齐声叫好，都说袁太史高招妙招。

蒋士铨一人难拗众，而且吟诗也是他之所愿，袁枚分明是为他这个
穷编修下台阶，他不由得开心地笑了。

在众人的催促声中，蒋士铨沉吟片刻，顿了顿，随即挥毫展笔于秋
声馆墙上潇洒而就：

八九月间成室，二三更后读书。
不用玉箫金管，清商萧瑟自如。
栏杆卍字亚字，帘幌波纹篆纹。
妙悟不留色相，观空得自声闻。
幽花静若诗老，修竹疏于酒人。
双荷不通不蔽，三籁孰假孰真？
三千昆耶一阁，五百大士此城，
欲听楼中云影，先观郭外江声。
雪壁龙蛇欲动，泥墙戈戟自排。
欧公三日驻马，萧郎一字名斋。
野客牵萝作幔，幽人集荔为裳。
不若江淹竹帐，笔花梦人潇湘。
金铜老仙不见，化为千岁灵龟。
玄鹤翩跹下止，莫是当时令威？
瓷兔雄雌扑朔，错忍竹根两齽。
一切有形如是，雪师纸虎泥牛。
主本忘其是客，秋亦何曾有声？
姑妄听之一笑，四时喧寂分明。
秋心何处可遣？文字之友数来。
绝胜笙歌院落，夜深灯火楼台。

蒋士铨身处佳境，笔下文字流畅，可见其心身放松，心性狂放，英雄找到用武之地。在这么多文人墨客面前卖弄文字，尽管文字略显粗糙，可他的情感飞扬到了极致，沧海横流，方显英雄本色，挥洒自如，一气呵成。秋声馆成了热闹的海洋。

蒋士铨的剧作在春台班颇受欢迎，他的《空谷香》《四弦秋》等几个本子都先后在秋声馆上演，"皆朝拈斑管，夕登氍毹，一时觞宴之盛，与汪蛟门之百尺梧桐阁、马半槎之小玲珑山馆后先媲美"。

乾隆三十八年（1773）腊月，蒋士铨与钱百泉孝廉在护春堂围炉饮茶中，窗外大雪纷飞，积雪如盖，堂内堂外，静谧安详。两人海阔天空，天南地北，笑谈天下事。钱偶然提及扬州铁丐的故事：铁丐吴六奇在海宁一路行乞，大雪中难觅施主，无可奈何只好忍饥挨饿，一连三日，食不果腹，腿软脚虚，倚身一富户门首昏了过去。原来这富户主人乃举人查培继。查培继见吴六奇气质不凡，邀吴入府沐浴更衣，同桌共饮，并赠狐裘。席间，湖州庄员外聘查培继纂修史书，查因款待吴六奇而托病相辞。吴六奇得温饱接济后谢不离口而去。后来查培继至杭州春游，又遇吴六奇，查乃劝其投军获取功名，并赠衣衫鞋帽，黄金百两。吴六奇按照查培继的劝说投至经略两广大将军门下，英勇无畏，跨海作战，屡建功勋，升任水陆提督。顺治十八年（1661），史狱案发，庄廷鑨因私修明史而致惨祸，参订者亦遭连坐。康熙二年（1663）五月，杭州城内的弼教坊，计七十余名江浙地区的文人名士被凌迟、重辟和处绞，举人查培继也因之受牵连入狱。史狱之后，时人视明季史书如蛇蝎，避之唯恐不及。吴六奇阅朝报时得知，乃向朝廷写本保奏。查出狱后，即接来衙中，设宴以家乐款待。一年后查培继别吴六奇还家。见自家府第全新，问及夫人，得知乃吴六奇差人所为，并赠有女乐、假山。查培继与夫人感慨不已。这个故事以德报德、以恩报恩，煞是感人。蒋士铨听了感慨万千。两人谈得十分投机，气氛浓烈，充满欢乐，钱百泉当场聘请蒋士铨填新词以成一剧。

这年除夕之夜蒋士铨独自兀坐，意有所触，遂构成篇，竟夕成一首，天已达曙。修改八日而成《雪中人》剧本。

全剧分为"弄香""眠雪""角酒""占茶""联狮""放鹤""请缨""飞继""挂弓""传檄""脱网""营巢""赏石""移云""花交""蝶聚"共十六出。此剧作于乾隆三十九年（1774），本事见《清史列传》卷七十八，蒋士铨曾作《铁丐传》等。晚清词人况周颐所著《眉庐丛话》有云：

> 明孝廉海宁查伊璜继佐，甲申后家居，放情诗酒，识吴六奇于穷途风雪中，解衣赠金，以国士相薪许。迨后伊璜以史案罹祸，六奇感恩图报，既龁章为之昭雪，复持赠至于"绉云"。豪情高谊，垂三百年播为美谈。

二十六、临川遗梦

乾隆三十九年，是蒋士铨戏剧创作的巅峰年。这一年，他写了三个剧本《雪中人》《香祖楼》《临川梦》。尤以《临川梦》为巅峰之作。

为汤显祖还魂，这几乎是蒋士铨一生的心里寄托，无论是从个人出身、生存轨迹以及个人爱好都吻合无隙。明写汤显祖，暗写己，这似乎成了蒋士铨的拿手好戏，用起来得心应手，挥洒自如，其心志更是宣泄至极。

蒋士铨在《临川梦》自序中写道："先生以生为梦，以死为醒，予则以生为死，以醒为梦。于是引先生既醒之身，复入于既死之梦。且令'四梦'中人，与先生周旋于梦外之身，不亦荒唐可乐乎！"以梦入戏，烘托汤显祖的气节，蒋士铨看重的就是汤显祖的梦了为觉，情了为佛，境有广狭，力有强劣而已。他在为汤显祖立传时一再褒扬汤显祖的人格力量。"显祖志意激昂，风节遒劲，平生以天下为己任。因执政所抑，遂穷老而殁，天下惜之。"

芳润堂风清雅静，蒋士铨端坐案几，陷入深深的思索。

汤玉茗先生在"玉茗四梦"中，说透痴人梦。蒋士铨也以梦为注脚，戏说汤先生一生。在戏说中凸显汤先生的刚正不阿，蝶恋依依，梦成正果。蒋士铨抢起如椽大笔，谱梦入笔，想梦入情，改梦露情，殉梦为情，续梦缘情，访梦融情，集梦泛情，说梦道情，了梦真情。蒋士铨借题说情，"腐儒谈理俗难医，下士言情格苦卑"。在梦与情的变幻中，再现了汤显祖惨淡的人生，也凸显出汤显祖在混沌的世情、宦情面前，做了最为理想的自我选择。

全剧以一句"气节如山摇不动，玉茗堂中，说透痴人梦"开篇，"醒眼观场当自讼，古来才大难为用"。他形容汤显祖的才华："生而有文在手，唾则成珠，长而列宿罗胸，笔能扛鼎。"尽管他不谙世故，不侍豪门，不受抬举，受到宰相张居正的排挤打压，"公相公自宝其权，匹夫独守其志。我汤显祖即使终生穷困而死，断断不羡那郁轮袍之富贵也"。面对高官厚禄的许诺，自求人间真情，不做下作小人，逢迎阿谀去做那些蝇营狗苟之举。可见汤显祖所认定的入世观是何等的坚执不摧。"将名器托蹇修，市恩门不觉羞。只堪笼络人中狗，谁肯逐蜣螂臭。"汤显祖如此看重名节，是张居正所不曾料到的。其原以为天下之人，无人不可以罗致。岂知公车之内，竟有这么一草芥，有眼不识荆州。汤显祖的日子显然不好过了。走穷途的心志看透了人间冷暖，似乎只剩下冷眼了，不屑一顾被发挥得淋漓尽致。"临川一生大节，不迓权贵，递为执政所抑，一官潦倒，里居二十年，白首事亲，哀毁而卒，是忠孝完人也。"剧本以此引入正题，在极力渲染汤显祖一身正气的同时。编织了一个凄美的情感故事。汤显祖官场受执，旋写《还魂记》，一时洛阳纸贵，普天之下，熟稔剧本的男女皆以仰慕之心，拜倒在公车阶前。汤显祖本以为在官场外栖身，受些瘟痘沤气自是当然，没想到，持有如此一支临川之笔，竟也有这等心畅意舒，十分难得。清代戏曲评论家、江苏扬州人焦循在《剧说》中谈到，汤显祖在完成《牡丹亭》刻本后，遍传民间。娄江有一女子俞二娘，酷嗜其曲，有感于汤剧的气节，爱慕汤显祖的志向，用蝇头小楷在上面细细批阅，自叹薄命无颜，以至苦情难申，不到二十岁而逝。俞二娘去世后，有人将其遗稿夹带给汤显祖看。汤显祖不看则已，看后心情久久难以平静，作两首五言绝句深悼其人。又载内江一女子，读《还魂记》而悦之，经西湖登门拜访，愿为才子妇。汤以年老辞，女子投水而死。蒋士铨本以诸事，而作此剧。蒋士铨的《临川梦》延续了俞二娘的故事，写俞二娘读《还魂记》后断肠而死。可是剧本写到下阕，戏剧性的场面出现，超乎现实的情节变幻让人侧目。在俞二娘死后二十多年，二娘的乳母将俞二娘批点的《还魂记》送到汤显祖手上。汤显祖细读遥想，叹息天地两隔之情意难申。在剧本的最后一出戏里，蒋士铨描写汤显祖在玉茗堂昏昏欲睡，睡神引俞二娘的灵魂进入汤显祖的梦中，与之梦中相会。汤显祖自以其为知音知己。汤显祖谓二娘："二姑，你既抛空修短，游戏虚无，则问你那天上地下，毕竟有何见闻来哟？则问你地狱天堂怎生熬，仙缘鬼趣如何妙？（皂罗袍）比似我文章折福，余辜可饶；比似你聪明损寿，前愆可销。我与你来踪去迹，可有人知道？"随后，引汤显祖笔下玉茗人物淳于梦、卢生、霍小玉等前来相见，玉茗花神传天王法旨，迎众人入觉华宫。

江南的风雨在黎明时骤然而至，窗外的景致登时摇曳得支离破碎，一群麻雀掠过长空，发出一阵悲鸣。扬州很久没下过这样一场透雨。黑云压城，倾盆大雨，瓢泼滂沱，如注的雨点洗刷着大地，也洗刷着蒋士铨的灵魂。他完全沉浸在为汤先生所撰的戏文中。他要将汤先生的入世观、处世观、经世观，在戏文中做一个详细的解读，将自己的思考融入戏文中。笔下的文字如洋洋洒洒的雨点，如心灵风暴，占据着街头巷尾的每个角落。

将一位读者，一位多情而缠绵的女性读者放在剧本中，作为戏剧故事的主人公，这是个前无古人之举。将生者与死者结合，将他们之间纯净的爱恋放在梦中相会，这种超越时空、超越情境的写作风格，充分展示了作者蒋士铨奇幻广阔的想象空间，也让我们看到了蒋士铨笔下戏文故事的异同点。痴人说梦，这或许是文人间的一脉相承，也许是文人抒发内心情感的独特支点。古往今来，难以计数的文人墨客于"梦"字着笔，一抒胸臆，可真正淋漓尽致的只有汤显祖与蒋士铨。而蒋士铨这位后追者亦有过之而无不及。这貌似于衣钵传承，呈现在剧本中的变与不变显现出蒋士铨的独特情怀和天生执拗的个性。对爱情的执着，对友情的执着，对官场陋习的厌恶，对那种神似天堂生活的向往，总是蒋士铨笔下的人物遭际的最后结局。让梦的主人公走进天庭的神仙行列即是蒋士铨戏剧作品的妙招。文人所梦寐以求追寻的信仰、真谛于梦中借题发挥，在阴阳两隔、神鬼难分的境遇中找到了生存情境的再现，其中透析出人的真情、善意、仁慈和缠绵，体现的是人于德行分水岭前所做的抉择。汤显祖在《牡丹亭题词》中谈到他的入世观："情不知所起，一往而深。生者可以死，死可以生。生而不可以死，死而不可复生者，皆非情之至也。梦中之情，何必非真，天下岂少梦中之人耶？"

我们再来看蒋士铨是如何详解他的入世观，他在《临川梦》中也有一番阐释："仆生四十余矣，少时血气未定，喜读非圣之书。所游四方，辄交其气谊之士。蹈厉靡衍，几失本性，久之自省有得，所以为诸生谆谆指示。凡人之所贵者，吾生之理，仁孝之心也。苟不知吾生，与天下之生可贵，则仁孝之心尽死，虽存若亡，是自贱其生矣。诸生能各全其仁孝之心，则其生可贵，斯不愧为人耳！"

在第三节《谱梦》中他还有更深入的探讨："娘子，这丽娘与柳生，是夫妻爱恋之情。那杜老与夫人，是儿女哀痛之情。就是腐儒、石姑，亦有趋炎附势之情。推而至于盗贼、虫蚁，无不各有贪嗔痴爱之情。惟有忠臣孝子、义夫节妇，能得其情之正耳！人苟无情，盗贼、禽兽之不若，虽生犹死。富贵寿考，曾何足云！"他自认："男女虽则异形，性天岂有分别。人生所贵，相知者此心耳。古人云'得一知己死可不恨，何必定成眷属乎'。"

蒋士铨撰写《临川梦》在乾隆三十九年（1774）春夏之交，其年逾五十，应是知天命的当口。在生与死的空间极尽想象，以抒情言志。历史上，文人墨客总借词曲表达情怀，这种传统的表达方式在蒋士铨身上也得到印证，甚至是发扬光大。戏剧创作的真情流露，为其怀才不遇、忧国忧民，甚至嘲讽污吏提供了上佳的表达方式。他的志节凛然，他的愤懑不平，他的不屈于权贵，所呈献给后人的就是真情与气节，也就是他的处世观。在《临川梦》中，他的这种观念的流露，几乎无处不在。在该剧首出汤显祖上场即有开场白："花信风多孰主张，不知谁个马蹄香。

分明戏弄弹棋局,胜固欣然败亦忘。"用汤显祖之口,申明自己的立场和观点,可谓点睛之笔。随后,他又在第二出,借江南华亭人、隐士陈继儒之口,再次表露自己的情怀:"妆点山林大架子,附庸风雅小名家。终南捷径无心走,处士虚声尽力夸。獭祭诗书充著作,蝇营钟鼎润烟霞。翩然一只云间鹤,飞去飞来宰相衙。"蒋士铨不走捷径,不为内伶作词;汤显祖不为宰相张居正屈阶投门,两人似"一丘之貉",风骨凸显。在第三出,他又描述汤显祖困于科考,受挫无助的情形。汤显祖一出场就以撰写《牡丹亭传奇》心得讲述自己的心态:"我汤显祖,自丁丑拒绝权门,归来六载,不复入京会试。总因眼中认定'富贵一时,名节千古'八个字儿,所以义命自安,怨尤俱泯。但情怀万种,文字难传,只得借此填词写吾幽意。"汤显祖以词描述自己的心境,展现了他对豪门的不屑一顾与自怜自爱:"由他虎豹守天门,且作嘲风弄月人。皮里春秋圈外注,冷吟闲醉独伤神。"汤显祖不屑富贵、不屑官场,蒋士铨自取其义,效之行之。"从来权奸之辈,不可一日无官,不可一刻去位。牢依黼座偷权力,巧借天威思劫持。"几句诗文,将权贵的贪婪相刻画得入木三分。同时也不忘袒露文人的天生傲骨:"叶厚有棱花色深,岁寒不受雪霜侵","从此免招桃李妒,阳春白雪遇知音"。临川独有的玉茗花(即白山茶,玉茗堂因此花而得名)成了蒋士铨笔下傲霜斗雪的花骨朵,他是玉茗花的正道知音。在第四出一开始,蒋士铨又借俞二娘养母之口,道出对汤显祖才志的评价:"情花开意蕊,智果发心香。不信相思字,中含泪万行。"随后又以俞二娘的口,道出对汤显祖才华的敬慕:"梅花落尽柳成丝,云雨荒台岂梦思?万古骚人心不死,文章做到返魂时。"这就是蒋士铨胸怀的袒露。他为玉茗花还魂,为汤显祖鸣冤叫屈,选用独特的戏剧表演方式。为了玉茗花的还魂,蒋士铨可以连身家性命也弃之不顾了。俞二娘接着自白:"看他文字之中,意旨之外,情丝结纲,恨泪成河。我想此君胸次,必有万分感叹,各种伤怀。乃以美人香草,寄托幽情。"你看,连一个乡女俞二娘也能看出汤显祖的肝肠,通晓他的画外之音,这种知风识骚的能力,不是一个知音可比。人生能得此真情女子,还有什么不可丢弃?蒋士铨看重的正是这一点。将真心词句寄托于剧中人物之口,这是他深谙文字运用所出之妙招。俞二娘嘲讽那些纨绔："看了此曲，不以为淫，必讥其艳，说你不过是一个词章之士，何异痴人说梦。那里晓得你的文章，都是《国风》《小雅》之变相来哟。"这位柔弱而又充满灵慧的女子，竟将《牡丹亭》与《国风》同日而语，才子卷中词，佳人眼内血。可见其见地、见识岂是凡夫俗子的庸昏所能有的？俞二娘爱汤显祖爱得真切，爱得纯净，爱得彻底，人世间有多少女子可比，又有几位女子能够做得到？这样的痴情，这样的心仪，汤显祖能不痛彻肝肠！俞二娘坚定的信念是对汤显祖真情不变，直到永恒："朝同坐，夕共眠。成人后，情更颠。还记得春蚕死后吐丝缠，辞了地，瞒过天。脱鬼趣，想夫怜。说甚的天公不老月难圆，只要寸心坚。"如此信誓旦旦，如此的坚贞不二，就是死而为鬼，心志如原。这种感天动地的情爱关系，何止于一丝相牵，而是心心相印，弥久见真，天地时日作证的优美爱情乐章。在这同时，蒋士铨也利用剧中其他人物现身自叹："黄鸡白昼奈愁何，儿女英雄恨事多。难觅人间消遣法，苦敲檀板唱劳歌。"江西临川人帅机，官南京膳部郎中，乃汤显祖同乡至友，时来故乡拜会汤显祖，告知今日京中选君李维桢有书相寄，说朝廷慕兄才望，将征兄进京为吏部郎，托我致意。没想到，汤显祖听后哈哈大笑，不以为意："弟行年三十九岁矣，宦情已尽，不复西向长安而笑，何取于此乎！"该出戏下场时，汤显祖唱："颓唐吏隐共浮沉，举世何人识此心。"帅机接唱："虚说平生贱温饱。"随后两人合唱："十年清泪比江深。"如此苦涩的人生经历，一对夫子的自怜自唱，自爱自珍，述说了汤显祖与蒋士铨的惺惺相惜。用这样的写作手法既是对汤显祖的中肯评价，又是蒋士铨的自我真实写照。在第十出的尾声，蒋士铨朝天发问："人间只有情难尽，他情外生情特认真。咳！汤老爷呀，不知你得了这一个知音，你死也肯未肯？"如此叹问，真可以尽把人间真情凝于舌尖，舐尽风月，韵比风流，成就仙境之合。蒋士铨这一问，也拷问着天下的负心郎："一旦有真情女子为你弃身，你能携手同赴黄泉吗？"世情险恶，此情无可比拟。

　　文人一旦有了施展才华的机会，就会竭尽心力，将情字注入文本，传授民间。按照蒋士铨的说法，一旦自己重情义，老天也会成全生命的追求与向往。封建桎梏的精髓在蒋士铨笔下成了不值一文的粪土，成了仇情的毒药。只有以情为依，以情入世，才会把循吏的身份做成一块金字招牌。在第十二出，蒋士铨又以汤显祖之口道出这种忠心政事、心系朝廷、关心平民百姓生活疾苦的心态："少小词场浪得名，白头文字总关情。若非河岳驱排尽，定是烟花拨捩成。"汤显祖升授浙江遂昌县令，尽心为政，民和事理，人寿年丰。勤为政事之余，他抚琴弄弦，以雅韵曲谱遣兴，只想着化人心志总关情，教人急挽江心舵。从某种意义讲，倒是道出了蒋士铨的普世情、普世观，也就是蒋士铨所追求的教化之功吧。

夜雨初歇，灯火阑珊，幽幽梦境，那人正在楼台高处。不俗即仙骨，多情是佛心。就连俞二娘也自叹："短命为人，伤心做鬼。那冥官念我因牵文字之缘，不同情欲之感，将奴永脱轮回，任凭游戏。向闻汤先生薄宦留都，因而寻到白门地面。咳！你看磷光遍野，已无楼阁三重；香骨成堆，但有胭脂一井。这些烟花魂魄，粉黛骷髅，何足当人一盼也。君臣守淫邪，河山暮气遮。梁胜齐耶？隋胜陈耶？风流有余无气节。"此一段的精彩就在于蒋士铨借俞二娘之嘴，道出人间官场之荒淫无道。虽指前代，隐讽本朝。君臣无道，只顾于欢场作乐，全不在意名节之守。只有俞二娘为了追求真情，不惜阴行千里，魂入京城，寻找自己心目中的白马王子。不同于情欲之情，而以文字结缘，如此高尚的情操只有俞二娘身上能见，感天动地的轮回，圆就了汤显祖的回首一盼。

梦终归是梦，蒋士铨是写梦之高手。纸笔俱飞作片霞，梦余人道好生涯。从来才子遭阳九，只做朝开暮落花。

梦了，情了，仙了。临川一梦，惊世骇俗。写出了才子豪情，写出了人间精气神。在剧中蒋士铨借俞二娘之口道出了汤显祖的血性和刚性："大凡人之性情气节，文字中再掩不住。我看这本词曲，虽是他游戏之文，然其中感慨激昂，是一个有血性的丈夫。"同时蒋士铨也为自己做了总结："十年间，尝遍了那些儿酸甜苦辣，没出息。一枝斑管，半生来，弄不清这几个者也乎哉。"

梦醉了、梦醒了，蒋士铨适时提笔，袭那一缕夜色，又添一曲天地情缘，抒写天地间正气凛然的慷慨悲歌。

蒋士铨的戏曲作品至今能见全本的十六种，这些剧本宣扬的是正统的道德观，体现的是儒家思想，寄托了蒋士铨利世济民的理想与抱负，在戏剧舞台上拓展和提升了正情和变情艺术概念，体现了蒋士铨高深的学识才华和历史文化素养，得到了海内外众多戏剧评论家的充分肯定。

清代著名戏剧评论家李调元《雨村曲话》中论："铅山编修蒋心馀士铨曲，为近时第一。以腹有诗书，故随手拈来，无不蕴藉，不似笠翁辈一味优伶俳语也。余往粤东，过南昌。其时蒋已入京，其子知廉来谒。问其诗，已付水伯。以所著《空谷香》《冬青树》《香祖楼》《雪中人》四本见贻。……壬寅，相见于顺城门之抚临馆，欢甚。曾许题余《醒园图》。未几，病痹，右手不能书。今已南归矣。然闻其痊中尚有左手所撰十五种曲，未刊。"

梁廷枏评价："蒋心馀太使士铨九种曲，吐属清婉，自是诗人本色。不以矜才、使气为能，故近数十年作者，亦无以尚之。"

二十七、蒋彭两卿

有朋自远方来，不亦乐乎。

乾隆三十九年（1774），同科进士、同乡，官至工部尚书的彭元瑞视察江南学政，路过扬州，前来看望执掌安定书院的好友蒋士铨。两位文友异地重逢，自是热络无比。

"论诗文我难与你比肩，行走官道我略胜一筹，哈哈！"彭元瑞打着哈哈，指着蒋的鼻子，又点了点自己的鼻子，相视大笑。

蒋士铨随和笑道："你上可通天，下可入地，炙手可热，我等凡夫俗子，岂可同日而语。"蒋士铨上指天、下指地，算是回敬了彭元瑞的趣笑。

两人笑罢，言归正传。彭元瑞道："才进江南，道听途说，就得知你于蕺山、安定两书院秀指留痕，成就了不少饱学大儒。十年树木百年树人，你于文之外，选择提携后进之路，委实让人仰望。回朝，当向皇上禀报。"

"多谢同年。其实，我蒋某一生，以文守孤，得了先世的文惠，以致有今日的文声。我并不以达仕为意，只图现世报。诚望在我的身后，能够有更多的文士如旭日冉冉中升，老夫此生足矣。"

彭元瑞乐了："如此想头，重于泰山。职责之内，分量孰重孰轻，自有评价。这几天，我于街头巷尾，得了不少确证。洪亮吉之辈，一干人等，都系有用之才。受你的教诲，日渐长进，羽毛将丰，这是为兄此行听来最为欣慰之事。市井街头对你也是一片赞叹，夸你忠心耿耿，文人气节可堪典范。"

蒋士铨听彭元瑞如是说，呷了口茶，若有所思道："对了，我就倡导童生士子都应讲文人气节。文声再好，德行不及者，于朝廷无益。"蒋士铨说到这儿，似乎想起了什么，附耳对彭元瑞说："对了，我想让你看件东西。"

"看东西？神神道道的，哪路宝贝啊？"彭元瑞说，"这之前，我为金钱惹秽甚多，招非议不少，其实我视财富如粪土，你可别让我沾铜臭。"

蒋士铨边往卧室走，边说："你老兄想到哪儿去了，我一介贫儒，何有金钱贿赂于你？再说也不合我之人格，看了你自会明白。"

不一会儿，蒋士铨从内室托着一卷立轴款款而出。

蒋士铨指着立轴，既严肃又带几分神秘道："这是我于乾隆二十八年（1763）在翰林院任编修，其时我居住在京城宣武门外官菜园上街东向之屋。春节期间，应该是正月十三日吧，驱车路过琉璃厂书肆，见一市子各列一些破书画于身前，瘫坐于泥涂中待售。我蹲身察看，见此书画虽破旧，却有些分量，于是掏重金购来。"

"谁的画卷？"彭元瑞轻声问。

"我们先不管是谁画的，而是看画的是谁。"蒋士铨带几分得意地炫耀着手中的立轴。

画轴展开了，一位穿明代将官服的人物展现在两君子面前。

画像中，一位高人双目炯炯，刚道劲道，正气凛然，让人未看先敬三分。

"这是明朝大将史可法的遗像。"

"啊，原来是史公遗像。"彭元瑞击节而呼。

"我不仅收藏了这幅画，而且还收藏了史大将军的几封家书呢！"随后蒋士铨又将史可法的家书小心翼翼地展开给彭元瑞看。

彭元瑞几乎惊得目瞪口呆，看着史可法的家书，端详史可法的容貌，他口吃了："这、这可是无价之宝啊！人是宝、画是宝，宝中之宝。"

"令人惋惜的是，这些书画还少了一阕。"蒋士铨说到此连叹三声。

彭元瑞愕然，不解问："怎么回事啊？"

蒋士铨给彭元瑞递了杯茶，悄声回答道："也只怪我这人喜张扬，买此书画的第二天，便引狼入室……"

"狼？谁？"彭元瑞似有所悟，又满腹疑团。

蒋士铨呵呵笑道："此人就是翰林院主事汪承露老兄，他嚷嚷着非要看不可。我看他饿狼般的目光，心里灵机一动，只拿出部分书画供其欣赏。他看后赞不绝口，嚷着非要分一半与他，馋鬼难缠，只好将一卷两简分了一简给他。"

"唉，便宜他了。"彭元瑞愤愤不平，猛呷了一口茶。谁知茶烫，刚进口，又忙吐了一地。

"我是讨了好，却没卖到乖。"蒋士铨说到此，似乎也满腹牢骚，带几分气愤道，"要是其时都给了他，也许我也谋了个外放的实职，循吏当定啰！"

"哈哈，苕生兄，你可真是错失良机啊！"彭元瑞不无揶揄地用手指了指蒋士铨的鼻子。不过，随后又认真说道："幸喜苕生兄你有心计。要不，也就没有今日了。仅此事处理的方式看，苕生兄你就是个重情、重义、有志、有节的有心之人啊！"

蒋士铨侃侃道："我是什么人无所谓，现在我们言归正传。史可法是扬州人，可他的后代仅仅守着一个狭小的祠堂活命。我曾向扬州盐运使建言，让他掏点公帑，将英雄的故居修复，可这盐运使却一文不名，以我提出一千两银修缮费太过为由，婉言拒绝，让我大失所望……"

彭元瑞笑了："他是瞧不起你这个满腹经纶的编修啊！这样吧，你的这个想法正好与当今皇上的想法不谋而合。去年皇上命人重新搜集整理内阁文库，无意间得到史可法答复摄政王的书集手迹，大加赞赏。责备当年编修、撰写《明史》的官员没长见识，丢椟遗珠，没有把那封信的内容录入其个人传记。"

蒋士铨听彭元瑞此言，真可谓心花怒放，大喜过望，他觉得为史可法正名有了盼头，有了希望，也觉出自己正义感的胸臆得到舒展。他长长地舒了口气。

"同年，你就将此画和信带回京城，亲手交给皇上，请皇上定夺。"

彭元瑞连连点头，当即应允，回到京城觐见乾隆帝，禀告在扬州与蒋士铨见面之情形。

告别蒋士铨，彭元瑞兴高采烈地回到京城。歇假刚完，他便于早朝时迫不及待将蒋士铨所托史可法遗像及史可法信札等呈献给乾隆帝欣赏。乾隆帝听了彭元瑞的禀报又看了画像、信札，龙颜大悦，连夸蒋士铨节义之士，能有如此心肠，实属难得，当即御笔亲题"褒慰忠魂"四个大字。同时，还信口拈来御制诗一首，乾隆收笔自我欣赏一番后，多有几分得意，当即钦令众位臣子吟诗唱和，以慰忠魂。好消息传到扬州，蒋士铨夜不能寐，激情迸发，也赋诗一首恭迎："生气自无题处见，梅岭新带墨花香。忠褒异代纶兼绰，像出危时纪失纲。王彦章犹传一行，小朝廷略比同光。神兵压地长城坏，却笑孤臣尚守扬。"

乾隆帝的题字赋诗为抗清不降的明代战将史可法重新盖棺定论，既凸显了乾隆帝的宽大胸襟，也给为史可法曲意鸣冤的蒋士铨吃了一颗定心丸。蒋士铨所倡导的骨气、忠节、不屈也在这件事上表现得淋漓尽致。忠臣可畏，虽死犹荣。虽不以身系清朝，却深得清王朝的看重。千秋功罪，任人评说。当然这其中也体现出乾隆帝的用心良苦，他以反衬的手法暗示自己的臣子也当如史可法一般忠心耿耿，伺弄清王朝香火，永不变节。

乾隆帝的题字和御制诗传到扬州，扬州盐运使慌了手脚，恭迎上谕让他使尽解数。他再也不以无钱为推脱，再也不婉转推辞，建祠扩宅，刻碑树廊，忙得不亦乐乎。繁文缛节，精心筹谋，丝毫不敢马虎。屁颠屁颠，极尽能事。他将乾隆帝的题字勒碑镌刻后镶嵌于祠堂东面，将史可法墓安葬于梅花岭下，把彭元瑞、于敏中、黄诰以及盐运使自己的恭迎唱和的诗文，也镌刻镶嵌于祠堂墙壁上。祠里祠外，绿意盎然。祠宇轩昂，气派森严，颇具规模。

这样在所不惜的修造，盐运使卖力供奉史可法，一改过去那装聋作哑的模样，大手笔做大文章，花去白花花的银子一万六千两仍在所不惜。他这是借敬死人求活路、求官路。他既不傻也不痴，他这钱花在刀刃上，花在乾隆帝认可的大事上。他这是走的一条曲径通幽的求取升官发财之路。他与蒋士铨的意愿完全风马牛不相及，蒋士铨的人文景仰寄托的是一股人间正气，弘扬的是忠孝节义的封建伦理道德。当然也有鼓吹愚忠的成分，也有蒋士铨竭力通过此事改变自己在皇帝眼中地位的愿望。不管怎么说，瑕不掩瑜，蒋士铨的真心日月可鉴。一身肝胆，只为捍卫封建宗法观，只为自己死守的伦理底线能够得到皇帝的认同。

蒋士铨作为一个中下层知识分子，他所念及的视界里，他心间所衡量的身脊之重，在为史可法的奔走呼号中昭然若揭。

蒋士铨对史可法的崇拜，几乎都反映在他的诗文中，他先后多次写诗赞颂史可法的正气凛然，赞颂他为了国家，何足惜自己一躯："号令难安四镇强，甘同马革自沉湘。生无君相兴南国，死有衣冠葬北邙。碧血自封心更赤，梅花人拜土俱香。九原若遇左忠毅，相向留都哭战场。"该诗写于乾隆十三年（1748），是年他才二十四岁。随后，在他第一次进京赶考路过扬州，于广储门外的梅花岭凭吊写下了这首《梅花岭吊史阁部》。乾隆三十七年（1772），他主讲安定书院，寄身扬州，常去史家宗祠，与史氏后裔交往甚笃。他拿出自己所藏史阁部史可法的画像，让史氏后裔史开纯描摹史公遗像，同时题诗以赞。一首热情洋溢的长诗，掷地有声："梅花岭头冰雪魂，生死南枝最孤直"，热情讴歌史可法忠于民族赤胆忠心的高风亮节。

乾隆四十三年（1778），蒋士铨最后一次来到扬州，这年他在家养老，乾隆爱其才华，下旨宣他进京。舟船路过扬州，蒋士铨上岸作短暂停留，拜见故友，寻访旧踪，他没忘记再次前去瞻仰史可法祠墓，写下了动情文词《梅花岭谒忠正史公祠墓》："十六年心事，重来一拜中。天令存画像，圣为表孤忠。遗墨墙碑勒，宸题宝碣奢。梅花含笑处，不与旧时同。"此时，离他发现史可法遗像和信札，已经过去了整整十六年，多年的心愿也终于在拜谒重新修建的史公祠时，得以了却。他如释重负，仰天长叹，老天终不负英雄名。

蒋士铨的诗，古体胜于近体，七古尤胜。他一生，对历史有着浓厚的兴趣，以诗论史是其诗歌的一大特色。他总是自觉地把自己"忝列史官"，居庙堂之高则忧其民，处江湖之远则忧其君，无时不以史官职责鞭策自己。论史诗占了较大分量，同时几乎所有戏曲作品都撷取历史题材，留下了不少滚烫发热的咏史诗文篇章。他在诗文中读史感悟，寄怀慨喟，发思古幽情也罢，以史喻今也罢，正气凛然的诗句可圈可点。既有敬仰之情，又有鞭挞之怒，嬉笑怒骂皆文章。他褒扬的是历史人物的忠烈、正气，尤其崇慕和看重名节、操守。他的诗文中，无论是宋代丞相民族英雄文天祥，还是明代民族英雄史可法，明末广西巡抚马文毅，明代宁王朱宸濠之妻娄妃，皆为一个义字，不惜以身试死。在作品中作者纵横捭阖，将人物描述得活灵活现，其笔下人物坦荡豪放，忠贞不贰，堪称典范。

蒋士铨一生心系着两个重要人物，即史可法和文天祥。他不惜笔墨为史可法正名，从二十四岁他第一次在扬州时，于梅花岭凭吊史阁部墓时开始，诗文不断。"南都战垒草连天，北岭梅花香到骨。"对史可法的敬重透出了蒋士铨的人格力量。同样，他对文天祥的讴歌，更是不惜笔墨，不遗余力，赞美英雄壮举。不仅有诗而且有戏曲，《冬青树》将文天祥傲霜雪而不折腰、宁死不屈的民族气节抒写得十分到位。

英雄写就的历史，悲壮激昂，为民族大义而义无反顾，蒋士铨这样的历史道白是很难用其他语言去复制的。在褒扬忠义的同时，也不忘针砭那些民族败类：

> 宠到双趺事亦新，笑他褒妲尚犹人。
> 潘家莲瓣杨家袜，总与西施步后尘。
>
> 不重雄封重艳情，遗踪犹自慕倾城。
> 怜伊几两平生屐，踏碎山河是此声。

（《响屧廊》）

这首诗乃是蒋士铨五十岁居苏州时，路讨汀江苏吴县灵岩时所作。这里有春秋时期，吴王夫差为西施建造的馆娃宫。相传宫中有一条长廊，吴王命人用梓木做土板，廊下放大瓮，在瓮上铺樟木板，美人西施穿屧行走在地板上，咚咚有声。后来人们就把这条长廊称为响屧廊。夫差爱美人而不要江山，不以社稷为重，罔顾治国安邦之道，祸从美人脚下生，烽烟从美人脚下起，以至山河破碎，国家覆灭。

蒋士铨从另一个角度，运用独特的构思，巧妙寓意，讽刺战国时期吴王夫差因贪恋女色，荒淫误国，其委婉含蓄的写作风格凸显了蒋士铨鞭挞昏庸的笔力。

在蒋士铨笔下，一个贪恋女色、宠幸绝代佳人的夫差，成了千古罪人，也招来千古骂名。蒋士铨的咏史诗几乎都因涵盖了他的爱憎，以及对历史人物的独特评判而得到讲坛的看重。全诗构思巧妙，委婉含蓄。清代诗评家朱庭珍在《筱园诗话》中誉为"用意沉著，又七绝中之飞将也"。

乾隆四十二年（1777），皇帝南巡，彭元瑞陪侍，江南如诗如画的山水胜景，勾起了乾隆帝的雅兴，他兴致勃勃谓彭元瑞："自古江南出才子，今日观此山水，滋润万物，实乃地气所然啊！"

彭元瑞笑答："林木以阳光为哺，才子辈出也是国盛民富的硕果啊！"

乾隆帝听了，满心喜悦。不过，他还是对彭元瑞的对答有些微词："此话不尽然，乱世也保不了不出才子啊！"

"那是，那是，乱世出鬼才，才子走偏锋。"彭元瑞慌了，急忙应付。

"就你鬼才多，哈哈。"乾隆用扇子指了指彭元瑞，问众人，"你们说彭爱卿是奇才还是鬼才？"

众人难以揣摩乾隆帝的心态，都抿嘴微笑，看着乾隆帝与彭元瑞演双簧。

乾隆帝跨入一凉亭，若有所思："此亭庇荫不庇阳。风过耳，阳过眼，看来，并不是每个人都甘受阳光庇护。"

彭元瑞紧随帝步，尽由着乾隆帝自说自解。

"你的老家，江右地方，也是人杰地灵胜境，历史上出了不少才人。吾朝有幸，得了你的佐辅……"

"皇上过奖。"彭元瑞跪拜。

乾隆帝话锋一转："与你同年进士，不是也有位诗文过人的才子么？"

"是的，是江右铅山人蒋士铨。"彭元瑞连忙回答。

"蒋士铨？啊！就是你常说的，那位文颖才著、孝心于母的蒋士铨！"乾隆喃喃自语，"江右两名士，汝今为贰卿，是因敦实行，非特取虚声。"

彭元瑞是乾隆帝身边的宠臣，虽说不是言听计从，也深得乾隆帝的看重。乾隆帝有时也对彭元瑞的毛病有几分烦。可他出于统治需要，还是愿听顺耳之言。彭元瑞最大的为政心得就是他能够揣摩皇帝的心思，投其所好。可见彭元瑞奉承之手法非同一般。

乾隆帝看重彭元瑞，当然不仅是这种勾连，更重要的是彭元瑞才思敏捷，在乾隆需要文字之功时他能应对自如。他投乾隆帝所好，在乾隆舞文弄墨时，逢迎的诗文脱口而出，总有奇文取悦乾隆。乾隆帝喜好楹联，每到一处，多会睹物而吟，甚至道出上联供大臣应对，这些雕虫小术自然难不倒彭元瑞。早在乾隆三十二年（1767），彭元瑞就进《宝积经跋》，后又撰写《万福集成赞》，以博皇上欢心。

乾隆帝对彭元瑞的才华十分看重，他一系列逢迎的结果受到了皇上的特别嘉奖，赐予他端砚、貂裘、宅第及在紫禁城骑马的特权，得到了一位重臣所获得的极大荣耀。

乾隆帝其实也算得上个"对联天子"，与彭元瑞是至密联友。乾隆四十四年（1779）皇帝南巡，彭元瑞奉命陪侍在侧，以联取悦乾隆。乾隆五十年（1785）彭元瑞撰写宁寿宫八副对联，内容所及皆为乾隆年间政事。乾隆帝览毕，对彭元瑞倍加褒奖。其时，人们皆称他为"灯联相公"。

不过，彭元瑞在逢迎时，也有自己难倒自己的时候。每年重阳节后，乾隆帝按例前往承德避暑山庄。乾隆帝所居万壑松风在松鹤斋之北，始建于清康熙年间，人称万松岭行宫。乾隆帝凡此建筑内装饰陈旧不堪，便吩咐彭元瑞，将原来的楹联一律换新。彭元瑞奉旨后，在构思行宫金殿正中的一联时，面对满山松树苍绿道劲，突发奇想，欣得一自鸣得意的上联来："八十君王，处处十八公，道旁介寿。"联中"十八公"合成松字，万松岭场景展露无余，祝寿的含意又十分明显。只是，这上联出来后，却无法构思出一个满意的下联来。眼看完工的日子逼近，苦思冥想找不到灵感的彭元瑞左思右想，百般无奈，想到了纪晓岚。他连忙差遣专人，星夜驰奔赶赴京城，去纪晓岚门上求其鼎力相助。忙忙碌碌的纪晓岚正在家中连夜校改书稿，听门人来报说是彭元瑞差人专程赶来求助，他笑了。他已预知这彭元瑞如此心急火燎地星夜赶来，准是为对联而来。"莫非芸楣（彭元瑞号芸楣）又要考我？"他看了彭元瑞差人送来的上联，即让差官在门外稍事休息，随后即在上联下边补上了一行文字："九重天子，年年重九节，塞外称觞。"写完即交付差官，请他即行返回万松岭行宫复命。

彭元瑞从手中接过差官递过的下联，不由得赞叹道："春帆（纪晓岚又字春帆）真胜我一筹！"待到万松岭行宫重新装饰完成，这年重阳节九月九日乾隆皇帝登高路过行宫，看了这幅对联，大加赞赏。彭元瑞用自己的才华迎合乾隆帝，驰骋官场，左右逢源。他善于逢迎、逢场作戏、见风使舵的本领使他在乾隆朝为官如鱼得水、游刃有余。他用那令人"称道"的为官之道赢得了乾隆、嘉庆两帝的器重。人的才华的多样性决定了每个人的前途和命运。可见，彭元瑞把握机缘和际遇的能力非同寻常，可蒋士铨缺的就是这为官之术。

二十年来，彭元瑞官至尚书，而蒋士铨却绝然相反，不善投机，少勾连之术，在官场难以容身，至老仍傫然一老词臣，这就注定了蒋士铨命运的颠沛流离，让人惋惜。

第五章

藏园的风景

二十八、藏园之隐

乾隆四十年（1775）正月二十四日，寒风凛冽，雪雨凄凄，冰凌凝咽，松云啜泣，蒋家遭遇了"大寒"的日子。

蒋母钟令嘉于安定书院溘然长逝。蒋士铨似如天倾、地裂，哀痛至极。他坐住母亲身旁，涕泪俱下，回忆以往的家庭生活，难忘时光，母亲勤劳贤淑的身影历历在目。五十余年的养育之恩，钟令嘉为儿子操劳，心枯形槁。家境的拖累，牵扯母亲劳心劳肺，堪为母仪。

他思考着如何安顿冥冥之中的母亲，以便母亲在地府不受委屈，活得有尊严，而且能够在西天遥听儿子的呼唤，儿子不在身边时感觉温暖。他在心中思虑着母亲后事的处理，在按照乡俗旧制的繁文缛节上蒋士铨一点也不马虎，每个细节都考虑得十分周全。从举殡到安葬，十分妥帖。他想到了请袁枚为母亲写墓志铭。他要让母亲的懿范泽被后世，传承久远。

按旧制，守孝三年。蒋士铨决意待当季生员结业，即辞去山长，解职归乡，扶母灵柩回南昌。同时，他先行修书回里，请在南昌的族中亲人等为其在南昌城南原购地块上开始动工兴建宅院。

蒋士铨晚年一直酝酿在南昌兴建一栋像模像样的居所，像工部尚书裘曰修那样，在故乡居有华堂，光耀门庭。仅这片居所的名字，也费了蒋士铨不少心思，绞了不少脑汁。从蒋士铨留下的诗文中，几乎没有提及过取名"藏园"的用意，揣度和咀嚼其时所留下的文字，似乎有以下几种意蕴：藏，隐也，秋收冬藏，终老之归宿也，从中可以看出诗人欲效东晋渊明先生，隐身于市；藏从字面理解还有金屋藏娇之意，蒋士铨是个性情中人，酒后为诗，个性分明，他也是敢爱敢恨之人，晚年连纳两房爱妾，得意之余，自以名之，也不无可能；藏还有藏龙卧虎之意，蒋家自士铨、士镛开始，进士、举人连袂而出，蒋士铨的几个儿子也都乡试中试，文人辈出。当然，这种理解，似有几分妄言。蒋士铨的"藏头诗"还是留给后人更多拓展思维的空间，这也就是蒋士铨卖弄文才之举。一围藏园，足以描绘诗情画意，足以展现蒋士铨空阔浩瀚而又丰富多彩的内心世界。

六月初一日，蒋士铨护送母亲灵柩离开扬州，七月三日平安抵达南昌。钟令嘉的灵柩安顿在未曾完工之新居藏园北堂，即"归云之庐"中。说到这个堂号，还有个故事。那年兴建藏园的打算初萌，在商量构想时，蒋士铨身在吴越，无法分身回乡踏勘，让知廉、知节兄弟俩请了铅山老家的堪舆大师曾朝栋来南昌实地勘察后，即携文案地形态势图表来到戴山，跪请祖母拍板定夺。曾朝栋修书钟令嘉告之："此室负郭，堂宇清旷，可宁我居。屋背有塘，可莲可鱼，莲以作供，鱼以入馔，慈颜可娱。"钟令嘉读后，慨叹道："有诸，是可以止宿矣。"还命孙子知廉、知节造榜示人："归云之庐"。如今藏园小有规模，可以告慰母亲的在天之灵了。

历时一月有余，水路一千五百余里，母亲的魂灵回归故土，一切总算对高堂老母有个交代。灵柩安顿完毕，诸事料理循俗而行。可蒋士铨仍心潮难平，母亲音容历历在目。蒋士铨还记得乾隆三十九年（1774），那时奉母于芜湖，上卿大夫文士都来为母祝寿，预开七旬之宴，母亲笑着举杯，频频回礼。如今，昔日之歌于其庭者，又痛哭于前庭。其时寿宴上母亲佩戴的凤冠环帔供奉陈列于堂屋上首，母亲的画像端详着众人，寂然无声。无尽的思念牵扯着蒋士铨的孝心孝道，让南昌人侧目。

母亲的逝世是对蒋士铨最大打击，他回忆着母亲往日的行止，泪如扯线样往下掉。他想起了自己赴京礼闱时母亲写给他的诗：

> 半生常在别离间，又整行衣厚著绵。
> 双眼渐昏针线乱，寸心无著梦魂牵。
> 关河此去风霜远，骨肉何因聚散偏。
> 不用登高望亲舍，泥金须早慰堂前。

母亲的叮咛嘱托、母亲的音容笑貌，此时皆历历在目，年少时，不知慈母心，关爱难以尽诉。那时的蒋士铨随性任意，自谓少年倜傥，"小荷才露尖尖角"，傲气逼人，以至误入风花雪月之文道。母亲没有抱怨、没有牢骚，只有恻隐之心，只有在诗句中的孜孜教诲，引导少年的蒋士铨走正路。这些无法抹去的记忆至今仍让蒋士铨铭心难忘。他咏着母亲的诗，一字泪，一字血：

> 梦尔天涯路，肩舆往复频。
> 师方为讲学，客岂是依人。
> 驷马题桥志，双亲属望身。
> 而翁坟上草，今已四回春。

望子成龙是母亲的愿望和期盼，但是她的内心似乎一直处于矛盾之中。儿子远行，她难舍难分。为了儿子在外不受风寒雨雪的侵扰，她几乎每天都不顾老眼昏花，忙着为儿子赶制衣服，缝纫被褥，寸心天日可鉴。就是这样浓浓的母子情，每次出行，母亲成了蒋士铨内心最重的牵挂。

一切都成为了过去。母亲的殷切话语再也听不到，母亲的教诲再也无法传递于儿。蒋士铨失落了，颓废了。他在母亲的棺椁前痛心疾首，后悔自己一生对母亲的照料不够。如果母亲现在还能复活，享受儿子喂的一口水、一勺汤，他也甘心啊！

他让妻子将收藏于箱底、母亲早年绣的一幅梅花诗图找出来。重新展开这幅母亲留下的传家宝，哆嗦着抚摸图案上绵密的绣线，端详着那傲霜斗雪的梅花，他觉得这就是母亲的心骨。梅花香自苦寒来，这梅花图不正是母亲一生的真实写照吗？

他轻声念叨着母亲留下的诗句。

蒋士铨得中进士，是母亲一生引以为荣、殊为骄傲的大事。蒋士铨三年散馆任编修后，钟令嘉亦"母以子贵"，被尊为太安人。她绣上一幅梅花图，留给蒋士铨，即示儿不忘生命之苦，将梅花所喻示的精神，作为传家宝，让儿孙谨记不忘。

钟令嘉在蒋士铨为官的路途中，也常常提示儿子慎言慎行，慎独慎终，告诫儿子："恃才防暗忌，交友戒多言。结习还当扫，新诗莫诉冤。"可见钟令嘉的不一般，她用自己的人格同化儿子，希望儿子在官场提防小人暗算，保持良好的人际关系，安分守己。少指摘，少谑戏，就是有委屈也当埋存于心底。

母亲虽然这样教诲，可蒋士铨天生的傲然性格，他为官之道，所见所闻，一旦见之不堪入目，便直面淋漓，毫不掩饰，以致每每招惹是非，成为游离于官场的另类人物。

正是这样的处境，催促他侍母于侧，背离官场，成全了自己的一份孝心。

藏园中的鸟在悲鸣，风在含泪，无尽的思念一直萦绕心怀。蒋士铨的笔秃了，他写不出像样的诗文，也无心续写诗文，沉浸在痛苦中难以自拔。

三年无诗，这是蒋士铨于母孝心的最好印证。

他一心只想着能够更好地安顿母亲的后事，让母亲在天国消受儿子的一片赤诚。灵前香烟缭绕，窗外云翳缥缈，蒋士铨脸像凝固了，成了一座藏园的雕塑。

日子就在这样痛苦的心境中打发。一年后，他开始移母枢归铅山的老家，让母亲与父亲在天国中期会。

儿为小人，谁知母贤。泪零芳草，斑斑成血。儿母所生，恩从此绝。呜呼痛哉！

呜呼我父，墓门非遥。宰木相望，南东共郊。愿违同穴，儿罪焉逃？境牵势制，饮恨忉忉。他日埋骨，两山之间，倚我二人，魂依九泉。儿身虽去，梦绕斯丘。母不能归，儿不能留。痛哉！

由于风水之说的影响，蒋士铨没有将母亲与父亲合葬，这样的遗憾，只有留待自己来日去世后，葬于父母两山之间，左右相慰了。

二十九、德比乡粹

蒋士铨一生有过七次回铅山的经历，第一次是乾隆十一年（1746）春夏之交，回乡参加童子试，在铅山就读，遇恩师金德瑛于铅山督学，读蒋士铨文章，誉其为"孤凤凰"；第二次是乾隆十四年（1749）春，父亲病故，扶父柩去铅山，择福地葬父；第三次是乾隆十五年（1750）九月初一为父亲扫墓；第四次是乾隆二十年（1755）四月，蒋士铨由南昌赴铅山祭扫；第五次是乾隆二十一年（1756）春，蒋士铨自南昌归铅山，寒食日谒父墓；第六次是乾隆三十年（1765）四月，蒋士铨奉母自南昌还铅山扫墓，并倡建凌云塔、重修铅山县城隍庙；第七次是乾隆四十一年（1776）七月初三日。蒋士铨慈母钟令嘉于乾隆四十年（1775）正月二十四日辞世。乾隆四十年六月初一日，蒋士铨奉母柩登舟返归江西故里。七月初三日于南昌家中安位。乾隆四十一年七月初三日举殡自南昌登舟归葬铅山鹅湖。

铅山钟灵毓秀，人杰地灵。自宋元以来，名流贤达，纷至沓来。地气兴盛，人才辈出。可就因为焦溪改变流向后，铅山士风不振，地方萧条百余年。虽说一个地方的地气盛衰有周期性，但是那些执掌风教者沉溺萎靡，实难辞其咎。早在乾隆四年（1739），邑宰胡大人实在看不下去，曾经拍案而起，忧心忡忡怒斥如此行径有误地方，特地捐资筑县城西南隅之城阙，又于状元峰选择民山建七级宝塔。从此，县域士气勃然奋发，科第进阶者响应而起。待到后来宝塔坍废胡公去世，铅山地方颓唐寂寞至今。如此境况，让人伤心不已。

铅山以铜兴、纸兴、茶兴，是铅山财路上生长的三朵金花。铜矿的大量开采，犹如土地中捡金子，为地方财富实力增加分量；铅山的造纸业，也是民间作坊财源广进的渠道，家家春动，户户纸香，著名的连四纸使其成为贡纸产地，行销海内外；铅山的茶亦声名远播，河口镇、永平镇成为江南茶道重镇，转口贸易做得风生水起。永平镇历史上因之成为商贾云集的"四省通衢"地。

蒋士铨对家乡的山水有着深厚的乡梓情谊。前几次去铅山，他还仅仅局限于了解故乡、欣赏故乡的心境和状态。自乾隆三十年（1765）第六次回铅山后，他开始以爱乡情怀去思考如何改变乡梓面貌。他从一个文人的角度，倾注心血，倡导教化功用。

早在乾隆三十年四月初，蒋士铨自南昌舟发铅山。此去故里，虽说手头拮据，可他的身份与往日却大有不同。按照乡俗说辞，他是进士及第，衣锦还乡，荣宗耀祖，乡贤士绅皆来朝贺。信江码头，爆竹掀天。父老乡亲，扶老携幼，前来朝贺。蒋士铨虽然不习惯逢迎，可面对如此灼热的声潮，他也只得揖首以辞，抱拳相谢。人们将他迎到蒋家祠堂，流水席面一字排开，直叫蒋士铨耳热汗颜，既激动又觉过意不去。

此度蒋士铨回乡，蒋士铨曾经拜访过当地许多老成之士，探究铅山文脉寂然的原因。这些老者都一致认为，文笔销锋、地灵失职，应该及时加以补救，重建文脉昌盛之人文，以济后代。随后他又与同学诸君及后进者聚集一堂，切磋文业，追风问道。其中在座者多是一些能文章、负志节者。蒋士铨想：这些人卓伟雄绝盖冠他邑，有能耐、有才华，可就是屈志难伸。要说，这能与地气无关吗？乡邑之士屈而难伸，这难道没有缘故吗？

永平多年未见一人中试及第，蒋士铨创造了铅山的奇迹。蒋士铨优雅而炽烈的文人气节、文人风度，在铅山引起轩然大波。他的品行、为人成为衙署、民众所追崇仿效的对象。他成了铅山县人的座上宾。

当地富绅，常年内外张罗、炙手可热的牵头人，蒋士铨堂姐夫曾朝澜，是此次迎候活动的主要操持人。其人小露锋芒，内圆外方，支派应对，十分了得。其麾下产业兴隆，日进斗金，可谓家财万贯，盈实富足。

曾朝澜自认书给不足，文法未通，因而对蒋士铨敬仰有加。蒋士铨莅临故里，他认为这是永平的荣耀。因此，他不惜挥金待客，为蒋士铨接风洗尘。

蒋家祠堂华灯异彩，众声喧哗，煞是热闹，这席面铺排得滋味十足，满堂酒气，经久不散。坐在头席的蒋士铨在曾朝澜的殷勤款待面前，也是乐不可支。曾朝澜劝酒的劲头足，可他未曾料到蒋士铨豪放的酒量，并不在意曾朝澜劝酒的殷勤。

酒过三巡，两人的话匣子打开了。

曾朝澜端着酒杯激动地说："内弟得皇上圣恩，进阶及第。铅山这里，虽然富庶财足，可能有内弟如此殊荣者，鲜有几人。仅此，内弟你就得一醉方休。"

蒋士铨自谦地笑道："贫儒穷吏一个，何曾配受乡梓如此厚待，深感惭愧。"

曾朝澜自饮一杯后，指了指祖堂上方正中央的蒋氏祖宗牌位，得意道："你是蒋氏族下的孝子贤孙，大贵之人，何来的惭愧？如今铅山百废待兴，只愁无智囊筹谋。你文声在外，美名远扬。这次归乡，可要为里中出谋划策，让地方沾沾你的文气，也得到你的指点改改铅山的面貌。"

众人听罢，齐声叫好。

蒋士铨眉头皱紧了："钱从何来？"

曾朝澜笑了："这个不用你发愁，解开这个谜之前，你先连干三杯，钱便会不请自来。"

"会有此等好事，难道落天菜不成。要真能让老天动情，我蒋士铨不要说喝三杯，就喝九杯我也舍命陪君子。"

"此言当真？"曾朝澜信心满满问。

"君子一言，驷马难追。"

"那你喝，"说罢，曾朝澜让人将一坛酒摆到桌上。他指着酒，咄咄逼人道，"内弟你先喝！"

蒋士铨无可奈何，望着曾朝澜直摇头。

曾朝澜可不放过，他将酒坛中的酒倾倒两碗，一碗推给蒋士铨，一碗留给自己，豪气十足道："俺两个，今天醉倒泰山，也是铅山的缘分。你的金口玉牙一旦开腔，就算是铅山动了灵气，也便见了你的君子之风，如何？"

酒喝到如此份儿上，蒋士铨再不敢恋战，醉醺醺慌忙收兵罢阵，开始退却了："酒与钱是两码事，筹钱也不能靠酒做筹码。要真的能来钱，喝酒战罢几个回合，我们再笔杆子上真家伙干几仗。丢掉酒碗，要我这个贫士写怎样的锦绣文章都行。"

曾朝澜眼见蒋士铨酒是不会喝了，当即改口给蒋士铨台阶下："好，今天内弟只要能为铅山中兴说出个子丑寅卯来，大家齐心协力做几件可行的实事，酒可以不喝，钱我曾朝澜包了。"曾朝澜边说边拍着胸脯，一股脑儿将酒倒进喉咙。

"既然姐夫有如此胸怀气度，能为铅山中兴举资，这可是求之不得的好事。这样吧！"说着，蒋士铨掰着手指头盘算，"亟待修建的有佛母岭文峰塔、开县城东门两耳门、建试院、开焦溪坝、修县内署……事情多着呢。不过这一次先做些有益于阴阳相生、造就地方、接续地气的大事。诸如建凌云塔、重修城隍庙等等。"

"哎，没想到内弟还真有心成事。大家看，他还真是喝过墨水有分量，提出的每件事都是能在铅山历史上踏雪留痕、造福后代的好事。好，这些事，我曾朝澜都领下了。不过，"曾朝澜拍拍蒋士铨的肩，解说道，"萝卜得一截一截剥皮吃，我们先得有个轻重缓急。把紧要的放前面动工，把修建时日绵长的放后一步动工。"

蒋士铨满意地点了点头："刚才有人给我打耳光，说是在这之前姐夫曾经倡捐赡养士田，以资鹅湖书院修缮及院内各项开支。我们铅山这地方，得上天眷顾，佛引胜境福祀永平，那就先修凌云塔和县东试院吧。"

"好！"这一回不仅仅是曾朝澜拍手叫好，连族下各位长老也齐声喝彩。

于是，蒋士铨、曾朝澜联络同心君子数十人，倡建凌云塔。这些人各自分任劝捐事宜，为乡事极尽殷勤。

蒋士铨、曾朝澜的倡议和同人的努力没有白费，才月余便筹募千余金。

事不迟疑，这年（1765）七月十五日，人们便在曾朝澜的率领下，吉日吉时，大兴土木。前往佛母岭状元峰为建凌云塔出力的乡民，迤逦一路，络绎不绝。男女老幼，肩扛背驮，挑的挑、抬的抬，人群川流不息。这种无须号令、自觉参与的行动，让蒋士铨看着热泪盈眶。大家有钱出钱，有力出力，真可谓"人心齐，泰山移"。蒋士铨于此情此景感慨万千，心胸时不时涌出一股难以言说的情愫。

他也情不自禁，不由得扛起一根木料加入上山的人流。众人见蒋士铨也加入进来，更是群情沸腾。

曾朝澜不知什么时候，气喘吁吁赶上来，一把抢过蒋士铨所扛的木料，不满地责怪道："你怎么就没了斤两？你是文人，是响当当的进士，你的身价金贵。粗事能轮着你上手！"

"我松松身子骨，舒惬些！"蒋士铨抹了把额头汗水，指着满山满垅的人流激动地说，"我也是铅山人，大家如此齐心协力，我能袖手旁观？"

"不。你是文人，你得干你分内的事，"曾朝澜认真地说，"要不这样吧！你呢，就摇动笔杆子，将这场面记下来，前传后效，成为千古美谈，如何？"

蒋士铨听后，略微思忖了一下，连连应道："行啊！行啊！我义不容辞。"

曾朝澜诸君办事有方，建章立制，按规矩办事。"慎出纳之司，重监督之任，善采构之方，程匠役之课，严侵蚀之防，杜浮糜之弊。"诸君子躬承劳绩，如治家一般谋划算计。无论炎暑，饥困劳累往来奔忙，全不当一回事。这些人"是岂为一身一家之谋、存自私自利之见者哉"？

是役既无官员参与，又无官资相助。在曾朝澜的指挥下，智率工匠，群策群力，以成大业。曾朝澜垫千金，力尤瘁。后起人士，踊跃效行，偌大一座凌云塔拔地而起，既不负国家养士之隆，又可以慰藉乡邑先生长者扶持爱护之雅意。更是铅山一大壮举了。

一座塔牵动万人心，蒋士铨看到了乡谊的力量，他在笔下记录了这壮观场景："故十里、百里之人如一室，千人、百人之志如一心……都人士操如椽之笔，应星聚之祥，夺标搴帜，所以策后劲偏师继前贤芳躅者，定骎骎而日上矣。"

凌云塔很快便在当年秋天落成。

铅山县城永平的这一夜，不知有多少驿动的心选择了不眠。

蒋士铨酒没喝多少，心却醉了，醉倒在这乡情浓郁的铅山之夜。

好事一桩接一桩，在此同时，铅山县城隍庙碑石也在紧锣密鼓中开始镌刻，该碑铭文由蒋士铨撰写，语调激荡，情意恳切，神灵庇佑，黎庶欣悦。

第二年，也就是乾隆三十一年（1766），乐于济世好公益的铅山人又再度利用捐款利余之资，齐心协力创建铅山试院。

乾隆四十二年（1777），蒋士铨再度因母葬行孝居于铅山。三年服丧期间，蒋士铨乡心拳拳，向铅山县邑宰建议，修佛母岭文峰塔、开焦溪坝、整修紫溪黄柏坂水利、建考试院、开县城东门两耳门等，这些建议关系铅山人心向背，关系铅山乡土兴盛，关系铅山长远之计，乃民心之工，皆得县宰的认同而采纳实施。

时任铅山县县令的直隶人梁世际听说蒋士铨返乡，当即登门拜访。两人寒暄之后，梁世际即表示要在永平镇天香楼为蒋士铨设宴接风。

蒋士铨一听，揶揄道："设宴为我接风，我可担当不起啊！"

"您是铅山掷地有声的人物，为您接风，有何不可？万望不吝赐临。"梁世际再三恳求。

"你有这酒席钱，还不如为铅山做点实事。"

"呵，您这话，正中本官下怀，我倒愿洗耳恭听，聆听教诲。"梁世际指着远处永平铜矿热火朝天的劳动景象，多有几分得意道，"如今适逢盛世，铅山土富，添财聚宝，县署也有些闲钱，可以用于民需。如果先生有好的议题，本官一定采纳施行。"

"真的？"蒋士铨爽朗地大笑起来，"要是如你所说，能为铅山尽心，我蒋士铨这顿酒席吃定了。"

梁世际听蒋士铨说话直率，爽快淋漓，对蒋的敬重又多了几分。当下即拥了蒋士铨上轿，欢天喜地往天香楼而去。

这顿酒吃得甜畅舒惬，蒋士铨于酒过三巡、脸红耳热之际，又以他三寸不烂之舌建议梁世际兴修水渠、筑焦溪坝、修县内署、开县东门两耳门等等，不一而足。梁世际都被他唠叨晕了。

蒋士铨不胜其烦地为梁世际讲解，如何具体运作，水渠的修法、走向、渠高多少、渠宽多少、焦溪坝选址何地、坝筑多高，如何以工代赈，如何夯实基脚及土层、县东门两耳门的大小、方位、长、宽、高……平日直言爽快的蒋士铨此时滔滔不绝，口若悬河，讲得津津有味，头头是道。梁世际听得惊呆了。时至此，他对蒋士铨已是佩服得五体投地。

蒋士铨又在铅山故土上再刮旋风，掀起又一波造福铅山的工程高潮。

如此满意的结果，超出了蒋士铨的预期。他在铅山左右逢源，指挥笃定，把惠民之旅做得风生水起。

在水渠修建竣工的庆功宴上，蒋士铨欢快地接受着每位敬酒者的美意。他一杯接一杯地豪饮，全不在意自己廉颇老矣，尚能饭否。

他醉了，醉成一摊稀泥。梁世际和曾朝澜他们用轿子将他送回蒋氏老宅。

蒋士铨仍不服老，口中喃喃有词："我没……醉……我心醉……醉！"

在铅山，蒋士铨常常忙里偷闲，于村镇巡察地方乡风，路过河口镇，遇上了一桩啼笑皆非的趣事。一天晚上，蒋士铨旅居于一客栈。时至夜半，邻屋传来巫鼓的敲击声。店客都被这鼓声敲得寝食难安，无法入眠，大家纷纷起床，指责这骚扰。蒋士铨是个火性人，他按捺不住，便前往邻屋探究。原来这位邻家，主人卧病在床，妻子则伏在床前哭泣。一位擅长巫术的老者，摇头晃脑，做出神语的模样。手持龙角、白虎等法器，头戴狰狞面具，嘴中淫语俗词满地跑，唧唧呱呱，念念有词。金纸幡帖鬼飞魔舞，老巫于灯下点燃主人的本命符牌……

蒋士铨看在眼里，急在心里。民间巫教总是在乡村的愚昧中擅行鬼教。可惜没有遇上西门豹，呵神叱鬼，看这老巫能有何分说。蒋士铨也是个明人容不得暗鬼的性格，欲做一回西门豹。他毫不犹豫地闯上前，将神像撕得七零八落，随后丢进火塘，付之一炬。双脚上前，将余火踏灭，把弓弩折断扔往门外。又旋即将灯吹灭。老巫见状，登时傻眼，心知遇上了"西门豹"，赶快收拾走人。旅店中的宾客见状都咂舌挨墙而作笑谈。巫神巫鬼都纷纷抱头鼠窜。真也怪哉，第二天一早，躺在病床上的男主人竟然爬起床，喝了一大碗稀粥。铅山秀才胡师楷眼见此情此景，不由得当即吟写驱巫诗一首。这件事迅速在铅山县传扬，都说，这之前，太守大人曾召巫为自己招魂，那场面可够壮观，鼓乐齐鸣到庙门。可见这妖术也是由人作兴而起。而今蒋士铨一介文士却除妖降魔，还了铅山地方一片净土，真可谓大快人心。蒋士铨处理这事后，不由得感慨万千，真神不怕鬼，是鬼不成人啊！

乾隆四十二年（1777）六月，蒋士铨自铅山前往抚州看望妹妹，至萧公渡过抚河时，一件意想不到的事情发生了。突然间，天空中乌云翻滚，天色陡暗，狂风大作，雷雨交加。渡船上的人们惊恐万状。蒋士铨也怵然而惊，不知如何是好。船在人们的慌乱中，被一阵狂风卷翻。幸运的是蒋士铨抓住一桨片，袒胸露背沉在水中。自下午三时至晚上十时，得救上岸。此时的蒋士铨真可谓是奄奄一息。行李尽失不说，就连这一年所写诗文稿件，全没于水。随后找到时，只保存到十之二三。这件事惊动了亲朋好友，就连远在南昌的家人也得知消息，大儿子蒋知廉夫妇等家眷都急速赶来探视。蒋士铨此时见到亲人，似乎有意故作轻松："尔等勿忧，我是老天不收之人。古人说得好，大难不死，必有后福。好日子还在后面等着呢！"

儿子知廉见父亲嘻哈模样，也深深地舒了口气，他认真地说："您倒轻松，母亲在家可急坏了。"

蒋士铨一听慌了，忙说："我来给你母亲写信，你们赶快送往驿站，让驿差给家中报个平安。"蒋士铨是个很风趣的人，临展纸写信，仍喃喃自语："人没死，可惜诗死了。白费了我一年的心思。唉，我的诗哟！"

蒋士铨回到南昌后，有好友汉阳人阮见亭来南昌探亲，慕蒋士铨才名，又常读蒋士铨戏剧《一片石》填词，有意登门拜访，两人相见甚欢，神聊文章事。谈及蒋士铨的戏文，阮见亭自是一番热词，话题很快便转换到娄妃墓上。蒋士铨痛心疾首，他说："近日去城北转了一圈，看到娄妃墓地荒凉，很觉凄楚。"阮见亭也有同感，他认真地说："先生您诗文风雅不说，还看重史中忠贞节烈之人，可见先生的过人之处！"蒋士铨听后乐了，他高兴地说："我认真的就是这么一点。人生在世，不守正义，不求忠节，何苦侈谈生命之道。"

阮见亭对蒋士铨佩服得五体投地，他当即表示："我一定将先生您的想法去告知我舅舅，请求其出面管一管此事！"蒋士铨热切地说："我乐见其成了。"让蒋士铨振奋的是，重新修葺娄妃墓地一事竟很快就有了下文。

阮见亭的舅舅、江西藩台吴山凤闻说后，当即带领新建县令伍明前往墓地踏勘，两人共襄义举，由藩台拨下银两，伍明捐俸，培土护墓，廓清墓道，迁移民舍，封树墓门坊。娄妃墓地因之一新。蒋士铨在墓地察看后，感慨良多，夜不能寐，"衔恤后，捐弃笔砚，阅月二十矣。乃援祥琴礼例，即作《后一片石》(《第二碑》)藉纪其媺。"吴山凤为其题词有句："史笔骚才两绝伦，一腔幽怨倩传神。坟边共下蛾眉拜，巾帼何嫌属庶人。"《后一片石》面世后，沸腾南昌城，众文士争相题词，民间广为流播传抄，仕女闺房一睹为快。阮见亭在剧本后页填词写道："蒋捷归欤？阮生至矣。忽相投臼杵。向前墓剪纸招魂，解人惟我偕汝。"两人玉成此事，也足见寸草心了。蒋士铨两度请动官家，为娄妃招魂，其义烈情绪感染了周遭的每一个人。南昌城铁柱万寿宫内的戏台上，锣鼓敲响，梨园开唱《第二碑》。

三十、风痹之累

皇上的召唤，让蒋士铨心旌摇曳。蒋士铨将彭元瑞的书信展开看后，折上，又展开，他的心间像开了一朵莲花。油灯中的焰子，结起了烟节。灯花报喜，这种自古流传的说法，在今夜得到印证。原本病恹恹的他，每晚都早早上床，枕着荞麦枕头，翻尽床头的诗书。呻吟一阵子，干咳两声，再呻吟。睡意上来，打个哈欠，便与枕头结缘，去做一回黄粱美梦，去梦中追忆早已逝去的童年。他有时会梦到父亲又将他带上马背，在江南丘陵中的驿道上享受着无尽的竹涛；他有时会梦到牵着马与父亲行走在黄河边的险滩急湍前，前路茫茫，不知险将如何涉，滩将如何过，犹疑不决。梦中踌躇，留下万千遗憾。年纪大了，梦便多起来。他又梦见了母亲，端着《三字经》，念着唐宋诗词，让儿子跟着咿呀学语；他又梦见了母亲送他去码头北上应试，母亲立在风中，漫天飘絮，她被雪刷刮成一尊雕塑。他还梦见自己租赁商船进京，又欲跳上唐英的官船，却不慎失足，跌入急流，一失足成千古恨。他在波涛上呼喊，可哪曾有人搭上援手，拉他一把？他挣扎，他心急如焚。浪一浪高过一浪，他颠簸在波峰浪谷。这时，来了一位水上飞，他像是金德瑛，又像是彭青原，可他仔细抬眼望时，两人都不是，迎面而来的却是一位风姿绰约的女性。他定睛一看，这不是别人，原来就是他的梦中情人胡慎仪，胡慎仪正劈波斩浪，飘然而至，将其从水中捞起。他长跪于梦中情人面前，痛哭流泪。正是这哭声，将妻妾们惊醒，大家端着清油灯，前来叩问。蒋士铨终于醒了，终于意识到自己失态，原来自己还是躺在这张吱吱呀呀的木床上。藏园的香樟树在北风的呼啸声中簌簌作响。几只夜莺飞过，发出呱呱的怪叫声，打发着这人间无聊的岁月。肃杀瑟缩将穷途末路延展在蒋士铨的眼前。这清油灯的光亮忽明忽暗，光线实在弱得不行，让人觉着这深沉夜色压抑得人喘不过气来。

蒋士铨闪着泪眼，像个孩子，怔怔地望着惊恐涌进来的妻妾儿女，终于觉察起自己的窘态，慌忙擦掉眼角的泪痕，吩咐道："歇去吧，我这是喜极而泣，喜极而泣啊！"

皇上想到了他，想到了他这个满以为岁月即将牵引他走进残年的佝偻之躯。他呷了口妾戴氏递过来的热茶，重新端起《昌黎诗集》，高声诵读，朗朗之声挤压着窗外的风声，让其退避三舍。蒋士铨心胸的热血似如潮涌，一种泛起的力量支撑着他的病体，使他重新振作。他有了将士冲锋陷阵的勇气，有了勇士驰马征战的豪气，他要让明主圣君知晓自己的胸臆和才气，做一回循吏，去完成他梦寐以求的理想。

皇上圣明，蒋士铨在心中赞美这位通文识古的君主。

几位妻妾都俯到床前安慰他。

王氏说："老爷！再别得意过头了，要不明天上船后，会晕船。"

张氏说："北上之行，路途那么遥远，身体要紧，你还是早点歇息吧。一旦皇恩赐予，你这身子骨扛得住么？依我说，还不如不去的好。在这藏园要风得风，要雨得雨，你去拼这把年纪，不值。有这份劲，好好教导几个儿子成个人物不是更好吗？再说知廉好歹已经是个举子……"

"妇人之见，妇人之见。"蒋士铨没等张氏说完，就摆手拦停了妻妾的话头。

知廉在一旁见状，忙说："娘，姨，你们都出去，就让父亲他独处吧。"

众人知趣退出室外。

一阵风相随而入，那盏风雨飘摇的小油灯所散发的一星点灯火，再度晃荡。

即将远行，他就像个孩童般喋喋不休地与儿子知廉、知让讲述着皇恩浩荡："没承想我已到知天命的当口，得到皇上恩宠，有东山再起之机，也算是天不灭蒋啊！"

长子知廉对父亲道："父亲大人，皇上看重你，这是做儿子引以为荣的喜讯。不过，您当官还是取中庸为好。"

妻子张氏也过来插话："老爷，你也别孤芳自赏，兀傲无人……"

"好啦，好啦，"蒋士铨听得不耐烦，"妇人之见，容不得你如此议论。官场行正，天地雍容。朝纲不保，大厦将倾，这是硬道理。人处世，当以清廉公明自爱。这不仅是我的行止，也是你等几个……"说着，蒋士铨指了指两个儿子，"也要为国承重，忠诚无畏，方不负朝廷，不负民望。"

知廉、知让见父亲一脸威严，也只得唯唯称是。

一院杂花发，主人方出门，
园林过夜雨，草木被新恩。
念母增心痛，牵孙拭泪痕。
登车砺臣节，不敢说销魂。

卅口无生产，支持托病妻。
芳园可延伫，虚幌罢悲啼。
已惧才华谢，焉能骨肉携？
谁怜梁孟老，分啖一黄虀。

仲子持门户，书灯尔独留。
三年铸经史，万马避骅骝。
且复遵师训，如何解母忧？
寄声钟伯敬（谓西樵孝廉），聊与极天游。

伯季卷书随，篷窗研席支。
游踪双蜡屐，家具一毛锥。
圣代崇文治，经生及盛时。

春江好风日，开卷各寻思。

（《出门》）

乾隆四十三年（1778）六月，蒋士铨因了终生追求的循吏梦，再度挂帆北行。

垂暮之年出远门，蒋士铨似如逆水行舟，牵缆而行，身累、心累，身心俱疲。只是一想到皇恩浩荡，又像有一团暖火，在冉冉升腾焐热胸襟。宝刀不老，诗翁有才，人的才华得到朝廷看重，意义非同寻常。他有使不完的劲，用不完的心力。人一生能有一知己足矣，况这知己是当今皇上。身为臣子，他理当效犬马之劳，去实现其早年的心志。"园林过夜雨，草木被新恩"，"登车砺臣节，不敢说销魂"，他要去担当一位臣子的责任，成为一名循吏。只是，当他想到藏园的女主人，他的病妻张氏，似乎有永远也无法抹去的内疚。偌大一座园子，三十余口之多的一个大家庭，完全没有田地上的劳作收入，内外都交由这个女人操持，一种内疚让蒋士铨痛彻心扉。无奈之下，蒋士铨只好留下二儿子知节于家，助其母亲支撑门户。同时也让知节有个安静的读书环境，青灯独守，攻习经史。临行的羁绊，让他思绪万千。想这么多年来，只以诗文娱身，却无能力为这个家积攒更多的财富，将有限的银两几乎倾尽于藏园，现下已是家贫如洗，这苦日子够他们母子消受了。

蒋士铨在《行年录》中载："彭芸楣叠书促入京，以上数问臣名，乃于六月买舟，携知廉、知让北上。游庐山，过扬州，运司朱孝纯为画携二子游庐山图。七月至京，病痢，两月而愈。"

走了，他义无反顾地走了。为了追求理想，他年迈出征。不为稻粱谋、不为妻孥计的意气始终洋溢于周身。

舟至樵舍，旧地重游，他再度发思古幽情。朱宸濠原本为龙子龙孙，只可惜身披一片叛逆之鳞，狂妖乱舞起烽烟，枉自为皇室宗亲，甘堕迷津，无力自拔。这让蒋士铨想起了三国时期南阳人李严，其与诸葛亮皆为刘备托孤重臣，他的女儿一直劝父脱离军事，可李严不依。公元二三一年，蜀军北伐时，李严押运粮草因下雨道路泥泞延误时日，为推诿责任反而怪罪诸葛亮的北伐，以致贻误战机，迫使诸葛亮不得不退兵，因而获罪，最终被废为平民。李严不听女儿言，招惹兵祸。再有唐初将领罗艺，公元六一九年归唐后赐其李姓，初封燕公，后晋封燕郡王。唐太宗登基后，进封开府仪同三司，位比三公。贞观元年（627），其妻听济阴一位李姓女子所言：您有贵相，必定成为天下之母。又说：您的富贵是因燕王而来，燕王的贵色将要显扬。于是，罗艺的妻子鼓动罗艺率军反唐，后被击败，为其部下所杀。这两个一正一反例证，与朱宸濠兵败受戮于樵舍，十分相似。此情此景，凭吊只为旌表娄妃忠烈。臣子的本分就是忠君，就是不计自身得与失为朝廷捧上赤诚之心。满湖沿岸的芦花，白花花一片，撒开半边天，恰似那祭祀鬼神的纸钱。樵舍成了蒋士铨心中永远抹不去的记忆。他对娄妃的死耿耿于怀，死而足惜。节烈之举驱动着蒋士铨的灵魂漂泊，为如此一位贞烈女子树碑立传。

　　旅途的劳顿没有给他带来更多的欢乐。蒋士铨对根对故土的情怀，总是在船舱中编织出一张张思乡图。他回忆刚刚经营好的藏园，记取园中的一草一木，一花一水，一亭一榭。轩窗负书，西园赏花，风堤杨柳，松倚南风，陶醉于自己织就的家园"赣绣"图景。他想：今夜，也许在藏园少了老夫我的鼻吟鼾唱，少了一株朽木滚压床板时吱吱嘎嘎的"歌唱"。

　　他不由得提起笔给妻子写信：在繁重的家务面前，你忙忙碌碌地拖着病体日夜操劳，虽然有知节助你一臂之力，减轻你的烦恼，但是，这也无法解脱你心间的孤苦啊！"收拾望夫思子意，倚楼聊看插新禾。"江南的春耕在即，望着一塍塍水田泛起新绿，你或许会心畅意舒些吧。

　　他给儿子知节写信，他褒扬儿子：你是儿子中最听话的一个。希望你夫妻俩能相敬如宾，配合你的母亲做好藏园管家，精心料理藏园一应大小家务，减轻她的负累。

　　有意思的是，在这些家信中，让人眼睛为之一亮的是，蒋士铨还给他的妾王氏写了一封信，实属难得，这或许是他一生硕果仅存的一封写给妾的信吧。信中提及蒋士铨七年前，也就是乾隆三十六年（1771），四十七岁在戢山书院娶妾王氏进家门。那时的蒋士铨风流倜傥，文章风生水起。王氏也为能有这样一位知己郎君而情意缠绵。两人情投意合，相继于乾隆四十年（1775）为蒋士铨生五子知白，于乾隆四十二年（1777）为蒋士铨生六子知重。更让蒋士铨心舒意畅的是，王氏自从进入蒋家大门，总是忍辱负重，无怨无悔地做着分内事，侍候张氏，甚至喂汤送水，这是多么好的德行啊！蒋士铨想起王氏温馨的一幕幕，胸际总会涌动一股潮。他在给王氏的信中写道："诗咏南园小妇随，七年身傍碧梧枝。闲窗自引双雏戏，故国休怀阿母慈。钗佩受恩怜薄命，房栊分梦感离思。添香奉帚寻常惯，莫效啼妆扫恨眉。"

乾隆四十三年（1778）三月，陪同蒋士铨北上的大儿子知廉取道安徽，前往天长县探望岳母，随后转道扬州，先行赴试。蒋士铨舐犊之情尽显："漫托馆餐烦父执，当携书剑赁僧庐。"此时的他手抚着书本，无心阅览，急切盼望知廉的音讯。

他在船中训示儿子知让，教育其读书之道、为人之道，引导儿子走人间正路："莫贫于无学，莫孤于无友。莫苦于无识，莫贱于无守。"随后他又解释给儿子听：没有学问就如病夫，枯竭岂能长久？没有朋友就等于掉入深井中，即将溺毙从何寻找援手？没有见识，没有知识，就似如盲人，举步维艰路不平。没有操守就似如市面上的经济人和掮客，千方百计引诱人们上当受骗，损失财富。

蒋士铨还启示儿子应当梦想成为满腹经纶的大学问家，平日读史咏诗不在断章取义，寻字摘句。学习的技巧变幻莫测，墨守成规只能止步不前。

自己贤能可以治百病，自己开明可以开一代新风。皇上开明送我爵位和俸禄，使我不同于流俗之辈，"不耕而有食，不织而有衣"，就当上念朝廷的恩赐，下为百姓祈福。为人就应惩恶扬善，谨小慎微，真正做到"我暖民不寒，我饱民不饥"。蒋士铨还要自己的儿子读书时，要注重学以致用，以达时务："尔曹读书时，常念为时用。"他在闻讯知廉六月廿二日廷试五省拔贡生后，也指正儿子："人登拔萃古科目，文戒效颦时世妆。"

蒋士铨一生力戒为文华而不实，尤其忌讳抄袭、模仿，倡导文风端正，不拾牙慧。在向儿子灌输自己生存观、学问观的同时，其亦自叹："自古遭逢不易酬，身微敢乞主恩优？当官担子如山重，未上肩时已白头。"

乾隆四十三年（1778）闰六月，蒋士铨身至京城，仍官翰林院编修。可惜命运不济，上任伊始，乘官车往海淀途中，疟疾病发，他自叹："积损乃成衰，此身为苦器。"他非常担心自己事业未竟，而一病难起："安得金刚手，洗病出思议？"如此一病竟月有余，卧病在榻，汤药无效。病中，幸喜收到家书，多了一份安慰。其中有第三个孙子阿情的信，有第六个孙女的信，有第四个孙子阿义的信。"老夫拥被看家问，欲唤奚童倒玉瓶。"孙子、孙女的问候，是珍贵的心药，任何汤药不可同比。

天穹，一行雁群掠过，已是秋时景象。满山的红叶勾起蒋士铨浓浓的离愁别绪，藏园的乡情燃烧在这血色黄昏，让人缱绻。藏园中的乡党，不知此时此刻也在挂记这位老朽否？他思绪如绵，大儿子的安慰也无法断了他的乡愁："一片长安月，分光照小园。帘垂千里夜，灯暗两当轩。楼影临花重，书声递竹喧。中宵神往处，倚枕欲忘言。"此时病将愈的蒋士铨想得更多的是在南方的亲人。好友张埙前来探询，坐在蒋士铨的病榻上，两人促膝长谈。

蒋士铨戏谑自己得文字之妙，发乎情，止乎义。可眼下情义与往日大相径庭，都倾心于藏园了。

张埙不由得哈哈大笑起来："清容兄（蒋士铨号清容居士）你是泛情之君子，何时无情，几时不义？只是今日乃别样情怀而已。"

蒋士铨感慨万千道："是啊！人这一辈子，离了情义二字，何曾成其为人。"

张埙也惺惺相惜，叹息道："读清容兄的文字，那种发乎天下的动天感地情义，是我辈望尘莫及之剑峰峭壁。志节之高尚，他人难以企及。"

蒋士铨听了，连连摆手："张贤弟过奖了，言过其实。过奖了，让老夫汗颜。"

两人心心相印，嬉戏文字，笑逐颜开。

蒋士铨在与张埙谈诗论文的同时，更多的还是提到他在南昌的宅第"藏园"和在这座园子中度过的难忘时光。儿子蒋知廉在一旁见父亲和好友谈得热络，取出一把扇子，请张埙题跋。张埙欣然命笔，当即以诗题款。收笔时，他不由得接过蒋士铨的话头提议："清容兄如此珍惜乡音，不若两公子打道回府去南方代问家声？"蒋士铨一听，击节叫好。知廉也兴奋地告诉父亲，有司已经按例准许其探亲假期。蒋士铨听罢即对知廉交代：既然有司放你回家，这是好事，暂时不仕也没有什么值得忧愁的。尔等兄弟壮游神州，久别娘亲，正好趁此秋凉，买舟回乡。也让南方的亲人知道我这老病骨，在病卧两月后已经康复，而且每餐两碗粥下肚。你们走后，我会扳着手指头，计算时程，估计你们在何时回到故乡。可惜的是，我无法归乡享受天伦之乐，只得在梦中随汝等回归家门。

乾隆四十三年（1778）秋，蒋士铨的顽疾总算痊愈。这之前，他一直暂居于京城粉房琉璃街张三礼家。考虑到官居长久，家人进京后，不便长扰，他再度移居原中试任编修时所居旧屋粉坊街石家。

蒋士铨拄着拐杖迈上石级，只见老屋依旧，苔痕满阶，早年他留于屏风的墨宝犹存。内室散发出一阵阵浓浓的霉味。不过，故屋重居，他还是感到亲切，感到温馨。如此清幽雅致的所在，十分适宜蒋士铨的性情。他似如新婚初夜入洞房般，带着旧恋，又多有新意地进入内室。坐到床沿，他忽然一激灵，想到了该给自己留个别号。远离喧嚣的街市，远离官宦闹腾的宫廷，与世无争，一尘不染。他想到了故乡的荷花，似乎闻到了那扑面而来的馨香。无垢无尘，对了，就号"离垢居士"罢了。蒋士铨一拍脑袋，若有所思，他有些自我解嘲地笑了。如果抛开功名的念想，如果不图家人的生计，如果……蒋士铨的思绪无垠，佛理的诱惑在僵化的心脑间游离不定。生命观念的改变也许就是生命进入枯龄季节的预演。蒋士铨自吟："观空且待尘缘尽，平等真看佛理齐。"想到心动处，蒋士铨又开始自斟自饮。在这离垢方丈内，蒋士铨如入无人之境，思绪似如脱缰之马。

蒋士铨这位离垢居士，在京城的日子，过得平淡无奇。离垢的人格赢得了官吏与同事们一片赞扬，其文声也扶摇直上，达到巅峰状态。由于乾隆帝的看重，他的诗文洛阳纸贵，就连高丽国使臣在朝廷听人们谈起蒋士铨的诗文词曲成就后，也不由得遍访京城，寻至蒋士铨门上，只求赐文，将大国金曲带回异域，以便传效。这股"蒋旋风"刮遍京城，成为士大夫效仿的时尚。众口一词，人们都对蒋士铨敬仰有加。

乾隆四十四年（1779）二月，朝廷举行例祭孔圣仪式，这是一个重大的国祭活动。孔子是我国儒家学说的创始人。历史上，其一直扮演正统文化的象征角色，得到历朝历代帝王的看重。清廷统一中原后，为了统治的需要，体现其文治之功，把传承祭孔仪式作为统治的另类手段，提升祭祀仪式为国祭大祀。尊孔、崇孔成为有清一代朝廷的重大活动。清代例规，每年祭孔四次，二月、八月的上丁日（即初四日）是国祭；五月、十一月的上丁日为家祭。凡逢国祭，皇帝都会挑选两名以上优秀官员主祭，于翰林院挑选两名优秀翰林陪祭。乾隆四十四年二月初四日的国祭活动，乾隆帝钦点协办大学士、尚书英廉主祭。

英廉是乾隆朝重臣，因主政得体、清廉有声，深得乾隆厚爱，因此，自是担任国祭主祭的不二人选。英廉是个诗文里手，诗名遍及江南。他主张写诗不求与古人合而不能不合，不求与古人异而不能不异。英廉旧家北城，内植海棠一树于檀乐草堂，前后四十余年，每逢春时，他都集文友于海棠树下煮酒品茗诗文唱和。英廉挑选国祭辅祭，其看重的便是文声。他在翻阅翰林名册后，查看了各位编修的履历及诗文成就，即在蒋士铨与萧际韶两位编修名下圈红。

祭孔是一项既隆重而又庄严的活动，蒋士铨能够在众多的翰林院官员中脱颖而出，也足见其实力与名声的高下。

祭祀仪式于夜间子时开始，先鸣鼍鼓三通，礼生、乐舞生各就各位。随后主祭及辅祭入殿就位，先于阶下金盆净手，再行点燃灯烛。蒋士铨与萧际韶身着翰林官服，尾随英廉，依照仪礼序次而行。

国祭的礼仪有条不紊，祭祀分为"迎神""初献""亚献""终献""撤馔""送神"六个部分，充分展示了皇家的威权和神圣不可侵犯。仪式所用供品也十分丰盛豪华。蒋士铨跟随着英廉，真可谓大开眼界，无论是仪式还是仪礼，许多事物、许多物品都见所未见、闻所未闻。进得文庙大成门内，只见两旁列戟二十四、石鼓十，充分显示了皇权的威势和皇权的庄重。

清廷举行太学分献礼祭祀孔圣人的来龙去脉，还得追溯到顺治朝。顺治帝定都北京后，为迎合天下士子心愿，体现大清王朝重视汉文化，体现文治之功，在京城修文庙。随着祭祀活动递传而下，活动的规格、等级不断提高，不少年份都出现了皇帝的身影。祭祀的规格只要看一看乾隆十八年（1753）仲秋上丁乾隆皇帝的旨谕便知：文庙致祭先师孔子，定"大成殿内十二哲，东西各豕首一，每位豕肉一盘。……十二哲东西各少牢一案，两庑各少牢三案"，又因"两庑位次皆东西向，先贤先儒南北分列。向于中间墙壁空处设案，案上供豕首六，皆倚于壁，前设香帛案。分献官各一人，皆向中间墙壁空处奠献，于礼未协。应照帝王庙分献之例，两庑各用分献官二人，各增香帛一案，俾得就位行礼，以严昭假。再十二哲两庑，向皆于各位前豫奠一爵，其分献官行三献礼，则统奠三爵于香案，以太常寺执事人不充数故也。嗣后丁祭十二哲两庑三献，均令肄业诸生奉爵，令东西分献翰林官，各奠三爵。其两庑分献国子监官四人，一如帝王庙之例，各统奠三爵"。这样，祭孔规制又向大祀迈进了一步。

参加这样重大的国祭活动，蒋士铨是头一遭，虽然也算是他一生于文字之外、于编修任职期间所经历的最为得意的一笔，但是，内中甘苦只有自知。一场仪礼活动下来，本身病恹恹、弱不禁风、身体羸弱的蒋士铨已是疲惫不堪。回到粉坊街石家他的旧居室，没待进屋，早已头昏眼花、脚软腿松。进得内室一头栽到床上，痛苦地呻吟起来。稍事歇息躺了一会儿，他让人温上一壶热酒，大口咕噜咕噜喝上一碗，随后酩酊大醉纳头便睡。

夜灯初上，街静车稀缘尽，蒋士铨又梦回故乡，心归藏园……

他的好友龚梧生来访。龚梧生乃袁枚所重之后生。蒋士铨于南京红雪楼寓居时，经袁枚之间诗文传递得识。龚梧生为乾隆十九年（1754）

进士，不仅诗文了得，而且收藏历代字画甚多，同时，舞剑刀艺过人。闻蒋士铨进京，龚梧生四方打听，终于两位挚友得见。"二十五年燕市酒，地垆重藉指尖谈。"两人煮酒论诗，粉坊街石家老宅里又多了欢声笑语，生机勃发，诗意盎然。

粉坊街石家老宅因了不少文朋诗友的造访而热闹非凡。直隶人翁方纲就是离垢方丈的常客。翁方纲乃乾隆十七年（1752）进士，改庶吉士，授编修，历督广东、江西、山东三省学政，官至内阁学士。是清代书法家、文学家、金石学家。其任京官期间，每每造访粉坊街石家老宅，两人因诗结缘，你来我往，诗酒文章，其中与金石字画之勾连也不无关系。在这之前，翁方纲曾于乾隆三十三年（1768）购得苏东坡手迹《嵩阳帖》，于广东任学政时得苏东坡《天际乌云帖》，后又得苏东坡遗像。翁方纲嗜苏痴迷，很有独特心得。他于所居京师宣武门外保安寺街宅院中，典藏图书文籍极丰，有藏书楼"小蓬莱阁""赐书楼"，得《嵩阳帖》后，又将一书楼更名为"宝苏斋"。此后每年的十二月十九日苏东坡生日，他都会举行赏苏会，邀请诗友为苏帖题诗。蒋士铨进京后，几度参与赏苏会。第一次为乾隆四十三年（1778）十二月，翁方纲邀蒋士铨、张埙、姚鼐共赏苏东坡的《天际乌云帖》。此帖册中，原有虞集、柯九思等的题跋、题识。在这种场合，往往是蒋士铨显露才华的时刻。酒至半酣，他便诗兴勃发。首先吟唱，脱口而出的便是他。他借了七位前辈诗人原韵，一一奉和，让在场其他人自叹弗如。他赞帖诗道："那须石上扫苔花？真本兰亭未足夸。持比平山醉翁帖，竹西应唱浪淘沙。"第二次是在乾隆四十五年（1780）十二月十九日，蒋士铨受翁方纲之邀，与其他十一位学士一道，来到翁方纲的宝苏斋瞻拜苏东坡遗像。众学士以字分韵，蒋士铨得南字韵，他迅即于酒酣之际一气而吟："长笛飞声被江水，似有鹤趁飘风南。"在诗中，蒋士铨以苏东坡之身世遭际隐喻自己的仕途坎坷："平生迁谪亦何有？醉醒取适颜无惭。"

蒋士铨随后还为翁方纲所藏四帧游迹图成词数首，为以苏东坡黄州之旅所作画轴《坡仙黄州旅居图》填词五首，诚挚的情感深深打动翁方纲，在这样的雅会间他也亲身感受到了蒋士铨成诗为文的敏捷思路和不拘一格的文章气势，打心眼里佩服这位后追者，自此放下大学士的身段视蒋士铨为知己，成了粉坊街石家老宅离垢方丈的常客，时常与蒋士铨酒会雅集，以诗会友。

乾隆四十四年（1779）八月，由翁方纲和蒋士铨发起，翁方纲、蒋士铨、程晋芳、周厚辕、吴锡麒、张埙等人于翁方纲家苏宅雅集。这之前，这些文人有雅集唱吟之实，无结社共唱之名。清廷有律令，禁忌文人结社。可文人的天性酷爱结社，在小圈子里买个噱，也只作为自作多情、自取其乐罢了。不过，禁忌对文人来说，也有应对的办法，大家心口一致，圈子之诺，只可意会，不可言传，诗社就有了生存的空间。在这次诗会上由十二位诗人组成的诗社横空出世，大家为诗社取了个意味深长的名字：都门诗社。如此便让诗人雅集既有文声在外，又得诗文唱和之妙。立社之时，再邀洪亮吉、黄仲则入社，成为京城一枝独秀的文人雅会。

诗社即兴，便当名符。其实，以诗会友，以诗暖心，以诗联络众位诗友的感情。其间，蒋士铨诗兴勃发，他时而发思古之幽情，时而又思念自己故友亲朋，捭阖纵横，评点人物，谈诗论文，以自己的独特见解探赜诗道，激荡诗怀。以诗貌人，以诗文成就取其为人的长短。先后以陶渊明之笔调，发自己无私的见解，陆续写了不少怀人诗。这些怀人诗，几乎将蒋士铨一生所交高朋胜友尽数一网打尽，不惜笔墨，评头论足，每人一首，将其生平之事迹、仕途之建树以精练的词句概括，用简洁的诗句纵论其文色诗彩，十分难得。

冠其诗首者为蒋士铨乡试主考、官居宰相之职、年届九旬的钱香树先生，他赞钱曰："身披一品衣，诗具八斗才。"蒋士铨早年乡试因其提携，自有感恩之情。

其二乃是曾任江西学使的状元金德瑛，金德瑛对蒋士铨有教导、提携的大恩大德："贮腹三万卷，是为真状元。"师生之谊，牢固深厚。金德瑛逝世后，蒋士铨悲痛欲绝，为其撰行状，并为其画像恭拟诗文。

蒋士铨一生所撰怀人诗较多，而此次于京官期间，作有《怀人诗四十八首》《续怀人诗十九首》。他在诗中不仅对正途出身的官员文华情操有溢美之词，对挚友也给予了很高的评价。他对汪轫一生为文，身系穷途，赋予了极大同情心，诗曰："作诗效李白，使酒比灌夫。万点朔风泪，进退皆穷途。"他赞美杨垕诗曰："才子生将门，一代能有几？诏赋白玉楼，斯人憔悴死。"

蒋士铨在怀人诗中提到了一位乡贤，就是被他称为"剑江先生"的袁守定。乾隆十六年（1751）三月，蒋陪同即将离任江西布政使的彭青原在丰城得与袁守定谋面。两人一见如故，从此神交。袁在各州县做官，被百姓誉为"袁青天"。可惜一生得不到朝廷的看重，蒋士铨为其鸣不平："仪曹宰相才，惜哉两为令。"乾隆四十七年（1782），袁守定去世，蒋士铨为其作墓志铭。在结语中有如此之句："汉循吏，兼孝义；范人伦，传后世。"

蒋士铨在怀人诗中提到了另一位学士吴云岩，即吴鸿。乾隆十九年（1754），蒋士铨奉敕校写袖珍本《文选》。其时，吴鸿中进士后，亦参与《文选》校订，两人多有交集。吴鸿以学识与才华而闻名，并与蒋士铨私交甚笃。蒋诗赞曰："持衡举贤才，朱弦理瑶瑟。死为瀛州神，尚把文昌笔。"可惜吴鸿雄才未展，英年早逝。

在蒋士铨的脑海里，一张张熟悉的面孔呈现。他在情感激荡中成就了一首首滚烫的诗，寄托了他对文朋诗友的怀念，也记录下他们一生的成就和功绩。这样的写作，蒋士铨也认为是自己灵魂的升华。每成一首，他都会仰首长叹，慨唱天下之大，人才济济，盛世良臣，辅国扬威，成文治之大同景象，也深情赞美自己能有如此一帮热友，填写李杜后世的诗文繁荣。

《怀人诗》完成后，他又开始《续怀人诗》的创作。在《续怀人诗》中，他为那些有过交往的官吏以诗"画像"。以诗记人共十九名。其中一位即乾隆朝重臣裘曰修。裘曰修为蒋士铨同城乡党，字叔度，蒋士铨的《西江祝嘏》四部戏剧作品传入京城，裘曰修即于文武大臣中传阅。自此，蒋士铨名动京城多次，蒋士铨感裘曰修知遇之恩，他在《续怀人诗》中写道："万顷波融融，光风泛崇兰。物在长养中，于人无不欢。是为吉祥佛，福海无惊澜。"

乾隆三十八年（1773）五月，裘曰修在京与世长辞。裘家后辈裘行简有意请状元郎于敏中撰写墓志铭。可是，不知何缘故，于敏中竟转由蒋士铨代笔。这篇情真意切的墓志铭竟同时出现在蒋士铨与于敏中的著作中，也算清乾隆年间文坛一趣说也。

冷风凄寂，雪素棺舟。蒋士铨涕泪俱下，长跪于裘曰修的灵位前，一拜再拜。

裘曰修的三子裘行简见蒋士铨悲痛欲绝，也不由得陪着蒋士铨长跪于父亲的灵柩前。

几只乌鸦飞过船前，发出几声"哇哇"的凄厉呼唤。裘行简从悲痛中缓过神来，挽住蒋士铨，一再劝其节哀。

蒋士铨用袖口抹了一把眼泪，询问裘行简："裘公逝前可否有嘱？"

裘行简忙答："因父临卒前有嘱，认其是燕子矶水神，今将复位。死后汝等送灵柩还江西，必过此矶，有关帝庙，可往求签。如系上上第三签者，我仍为水神，否则或有谴谪，不能复位矣。言终即卒。"

蒋士铨听后不禁潸然。他感慨道："裘公置身司空，生而为水，犹为工部间，调龙治堰，深得圣上恩宠。天公有知，赐其水神，也为其逝后之威。得水神之位，当之无愧。"

管家在一旁道："编修所言极是。裘公生母王太夫人本籍江宁，早年渡江时，曾求子于燕子矶水神庙，夜梦袍笏者来曰：与汝儿，并与汝一好儿。逾年早生裘公。"

原来事情还有如此缘由，蒋士铨听后肃然起敬。他嘱咐裘行简道："你们此行，路过燕子矶水神庙，一定要停柩起愿，乞求关帝显灵，赐予裘公水神之位，也不枉裘公一生雄绩。"

裘行简听后，唯唯诺是。

蒋士铨于裘行简一行离开扬州码头时，郑重其事于袖中取出自己为裘公所撰墓志铭，递给裘行简。

裘行简感激万分，当即率家人纳头便拜。"先生不计名利，为父撰文，颂其功德。这样端正的品行和涵养，是晚辈所难企及，也是后学终生不忘之师。尤乃吾辈效仿之楷模。"

蒋士铨连连搀起裘家诸男女，拱手以拜还礼。

告别蒋士铨后，裘行简护送父亲灵柩过燕子矶，按蒋先生之嘱，遵父遗言卜于关帝庙，果得第三签。遂奉家人恸哭，烧纸钱以蔽江，立木主于庙旁。这是后话。

从此，蒋士铨对裘家的情谊也因之更加密切。人总是重情感的，讲求德行而投桃报李，蒋士铨于裘曰修的敬重，从其所撰墓志铭中随处可见。他赞美裘曰修："职掌邦土，居四民，时地利，使修利堤防。……尤善于治水"，"当官任事，举重若轻"，"参身洪流，力障气砥，形折智营，郁塞昏徒。艰重杂投，弗凿弗诡。行所无事，若治斯水。公历六卿，施设规此。……美哉豫樟，帝灌植之。"

蒋士铨这篇墓志铭，下笔不俗，文畅意丰，气势非凡，风云跌宕，掷地有声，让人看到了一个不同凡响的裘曰修，是历史上不可多见的一篇上佳墓志铭文。

可惜，这篇铭文在收入裘文达（曰修）公文集时，文后末署却是：赐进士及第、经筵讲官、太子太保、文华殿大学士管理户部事务、加七级年家眷同学弟于敏中顿首撰文；赐进士及第、经筵讲官太子少傅、户部尚书加四级年家眷侍生王际华顿首书丹；赐进士出身、兵部尚书加四级年家眷同学弟嵇璜顿首篆盖。蒋士铨有文无名，代而不入官场圈子，捉笔刀吏成就了于敏中在朝廷的最后显赫和粉墨登场。蒋士铨代笔此公，虽全了其时裘曰修公的名声，却也让于敏中于文道多了几分羞辱。

蒋士铨笔下怀人最后一位是其于编修任上同僚秦黉。这秦黉虽然是位官员，倒也是一位诗文家。乾隆二十二年（1757），蒋士铨中进士后，于翰林院任编修期间，于同院编修及各衙门官员中结识诗文好友甚众，这些诗者有王大鹤、叶毅庵、纪晓岚。

秦黉是这些诗友中与蒋士铨诗风相近、经历相似的一位，人多有迂腐，以母老请养归，卒于家。蒋士铨谓其："笑骑扬州鹤，江壖狎鸥鹭。天语及臣家，旧城读书处。"

人到暮年，忆旧的情怀总难弥散。蒋士铨也不例外，官事之余他几乎沉湎于往事的回忆和追思中。在漫漫长夜里，他将自己与每位文友的交往过程在心胸过滤，对这些人的诗文成就及德行修养进行评点。

矛盾的纠结始终是蒋士铨绕不过的坎，友情的泛滥让他愉悦，而长夜难眠的辗转又让他痛苦万分。他哆嗦着爬起床，用火镰打火，点亮灯盏中的灯芯草，颤抖着掏出自己的诗文，一再细声朗诵。他想起了早已于人世消逝的莫逆、江右四才子之汪轫和杨垕，他想起了扬州的诗友陶淑、高文照；他想起了自己的业师金德瑛、钱香树；他想起了两任江西布政使彭青原、王兴吾……无尽的思念似如灯盏中的火苗忽闪。他想起了诗文与其齐名的赵翼、袁枚，又想起了东阁大学士王杰、工部尚书彭元瑞，这些人皆有治世之才，却经历各异，生死两茫茫。惊世骇俗者有之，不为世所容者有之；被皇上器重者有之，被皇上以忤逆者惩处有之。想到自己，穷子一身，只有诗文盖身，心中不由得惶惑不安。他叩问自己，此生意若何？

> 十载遍五岳，此心殊了然。
> 苔云双屐换，衣翠一筇偏。
> 八柱不可见，六鳌应有权。
> 道流相识尽，自觉满尘缘。

（《五月廿六日梦中作》）

似梦非梦的半睡眠状态，恍惚的心境，点燃了他心中的火焰。他看见了明亮，看见了灯火一片，这片灯火蕴含的热量又炙热了多少人的心。直觉告诉他，得把这些感受记录下来，将每一粒火焰留存，成为永久的光芒。蒋士铨腾地起身，推窗而起。

窗外微熹，天边略见一线朗云，霞被映衬着蒋士铨的老脸，疙瘩皱褶分明。他老了，真的苍老了。岁月和诗磨砺了他的执着和倔强。他在诗中给自己留驻下的影像，在这晨昏中，显示的诗意是那样铿锵和坚韧。他无时无刻不在考虑将他的这种诗意性格传递给周围的人，甚至碰得头破血流也在所不惜。

朝廷的翰林院，是个文人聚集之地。清流之辈在进士头衔的名分下面，机械般运转，日出而作，日落而息，为朝廷的中兴"作文章"。进入这个层次的人，都是些满腹经纶的饱学之士。说他们恃才傲物也罢，说他们才高气盛也罢，说他们目空一切也罢，这并不能全部概括这些士子才人的心性。那些翰林院的掌门人，面对这样的一群人，有时束手无策，有时无可奈何，有时颐指气使，有时当头棒喝，无所不用其极，将翰林院经营成自己的家天下。他们平日里对这些近乎尖刻甚至挑剔找茬的下属，多少都有些避忌；对那些在他们心目中近乎于迂腐的夫子先生，则敬而远之或是百般打压，以至其得不到拔擢提升。蒋士铨两次为京官，都在翰林院与掌院学士有过龃龉，对职掌学士的种种不端提出不同的看法，甚至在一些与诗友社坛论诗的场合将这些职掌学士的丑行恶端作为谈资，成为诗友中口口相传的趣事。这些风言风语传到职掌学士的耳中，自然不会给蒋士铨好颜色看。翰林院桎梏了蒋士铨的手脚，职掌学士自然也经常给他点小鞋穿，在他的行文中吹毛求疵，使他感到懊丧。环境的差异让蒋士铨感到种种不适。其实与蒋士铨同为编修的官员中，感到不适的何止蒋士铨一人。这不，同为翰林院编修的董潮便感不适，请假归乡。董潮是江苏常州府阳湖县人。少年孤贫，由祖母海盐陈氏抚养成人，之后入赘并占籍浙江嘉兴府海盐县，为海盐人。在编修任内，以作诗《红豆树歌》闻名，时人称"红豆诗人"。平日与蒋士铨、赵翼交游。可惜，诗人回乡才一年，便负才而逝。董潮告假归乡时，京城众多文友前往送行，有翁方纲、蒋士铨、方昂、纪昀、张模、程晋芳、周永年、邵晋涵、洪模、汪启淑、吴诒丰、周厚轩、吴锡麟。众人一道来到城南崇效寺，大家畅诉离情，借酒消愁，同道相惜，自怜自爱，互道珍重。就是这样一次北雁南归的告别，在蒋士铨心间留下阴影。久困官场，无所作为，彭元瑞所给予的暗示和皇上的看重，并没有给他带来成为一名循吏的新机遇，在翰林院的冷板凳上他是一坐再坐。

这年（1780）秋日，蒋士铨因病初愈，瘦骨嶙峋，病恹恹而虚弱，忌讳居凶，避离宅晦，再度移居张樊川祭酒旧宅。

蒋士铨在《行年录》中载："乾隆四十六年（1781）辛丑，充国史馆纂修官，专修《开国方略》十四卷。五月，遣知节归迎二媳入京。闰月十八日，同抚州太守陈朗谒贤郡王藩邸，王手画桃枝一幅，并书楹帖一联以赠。他日，贤郡王复以手书《四十二章经》一卷见惠。余在蕺山书院时，有《桂林霜》院本，在安定书院时，有《四弦秋》《雪中人》《香祖楼》《临川梦》各院本，并前填词数种，皆为郡王所剧赏。五月，自选《藏园诗钞》定本凡，十卷、杂文若干卷付儿子。八月，填《冬青树》《采石矶》两院本，作《采樵图》杂剧。撰《定甈琐语》。十一月二十八日，保送御史引见，名在第四，奉旨著记名以御史补用。"

京城是块乐土，尽管有百余个不顺心，但让蒋士铨感到欣慰的是，他能在这里幸会更多的文朋诗友。好喜交游的性情，成就了一个个舒心惬意的日子。尽管蒋士铨在送别董潮的酒宴上，将自己的《怀人诗》捧读于在座各位。翁方纲等看后，情感交织，感慨万千。大家都赞叹蒋士铨笔下生风，妙语连珠。对所叙各位措词准确，浓缩概括，极尽人间正气，也以饱蘸感情的凝练之笔，勾勒出一个个性格迥异的诗骨来。

不知是谁说了声：诗中各位应列尽到，但难免挂一漏万，本朝似乎还可再数风流人物。

蒋士铨听了不置可否，合上诗页，默默无声，离开了人群。

张樊川旧宅的灯又亮了，蒋士铨想到了诗，想到了前朝乃至同朝众多的诗人。对诗的认知唤起了心底的潮。其本人作诗意旨及诗学观一目了然，其推心置腹论诗公允有度，真知灼见跃然纸上。他写下了《论诗杂咏》三十首。他读过杨铁崖的诗，他认定杨的诗："骑屋吹铁笛，肯为时世妆？"

他评明初诗文三大家之一刘青田的诗："手开万钧弩，霸才原不世。"

他论茶陵诗派的核心人物李东阳的诗："自发清庙音，舒卷云霞烂。"

他称明初诗人之冠的高青丘的诗："笙鹤凌虚游，尚少真人气。"

他叙明代中期文学家、复古派前七子领袖人物李空同的诗："如何干将锋，竟为补履缺？"

他读明代文坛四杰之一、前七子之一何大复的诗："口吸金掌露，清气乾坤留。"

他叹明代后七子领袖人物李于鳞的诗："吹箎白云楼，不是黄钟音。"

他称性灵诗人袁公安的诗："公安倡邪说，竭力攻异端。"

他吟明万历文士钟伯敬的诗："蜗角蛟睫间，老死黑暗狱。"

他看晚明一大家程松圆的诗："荒山鸟啁啾，假托莺凤音。"

他奇有明词第一之誉的陈大樽的词："海图合波涛，曲折移旧绣。"

他称清八大诗家之一宋荔裳的诗："犹存汉衣冠，风采称长者。"

他评一代宗匠王阮亭的诗："唐贤临晋书，真意苦不足。"

他谈现实主义诗人赵秋谷的诗："谭龙语诚妙，气象当过之。"

他赞"阳羡词派"领袖陈迦陵的词："一代苏辛词，铁板铜弦响。"

他吟诗人宋绵津之作："谁谓靡靡音，不畏雷门鼓？"

他赞清初诗人陈元孝的诗："玉齿发金声，妙手操锦机。……醉写虎丘壁，奇气何淋漓。"

他叹明末诗人倪鸿宝的诗："秋坟鬼呜呜，其声杂风雨。"

他评宣城诗人施愚山的诗："宛雅推祭酒，亦非盖世英。"

他述布衣诗人吴天章的诗："辍管视金豹，亦是寻常斑。"

他赞空灵诗人查初白的诗："仰首莲台佛，始自悔狡狯。"

他读浙西词派创始者朱竹垞的诗："早修皮陆词，晚入昌黎派。"

他评浙派诗人厉太鸿的诗："钝根学神仙，天马终难控。"

他读西园吟社成员商盘的诗："文质其彬彬，越人斯有章。"

他赞乾隆三大家之一袁枚的诗："随园法香山，善道意中诰。"

他读同代诗人杨铎仲的诗："力举韦陀幢，大战修罗兵。"

他评江右四才子之一汪轫的诗："自挥危苦词，呼吸商声满。"

他评江右四才子之一杨垕的诗："妙悟发天机，乐府高岑嗣。"

他论江西广昌诗人何鹤年的诗："谁怜西江社，自此宗风息。"

他论无锡诗人顾光旭的诗："置之大雅堂，唐音尚铿尔。"

将这些诗人翻箱倒柜，评头论足一番后，蒋士铨心情稍得平复。他论诗评诗，似有醉翁之意不在酒之嫌。从他的评论中可以看出蒋士铨对各路各派诗人的喜好，也体现出蒋士铨的诗法诗道，读出他所崇所爱，他的诗学所承路径及作诗的旨趣。

评诗完成后，他心潮难平，再起激澜，意犹未尽之余，平添《后续怀人诗》十八首。以抒胸臆，以叙友情，以圆平生缘分。

蒋士铨进京以来，几乎日思夜想，怀念故乡藏园中的家眷妻小。蒋士铨遣长子知廉、三子知让前往南方接家眷来京。儿子走了，把蒋士铨的心也带走了。每日早朝后，跟班之余，稍有闲暇，他便将心囿于诗友的应对中。这样既能消减对亲人的牵念，又能小聚于酒，饮之而诗。

只有到了晚上，孤身独处，便觉寂寞难当。他独倚南窗，遥望月缺月圆，又仿佛觉得故乡就在眼前。但愿这一片长安明月，能瓜分其光芒映照故乡的藏园。可惜的是，藏园的帘绮遮挡了蒋士铨捎去的这片月色。寂静的两当轩，忽明忽暗的油灯下，楼影沉溺于院中的花草丛间，色调多了几分凝重。儿孙辈的读书声与篱竹的哨响汇成藏园的幽雅乡调。让人神往的是，此刻若能与自己的妻小共枕相叙千里相思离别之苦，该是何等爽心惬意之乐啊！挑起此等乡思，又是多么难熬的时光啊！十月的夜晚，秋气森严，蒋士铨不禁呵了呵手，跺了跺脚，发散自己长相忆的愁情。对着明月，独斟一杯酒，以解胸中块垒。他现在似乎又有几分后悔，不该贸然将自己的身体作赌注，以期达到成其为循吏的愿望。可眼前的光景是，自己并没有像彭元瑞、纪昀他们那样，很快得到乾隆皇帝的另眼相看。蹉跎岁月一晃即过，转眼即是白头翁，拖着病体支撑时日，是何等的难熬啊！

乾隆四十三年（1778）十月二十八日，是蒋士铨五十四岁生日，他又陷入对往事的深深回忆和对生活的深深眷恋之中。记得五十岁生日那天，他陪伴着母亲，亦歌亦舞，畅意宴饮，那是何等值得珍藏的时光。如今失母偷生又是四年，满头白发却不知轻重地再曳朝衫，颠颠倒倒来到京城，家中高堂上母亲的祖宗牌位前，既无祭品，又无儿子跪拜的身影，让她于九泉之下空守寂孤。幸得今日接到两个儿子来信，得知诸眷属已于入京路途上，让蒋士铨这个为人夫为人父的，多少有了几分欣慰。百无聊赖之下，也只有请老母原谅，待儿终老之日，柴荆傍丘，定以长歌当哭，跪拜母亲的墓前，乞求老母的原谅。

在望眼欲穿的等待中度过近一个月的日日夜夜，远行而来的家眷终于拢岸踏上京城的码头。蒋士铨拉着妻子的手，两张热切的老脸，泪眼相迎。

他仔细打量妻子张氏还有二房王氏，幸得两妇的身容倒无多大变化，与之前在藏园分手时无异。倒是几个孙子身高已与其父辈相差无几。可怜这么一帮妇孺，竟装载了一船的家具千里迢迢而来，苦累了那些装卸的力夫。

酒余饭后，便是亲情显露的时辰。大家相叙着离别后的光景，琐琐细细却有滋有味，五味杂陈。蒋士铨听了，眼眶也潮湿了。与妻子的相见，真似如梦境一般，滚烫的热酒下肚，更是激发了暖暖的夫妻情意，剪烛长谈，家长里短，亲情似火，彻夜无眠。

可惜的是，这之后不久，蒋士铨却病倒了。一家十几口，齐集京城，吃喝拉撒，甚是一件忧心的事。仅靠蒋士铨的薪俸，维持这样一个大家，已是捉襟见肘，无有宽裕之闲钱。紧巴巴的家庭生活，使得蒋士铨愁肠寸断，无形的牵累无时无刻不在灼痛着他的心尖。身心漂泊，而无安定，这是自讨苦吃啊！

蒋士铨于病中自吟："我忆鸥波馆，闲居迹岂孤？十围依老树，万卷付童乌。黄阁身何有，青山买得无？明年吹铁笛，归老藕花湖。"这时的他，一门心思只在藏园，他怀念其时的闲适，怀念其时的天伦之乐。他在送好友李天英出川诗中又再次提及归念。他虽然宽慰李天英："一官比鸡肋，万事等鸿毛。涉远心原苦，当歌气益豪。"可在这同时，他不免又惦念远方老家的藏园："十亩藏园地，花畦药砌仍。帘遮昏壁画，梦剪夜栏灯。"他感叹人生时光流逝，光阴似箭，穿梭而过，似如夕阳，到了此时，发散的光亮照在人身上，也是那样的弱薄。心老身老，蒋士铨愁断天涯。

更让蒋士铨揪心的是，京城的冬天不仅自己身心不适，就连妻子张氏也难以扛住这北方的冬季，一病不起。

京城的每一天都让蒋士铨如坐针毡。更多的时日，他都在与文友的诗酒小酌中度过。借酒消愁，酒成了相伴京城岁月的良药。

命运捉弄人，当他感觉厌倦官场、厌倦京城、心思南归时，否极泰来，从皇上那儿又传来了好消息：乾隆四十六年（1781）十一月二十八日，蒋士铨保送御史，引见，名在第四，奉旨著记名，以御史补用。

可是在兴奋之余，蒋士铨却因风痹病发，到了五十八岁那一年，他半体不适，右手不能书，只好以左手代之。到了冬天，中风病症更重，药石无效，治而不愈。蒋士铨万念俱灰，他终于下定决心，因病辞官，解甲南归。

三十一、梦剪丹青

乾隆四十六年，五十七岁的蒋士铨充国史纂修官，行走于翰林院，每天只在故纸堆中，专修《开国方略》，日子过得寡淡如水。同僚们闲暇无事，便会以一些雅致的生活方式点缀岁月。蒋士铨是个闲不住的人，尽管专修《开国方略》是项苦差，文字的繁琐磨砺着人的棱角。幸得蒋士铨文字功力到位，修史对他来说，几乎是小菜一碟，小事一桩。于是品茗论画、切磋丹青成了蒋士铨的酷爱。如此的喜好，何止蒋士铨，他对字画的痴迷感染影响了周遭的许多同僚。文人们的兴趣所至，网罗成圈，煮酒论丹青成了他们的家常便饭。翁方纲与蒋士铨每每是这类圈子聚会的倡议者。

这年，蒋士铨的好友、永川人李约庵官贵州开泰县知县后罢官壮游山水，来到京城。天资卓越、才气高迈的李约庵于丹青的熟稔也如蒋士铨拿捏文字一般，挥毫即就。京城的人脉成就了李约庵，与蒋士铨聚首后，很快李约庵便成了翁方纲十二子都门诗社的常客。

一天，李约庵携自己精心所作《课耕草堂图》来到翁家，与各位诗友汇齐，请翁方纲、蒋士铨等品画赋诗。

蒋士铨于诗文之外的嗜好，除了戏曲，就是丹青。有李约庵来打破寂寞，挑起新的兴头，这是求之不得的美事。有画自然得赏。而且品过、赏过，便有诗即兴而成。翁方纲同样迷恋丹青，多了李约庵和他的画，自然觉得蓬荜生辉。摆酒临风，一韵玉成，文人墨客的骚动足以驱散京城倒春寒的乌云。

李约庵的画技应该不错，能在京城天子脚下得到这么多名家的赏识，应该有他的过人之处。可惜这幅画他没有画好，多少有些失真。因为李约庵乡村生活经历无多，以致课耕生活在李约庵笔下变了调。翁方纲在《李约庵课耕草堂图诗》中，先是对这幅画的画法技巧及画之景象多有几分溢美之词，随后话锋一转，便有诗评了："可怪余生醉写真，翛然别作幅巾身。妙取神清不敢似，知君未是课耕人。"看这翁方纲直截了当，也不怕李约庵脸色难看。蒋士铨倒是说得婉转："有田宜作课耕人，种秫唯须同荷锸。"蒋士铨对李约庵的画总体评价还是蛮高的。他感叹李约庵能悟师成道，于书画笔墨成趣。"人生至乐宁有此？五十归田赋知止。"

记得还是乾隆四十二年（1777）春夏之交，李约庵罢官后顺赣江而下北游吴城。其时，蒋士铨守丧服满正栖身南昌。李约庵来到南昌后即前往藏园登门拜访，呈《扁舟出峡图》请蒋士铨题笺。这一看不要紧，画刚展开，蒋士铨便被这恢宏大气、壮观奇绝的图景所折服。爱画的本能使他怦然心动。他左右端详，只见悬崖绝壁，万仞高峡，江流滔滔，苍猿哀嗥，真可谓"江流飞剪万山裂"。他在诗中以一种无畏的勇气吟哦："坚持定力当夷险，未可徒歌行路难。"（《李约庵扁舟出峡图》）他这气壮山河的雄词绝句，感染了李约庵，使他对自己的画作更有信心。他告诉蒋士铨自从几年前于南京得袁枚、王梦楼等人赞赏后，心受一份挚情无以为报，虽是南京一别，多有几分惆怅，可他听说蒋士铨柩母返乡便一路周游，前来幸会，也是朋友互相尊重、另眼看重的真情流露。

三十二、青树雁冬

乾隆四十六年（1781），蒋士铨囷身京城，屈指掐算，已是第四个年头了。

岁月倏忽而过，碌碌无为的官场应对，耗尽了他的心力，却一事无成，欲为一名循吏的愿望始终与他擦肩而过。翰林院的"香火"烤煳了他的愿望和志向，几十年前，应对乡试时，恩师金德瑛"孤凤凰"一语成谶，他喜交游却不善逢迎，官场的游戏规则使他成为边缘人物。

蒋士铨自幼受母亲、舅父、父亲的良好家庭教育，知识渊博，胸襟磊落，正气凛然，鄙视权贵，志节高尚。对历史上的志士仁人、民族英雄怀有深深的敬仰。不随波逐流，不媚俗奉迎，一心只想于盛世施展自己利世济民的伟大抱负。可是，尽管他杰出的文学功底得到世人的看重，也得到皇帝的看重，却由于他在权贵们眼中的"迂腐"而志向一直得不到伸张。在旁落的翰林院某个角落，他想到了该用文字来再明心迹，表露自己的高尚气节和文章。几十年来，他的心底隐藏着一个磨灭不掉的愿望，就是要在有生之年，为江西两位"孤忠"之臣树碑立传，为他们填词度曲。这两位先贤便是谢枋得和文天祥。

《冬青树》的构思顿时在心间成熟。他几乎倾尽才智，一鼓作气，以三天的时间，落笔而就，展现了一位饱学之士的雄厚文学功底，也显示了他泾渭分明的爱憎。

这样的写作，对蒋士铨来说可谓是轻车熟路，剧本经过多年的酝酿也是水到渠成。烛火的光亮映衬着他瘦削的脸庞，岁月的年轮写在额头，老成的身世，老成的笔端，成就了老成的文章。细细的小楷，在铅山老家送来的连四纸上，显得那样的清丽流畅。这支笔如入无人之境，洋洋洒洒，激情澎湃，颂扬文天祥的气节、文天祥的人格、文天祥的不屈、文天祥的视死如归。蒋士铨直抒胸臆，心无遮拦，从容道来。从文天祥身上，他找回了自我，也实现了自我。"孤忠"的影子，写在纸上，傲骨凛然。以文天祥自喻、以谢枋得为楷模，蒋士铨找到了"灯下红"，他仿佛看到了文天祥于刑场流淌的鲜血，他似乎有几分悚然。

不知什么时候，小妾戴氏推门而入，给他送上一碗糯米红枣莲子羹，蒋士铨感激地朝戴氏瞟了一眼。

戴氏上前用热毛巾为蒋士铨擦了一把脸，将羹碗摆放到桌前。蒋士铨登时倦意全消。他拉住戴氏的手，真诚道："你如此的知心领会，算我没看错人。"

戴氏娇嗔道："你说一旦动了念头，摇笔彰扬文天祥，就是苦心志、劳筋骨，也要为忠良树碑立传。你啊！人家文丞相是为国捐躯，可你呢！仅仅是为几页纸的文字玩命……"

"小娘子差矣，"蒋士铨放下手中的毛笔，指着文稿，郑重其事道，"你可别小看这些文字，我是为英雄焚一把民族家国的香火，效仿先人的节义忠烈，为后世正身骨，立国家之人伦纲常。写这等响彻人寰的气节之事再玩命也值。"

"你再玩命，得想想还有我啊！还有未来的娃儿，你……"

"啊，你有了？！"蒋士铨一脸惊愕之色。

"说有也没，说没也许就有呢，人家只是跟你先行打个招呼罢了。"戴氏一脸绯红，似如霞露辉映，宛若新浴仙女，让蒋士铨情意缠绵情话依依。他将戴氏拥入怀中，附在她耳边娓娓道："心肝儿，有你这份心就够了。"

"生，我就是要再生个蒋士铨的替身！"戴氏又在蒋士铨的怀中撒娇。

"好哇，我正愁这支秃笔传给谁呢！有你这句话，我相信总有一天……"蒋士铨自信地朝戴氏笑了笑，高兴地说，"你呀，是猪生崽好一窝。"

戴氏略做不满神态道："你这个人，是祖宗的孝子贤孙。满心想的就是多子多孙，多子多福，传宗接代。四个五个不算多，六个七个不嫌少，八个九个正合意。"

"是哩、是哩，知我者戴氏也。"蒋士铨得意地说，"孔圣贤曾云：不孝有三，无后为大，我父及祖，几代单传。金线吊葫芦，我是吊怕了。再说，生儿当如伯夷。我只诚望几个儿子每一位都如我一般文采，如文信国公一般尽忠报国。名扬千古，万古流芳，耀我门庭，光我先祖。如能了我心愿，我死而无憾。"

"闭嘴，"戴氏急忙捂住蒋士铨的嘴，轻声责怪道，"不许你黄牙臭口满嘴胡喷。"

蒋士铨扳开戴氏的手，端起羹碗，"咕咚、咕咚"一口气将羹喝下，"这下你满意吧？"

戴氏接过空碗，再度吻了吻蒋士铨的脸，悄无声息地退出门外，带上门。

屋内又归于平静。

戴氏的温柔，似如秋夜的篝火，点燃了蒋士铨内心的激情。文天祥正义凛然、视死如归的形象再度闪现在眼前，让他如痴如醉，笔的润泽似如抹了油一般飞泻而出。

一个剧本，两个主要人物。如果不是蒋士铨这样的高手，妙笔生花，绝难玉成。蒋士铨做到了，而且是那样的天衣无缝，主次得当。剧本中，蒋士铨重在写文天祥，以副线着墨谢枋得。以突出文天祥的"孤忠"为主题，体现出文天祥百折不挠的民族气节和宁死不屈的英雄气概。蒋士铨以"卖卜""却聘""饿殉"三个章节细叙谢枋得坚辞荐举、大义凛然、不事新朝、绝食守节的壮举，以大量篇幅精心刻画文天祥的英雄形象。蒋士铨如此构思，可谓用心良苦。

蒋士铨萌生创作《冬青树》念头也绝非是一时冲动，他自少年时起，即对江西乡贤中的文天祥、江万里、谢枋得、王安石等人崇仰不已。尤其是文天祥的壮举，几乎成了他梦寐以求、效仿的楷模。早在乾隆三十二年（1767），蒋士铨四十三岁即有诗《书宋史宰相传后》。随后连续四年，蒋士铨都有赞美文天祥的诗文出现。乾隆三十三年（1768），蒋士铨四十四岁，为文天祥遗像题诗《题文信国遗像诗》；乾隆三十四年（1769），他四十五岁作《文信国琴诗》；乾隆三十五年（1770），他四十六岁作《寻天圣寺观管夫人竹及松雪翁潇湘烟雨两画壁诗》。乾隆三十八年（1773），其时主扬州安定书院讲席的蒋士铨，曾为仪征重修文信国祠作序。该祠建于仪征县城东门外河坝，旧名大忠节祠，创自明代成化年间，祀文信国公，同时配祀州守苗再成、扬州统制姜才。嘉靖元年（1522），增配剌史赵孟锦。康熙年间，增配王炎午。在序中，蒋士铨心存敬佩，细论文信国公及诸追随者功过，欲以树碑立传。甚至将祠中各人所处祭祀牌位亦排列有序，议功分明，深得主修人士赞誉。蒋士铨于文天祥情感之笃可略见一斑。

在结构铺排上，蒋士铨也颇费心思，用他老到的笔触，叙述了文天祥将生死置之度外，为民族利益甘洒热血的无畏情怀。他在总纲中写道："谋国夫多难定乱，擎天柱弱终推倒。殉金汤、文谢两孤臣，江西老。"

从"起兵勤王"发轫，以大手笔展开描写。南宋末年，元军在中书左丞相伯颜统率下，一路南下，长驱直入，进逼南宋都城临安。在宋王朝面临危亡之际，文天祥临危受命，积极参与政治、军事、经济等重大决策并靠前指挥。南宋皇帝度宗赵禥病逝后，恭帝赵㬎继位。眼看元兵逼近，局势严峻，都城似如危卵。太皇太后谢道清下《哀痛诏》，号召宋城各路群起勤王之师，抗元护国。时为江西安抚使兼兵部侍郎的文天祥，尽捐家资应诏，入卫临安。随后，即使元被扣。元军践踏中原，气焰逼人。宋恭帝德祐二年（1276）正月，元军进攻皋亭山，宋朝以吴坚、家铉翁、贾余庆、刘岊等为祈请使，前往元营媾和，被元军扣留。后又以右丞相兼枢密使文天祥前往元营，劝说元军退兵。文天祥于元营怒斥元军之不义，面斥吕文焕等叛将。文天祥字字铿锵，义正词严，有理有据。元军恼羞成怒，将文天祥扣押。

蒋士铨在此中插入谢枋得事迹几节后，于第十二节"局逃"，写到文天祥之逃逸。

文天祥被扣后，元军如获至宝，将他押解北上。文天祥一刻也没有忘记其抗元救国的历史使命，于北上途中，趁隙与随从十二人自镇江逃出元营。一行人急赶快行，抵达真州（今江苏仪征市）。原本打算与真州州守苗再成商议抗元复国大计，不料苗再成听信两淮制置使李庭芝密书，怀疑文天祥是被元军差遣前来赚城。于是，错失良机，将文天祥一行拒之于真州城外。自十六节至二十节，蒋士铨讲述了文天祥领兵抗元的过程。文天祥听说宋端宗赵昰即位于福州，立即率部下自通州（今江苏省南通市）走海路往朝。宋赵昺在硇州（今广东省硇洲岛）继立，文天祥受命开府延平（今福建省南平市），以期抗元复国。可由于兵弱将寡，文天祥与张弘范统帅的元军会战于空坑（今江西省兴国县），兵败妻妾子女被元军所擒。随后，文天祥率军转战于五坡岭（今广东省海丰县北），兵败后，被元军所执。

写到此处，剧情已达高潮，蒋士铨的情感在胸中澎湃，他既同情文天祥的遭遇，为其痛惜；又为自己无法宣泄的"孤忠"情怀找到了满意的文字而自得。他为文天祥的气贯长虹而不惜笔墨，倾情疾书。文天祥被执后，多次自杀未遂。元军担心有失，将其押送元大都（今北京市），囚禁于兵马司。文天祥不为元丞相博罗劝降所动，拒绝引诱，集杜甫诗以纪事，作《正气歌》以明志。他的《过零丁洋》诗云："人生自古谁无死，留取丹心照汗青。"文天祥被囚禁三年，始终坚贞不屈。

"三载淹留事才了，展愁眉仰天而笑。"蒋士铨在第二十九节写到文天祥于柴市口就义的场景，可谓壮烈。南宋叛臣留梦炎于文天祥将赴刑场之际，送来筵席，文天祥咬牙切齿骂道："留梦炎那贼子的酒食，怎敢排在这里？！"他一脚将筵席踢翻。刽子手又端来一桌筵席，听说是宋朝宗室赵孟頫送来的，他不免叹息："咳！子昂也是一代文人，又为宗室，因何失足至此？可惜，可惜！俊王孙一代风骚，枉了他墨妙挥毫，为什么弃先茔，忘旧族，也修降表？图一个美官衔、学士高，全不管万千年遗臭名标。"为此等叛臣两者的区别，前者为怒骂，后者为惋惜，只因了赵孟頫是个文人，气节不保。笔之曲直妥帖足见蒋士铨之用心良苦了。蒋士铨几乎睡不安枕、食不知味，一气呵成《冬青树》。全剧最后以文天祥慷慨陈词，英勇无畏，从容就义结束。蒋士铨采用虚实相照的写法，用人间天上的不同结果，为英雄伸张正义。后由于太虚幻境，奉上帝敕旨，追审南宋叛贼奸相而终。所谓因果报应，蒋士铨欲以此告诫后世，为臣须留清气于人间，正气方能赢得万世流芳。

一剧既成，蒋士铨自我欣赏一番后，不免多了几分自得。于中秋后的十七日，请来文友张埙，设家宴款待。酒过三巡，蒋士铨郑重其事，端出所撰院本《冬青树》，请其过目。张埙听蒋士铨叙说此院本乃三日而成，不免连连称奇。他当即展纸通览，细察剧情，感触良多，首先评价蒋士铨的文字："文章烂漫易，老境难。老而干瘠，非老也；老而健、老而腴，刊去枝叶，言无余剩，此为老境。非少年学人、才人所可几及也。"随后张埙又情动文词，谈到他对蒋士铨的认知："予交先生时，年未及三十。其后为翰林，名益高，文益奇。而诸子皆能读父书，取科目，俾先生淡泊荣利，为风雅中之巨擘焉。"

完成《冬青树》，了却这件大事，蒋士铨如释重负。这也是他对人生的一大交代。《冬青树》很快就在京城士大夫的手上传开，一时洛阳纸贵，成为美谈。蒋士铨的声誉也如日中天。

《冬青树》是蒋士铨的扛鼎之作，其不仅写作手法熟练，正如张埙所评，"老境"而不贫瘠，老而健，老而腴。写正气浩歌不惜笔墨，以因果报应宣泄对叛国贼臣的痛恨。同时，在人物描写上，也显示出蒋士铨的独到功力。对湖州太守蹇材望这个人物的两重性、两面性刻画得入木三分："下官湖州太守蹇材望，四川人也，起家黄甲，性爱青蚨。闻得北兵将到，不免打起精神，做一个正人君子。有理有理！左右，取牌子一根来。（书介）大宋忠臣蹇材望。来来来，再取我那送终本钱来。（杂取银上）老爷，因何把两个元宝凿上两个孔窍？（丑）取一条绫子来，穿在里面。（书介）有人收我尸首者，以此银送为埋葬之费。（杂）老爷难道真要做忠臣么？（丑）狗才，元兵一到，我就投水而死。（杂上）报报报，元兵已打破南门，进到骆驼桥下了。（丑）阿呀呀！这却怎么了。"原本口口声声要做个忠臣的蹇材望，甚至呐喊要以身殉国、投水而死的太守，却成了软蛋。他很快即换了一副嘴脸，成了变色龙："（丑）如今没法了，只好拿了官衔手本，迎接去罢。（杂）爷才说要投水做忠臣，怎变了卦？（丑）狗才，不过说说罢了。投在水里，可不灌杀了。况且六君子中，黄镛、曾唯都降了，陈宜中做宰相也逃了。靠我这个不通进士摆个甚的架子！快去跪道伺候，若得一官半职，岂不依旧兴头起来。"

如此太守，蒋士铨称其为"官场花面"，"趋吉凶当避，笑骂任他人，吾身且荣贵"，全无半星点的骨气。蒋士铨把这样一个小丑般的人物写得活灵活现，观众在憎恨的同时又不免忍俊不禁。从中我们可以看到蒋士铨一流的文字功力，也可以看到其驾驭大型剧本的能力。

写到文天祥在狱中生活时，一段道白让人热泪长流："俺文天祥，拘禁天涯，奄忽三载。只这土室中地广八尺，深可三寻，单扉低小，白间短窄。兼之汗下而幽暗，当兹夏日，诸气相侵：若雨潦四集，浮动床几，是为水气；泥涂半朝，蒸沤历澜，是为土气；乍晴暴热，风道四塞，是为日气；檐阴薪爨，助长炎虐，是为火气；仓腐寄顿，陈陈逼人，是为米气；骈肩杂遝，腥臊污垢，是为人气；溷蛆腾翻，腐鼠糜烂，是为尸气。似这般恶气重蒸，无人不病，我则居然无恙，岂非浩然之气有以胜之乎。"一连串的排比句生动描绘牢狱中极其恶劣的环境，凸显出文天祥正气凛然，不惧折磨、不屈不挠的英雄形象，使人们深受感动，为之泣血心仪。

乾隆四十六年（1781），蒋士铨意犹未尽，有感而起，再写三个剧本《庐山会》《采石矶》《采樵图》。值得一提的是，蒋士铨一感三叹，一生相继为娄妃连写三个剧本《一片石》《第二碑》《采樵图》。蒋士铨呕心沥血，一片赤诚寄红颜，其本意乃赞节烈、忠义。娄妃虽为叛臣之妻，却自守正道，殉节从难，世上有几位女子可与堪比，为此义行张扬，不计笔墨，蒋士铨尽心了。他在一生中所奉守的信念，也正是娄妃以生命守卫的正道。

在《第二碑》中，蒋士铨利用戏中小生薛天目口中吐出："老夫薛天目，早脱朝衫，遂衣初服，几根病骨，人间事事难胜，一片天真，腹内空空无有。"并以诗明志："纷纭宦海苦浮沉，得意场中病最深，不敢违时称傲吏，兢兢留着读书心。""十载棕鞋桐帽，肩头事让与人挑，一切粘连尽丢掉，谁待理归田剩稿。"

在《采樵图中》写道："不羡长安酒肉家。"蒋士铨以王守仁功成身退结束全剧，而隐喻自己早前乞假南归避显宦罗致。可见蒋士铨的用心良苦。《采樵图》为娄妃、为蒋士铨的人生画了个圆满的句号。

三十三、日与飘风

南归之舟，再度驶离京城。

蒋士铨拖着病体，坐在船头，眺望南天，心情久久难以平静，他不停地吟咏着刚刚从心底泛起的诗句。

蒋士铨已成偏废之人，身形枯槁，右手难支，左手写字。

儿子知廉过来劝父亲归舱，蒋士铨执拗地推开儿子的手，继续吟诗。

> 即今六十岁，速死吾宁愁？
> 坐令观物眼，出入偕庭楸。
> 此心久厌世，何取嗜好稠？
> 分知志节士，天地妒其尤。
> 誓今从化去，力与鬼伯谋。

（《述怀》）

他想起了自己在南昌的故居藏园，想到园中茂盛的花树，想到了藏园祖堂上的先祖牌位。蒋士铨感慨万端，思绪万千，放眼江湖，飞鸟翔翔，他恨不得登时飞回故乡，栖身藏园，寻找自己最后的归宿。

> 此是还乡水，津长滚滚流。
> 行藏双雪鬓，妇子一归舟。

（《舟中杂兴》）

乾隆四十八年（1783）四月初，蒋士铨归心似箭，第四度自京城回返江南。踌躇满志来京城，梦断翰林院，离尘脱垢而归。蒋士铨立于船头，拱手告别码头上送别的同事诗友，神色凝重，悄然而行。

此时的蒋士铨五味俱陈，百感交集。他的喉管发热，像有很多的话想对朋友倾吐；他捋着斑白的胡须，若有所思，千言万语，都付与这冷飕飕刮过的老北风。

长长的百丈纤绳，牵引归舟艰难前行。堤岸上，纤夫们与篙师相互配合，相互取笑寻乐。有的拖着长长的调子，大嗓门吼起了纤夫歌、纤夫号子。蒋士铨也"老夫聊发少年狂"，他立于船头，加入这些壮汉们的行列，用他那江西人特有的磁磁的嗓音，得意地附和着：

带篙行（喏嗬嗬哦嗬嗬），哇嚓又带篙行（唎），（呃嘿嘿呢嗨嗨嗨嗨）。扯不动呃，再加劲唎，大势（大家）就着力扯呃，（呃嘿嘿呃嘿嘿，呃嘿呃嘿呃嘿）快牵缆啦（呀嘿嘿，呢嘿嘿）家门近哟（呢嘿呃嘿呃嘿嘿，呃嘿嘿）！

纤夫们雄浑的号子声深深感染了蒋士铨，他埋藏于心底的情愫也被纤夫们激活了。就像个孩童，不顾自己身体痹症的拖累，瘸着腿在船头，手舞足蹈，欢呼雀跃，辞官归里的阴霾心境，被这狂劲的男子汉情怀一扫而光。

滚开吧，胸中的郁闷！消失吧，人间的愁苦！蒋士铨终于找到了自己改变心绪的突破口。倏忽间，他似乎从纤夫身上得到了很多的启示：赤条条生活在人间，赤条条离开人间，他们得到了什么？他们什么也没有得到。在这个世界上，纤夫付出的能量、劳动最多，而他们又享受了什么？世道对他们的不公平，攫取了他们的灵魂，他们却浑然不觉，仍然是那样津津乐道仰天长吼，豪气冲天。一个人，能像纤夫这样无所求地生活，只用自己的肩膀拖拉着百千纤绳，毫无杂念，一门心思，扯舟前行，换几文血汗钱。这种境界，这种人道，于文人眼中，似乎成了岸边的另类风景。蒋士铨心醉了，眼热了，不由得泪水滚滚而出，一滴滴渗进江河，让千丝万缕的澎湃激情付与那滚滚江流水。

一条千古之水路，载着岁月，曾经让多少文人士子困扰于江河，无时不感觉水路中的浅滩搁船之扰和礁石撞船之险。好在两岸景致迷人，蒋士铨置身其间，或多或少地消减了对水的忧虑。北方的四月初，正是麦黄收割季节，人们在忙碌的同时，也没忘了调节村俗。村道上走过一队队旗幡摇曳、锣鼓齐鸣的婚嫁队伍，煞是热闹。新郎新娘都是盛装，尤其是那女郎，身穿红罗裙，金钗银挂，珠光宝气，十分惹眼。悠闲的老牛，躺在大树的绿荫中，暗自庆幸自己少了鞭笞之苦。只有那些胥吏，怒目圆睁，呼一喝二，大呼小叫，打破乡间平和的气氛，在饱餐鸡肉、收得租税、腰缠金钱后，打着饱嗝扬长而去。

太平舟船刚刚停歇的这个村庄，仅仅看见土屋八九间，缺门少窗，檐低房矮，生活的苦寒让人惨不忍睹。男主人不在家，一位老妪捡拾了些枯枝败叶，烧煮些菜叶稀粥充饥。牛栏中的牛犊因为老牛无草吃，吮吸着干瘪的母牛乳头，失望地哞哞呼唤，羡慕地看着羊栏中的羊群，随着领头羊欢快地奔跑。这可是冰火两重天啊！

蒋士铨感叹自己似这老牛，平生没有经纶之才，更无治世良策。只一味穷尽心力于诗文词曲，喜交游雅集，尤好杯中物。只要有酒度日，百事皆可抛弃。牛性之犟只以填饱肚皮为限。可叹、可悲！

回忆翰林院的经历，看着周遭不少同事"狗屠可为友，牛侩亦订交"，平庸无聊俗不可耐，蒋士铨避之唯恐不及。虽然他们位高权重，却不懂实务，成为朝廷的累赘。三国时期的管宁和华歆，两人都有过人之才，生存境遇大相径庭，前者乃一介草莽避乱归辽东，后者以九锡之重进爵封侯，贫富贵贱不可比。可管宁去世后，近千人执幡送葬。虽然今日自己怅然南归，蒋士铨还是以管宁自比。想起大半生的经历，自小读万卷书，行万里路，名冠乡里，应该说获此殊荣不出意料之外，但总觉自己的浩然气节有所不及。四十余年来，孑然一身得不偿失，生存状态也因之一直处于困厄的境地。人生就像白驹过隙，须臾老矣。苦病一身，垂死作病夫，论定如盖棺。想起来，也就是游戏人生。不过，比起已经葬身南昌荒冢的好友汪轫和杨垕，自己还是得了老天眷顾。想起两位老友之死，蒋士铨不免又有几分伤感。他们墓地的花草已开过几载，草枯草绿几春秋，人去不复回。这一次回南昌，在码头上再也见不到他们迎候的身影，听不到他们充满感情的嘘寒问暖，只有举起祭奠的诗页，仰天长啸，痛哭不已。如果能追随挚友而去，乘风携云，扬灵天际，也不枉此一生了。

仕途的坎坷纠结过蒋士铨，想起那些自我作践的官场做作，有时也难以释怀。现在重新理顺这些思绪，又觉得这一切似如过眼烟云。幸喜在江西的南昌老家，有他亲手垒筑的藏园，"藏园富草木，四季交芳馨。主人将归来，欣欣有余荣"。况且自己膝下还有七个儿子，其半数以上都初通文字，开始崭露头角，成为家族的领军人物。更让蒋士铨欣慰的是，他的五个孙子，似如一丛桂树，含苞待放，吐蕊芬芳。一旦搓干乳毛，建功立业是迟早的事。还有他的妻妾，似如醉芙蓉，"老夫坐花丛，左右皆娉婷"。家庭生活过得其乐融融。可惜的是，自己现在痹病绕身，"长生有灵药，难见不死方"，人之老死乃天地循环往复，人力无法逃避。一旦步入太虚幻境，"玉女步虚来，身骑白凤凰"，他这只孤凤凰就将"笑启照世杯，沉瀣盛天浆"，蒋士铨心老了。

乾隆四十八年（1783）仲夏，蒋士铨再度回到阔别已久、梦寐不忘的故乡南昌，回到他念念不忘的藏园。南昌的绿色似梦非梦，如步入人间天堂。南昌街头传来的乡音让他备感亲切。滕王阁的陈旧驱使着蒋士铨在历史的空间遥想那赣地的物华天宝，绳金塔的高耸延续着这块土地的人杰地灵。他像个第一次出远门的嫩芽细蕾，急切期望回到娘的怀抱。他在心底呼唤：娘，你的老病骨儿子回来啦！他拖着病体，在园中东瞧瞧、西看看，一切是那样新鲜、惬意，家的感觉，根的意识，让蒋士铨这匹归途的老马热泪盈眶。在鸥波草堂，几只鸥鹤照映着一池清水，与病翁形影相怜；走进含颖楼，只见绳金塔雄姿如天柱，凭栏独倚，想自己一生也曾雄起，虽无惊世骇俗之才，倒也有似此塔至今仍矗立着，有那属于自己砚耕的一方熟地。时至今日，廉颇老矣，尚能饭否？跻身定庵，蒋士铨理佛叩拜，了却凡念，他觉出了尘世的轻浮与不屑。身骨堪比青山重，人到了与世无争的份儿上，才会有颗平静安宁的心，无觉亦无梦。他感叹自己一生，本无结网心，怎么能够钓得了金丝鲤？藏园二十四景，他强撑着于一天内走了个遍，每处必吟一诗，感物伤情。他在晚香书屋有诗："治蔷年命长，其香未尝晚。可怜迎春花，芳艳何其短？即使老东篱，亦见秋光满。"

几个儿子跟在父亲的身后，由着父亲的性子，在藏园中转悠。蒋士铨尽管忍受着瘸腿折磨，尽管连说话也觉困难，他还是像个孩童般，任性地寻找着自己失落的梦境。

在生命的最后十年中，蒋士铨在诗余文后一门心思都放在故乡新居上。藏园，按照他的想象，在南昌绳金塔南渐渐演变成一片风景。这是他的寄托，也是晚年的安乐。在他的笔下描绘的藏园充满诗情画意：

温馨的鸥波草堂前，一池清水，白鸥的影子映在水面，池水因之多了几分飘逸。草堂虽无莲花庄那样精美，但也古色古香。

造型别致的含颖楼，倚着身后的绳金塔情动云天；楼中情侣斜倚栏杆，幽雅的风韵，摇曳成静醉红颜。

暮鼓梵音的定庵，金刚经成就了佛身不老的风骨。宁静的香雾缭绕中，无觉亦无梦。

别有洞天的养宦，讲究的是义薄云天。人生之过客，穿行其间，生机盎然。喝一口古井中的甘泉，人的心志也纯净多了。

让人见笑的两当轩，别看它简陋，细心品哑，别有洞天：朝来旭日临窗，一抹红霞引领着好心情，让人心舒意畅；夕阳西下时，残阳如照，将如诗如画的西山妙境轮廓展现。居住在这样的环境，心情不佳才怪呢！

参禅的好去处是四出方丈，佛光普照，花香宜人，人间仙境何处有，藏园深处有觅处。

依岸傍水的邀鱼步，荷塘月色幽幽寂寂，勾起人的相思，也凝结了游子的乡恋。

藕船是不能载人的，但是能给生命带来绿意，这样的静态风光，谁不迷醉。

长长的沟渠，有鱼儿戏水，有莲花盛开，这里是鱼的乐园，也是人的乐园，周游其间，心志明亮。

醉春花榭，好一个富有诗意的名字！草香花艳风生情，九曲回转润柔肠。似水年华流觞过，家道辗转写新篇。酝酿祥和而又高尚的家风，是最好的念想，也是一个家族兴旺的希望所在。

茶烟奥在藏园西南角，在这里陪同友人饮一杯清茶，赏田畴美景，心旷神怡。

走进青珊瑚馆，垂钓之姜太公或许都会羡慕这里的宁静和舒惬。放松心情，在馆中寻找自己的直钓乐趣，岂不是人间悠哉闲适的美事？

八面临风的玲珑庑，也成藏园一景。曲廊回庑，一步一景。生命的颠连在这里得到昭示，也为回溯逝去的岁月提供了上佳的场所。

衾月簃紧挨着青珊瑚馆，是座玲珑小巧的屋子。它不仅是女人们化妆的地方，就连蒋士铨也忍不住去小屋那面镜子前看一看自己斑白的华发，理一理自己的衣衫，叹一回人生的坎坷遭际，长谓岁月流逝的失落。

因屋是爱巢也是窝巢，人的理想居所就是清静的去处。生命的享受给予人的痛快淋漓显现在这里。

独树老夫家是蒋士铨个性使然的产物，在梧桐树下安宅居住，很自然就让人联想到乾隆帝和那首诗："庭宇老槐下，因之名古柯。若寻嘉树传，当赋角弓歌。"

秋竹山房是蒋士铨心仪的地方。竹之劲节、竹之不畏风霜，与蒋士铨的心境相通。门迎千竿竹，文人的居所前有竹，隐含的就是自己的风骨。

晚晴廧是映照蒋士铨晚年生活的一个缩影。夕阳无限好，只是近黄昏。蒋士铨感叹岁月催人老，感叹生命的无奈，感叹阳光的照耀。人间重晚晴，夕照明西坞。

转觅芳润斋，饥愁有解。饭食是文章的源泉；生命得以延续，文字也不会枯槁。养育灵感而滋润笔尖，芳润斋成全了家庭的欢乐。

香雪斋的聚集，是天伦之乐的享受。香甜可口的斋食，羹粥自便，素食守宁，人还能有何求啊？

并不高耸的绿隐楼，隐身于绿荫丛中。云浮风动，桃红柳绿，江南的梦幻，江南的纠结，平添了诗意的话语，也圆了生命的情缘。

儿子们的爱巢就安置在习巢，凤凰比翼，劲舞长风。闺怨不闻，内子相安，郎才女貌，如胶似漆，暧昧也是一种奢侈。

家庭的手工作坊是家备物什的铸所，产出的铁锅、铜壶，煞是可爱。工匠高超的手工技艺为藏园又添别样景致。

蒋士铨居藏园后，光顾最多的地方，恐怕就是这晚香书屋了。这里有医治晚年忧伤的"绝版配方"，沉浸其间，其乐无穷。

藏园，蒋士铨把自己安顿在这如诗如画的宅第，倾尽心力营造了晚年的特别风景。这也算是其人生的得意之笔，安顿了他晚年那颗凄苦的心。

　　蒋士铨打量着藏园的一花一草、一树一园、一亭一榭，都备感亲切。他对陪他闲游的几个儿子叹息道："藏园虽好，可惜老父我来日无多，难以享用至长远。"

　　知让忙拦了父亲的话头说："父亲，此言差矣，园是你亲手绘图构建，你应该感到开心，感到自豪。"

　　知节在一旁也忙插话："父亲，你知道么，南昌街头有说法……"

　　蒋士铨一怔，愕然望着知节："有何说法？"

　　蒋知节笑了："父亲你也太认真了。我告诉你怎么说的吧。咱们家藏园成了南昌城一大景致了。人家都说：弯弯曲曲的蒋家（蒋士铨）、红红绿绿的裘家（裘曰修）、莺歌燕舞的包家（包竺峰）、铜墙铁壁的干家（干以廉）。"

　　"哈！"蒋士铨一听乐了，"原来咱们蒋家都成南昌第一家了。"知节、知让听了，都不由得大笑起来。

　　"好，这就好。"蒋士铨认真地说，"不能成就官名，总也成就了乡名。蒋士铨我死而无憾啊！"

　　"父亲，别说那些丧气话，您的身体还硬朗呢。"蒋知让安慰父亲。

　　"走，去蒋氏祠堂看看。"蒋士铨似乎又点燃了心火，他推开两个儿子搀扶的手，迎着骄阳，朝绳金塔方向稳步而行。

　　祖祠几乎完全按照蒋士铨的意图构建。外形飞檐翘角，内堂桁架跨梁，宽畅肃穆，庄严大方，祖堂上方有牌匾"踵事增华"四个大字，金碧辉煌，闪闪发光。

　　祖堂正中的祖字牌位矗立着蒋坚等众多上代先人的木主神位。

　　蒋士铨似乎又聆听到父亲那粗重的嗓音："儿啊！你总算回来了啊！"

　　蒋士铨一边拜揖，一边喃喃自语："回来了，儿子回来了，我没有辱没祖先啊！"

　　祠堂内，回音缭绕，蒋士铨的话久久回荡。

　　蒋知让、蒋知节一脸惊异，在旁边默默望着父亲。

　　一天下来，蒋士铨仍毫无倦意，举杯邀明月，与满天星斗倾吐心曲。酒后落枕，在故园的梦中，他做了一回信天游。第二天一早，他兴犹未尽，缠着儿子知让、知节陪着他前往娄妃墓和北兰寺游览。

怀旧的情绪一直笼罩着蒋士铨的身心。娄妃静静地躺在一抔黄土中，纵有再多的苦衷、再多的怨屈和愤懑，守墓人、樵人也听不到、看不见。自从墓地修复后，坟上的青草已是不知几回绿了。由此及彼，更让人伤感的是，就连其时主持修葺的立碑人、江西布政使彭青原如今也成屈死之鬼，含冤饮恨长眠于千里之外。物是人非，景非昔同，蒋士铨不禁悲从中来。世间万事皆休，无穷落寞，蒋士铨一腔思古幽情，只付诸于墓前塘中猎猎招展的水仙花了。人生无常，盛世无春，蒋士铨至此时，方知个中真味。

辗转尘埃，他步履蹒跚，执拗走进北兰寺。风雨侵蚀的寺庙既无人气，又无生气。寺院内蒙尘纳垢，已是荒凉一片，题诗壁也已成了残垣。老僧拥着蒋士铨诉说着寺庙的凄寂。行走在这空洞乏味的钟声里，他的心间似如经受了一次浩劫。黄昏日晕，蒋士铨满腹惆怅，一言不发，悻悻离开寺院。

疾病日复一日折磨着蒋士铨，老态枯颜，齿落牙失。这样的生活，就像军队作战失去了阵地，城郭空虚失守。蒋士铨一副馋相，涎液从嘴角不停流淌，每天都感到饥饿乏力，却也只能吃些汤面稀粥打发肠胃。如此下去，真可谓生不如死。每天他自谓远不如那些长年耕种的老农，享受各种食物，全无忌讳。不过蒋士铨嗜书的本性不改，朝晨读书一本，夕昏读书一卷。可惜的是，到了六十岁，被人称为先生，却早已不是往时的通都大儒了。

蒋士铨曾经自诩《四库全书》无不涉猎，断不能说时至今日真的就是腹空无物，成了老残之辈。抬眼所及，七个儿子中，老大蒋知廉已在京充四库馆誊录官，老二蒋知节中式本省乡试十三名，三儿子蒋知让于江宁行在所应召试，钦取第一，赏给举人。其他几个也初通经史，天资聪颖，相信会各有所成。尤其让他高兴的是乾隆四十七（1782）至乾隆四十八（1783）两年间他连添两儿，一为妾戴氏生，一为妾王氏生，蒋士铨为两儿子取名知简、知约。老年得子的快乐减轻了他的病痛，也增加了心中的另类思考，他担心生前身后事。他还是有放不下的心结啊！

远在京城的好友翁方纲，一直惦念着蒋士铨的病情，乾隆四十九年（1784）夏天，蒋士铨于夏秋相交之际收到翁方纲寄来的慰安诗，题为《寄题心馀藏园养疴图》。翁方纲在诗中说，蒋士铨于前年曾作《藏园》一帖，画中瘦竹劲松，诗人独坐北阙遥望南方的故地，红荷绿水小板桥。"主人忆园园忆主，名虽为藏尚难必。今者始得泼墨为，六载归来誓重述。"他在诗中赞美老友的藏园如诗如画，是个养病的好地方："西山霞气泛寿杯，东湖旭照团秋橘。离垢庵中袅香篆，两当轩侧堆书帙。篑圃蕴山来卜邻，七子五孙皆绕膝。乐境天然不假借，诗人近岁谁俦匹？"随后，翁方纲笔锋一转，安慰蒋士铨："先生晚订藏园集，解脱于禅老于律。……病既强名养亦妄，一笑相看爽然失。苏斋明月犹昔圆，举杯千里凭遥质。"

蒋士铨收到翁方纲的诗，心中豁然开朗："故人学士重交情，寄我新诗若参术。"他感谢翁方纲的深重情谊，把翁诗比作参术。他回忆与翁方纲共处的日子，先生妙笔生花，"真气淋漓泻笺帙"。他告诉翁方纲，当他收到翁寄来的诗笺，心情舒畅，"过眼窃叹灯花喜，窥户新晴鸟声吉。"他自谦回敬翁方纲的诗写得水平不够高："醉中答和倘蒙恕，莫笑虎皮冒羊质。"

这首诗是蒋士铨的收官之作，也是《忠雅堂诗集》的压卷之作。其后不久，他的好友张埙也有诗《寄题心馀藏园养疴图》《寄寿心余六十二首》给蒋士铨，皆因病情沉重，无法作答而罢。

蒋士铨窗下独坐，倾心吞吐着窗外的夜色。世界寥廓，声色无垠，谁会理会一位老鳏夫，正孤零独处而寡于应酬唱和，人的生命之火已仅仅剩下绝无仅有的那么一星半点儿，人生的乐趣在哪里？人到了垂暮之年，门前车马稀，朋友少了。冷冽的寒风，伴杂着细雨，倒春寒的严霜进逼，不由得让蒋士铨打了个寒噤。灰蒙蒙的天地间，一派凋敝景象，愁煞蒋士铨。他只好端起酒杯自斟自饮，在酣醉中心身获得舒缓，灵感有了，诗便有了。蒋士铨的身心舒畅，又重新恢复了自信。

闲适时，他拄着拐棍，强硬支撑着病体，缓移轻挪，转悠于藏园，想起了许许多多的往事。五十岁时，他幸而有了筑这个园子的念头，那时的他，踌躇满志，励精图治，为自己留下了今天这样的好居所。三十余间房舍，全家十几口人安居绰绰有余。可惜自己图恋虚名，去京城上供，终未修成正果，至园中蒿草蓬长，方铩羽而回。好在池塘中绿荷才露尖尖角，高高的柳枝丫上各种鸣禽相聚戏闹，觉些勃勃生机。跻身其间，疾病的烦恼世事的纷缠都一齐丢进泽国。就是偶有几个宾客来见，他也懒得分身相迎，顾自沉溺，形影相吊，自得其趣。

此时此刻的蒋士铨似乎看透尘寰，对自己的生命也有了新的认知。人的岁数是有穷尽的，血肉终归要入土为实，魂灵自生自灭，进入下界，"天堂地狱中，谁为分苦乐？未死已具知，燎然自心觉"。面对生与死，面对生命的拷问，蒋士铨多了一份坦然，大有万事皆看破，红尘何足惜的大丈夫气概。

他独坐西窗，眺望西山渐渐淡散的晚霞，身披一缕残阳，想起了晋代的隐逸诗人陶渊明。他让儿子知节找来陶渊明诗集，翻开陶令晚年所著诗文，一篇篇、一遍遍地诵读，每至动情处，瘦颊泪双流。陶渊明的身世与他有着太多的相似，两人的遭际，也有着太多的相通。寡淡的生活况味，贫困无助的生活穷途，把蒋士铨的心与陶渊明的诗紧密地维系在一起。看着父亲老泪横流，儿子知节、知让都不由得拍着蒋士铨的背，安慰父亲，不要过于激动，调控自己的情绪。蒋士铨抓着几个儿子的手，将这些手掇在一起，痛哭失声道："为父不能助你们雏鹰高飞，无力托举你们成为朝廷所需要的有用之才。你们自己兄弟戮力同心，抱成一团，相互呼应，以文为业，何愁家不和，业不兴。我已是风烛残年，风光不再……你们是我的化身，是我的亲生骨肉，也是我的期望啊！"蒋士铨在重病中的哀号，与陶渊明留给五个儿子的诗意义相近，都是自恐不久于人世时留下的遗音。人之将逝，其言也善。

陶渊明自述："少学琴书，偶爱闲静；开卷有得，便欣然忘食。"

蒋士铨在《述怀》诗中写道："忆昔诵书史，耻与经生侔。苦怀经济心，学问潜操修。”

陶渊明：“吾年过五十，少而穷苦；每以家弊，东西游走；性刚才拙，与物多忤。”

蒋士铨：“廿九通仕籍，四载登瀛州。索米金马门，忍饥求豆区。腼然人子心，慷慨归来休。教授十五年，二毛须鬓秋。乐道颇相安，序列贾董俦。侧闻天子语，许以名士优。感激再出山，宦海如沉浮。二竖忽相厄，末疾医莫瘳。”

陶渊明：“有生必有死，早终非命促。昨暮同为人，今旦在鬼录。魂气散何之？枯形寄空木……千秋万岁后，谁知荣与辱？但恨在世时，饮酒不得足。”

蒋士铨：“三年支离身，所欠土一抔。故人难往复，交亲稀接酬。即今六十岁，速死吾宁愁？坐令观物眼，出入偕庭楸。此心久厌世，何取嗜好稠？分知志节士，天地妒其尤。誓今从化去，力与鬼伯谋。他生免轮回，日与飘风游。”

生命最后阶段的喘息，是那样弱薄无力。命促黄泉，悲观厌世成为伤感的源头，酒成了聊解病寂的良药。

蒋士铨醉了，醉眼看世界，世道炎凉，病态料峭，成了埋藏在他心底的痛。

三十四、西江谪仙

“诗集整理完成了吗？”蒋士铨忍受着疼痛静静地躺在藏园那张属于他的老式宁波床上。这床是他从杭州捎来的，雕花嵌画，宽敞大方。不知为何，令蒋士铨魂牵梦萦的竟是这张床。他希望在这张床上写完最后一笔戏文，吟完最后一首诗，然后，坦然闭上眼睛，追随父辈而去。

知廉轻声地回答父亲：“你放心，文稿都已集齐整理完毕。”

蒋士铨点了点头，思忖了一会儿，他想起了什么：“哎，可惜，这文集的序谁人能撰？”

窗外，倒春寒的冷雨伴随着凛冽的风，刮打着窗棂，飞进室内，不禁让人寒栗。

真是无巧不成书，乾隆四十九年（1784）三月间，窗外一阵喜鹊鸣啼，传来一个喜讯。

蒋士铨的好友袁枚应广东端州任太守的堂弟袁树之邀，出游岭南。此时袁蒋二人已是十余年未见，因途经江西，游走匡庐，顺道来昌，过访藏园，探望老友。四年前蒋士铨身子骨欠佳，曾遵医嘱，花费八百两银子于药铺购人参炖服，幸喜如此折腾后，病情一度好转，没想到人参也不是灵丹妙药，风痹病服用人参并无回天之力。蒋士铨平日无酒不成诗，长期的饮酒习性折磨得他心痒嘴馋，才两年余，他又按捺不住端起酒杯，自斟自饮，一醉方休。不良的饮食习惯导致了他风痹病再度恶化，他的病情变化并未告知袁枚，这也是蒋士铨用心良苦，他是怕袁枚得讯后担心。他就没有想到这样做反倒令袁枚更加牵挂。

袁枚辗转至南昌寻访藏园，见到老友时，眼前的情景让他惊愕万分。只见年届花甲的蒋士铨，已是半身瘫痪、骨瘦如柴、佝偻萎靡、脸枯唇黑、须发斑白的苍老病人。与当年身材颀长、伟岸玉立、风流倜傥的大丈夫相比，简直判若两人。虽说他也深知蒋士铨正患痹病身体欠佳，应为意料中事，可他却无法接受蒋士铨病情会严重到如此地步这样一个现实。眼前的蒋氏已没有了当年叱咤风云、笑傲江湖的文人气概，也没有了刚介不阿、超凡脱俗的文人风度。

此时的蒋士铨正卧病床榻。当家人通报袁枚大驾光临时，顿时一怔，几疑误听。直到袁枚进入卧房，蒋士铨激动不已，一股热流涌过全身，他大喜过望，病也登时好了一半，当即腾地而起。他拉着袁枚的手，老泪纵横，痛叙离别之情。

"都说人生三大幸事之一，他乡遇故知。我这是本乡遇故知，喜上加喜。简斋兄你可想死老夫我了啊！"

袁枚也激动万分："我这不是来了吗？"

"我们还是以诗会友，做最后的饯行吧。"蒋士铨动情地对老友提议。

"好，我还真想在江右，在南昌城里，和你叙叙旧，游历满城春色，借诗遣兴。"

"我们还像以前一样，走一处，留一首，来个诗文满城春。"

"不，你的身子虚弱……"袁枚急切截住蒋士铨的话头。

"我行，我能行，你看，我这不是直起身了吗？你看，我走……走步了。"说罢，即缓缓移到案前，摸出纸笔，用左手握紧，濡墨以书。

袁枚看着乐了："你看你这急性子，病成这样，还不服老。"

"我病好了，我没老！"蒋士铨几乎是在拼尽全力展示自己的生存能力。

蒋知廉、蒋知让等在一旁侍候，也像看到了父亲的新生，泪流满面。做儿子的也真诚希望父亲在老友的呼唤下、激励下，走出鸥波草堂……

相携着老友，蒋士铨跌跌撞撞行走于藏园。他带着几分得意，如数家珍般向袁枚讲述着他的新居。参差不齐、飞檐翘角的四十八间，依照蒋士铨心愿建造的亭台楼阁，将江南秀色写进这片带有传奇色彩的园林。

袁枚十分欣赏老友的杰作，连连夸赞："此园甚佳，此园甚佳。"

蒋士铨自谦地笑着说："比起简斋兄的随园，那可是小巫见大巫了。"

袁枚认真地指着绳金塔道："你这个藏园，借宝塔之灵气，偕赣鄱之仙气，受滕阁之禅气，成为南昌一大景致。我在码头打听时，就有人告诉我：红红绿绿是裘家，弯弯曲曲是蒋家……四家布四方，你们蒋家成了南昌人的骄傲啊！"

蒋士铨笑道："这是笑谈，外强内干腹中空。我是打肿脸充胖子，建这园，我已抖囊而出，至今已是穷应对罢了。"

"是啊，维持一个大家庭的开销着实不容易！"袁枚好像深有同感，"我的随园也不比你好到哪里去。"

蒋士铨叹息道："失了金银财宝，得了园中燕鸣鹤唱，也罢，人啊！赤条条来，赤条条去。生不带来，死不带去。将钱花在惬意上，值！"

袁枚笑了："苕生老弟，你也算把人世看透彻了。"

蒋士铨听了，也不由得笑了。

游罢藏园，袁枚见蒋士铨疲惫不堪，提议大家回房休息。可蒋士铨不然，他执拗地牵着袁枚的手，连声道："你来南昌一回不易，我不尽地主之谊，何以见诗情。今天，我要与你走出藏园，去滕王阁把酒临风。循赣江泛清波，闻香樟之馨香，诗酒共叙情怀，老夫聊发少年狂，咱们再唱一回诗文双簧。"

袁枚深知蒋士铨的脾性，经不得他软磨硬缠，只得随脚而出。

南昌是一座香樟点缀的城市，以树立城，恐怕于绿色多了些眷恋。闻着扑鼻而来的樟香，袁枚不由得万分感叹："无怪乎昌大南疆之豫章，香气不在花，而在于树，可见其不邪；可见其城市的正大光明；可见其市人的宽大胸襟。南昌异香扑鼻，置身其间，我可是流连忘返啊！"

蒋士铨一听，不由得击节而呼："那好，简斋兄此行，若为久住，我蒋某人干藏园挑卜伴的房舍、拣宁波的床，侍候你喝好、睡好。一年半载，你我诗书结伴，日出而吟，日落而唱，为我等藏园、为南昌留下些不朽的文字，也留下两位文狂诗徒的一段佳话。"

袁枚动情地挽上老友，戏谑道："没想到，你至今还保留着那份童真、率直。我哪有闲心在你的藏园住上一年半载，吃着你家的米谷枯了我家的田。那我的随园岂不要三径就荒？"

蒋士铨不满而失望地说："原来简斋兄仅是戏言？"

袁枚不置可否地笑了。

蒋士铨坦然道："也罢，别的不谈，咱们登阁把盏，先啖杯中物，一醉一诗，也是好一段文字缘啊！"

"好，咱们以酒令为诗。"袁枚高兴地抱拳。

春光早泻滕阁风，水天相接绿浪掀。友情的激烈对酌醉倒了春风，也醉倒了绿柳。蒋士铨端着酒杯为袁枚接风洗尘，因为右手已经偏废，只能用左手执杯，言语不利索，似如口吃，但仍固执地用断断续续的话头维持酒兴，不停地劝酒。袁枚虽不善饮，苦耐盛情难却，不得不接受老友的深厚情谊，尽量顾全老友的兴致。把酒临风，两人直喝得一醉方休。

当夜，回到藏园之后，蒋士铨让长子蒋知廉取出其《藏园诗稿》二十卷，他激动地对袁枚说："藏园诗，非先生序不可！"袁枚心知此乃蒋氏因病日重，自知来日无多，而欲以诗传世的想头，况且又是对自己的信任，焉能不允？见袁枚答应请求，蒋士铨像个孩童一样自得地笑了。"藏园者，君所居园名也。呜呼！君之初心，岂欲以诗见哉？及今病且老，计无所复，而欲以诗传，可悲也！然君有所余于诗之外，故能立于诗之中。其摇笔措意，横出锐入，凡境为之一空。如神狮怒蹲，百兽慑服；如长剑倚天，星辰乱飞；铁厚一寸，射而洞之；华岳万仞，驱而行之。目巧之室，自为奥阼；袒而搏战，前徒倒戈。人且羡、且妒、且骇、且却走、且訾謷，无不有也。然而学之者，非折胁即绝膑矣，非壶哨即鼓儳矣？故何也？则才之奇，不可袭而取也。虽然，君之奇，岂独诗而已耶。"

袁枚在藏园小住五日，蒋士铨日日美酒佳肴侍候。但天下没有不散的筵席，临到饯行辞别时，蒋士铨泪眼相向，呈上手书生平事略托付袁枚，虽未言明用意，袁枚心知肚明，这是请求在蒋士铨去世后为他作墓志铭。袁枚接过行状后，想到自己亦垂垂暮老矣，一阵心酸，热泪盈眶，频频颔首允答。

"余前春过江西，君已半体枯，闻余至，喜，力疾欢饮，临别时手书生平事略见示。余知其意，泣而颔之。然私心自揣，余忝厕词馆，先君七科，后死之责，当在君不在余；即在余，亦未必铭君两代。而今竟不然矣，然则余之衰固可想见，而古人之所谓死友者，非君而何？"

大清乾隆王朝五十年（1785），是个热闹的年份，乾隆皇帝自二十五岁执掌朝政以来，四海承平，国泰民安；天下富足，有凤来仪；文张武弛，仙壶集庆。能把一个国家撑持到如此田地，足以证明乾隆帝的威权。既然有这般的文治武功，乾隆能不自鸣得意？于是内心就想着能用什么方式来表达这种得意，以示皇恩浩荡。他做了一个决定，在乾清宫举办百叟宴，以体现盛世景象。参加这空前盛宴的老人有皇亲国戚，前朝老臣，还有民间布衣。

宴会如期举行，推上座的是一位一百四十一岁的老人。乾隆帝饶有兴致地为这位老人吟出上联："花甲重开，外加三七岁月。"大臣纪晓岚当即附和下联："古稀双庆，内多一个春秋。"皇家盛宴让这些老人沐浴皇恩，诚惶诚恐，涕泪交集。三千零五十六人，即席赋诗三千余首，真可谓是"恩隆礼治，为万古未有之举"。

疾病缠身的蒋士铨却无缘于这场千古盛宴，躺在南昌藏园的床榻上痛苦地呻吟，往日那"有感即诗，有情即文"的豪气有如风卷残云消弭殆尽。

冷雨凄风，湿气浸侵，藏园一片沉寂。人在祈祷，企盼天意眷顾，能让主人度过这一生死关口。

几只乌鸦在窗外的柳树枝头时不时发出几声穷呼，增添了屋里的沉闷。五子知白气急败坏地跑出门，随手捡了块石子，朝乌鸦扔去。乌鸦一惊，听了响动，登时扑地飞走了。

乾隆五十年（1785）二月，是江南的早春季节。"春天孩儿脸，说变就变"，几天的风雨过后，春天的一缕初阳透进窗内，照见蒋士铨那张凹陷、苍白的脸。蒋士铨似乎对阳光很敏感，他太需要阳光来抚慰那颗即将枯萎的心。他朝大儿子知廉挥了挥手，示意将窗帘完全拉开。知廉深知父亲的意思，他喜欢沐浴阳光，况这倒春寒季节的阳光对一位老人来说是何等的重要。知廉给父亲端杯开水，试着喂了几勺。蒋士铨似乎有了些精神支撑，面对阳光挣扎着欲仰起身子。知廉赶忙扶起父亲，知让也上前抱了床棉被给父亲靠背。蒋士铨缓过神来，似乎多了几分生气，那双如炬的大眼睁得滚圆，目光在几个儿子身上飞扫。他想到了生前身后事。

蒋士铨用手指了指窗前案牍上的诗稿。知廉明白父亲的意图，赶快过去将厚厚的一摞诗稿取过来，放在父亲病榻边。

没想到蒋士铨指着诗稿喃喃有声："有生必有死，早终非命促。昨暮同为人，今旦在鬼录。魂气散何之？枯形寄空木。娇儿索父啼，良友抚我哭。得失不复知，是非安能觉？千秋万岁后，谁知荣与辱？但恨在世时，饮酒不得足。"

知廉用耳朵附在父亲的嘴边谛听。他眼中噙满泪，哭着说："父亲，你是在念陶先生的诗吧！"蒋士铨点头颔首。他挥了挥手，示意知廉不要哭，猛喘了一口气，竭尽全力轻声再吟："但喜在世时，饮酒常得足。渊明有憾我无憾啊！"

知节拍着父亲的背，哽咽道："父亲，我知道你心中憾事……"

蒋士铨听到这，扯住知节的手，眼睛瞪得比牛眼还圆，厉声问："儿子，你……你说，为父有何……憾……"

"你想成为一名有作为的循吏！"知节一字一顿回答父亲。

蒋士铨不听则罢，一听眼泪夺眶而出。他招手让几个儿子都将自己的手伸过来。知廉等已懂事的几位孩子都不约而同将手伸到父亲面前。三岁的知简和两岁的知约根本不理会父亲意图，只在各自母亲的怀抱中嗷嗷直叫唤。蒋士铨示意戴氏抱了知简、王氏抱了知约，让他们顺着床沿，爬到他的身边来。他的嘴唇在微微颤动，哆嗦着终于用那双枯萎的老手将儿子们的手攥住，将这些稚嫩的手拢在一起。蒋士铨不禁老泪纵横，似有千言万语要说，可又说不出来。

这时，最小的儿子知约似乎害怕看到父亲那苍老的瘦骨嶙峋的枯脸，号啕大哭起来。

也许是天地感应，也许是……突然"轰"的一声巨响，天空电闪雷鸣，狂风骤雨大作……

刚刚还阳光普照，一时却阴云陡暗。老天邪了。

将士铨听了雷声，心间好像得了老天的某种暗示，也仿佛洞悉了某种征兆。归期到了，大限已至。他指着知廉，一字一顿道："弟……弟……弟，诗……诗！"随后，身子一歪，安详地睡着了。蒋士铨沉睡过去。是的，伴着风雨雷电入世，伴着风雨雷电离世，他永远地沉睡了。

一朝出门去，归来良未央。

蒋士铨以著作等身，闻名著甚，成全了自己的一生，在羁绊与突围中，回歇藏园："三年支离身，所欠土一抔。"

这年，尽管病魔折磨得他骨瘦如柴，可他仍执着地为随园女弟子潘素心的诗集《不栉吟》作序；为铅山乡土文人叶尚琏选批《石林楼诗钞》，并为序。

乾隆五十年（1785）二月二十四日，蒋士铨六十一岁，他把超越自我的诗文留给了后世，于藏园辞世，他用等身的著作留下了永不弥散的魂灵。

藏园失色，山水动容，蒋家似如倒了擎天柱。藏园沉浸在悲痛之中。

好友袁枚到达广州后，曾听闻蒋士铨已逝世的消息，正处在将信将疑之时，接到蒋的来信，方知是误传，原来是虚惊一场。不料翌年二月二十四日，蒋士铨确实卒于藏园。据说是日雷电绕屋，与蒋诞生之日一样。袁枚于此前已将《藏园诗稿序》写就，对其人品诗品备加赞赏，没想到，序还未及寄出，即获悉蒋氏病故噩耗。袁枚闻讯如五雷轰顶，万箭穿心，放声痛哭，哭罢乃作《哭蒋心馀太史》诗二首，其一云：

> 西江风急水摇天，吹去人间老谪仙。
> 名动九重官七品，诗吟一字响千年。
> 空中香雨金棺掩，帐下奇儿玉笋联。
> 如此才华埋地底，夜深宝剑恐腾烟。

"我心知你父亲的寿元将尽，可没料到有这么快。"袁枚看着疲惫不堪、一脸哀色的蒋知廉和蒋知节，安慰道，"人生各有一死，都有定数。你的父亲清容文名籍甚，死得其所。你们兄弟几个为人子的，尽了孝道，对得起逝去的老人。请你们回藏园后转告你们的母亲及家人不要沉溺在悲情之中，都该节哀顺变。"

"父亲临逝世前，曾经多次交代。一旦今后闭眼，他的文集校勘为序就拜托袁伯。他说：'你们去找袁伯，他一定会答应的。'所以我们特来登门求字。"蒋知廉郑重其事地将文集捧到袁枚的面前。

"啊！"袁枚接过文集，哆哆嗦嗦将其放到八仙桌上，沉痛言道，"为苕生校勘文集，是我义不容辞的责任。你们放心，我会做的，而且会做好。"

蒋知廉当即跪下："袁伯之恩，无以图报，请受侄儿一拜。"蒋知节见哥哥跪拜，扑通一声，也应声跪下。袁枚急了，急忙上前搀起两位晚辈，连声说："老夫我可消受不起了，两位世侄快快请起，有话坐下来慢慢细谈。"

蒋知廉起身坐到袁枚的下手，诚恳道："父亲在扬州期间，得到袁伯的不少关照。父亲在世时，常常提及您的千般好。尤其是去年您游走岭南，特意绕道南昌，亲身前往探视，不仅父亲热泪盈眶，激动不已，就连侄儿我辈也受宠若惊。"

"此乃天下人伦常事，何足挂齿。先父与我，情同手足。今其先我而去，为其传志，也了我心愿。"说完，袁枚即挥笔将闻蒋士铨逝世时所速成之诗抄录给蒋知廉兄弟。

此诗情深义重，将蒋士铨的生前身后名尽系其中。袁枚安顿好蒋知廉兄弟后，夤夜不寐仰坐南窗，深深陷入对故友的追忆中。他回想起与蒋士铨的交往过程，想起他们于乾隆三十六年（1771）在杭州相会，自己作诗《在杭州晤苕生太史即事有赠》；想起乾隆三十八年（1773）自己听闻蒋士铨过扬州，赶往相见，同游扬州山水，于灵隐寺咏春赋诗的热闹场景……

袁枚的心情久久难以平静，念及老友垂暮之时的场景，不由得感叹自己亦是风烛残年。"今日侬别伊，他日谁别侬。"他泪水涟涟，几度哽咽。

袁枚当即展纸挥笔一气呵成《翰林院编修候补御史蒋公墓志铭》，将蒋士铨的一生细细述来，性格、德行、文采、成就、才华展露无余，最后铭曰：

> 悬弧白日雷声起，天若告人生才子。既生不用故何以？
> 人再问天天嘿矣。振古文人多类此，汉之崔蔡唐之李，吁嗟蒋
> 君毋乃是。平生著述千方纸，有如月照西江水，万古晖晖光不
> 已。胜我才华输我齿，贪我作铭先我死。我敢无言报知己？古
> 书黑石镌蒿里，兼备他年补国史。

蒋知廉、蒋知节得了袁枚为父亲所撰墓志铭及《忠雅堂诗集序》后。听袁枚谈起洪亮吉兄弟俩与袁公计议后，得到袁公的鼓励，即匆忙上路，赶往杭州，请洪亮吉撰写碑文。

洪亮吉听闻恩师逝世，哀痛不已，满口应承。将蒋知廉安顿好后，洪亮吉即陷入深深的回忆中。往日蒋先生的行止仿佛历历在目。在自己困顿无助之际，是蒋先生解囊相助其葬父渡过难关；在自己受困于进仕之途，是蒋先生高看厚待其诗文。

他是蒋先生的门生，他对蒋先生的情谊非同一般，此刻，他思绪如潮。

写先生的音容笑貌，"含宏深之咨，禀倚魁之行。"写其稍谙世事后："鼓接天之浪，定异常鳞；嘶向日之声，知非凡骥。"写他中年之后，文笔异突："一篇甫成，荐绅传钞。"

他痛惜："梁木易萎，激湍不驻。"形容蒋士铨棺柩离开南昌，归葬铅山时的哀悼送葬场面："海内人士，知与不知，异声而同哀，远奔而近赴，呜呼哀哉！"他认为蒋士铨一生著作等身，其成就不愧于这块碑铭之上的每一个字。

嘉庆十九年（1814）任江西巡抚，后在道光六年（1826）迁云贵总督的阮元，在他为蒋士铨所撰传记中，用一连串的妙喻，生动、准确地评论了蒋士铨一生的诗文成就："当其意绪触发，如雷奋地，如风挟土，如熊咆虎嗥，鲸呿鳌掷，山负海涵，莫可穷诘。古诗胜于近体，七古又胜于五古。苍苍莽莽，不主故常，如昆阳夜战，雷雨交作；又如洞庭君吹笛，海立云垂，实足开拓心胸，推倒豪杰。"

蒋士铨一生怀济世利民之心，苦苦求索，只期望自己入仕后，能够为朝廷、为皇上、为百姓做一番理想的事业。只求自己能成为一名循吏，放飞自己的梦想。历史将其局促在一个早已编就的尘网中，尽管其左冲右突，做过各种各样的挣扎，竭尽心力，但在生命的进程中，仍留下了许多的遗憾。

蒋士铨走了，生不能成就鸿念，却成就了鸿诗。

蒋士铨走了，带着他的历史、带着他的岁月，安静地躺在江西铅山他的故乡——七都之董家坞。

"天堂地狱中，谁为分苦乐。"是的，人入世的目的本来就是以快乐为追求。活着、快乐着，做了属于自己本分的事，行了属于自己的人生之路，心系民而力不足，努力了，也就够了。能用等身的著作，能用无畏刚直的人格感召后人，这生活也就有滋有味，生也安乐，死也安乐。死而无憾！

蒋士铨为后人留下了一笔丰盛的文化遗产。他用鲜活的文字，启迪后追者的思想之门、智慧之门、文化之门、文学之门。他倾尽心力而为之的诗文在几百年后，读起来仍是那样令人感奋。他歌唱了"乾隆盛世"的繁荣和光明，也揭露其丑恶与黑暗，他是时代的代言人，盛世的歌者。

蒋士铨的文字似一盏明亮的灯，照得见肝肠，赤裸裸而无私处。他无愧于一位伟大诗人的品格和境界。在乾隆文坛上，留下了他响亮的名字。

蒋士铨的诗声、蒋士铨的风采、蒋士铨的刚正不阿、蒋士铨的壮烈气节，奠定了他在中国诗史、戏曲史、文学史、文化史上的重要地位。

每个人的生命轨迹在历史的长河中，都如同一颗流星划过长空，只是这划过的亮度不同，能不能给每位观者留下深深的印象，得到一份永存的记忆，这恐怕是值得人们深思的话题。

蒋士铨做到了。

附录一

蒋士铨年表

雍正三年乙巳（1725） 一岁

蒋士铨出生于江西省垣东街小金台前旧宅。前一日，天虽寒而旭日东照，当夜，风雨如注，至寅时，天雷连响三声，蒋士铨呱呱落地。

雍正四年丙午（1726） 二岁

十一月，蒋士铨的舅父蘧庐公来南昌接妹妹钟令嘉及外甥蒋士铨前往余干县瑞洪镇，为外公志顺生做七十大寿。十二月，返回南昌。

雍正五年丁未（1727） 三岁

三月，父蒋坚游庐陵，舅父蘧庐公再度将钟令嘉、蒋士铨及家奴阿洪接回瑞洪。五月，蒋坚到瑞洪，才于家居三日，山西泽州牧佟公的儿子来江西请蒋坚出马救佟公。

十一月二十四日，蒋士铨夫人张氏生。

雍正六年戊申（1728） 四岁

蒋士铨癫痫病发，既而痘发。病好后，钟令嘉考虑到蒋士铨不能执笔，便镂竹为丝，摆成各种字样，让蒋士铨诵识。

雍正七年己酉（1729） 五岁

蒋士铨由伯舅致光公教识字，日授四子书五行，母亲便将当日所学内容翻译义理含意给蒋士铨听。滋生公为了外孙的营养，每日额外用四文钱，购米一合，购肉一脯，以为蒋士铨滋补，自此两载，从不间断。

清江杨方来（锡绂）自京归省，舟经瑞洪，前来拜访。听李家诸子议到蒋士铨，悟性高，人小有才华，杨便将蒋士铨所学之书，让蒋士铨背诵，没想到蒋士铨对答如流一气背下，杨于是解下腰间所佩玉以赠。

雍正八年庚戌（1730） 六岁

瑞洪地方闹荒饥，蒋士铨癫痫病时好时坏，近六七次。

雍正九年辛亥（1731） 七岁

蒋士铨病发作时，母亲便将唐诗粘在屋内四壁，牵儿绕行而识，不停口地背诵，以缓解病情的痛苦。病好后，如果蒋士铨松懈诵读，钟令嘉便背向而泣，到夜中时分仍不停息。

雍正十年壬子（1732） 八岁

十二月，父蒋坚由泽州回江西，来到瑞洪，既哭李太孺人，又安慰滋生公。在瑞洪小住十余天后，随父母及家奴阿洪归于南昌旧宅。

雍正十一年癸丑（1733） 九岁

父与士铨皆病疡，手足弯曲，十指僵肿，不能饮食，靠母喂饲。

母授以《礼记》《周易》《毛诗》，皆成诵。暇，母更录唐、宋人诗，教之蒋士铨。

雍正十二年甲寅（1734） 十岁

六月，蒋士铨妹妹润姑出生。

乾隆元年丙辰（1736） 十二岁

居泽州。

五月，皇极公携家南返。士铨于是辍学。母亲钟令嘉不得不亲自课督学三载，蒋士铨乃得以熟读六籍三传。这年秋天，外兄克辅来泽，蒋家方知滋生公已于去年去世。

乾隆二年丁巳（1737） 十三岁

四月，蒋士铨弟弟出生。七日去世。钟令嘉一病不起。

乾隆三年戊午（1738） 十四岁

家居泽州秋木山庄。

蒋士铨的妹妹润姑以出痘病逝。

乾隆四年己未（1739） 十五岁

八月，蒋士铨妹妹慧媛出生。这年，蒋士铨受业于王允升，同砚同桌者为筠斋公女兄之子朱五郎（开基），时方童年。后登甲戌科武进士，改名朱崙。

读李义山集，爱之。

乾隆五年庚申（1740） 十六岁

士铨开始为诗吟咏，舅父蘧庐公来泽州，蒋士铨又受业于舅父。效李之诗，积成四百首而病卧。

乾隆六年辛酉（1741） 十七岁

蘧庐公南返应乡试，蒋士铨病剧，药石无效，几成残疾。八月初秋，蒋士铨咳喘得无法安卧。一晚独自坐绳床，皎月当空，光穿窗而入，蒋士铨独自沉思，若有所悟，自己尽力爬起身，向天泣跪悔过，誓绝妄念。购《朱子语录》观之，订立日程自己课读，到初冬时节，神气、体力方有所好转，恢复如初。

乾隆七年壬戌（1742） 十八岁

王氏家中藏书数万册，蒋士铨每日涉猎其中，已达二年之久。这之前，总是泛泛而读，贪多而少记，没有认真做笔记、写提纲之类，至此，算是幡然悔悟，对着油灯他开始认真拜读杜甫、韩昌黎、李白、苏东坡诸家诗集，对李白的神仙诗、欢宴诗则认为太空乏而厌烦。

乾隆八年癸亥（1743） 十九岁

秋，大病。焚少年艳诗四百首。

乾隆九年甲子（1744） 二十岁

乾隆七年，父蒋坚陪同筠斋公入京城，补户部员外郎。多年在外奔波，蒋坚开始厌倦这种在外游历的生活，钟令嘉也思念家乡，于是自北京返回泽州。九月，举家南下，十一月，蒋坚一家回到瑞洪。

乾隆十年乙丑（1745） 二十一岁

这年二月，蒋坚全家自瑞洪返南昌旧宅，与汉先公共居。蒋坚夫妇张罗为蒋士铨聘张氏（淮安山阳国正海山公之女）。张氏其年十九岁。四月，前往鄱阳，卜居鄱阳月波门内，租赁小食巷史氏宅楼。十月，又回到南昌，十一月，在南昌为蒋士铨举行婚礼。十二月，再回鄱阳。

乾隆十一年丙寅（1746） 二十二岁

蒋坚携蒋士铨于铅山就读，居北门内马巷张氏私塾，经师为新建人李觐。蒋士铨在私塾居一小楼，每月三十文。二月，邑宰郑东里称蒋士铨"此又一玉堂人物"。蒋士铨向鹅湖书院主席自荐，因此得拜奉新张星景门下。四月间，郑东里命蒋士铨投牒补试，考试完毕，蒋士铨名附铅山童子册末尾，随后郡试亦补。其时，江西督学金德瑛来郡巡察，蒋士铨参加了古学考试，随后又应正试，考试发榜，蒋士铨名列第一。复试时，金德瑛称"此生他日成就不在我下"。同时，将蒋士铨的两张试卷展示给众人看。第三天，古学榜出，铅山取三人，蒋士铨仍居第一。自此，蒋士铨跟随金德瑛一年有余。这年冬天，金德瑛又将他推荐给方伯彭青原，彭青原戏称他为"蒋秀才"。

乾隆十二年丁卯（1747） 二十三岁

二月，蒋士铨自鄱阳赴广信应科试，三月，金德瑛于广信按察，蒋士铨名列第二，而古学仍以蒋士铨夺冠而列，受到奖赏。从兄蒋士镛补府学弟子员。考试公榜完毕，金德瑛仍让蒋士铨跟随左右受业，再游南康、九江、临江、袁州四郡。六月，同返南昌。七月，录取完毕后，金德瑛则拟就不少试题，交由其归家而作，不得虚度时日。八月初，蒋士铨的妻子张氏来南昌，蒋士铨请假，至本月初十日，科考第一场开考，金德瑛派使者索文稿而去。十三日第二场开考，金德瑛召蒋士铨入见，笑着说："你的名分得手啦。秀才。"

九月初六日，榜文出，排名十八。

十一月，蒋坚带着蒋士铨赴铅山，打点行装，约同科举人汪溶川（汝淮）蒋士铨一道北上。一行人由河口登舟，经玉山，循浙河而行，蒋士铨途中与汪溶川一路唱和，每日皆有诗出，到达扬州时，已近除夕。

乾隆十三年戊辰（1748） 二十四岁

正月下旬，舟至枣庄，买车登舟，沿途因灾荒，死者塞途，流亡者络绎不绝，前往京城的公车皆结伴而行，因惧怕饥民打劫，不敢独行。

其时，原泽州太守佟公的第十个儿子佟满（保），任吴桥县令，蒋坚特意绕行至县，与佟满小叙三日，随后由天津前往北京。居住于刑曹王镗家。

会试榜发，蒋士铨落第，心情忧郁。八月初，蒋坚一家登舟南返。行在途中，蒋汉先公谢世。十月，前往进贤探望向苏村。十一月，抵达鄱阳。十二月，蒋坚得寒疾，初十日晚还谈吐清晰，有说有笑，到三更时分，却闭目仙逝。

乾隆十四年己巳（1749） 二十五岁

蒋士铨在思亲之余开始撰写《先考府君行状》，随后又驰书请金德瑛为蒋坚撰写墓志铭。鄱阳县县令黄获村（登谷）哀吊抚恤，让蒋士铨感激不已。十一月，专程赶往铅山请风水师卜吉壤，定穴铅山东郭爪藤山。十二月，返饶州，奉蒋坚棺柩出殡。舟行铅山按穴而葬。三日之后，租竹轿取道为鄱阳。

乾隆十五年庚午（1750） 二十六岁

眼看年关将至，家中储米不过五斗，生计无着，心绪茫然，蒋士铨也只有对苍天仰而叹息。经彭青原举荐，南昌县令顾瓒园欲请蒋士铨出山，为编纂南昌县志总纂。正月初七日，蒋士铨租舟自鄱阳赴南昌。

领受重任后，蒋士铨即遍访南昌县县域，眼看着一些古遗址和建筑破败损毁，痛心疾首，向县令提出建议，请求给予保护并予以修复。顾县令随即派发银两，并请蒋士铨撰写墓碑碑文，恢复墓地建筑、碑记亭刻等，同时禁采竹木，禁放牧猪牛践踏，禁建佛寺庙堂。

蒋士铨与杨子载（昰）秀才，明经万芝堂（廷兰），进士边红洪（镛），结为莫逆。南昌县旧志，相传于明代万历中焚毁，已无存世之书，因此，这次修志，应是清代南昌县志首创。修志最为忧心的是史料的匮乏，幸得彭青原藏天下志乘数千，得以借阅借鉴。蒋士铨差人以三十担肩挑至馆中，供同人共分阅。内中凡有关于南昌县的事和人，都一一摘录。

余干秀才章水村，也教馆于南昌城西街，毗邻县志馆。蒋士铨与章秀才过从甚密，酬唱诗文，多有乐趣。为靳大千受冤鸣不平，彭青原审阅案件后，当即为靳大千平反。靳大千获释后，其与家眷身无分文，蒋士铨与馆中众同人一道，集资供靳大千路费所需。

乾隆十六年辛未（1751） 二十七岁

正月下旬，再由鄱阳返志局。三月，蒋士铨在与蔡书存（正笏）进士闲谈时，聊起娄妃事迹，两人不胜感慨，当下即商定前往娄妃墓地探幽。作剧本《一片石》《康衢乐》《忉利天》《长生箓》《昇平瑞》五种。

乾隆十七年壬申（1752） 二十八岁

再赴京师应试，旋不第；十二月，于青州收家书，闻知十一月初十日，大儿子蒋知廉（修隅）出生。

乾隆十八年癸酉（1753） 二十九岁

陪同恩师金德瑛，从济南学使幕，游济南趵突泉、龙洞山、佛峪、千佛山、历下亭、北极阁、会波楼等，有诗"一载居东，周流十郡"。随后，金德瑛改京官太常，蒋士铨陪同恩师一道进京。

乾隆十九年甲戌（1754） 三十岁

三赴京师应会试，因"表文将及二千字，誊录以二场卷短，不敷誊写，禀请加页，知贡举者不允，卒被放"。同年四月，考试内阁中书，钦取第四，授实缺，入阁管汉票签事。校勘《文选》。十月，告假去；蒋士铨好友杨垕逝世。

乾隆二十年乙亥（1755） 三十一岁

四月，祭父墓。

于南昌破寺壁间得何在田诗，惊喜访之。何倾箧出其诗，三日卒读，题五百字还。

蒋知节（冬生）出生。

乾隆二十一年丙子（1756） 三十二岁

蒋士铨自南昌前往故乡铅山，祭父墓；蒋士铨归昌后，与汪轫于南昌悟僧习静约两月。九月二十日乞假已满，典产买舟，携家眷北上。十一月二十日到达北京，暂居饶斋南宅。

乾隆二十二年丁丑（1757） 三十三岁

四赴京师，雨中。携眷至京，同居王鸣盛宅，蒋士铨以诗。

由金德瑛主持礼闱榜发，蒋士铨始成进士，殿试二甲十二名，朝考钦取第一，改庶常；同乡彭元瑞亦中同科进士。

乾隆二十三年戊寅（1758） 三十四岁

居官庶常，三子知让（师退）出生；

病中读钟建魅秀才《碧溪诗》，为彭青原作《索索柴杖歌》。

张埙至京，蒋士铨喜，因为长歌。

袁枚赠蒋士铨诗，有"才子新诗正早朝"之句。

乾隆二十四年己卯（1759） 三十五岁

于官不谐。四子知永出生。

汪轫到北京，蒋士铨喜甚，有诗志之，时恒与共卧起。

吴荪圃移寓珠巢街，与蒋士铨居隔巷，作诗柬之。

乾隆二十五年庚辰（1760） 三十六岁

庶吉士散馆，被钦取第一，授职编修，充武英殿纂修官；何在田会试落第，贫不能去，求助于蒋。介绍其为天津关君、王君，延为两人儿子之师。同时著《京师乐府词十六首》。

乾隆二十六年辛巳（1761） 三十七岁

蒋士铨乡试时座主钱香树，祝嘏入京，乾隆恩赐尚书秩归里，蒋士铨以诗颂之。四子蒋知永殇。

乾隆二十七年壬午（1762） 三十八岁

充顺天府乡试同考官，寻充《续文献通考》纂修官；恩师金德瑛逝世。皇太后万寿，覃恩锡类，敕赠蒋坚为编修。

四月，蒋士铨乃作书达漕帅杨锡绂，乞饬吏取棺附粮舟北运。

八月初六日，入京兆闱，有纪事诗六首，呈梁观两院长，及馆阁诸同事。

初七日，同赵翼夜坐有诗。

闱中戏作咏物诗八首，寄调《满江红》。

初八日，对月感旧。有诗呈叶观国、秦敉堂、汪耕耘、纪昀、张怀月五人。初九日，榜发，犯晓归私第。

是年，有《敕赠显考编修改题告词》。

乾隆二十八年癸未（1763） 三十九岁

靳大千于京病故，蒋士铨典二裘，为其棺殓。倦官欲南归。著《归舟安稳图》。

正月十三日，驱车独游琉璃厂，市子坐泥涂中，各列破书画于前，以待售，蒋士铨蹲而观之，得明史可法遗像一卷，帧首弊裂，又手简二通（即四月二十二日家书卷子），为一卷，出金并易之。

十四日，汪主事承露来索观，割去一简，蒋士铨乃取其靖难家书及顾梁汾跋，重装像卷之前，吟三诗以藏之，时寓北京宣武门外官菜园上街东向之屋。

陈仲牧员外新刻《山谷诗集》，蒋士铨惜其未见任天谷注本，拈韵示吴荪圃。移榻荪圃寓斋，同居匝月。

乾隆二十九年甲申（1764） 四十岁

乞归奉母，辞官南旋，是年蒋士铨四十岁；买舟南下，侨居金陵，与袁枚为邻，诗酒唱和。

四月二十日，出京南归。

通州解缆，顾光旭遣更再送十里外，并驰诗饯行。

督曹杨锡绂招蒋士铨饮，即席赋诗四首。

题彭绍升秋阳轩诗卷。

十二月初五日，尹继善招蒋士铨同袁牧、秦瀛小集西园，各赋四诗。

乾隆三十年乙酉（1765） 四十一岁

正月，到家，读荆公集、昌黎诗、晋书。

三月，赎南昌旧宅，立享堂合祀先灵。奉舟还铅山扫墓，倡建凌云塔，重修城隍庙之议，集同心君子数十人，分任劝捐之事，匝月，得民输金千余。

时侨居金陵，与袁枚居相邻。

乾隆三十一年丙戌（1766） 四十二岁

浙江巡抚熊廉村以书来，延主绍兴府蕺山书院；

携长子知廉出门为诗，有"饥来携子出"之句，时知廉年十五岁。刘文蔚用苏诗韵题《忠雅堂集》，蒋士铨次韵答之。

乾隆三十二年丁亥（1767） 四十三岁

春，奉母举家栖于会稽蕺山天镜楼。五月初六日，为蒋母六十寿辰，蒋士铨在天镜楼举行祝寿家宴。蒋士铨撰《揭蕺山讲堂壁》勉诸生。作官戒诗二十四首赠陶韦庵。

正月一日，披七品服祀父，即持父状入山乞袁枚传状。偕袁枚登清凉山。

夏，消暑于天镜楼，汪轫逝世，蒋士铨为诗哭之。

赴山左李中丞之招，别蕺山讲院同学，兼谢同好乡党。

十二月初四日，同刘达夫、刘文蔚、吴诗、钟锡圭、朱缃、刘传钺、刘传镛及儿子知廉、知节、知让，凡十一人再游兰亭。

乾隆三十三年戊子（1768） 四十四岁

正月初七日离越赴杭，主讲杭州崇文书院，并作有《杭州崇文书院训士七则》，六十七日后，返蕺山书院。游吼山。题郑燮画兰，送陈望亭太守。九月初六日，书尉钟介伯秀才。再别蕺山。

乾隆三十四年己丑（1769） 四十五岁

十一月长孙立中生，知廉子。

除夕，蒋士镛抵蕺山，时张三礼守越州，与蒋士铨最契合。

乾隆三十五年庚寅（1770） 四十六岁

正月与袁枚面晤，袁即事赠诗。三月，再贻书潘观察，复扎恳挚；旋赴吴县勘狱，遂迁嘉湖道去，此议遂寝。十月，蒋士铨与赵翼有倡和诗。

乾隆三十六年辛卯（1771） 四十七岁

越州太守张椿山撰《空谷香》序。五月再成《桂林霜》。张椿山再为其序。

蕺山书院桃二株，红白连理，是年所白者渐变朱英，蒋士铨因为歌识之。夏，病疟，疟止，辄采马文毅合家殉两广事，填阕一篇。两句，病既愈，又成《桂林霜》院本。

立秋日，同王文治与其诸子听王范二女弹词。翌日，蒋士铨返山阴。秋，张三礼撰《桂林霜序》于越州郡斋。

乾隆三十七年壬辰（1772） 四十八岁

二月，滑宦扬州 二月，扬州运使郑公大进延主安定书院，遂去越，之维扬。六载于越，三载于扬，度过近十年教学生涯。

九月应江春之托，五日完成《四弦秋》等剧本；鹤亭主人邀蒋士铨及袁春圃观察、金棕亭教授宴于秋声之馆。酒半，鹤亭偶举白傅《琵琶行》，谓向有《青衫记》院本，以香山素狎此妓，乃于江州送客时，仍归于司马，践成前约。命意敷词，庸劣可鄙，同人以蒋士铨精声韵，相嘱别撰一剧。翌日，蒋士铨剪划诗中本意，分篇类目，更杂引《唐书》而成。

十一月蒋士铨参与编撰的《文库全书》开馆。

十二月洪亮吉急葬归里，以所负访蒋士铨于扬州。蒋士铨解囊金助之，母又质羊裘赠行，洪乃得归，已迫除夜矣。

时人集蒋士铨与赵翼、沈归愚、孔继涵、金德瑛诗，为五家诗行世。

乾隆三十八年癸巳（1773） 四十九岁

彭元瑞画秋花题扇相寄，蒋士铨次韵答之。

七月，撰《松江张氏义庄条碑书后》，付知廉、知节、知让收藏，以资警醒。

十一月，王文成枢至扬州，蒋士铨迎哭之，时方为王撰墓铭。

腊月，蒋士铨与钱百泉孝廉围炉饮护春堂中，檐雪如撬，钱偶举铁丐事，谈兴甚乐，僦蒋士铨填新词写其状。

除夜兀坐，意有所触，遂构成篇，竟夕成一首，天已达曙，阅八日而成《雪中人》填词。

乾隆三十九年甲午（1774） 五十岁

这年春完成剧本《香祖楼》《临川梦》。

寒食日，撰《香祖楼自序》。

三月，撰《临川梦》于芳润楼。

十月十六日，李调元典试粤东，过南昌，知廉往谒，并以《空谷香》《冬青树》《香祖楼》《雪中人》四剧本贻之。

蒋士铨《学诗记》称："……四十始兼取苏黄而学之，五十弃去，惟直抒所见，不依傍古人而为我之诗矣。"按《听松庐诗话》："心馀蒋先生诗，篇篇本色，语语根心，不欲英雄欺人，不肯优孟摹古，言情而出以蕴藉，故无粗率之词；用事而妙于剪裁，故无堆垛之迹。金银铜铁熔为一炉，而不觉其杂；酸咸辛甘调于一鼎，而愈觉其和；无他，有我以主之、有气以运之之故也。"又《清朝文录·忠雅堂文录》引称袁、蒋、赵三家，袁赵"则嚣张于外"，蒋士铨则"冥披于内，戛戛独造，于李、杜、韩、苏外别开生面，巍然如天柱孤峰"。

乾隆四十年乙未（1775） 五十一岁

正月二十四日，母寿终于扬州安定书院，年七十，此后，居丧于家三年；蒋士铨致书袁枚，乞为母撰墓志铭。六月初一日，蒋举殡返里。

冬，汉阳阮龙光过访，执蒋士铨手，一见如故。因于传抄中心折蒋士铨所撰《一片石》填词。

乾隆四十一年丙申（1776） 五十二岁

秋，完成剧本《第二碑》。

六月初二日，家祭，有告词。

七月初三日，举殡登舟归葬至鹅湖。

十八日，安葬。

方伯给金，属令尹修葺娄妃墓如式，蒋士铨自衔恤后，捐弃笔砚，阅月二十矣。乃援禄琴礼例，作《后一片石》。

乾隆四十二年丁酉（1777） 五十三岁

儿辈游西山，移双松来，植院中，戏成二十四韵。

七月，忆川薛山渡覆舟，天大霾雨，坐水中袒背自申至亥，得救而出。是年诗，全没于水，戊子至庚寅诗四卷失。后收罗者才十之二三。

知廉选拔入成均（朝廷最高学府）。

张埙《南归杂诗》："颇怀蒋心余，三岁鳝堂幽。……之子见面难，风顺便开舟。"

乾隆四十三年戊戌（1778） 五十四岁

同科进士彭元瑞叠书促入京；蒋士铨买舟携二子北上，充国史馆纂修官，专修《开国方略》十四卷；

舟中两示知让，阐述立身，做人之道。

乾隆四十四年己亥（1779） 五十五岁

二月上丁，太学分献行礼，大学士英廉，翰林则蒋士铨与萧际韶二人。《王楼村十三本梅花书屋图》为王少林郡丞作。

论书诗《题梅德临摹册子后》："晋人立楷法，安和而静厚；右军圣之时，庶几仁者寿。……学书贵读书，真积力渐久。龊龊既已深，酝酿得醇酒。始免形骸累，不为世俗诱。"

与翁方纲发起成立都门诗社，有程晋芳、周厚辕、吴锡麟、张埙等人共唱共鸣，后邀洪亮吉、黄仲则参加。

乾隆四十五年庚子（1780） 五十六岁

自四十四年四月至当年三月，患沉疴始愈。京察一等引见。

七月，蒋士铨已乞假，将南归，翁方纲为《题藏园图》。图为罗聘所画。八月，王友亮招蒋士铨同公翁方纲、张埙、罗聘等看桂花。张埙为蒋士铨赋《藏园诗》。

乾隆四十六年辛丑（1781） 五十七岁

充国史馆纂修官，专修《开国方略》十四卷。五月，遣知节归迎二媳入京。闰月十八日，同抚州太守陈朗谒贤郡王藩邸，王手书桃枝一幅，并书楹帖一联以赠。他日，贤郡王复以手书《四十二章经》一卷见惠。蒋士铨在蕺山书院时，有《桂林霜》院本，在安定书院时，有《四弦秋》《雪中人》《香祖楼》《临川梦》各院本，并前填词数种，皆为郡王所剧赏。五月，自选藏园诗钞定本凡十卷、杂文若干卷付儿子。八月，填《冬青树》《采石矶》两院本，作《采樵图》杂剧，撰《定庵琐语》。十月二十八日，保送御史引见，名在第四，奉旨着记名以御史册用。闰五月初五日，程晋芳招蒋士铨同张埙、翁方纲、吴谷人、曹习庵、吴竹桥小集三长物斋。

蒋士铨中风病，归南昌。八月初，病中，不能成寐，剪灯谱《冬青树》院本三十八首，三日而成书，九月十五日，撰《采樵图自序》。

乾隆四十七年壬寅（1782） 五十八岁

二月十四日，洪亮吉自西安送知让至临潼，浴华清泉，并上骊山绝顶。

是年有《论诗杂咏》三十首，论评杨铁崖等三十诗人。

乾隆四十八年癸卯（1783） 五十九岁

患风痹之疾，乞假返乡。期间著戏曲《第二碑》《冬青树》《采樵图》《采石矶》《庐山会》五种。

周世绍手篆蒋士铨、孔继涵、张埙、翁方纲名，并自篆己名，以"隔千里兮共明月"一句，足成六面印相寄。

乾隆四十九年甲辰（1784） 六十岁

著《述怀》诗。

乾隆五十年乙巳（1785） 六十一岁

二月二十四日，于南昌藏园旧宅病逝，终年六十一岁。

乾隆五十二年丁未（1787）

归葬于铅山七都之董家坞。袁枚、翁方纲、王昶、洪亮吉等作墓志铭。

附录二 参考书目

1.《余干县志》，余干县志编纂委员会编，新华出版社。

2.《玉山文史札记》，封蕃元著，江西人民出版社。

3.《铅山县志》，郑维雄主编，南海出版公司。

4.《赣舆浅图：概说江西八十古县》，吴畏编著，百花洲文艺出版社。

5.《鄱阳县志》，陈骧等修，道光三年（1823）。

6.《新建县志》，谢口新主编，江西人民出版社。

7.《南昌县志》，南昌县志编纂委员会编，南海出版公司。

8.《蒋士铨诗选》，吴长庚选注，中州古籍出版社。

9.《蒋士铨戏曲集》，周妙中点校，中华书局。

10.《铅山民间文学》，铅山县文联编著。

11.《蒋士铨研究》，徐国华著，上海古籍出版社。

12.《清史稿》，赵尔巽等撰，中华书局。

13.《绍兴名媛传略》，陈国治编著，宁夏人民出版社。

14.《江西戏曲文化史》，龚国光著，江西人民出版社。

15.《江西通史》，钟起煌主编，江西人民出版社。

16.《二十四史》，《二十四史》编委员会编，天津古籍出版社。

17.《冬青树》，邵海清校注，上海古籍出版社。

18.《天工开物》，宋应星著，甘肃文化出版社。

19.《历代食货志今译》，刘莹等译，江西人民出版社。

20.《忠雅堂集校笺》，邵海清校、李梦生笺，上海古籍出版社。

21.《随园诗话》，顾学颉校点，人民文学出版社。

22.《新建县志》，崔登鳌、彭宗岱修，清道光二十九年（1849）。

23.《新建县志》，承霈修，清同治十年（1871）。

24.《南昌县志》，江召棠修，民国二十四年（1935）。

25.《南昌县志》，陈纪麟、汪世泽修，刘于浔、曾作舟纂，清同治九年（1870）。

26.《南昌县志》，郦瑸园等修，清乾隆十六年（1751）。

27.《南昌县志》，阿应鳞等，清道光六年（1826）。

28.《南昌东湖区志》，徐家铭主编，方志出版社。

29.《南昌西湖区志》，孟庆源、谢埼玲等编，方志出版社。

30.《瓯北诗钞》，赵翼著，商务印书馆。

31.《万年县志》，郑卫平等编，方志出版社。

32.《丰城县志》，金达迈等编，上海人民出版社。

33.《高安县志》，聂元善等修，清同治十年（1871）。

34.《新干县志》，谢峰主编，中国世界语出版社。

35.《蒋士铨研究资料集》，上饶师专中文系历史作家研究室编，江西人民出版社。

第一辑已出版书目

1　《逍遥游——庄子传》　王充闾 著

2　《书圣之道——王羲之传》　王兆军 著

3　《千秋词主——李煜传》　郭启宏 著

4　《草泽英雄梦——施耐庵传》　浦玉生 著

5　《戏看人间——李渔传》　杜书瀛 著

6　《心同山河——顾炎武传》　陈　益 著

7　《孤独的绝唱——八大山人传》　陈世旭 著

8　《泣血红楼——曹雪芹传》　周汝昌 著

9　《旷代大儒——纪晓岚传》　何香久 著

10　《烂漫饮冰子——梁启超传》　徐　刚 著

第二辑已出版书目

11　《忠魂正气——颜真卿传》　权海帆 著

12　《花红别样——杨万里传》　聂　冷 著

13　《感天动地——关汉卿传》　乔忠延 著

14　《西风瘦马——马致远传》　陈计中 著

15　《此心光明——王阳明传》　杨东标 著

16　《梦回汉唐——李梦阳传》　泥马度 著

17　《天崩地解——黄宗羲传》　李洁非 著

18　《幻由人生——蒲松龄传》　马瑞芳 著

19　《儒林怪杰——吴敬梓传》　刘兆林 著

20　《史志巨擘——章学诚传》　王作光 著

第三辑已出版书目

21　《千古一相——管仲传》　张国擎 著

22　《漠国明月——蔡文姬传》　郑彦英 著

23　《棠棣之殇——曹植传》　马泰泉 著

24　《梦摘彩云——刘勰传》　缪俊杰 著

25　《大医精诚——孙思邈传》罗先明 著

26　《大唐鬼才——李贺传》　孟红梅 著

27　《政坛大风——王安石传》毕宝魁 著

28　《长歌正气——文天祥传》郭晓晔 著

29　《糊涂百年——郑板桥传》忽培元 著

30　《潜龙在渊——章太炎传》伍立杨 著

第四辑已出版书目

31　《兼爱者——墨子传》陈为人 著

32　《天道——荀子传》刘志轩 著

33　《梦归田园——孟浩然传》曹远超 著

34　《碧霄一鹤——刘禹锡传》程韬光 著

35　《诗剑风流——杜牧传》张锐强 著

36　《锦瑟哀弦——李商隐传》董乃斌 著

37　《忧乐天下——范仲淹传》周宗奇 著

38　《通鉴载道——司马光传》江永红 著

39　《琵琶情——高明传》金三益 著

40　《世范人师——蔡元培传》丁晓平 著

41 《真书风骨——柳公权传》 和　谷 著

42 《癫书狂画——米芾传》 王　川 著

43 《理学宗师——朱熹传》 卜　耕 著

44 《桃花庵主——唐寅传》 沙　爽 著

45 《大道正果——吴承恩传》 蔡铁鹰 著

46 《气节文章——蒋士铨传》 陶　江 著

47 《剑魂箫韵——龚自珍传》 陈歆耕 著

48 《译界奇人——林纾传》 顾　艳 著

49 《醒世先驱——严复传》 杨肇林 著

50 《搏击暗夜——鲁迅传》 陈漱渝 著

图书在版编目（CIP）数据

气节文章：蒋士铨传 / 陶江 著. -- 北京：作家出版社，
2015. 12

（中国历史文化名人传丛书）

ISBN 978-7-5063-8604-3

Ⅰ.①气… Ⅱ.①陶… Ⅲ.①蒋士铨（1725～1784）- 传记
Ⅳ.①K825.6

中国版本图书馆CIP数据核字（2015）第310581号

气节文章——蒋士铨传

作　　　者：	陶 江
责任编辑：	史佳丽
书籍设计：	刘晓翔＋韩湛宁
责任印制：	李卫东　李大庆
出版发行：	作家出版社

社　　　址：北京农展馆南里10号　　　　邮　　编：100125

电话传真：86-10-65930756（出版发行部）

　　　　　　86-10-65004079（总编室）

　　　　　　86-10-65015116（邮购部）

E-mail:zuojia@zuojia.net.cn

http://www.haozuojia.com（作家在线）

印　　刷：北京汇林印务有限公司

成品尺寸：152×230

字　　数：310千

印　　张：23.25

版　　次：2016年1月第1版

印　　次：2016年1月第1次印刷

ISBN 978-7-5063-8604-3

定　　价：39.00元